金融法律法规

FINANCIAL LAWS AND REGULATIONS

主 编 张炳辉

副主编 徐 丽

中国金融出版社

责任编辑：王效端　王　君
责任校对：李俊英
责任印制：陈晓川

图书在版编目（CIP）数据

金融法律法规/张炳辉主编 . —北京：中国金融出版社，2018.10
ISBN 978 - 7 - 5049 - 9740 - 1

Ⅰ. ①金…　Ⅱ. ①张…　Ⅲ. ①金融法—中国—高等职业教育—教材
Ⅳ. ①D922. 280. 4

中国版本图书馆 CIP 数据核字（2018）第 206547 号

出版
发行　**中国金融出版社**

社址　北京市丰台区益泽路 2 号
市场开发部　（010）63266347，63805472，63439533（传真）
网 上 书 店　http：//www. chinafph. com
　　　　　　　（010）63286832，63365686（传真）
读者服务部　（010）66070833，62568380
邮编　100071
经销　新华书店
印刷　北京市松源印刷有限公司
尺寸　185 毫米 ×260 毫米
印张　21.5
字数　462 千
版次　2018 年 10 月第 1 版
印次　2018 年 10 月第 1 次印刷
定价　58.00 元
ISBN 978 - 7 - 5049 - 9740 - 1
如出现印装错误本社负责调换　联系电话（010）63263947

"金融安全系列教材" 编委会

主　任：张炳辉

副主任：高同彪　耿传辉　吕鹰飞　韩国薇　徐　丽
　　　　邢　敏　任春玲　张辛雨

编　委：（按姓氏笔画为序）

王　帅　王文昭　王文颖　冯相龙　关思齐　闫　洁
刘　静　刘　瑾　刘杰颖　邢　翀　宋　贺　李　特
李　婧　李　楠　李玉英　李牧航　李亚鹏　李斐斐
李琳娜　陈　曦　陈廷勇　陈佳音　张文娟　张亚辉
张亦潍　张秀云　张传娜　郑　屹　宗　楠　罗术通
赵　旭　赵　娜　赵科乐　赵燕梅　施晓春　徐　杨
徐伟川　黄星月　戚　爽　蒋晓云　蒋泽艳　韩胜男
廖银屏

总序言

　　金融是现代经济的核心，金融安全事关国家经济安全和社会稳定大局。进入经济新常态以来，我国面临着增长速度换挡期、结构调整阵痛期、前期刺激政策消化期"三期叠加"的严峻挑战，金融安全威胁和风险与日俱增，金融风险已成为当前最突出、最显著的重大风险。习近平总书记强调，金融安全是国家安全的重要组成部分，是经济平稳健康发展的重要基础。维护金融安全，是关系我国经济社会发展全局的一件带有战略性、根本性的大事。可见，维护金融安全已被提升到国家战略高度。

　　党的十九大报告进一步明确提出"要坚决打好防范化解重大风险、精准脱贫、污染防治的攻坚战"，2017年中央经济工作会议要求打好防范化解重大风险攻坚战，重点是防控金融风险，体现了党中央维护金融安全的坚强决心。

　　如何全方位防范金融风险，守住金融安全底线引起了学术界和金融业界的广泛关注。长春金融高等专科学校作为一所具有40年建校历史和22年中国人民银行部属办学底蕴的金融高等院校，历来高度重视金融理论与实践问题的研究。2016年11月，学校成立了吉林省社会科学重点领域研究基地——吉林省金融安全研究基地，2017年4月，依托基地成立吉林省金融安全研究中心，张炳辉校长亲自担任研究中心主任，全面启动金融安全研究。

　　2017年10月，吉林省金融安全研究中心组织学校科研处、高教研究所、金融学院、会计学院、经济管理学院及信息技术学院的教学科研团队，着手"金融安全系列教材"编写。

　　该丛书是国内第一套关于金融安全的系列教材，具有鲜明的独创性，体现了我们对于金融安全问题全面系统的理性思考，也是我校金融安全研究中心的重要研究成果。本丛书的内容植根于传统的金融安全理论，科学地吸收了金融脆弱性理论、系统性风险理论的精华，也加入了对于近年来金融业实践的反思，融合了当前经济金融态势对金融安全的新要求。在此基础上，丛书充分体现出教材的规范性，科学界定金融安全的内涵，对相关领域金融安全的重点问题、各类金融风险的本质和表现形式进行系统梳理，使读者了解金融安全的基本理论和防范金融风险的业务规范。丛书既可以作为高等职业院校金融安全教学的专业教材，也可以作为金融从业人员的岗位培训教材。

"金融安全系列教材"包括《金融安全概论》《金融行业安全》《金融市场安全》《金融信息安全》《互联网金融安全》《国际金融安全》《金融安全审计》和《金融法律法规》。张炳辉教授担任编委会主任，全面负责丛书的整体结构设计和各本教材的统稿工作。编委会副主任高同彪教授协助完成教材统稿及审稿工作。耿传辉教授、吕鹰飞教授、韩国薇教授、徐丽教授、邢敏教授、任春玲教授、张辛雨博士分别协助组织8本教材编写。丛书编写团队阵容强大，包括11位教授、13位博士和40余位优秀中青年骨干教师。"金融安全系列教材"作为金融安全研究领域的一项重大成果，在改革开放40周年和长春金融高等专科学校恢复建校40周年之际，献礼学界，以飨读者。

丛书编写过程中，我们参阅了大量国内外相关教材、著作和学术论文，参考了很多专家学者的观点，在此，对相关学者的研究成果深表敬意并由衷感谢！中国金融出版社的相关编审人员对本丛书提出了宝贵的修改完善意见，在此也对编审团队的辛勤工作表示衷心的感谢！

由于编者水平的限制，加之时间紧迫、相关参考资料难求，书中难免存在缺陷，恳请同行专家和读者不吝指正，以便再版时修改完善。

编　者
2018 年 10 月

前言

  金融安全是国家安全的重要组成部分，金融法对维护国家金融安全和金融稳定发展发挥着极其重要的作用。近年来，国内外金融市场发生了巨大变化，我国金融监管与金融立法也随之发生了重大调整与革新，这就对金融法规的教学提出了更高的要求。为了满足高职高专金融法规课程教学的需要以及金融机构从业人员培训的需要，我们编写了《金融法律法规》一书。

  本书以国内外金融市场以及金融法律制度的变化为依据，全面阐释了金融机构、金融监管等金融法领域的基础知识，并对金融法的基本内容进行了提炼和归纳。在内容编排上，既对《银行法》《担保法》《票据法》《保险法》《证券法》《期货法》《信托法》《金融监管法》等重点法律制度进行了清晰而简洁的阐述，又结合当前中国金融领域热点增加了非银行金融机构法律制度、投资基金法律制度、互联网金融法律制度和金融犯罪等内容，有利于读者掌握金融法的全貌和未来发展态势。

  在教材结构设计上，立足落实各章设定的教学目标，着力深化学生对教学内容的理解和训练，在教学内容中穿插大量资料链接、案例分析和拓展提高等专栏，同时在每章后附有课后练习题，以有效地培养学生运用所学理论分析问题和解决问题的能力。

  《金融法律法规》一书内容丰富，适用于高职高专财经类金融、会计等各专业学生学习使用，既能作为金融法教学教材，同时也可以为金融从业人员、金融投资者和法律工作者提供有益的参考。本书由张炳辉教授担任主编，负责全书的整体结构设计，统稿。徐丽教授担任副主编，负责协助主编完成统稿和审稿。全书共分为十五章，其中第一章、第二章、第三章由蒋晓云编写；第四章、第五章、第七章由陈曦编写；第六章、第十一章、第十三章由李婧编写；第八章、第九章、第十章由李斐斐编写；第十二章、第十四章、第十五章由宗楠编写。编写过程中，我们参阅了大量国内外相关教材、著作、学术论文以及诸多专家、学者的观点，在此，由衷地表示感谢！因时间仓促、水平有限，本书难免出现缺点和错误，欢迎读者批评指正。

编　者
2018 年 10 月

目录

第一章

金融法总论

【教学目的和要求】

本章主要介绍了金融法的概念、特征、调整对象、金融法的渊源和体系，重点介绍了金融法律关系和金融法的基本原则。通过学习使学生掌握金融法的概念、特征，金融法律关系的概念和特征，理解金融法的渊源、金融法的基本原则，能够正确分析金融法律关系，运用金融理论知识分析简单的金融现象。

伴随着生产力的发展与社会经济制度的进步，金融经历了由简单到复杂，由低级到高级的演变。时至今日，以银行为核心的金融市场已经成为现代经济运转中最核心的领域。与之相对应，包括银行法在内的金融立法也已成为各国经济立法的重中之重。

第一节　金融法概述

一、金融法的概念、特征、调整对象

（一）金融法的概念

金融法是指由国家制定或认可的，用以确定金融机构的性质、地位和职责权限，调整在金融活动中形成的金融监督管理关系和金融业务关系的法律规范的总称。

在我国没有以"金融法"命名的单独法律。涉及金融类的具体法律，通常用其涉及的金融行业的名称命名。例如，《中国人民银行法》和《商业银行法》等。目前，我国已颁布的金融法律与法规相当多，其中，由全国人大颁布的金融法律有1部，即《中国人民银行法》。由全国人大常委会颁布的金融法律有8部，包括《商业银行法》、《证券法》、《保险法》、《票据法》、《担保法》等。由国务院颁布的金融法规及由国务院各机构颁布的金融类规章多达几千部。

（二）金融法的特征

1. 实体法与程序法相统一。一方面，金融法规定了金融主体的职责、权利和义务；另一方面，又规定了实现这些权利、义务的程序、步骤、方法等，因而金融法是

实体法和程序法的统一。

2. 融合公法与私法，是以社会为本位的社会法。金融法调整的对象，既有事关"金融个体"利益的金融业务关系，又有事关金融全局的金融监管体系。这就决定了金融法既不能如公法，一切以国家意志为本位；也不能如私法，完全以个人意志为中心；而必须以社会为本位，融合公法、私法的调整方法，成为社会法。

3. 具有强行性、准则性特点，其法律规范多为义务性、禁止性规范。金融业的公共性和高风险性，决定了金融机构的组织及其活动的开展对整个社会的一般商业活动和人民大众的生活具有重大影响，需要由国家法律强行规定并予以强制实施，因此，金融法主体的组成、职责、权利、义务往往由国家法律直接作出强行规定，不允许当事人随意改变；金融活动的开展也极为规范，有非常严格的程序性、准确性要求。

4. 具有调整范围越来越广、法律内容日益增多的特点。金融是商品经济的产物，并随商品经济的高度发展而不断创新，新的金融机构、新的融资手段、新的金融工具不断涌现，金融已经渗透到了社会生产、生活的各个层面，成为现代经济的核心。

（三）金融法的调整对象

金融法的调整对象是在金融业务和金融管理活动中形成的各种经济关系，包括金融监督管理关系、金融业务关系、金融宏观调控关系和金融机构或金融组织的内容关系。

1. 金融监督管理关系。金融监督管理关系是指国家金融监督管理部门在组织和管理全国的金融机构、金融市场、金融产品及金融交易过程中形成的经济监督管理关系，包括货币流通管理关系、金融机构资格监管关系、金融业务活动监管关系、金融处罚关系。金融监督管理关系的主要内容是金融监管机关依法制定监管规章，审批金融机构，对金融机构进行稽核和检查，对金融活动当事人的违法行为进行查处等。金融监管机关的监管行为必须依法进行，被监管的金融机构、其他组织和个人必须服从监管。金融监督管理关系本质上是一种金融行政关系。

2. 金融业务关系。金融业务关系是指银行和其他非银行金融机构在法律法规允许的范围内，从事业务活动过程中与其他平等主体之间发生的经济关系，包括间接融资关系、直接融资关系、金融中介服务关系、特殊融资关系。一般而言，金融业务是指存款、贷款、结算、保险、信托、金融租赁、票据贴现、融资担保、外汇买卖、金融期货、证券发行与交易等业务。金融业务关系本质上是一种民事关系。

3. 金融宏观调控关系。金融宏观调控关系是指中央银行在金融宏观调控过程中与金融机构、其他政府部门、企业和个人之间发生的权利、义务关系。中央银行是我国的金融宏观调控机构。金融宏观调控的特点是中央银行主要利用经济手段依法对金融机构和金融活动进行调整，其调控的直接对象是金融机构及金融市场，间接对象是国民经济各部门、企业及个人，主要是通过货币政策工具及法律规定的其他方式进行。

4. 金融机构或金融组织的内部关系。金融机构或金融组织的内部关系是指金融机构或金融组织内所发生的有关组织管理、运作和协调的关系。金融机构或金融组织的内部关系包括管理关系、财务关系、会计关系、内部监督关系、资金调度关系等。

二、金融法与其他相关法律的关系

（一）金融法与民法

民法是调整平等主体之间财产关系和人身关系的基本法。金融法调整的平等主体间的金融交易关系应适用民法的基本原则，但金融交易的具体关系和金融调控以及金融监管关系则是民法不予调整的。

（二）金融法与商法

商法是调整商事主体从事商事活动所引起的商品经济关系的法律规范的总称。金融法所调整的金融关系的性质，其中既有民事关系，也有商事关系，还有经济调控管理关系。商法中关于商业信用的票据、公司融资的股票、债券等法律规范与金融法竞合，但金融法调整的金融关系中的民事关系、经济调控管理关系则显然是商法所不能调整的。

（三）金融法与行政法

行政法是调整国家行政管理关系的法律规范的总称。金融法中的调控关系应有行政关系的性质，因此应适用行政法的基本原则和基本规则，但行政法显然不能调整金融交易关系。

（四）金融法与经济法

经济法是调整平等经济主体的经济协作关系和不平等主体的经济调控管理关系的法律规范的总称。如前所述，金融法调控的社会关系，既有金融交易关系，又有金融调控管理关系，且是两者纵横协调关系的总和。因此，金融法属于经济法的范畴，是经济法的一个重要分支，应适用经济法的基本原则和基本制度。

第二节　金融法律关系

一、金融法律关系的概念和特征

（一）金融法律关系的概念

金融法律关系是金融法律规范在调整金融监管活动和金融业务活动过程中所形成的以权利和义务为内容的社会关系。

（二）金融法律关系的特征

1. 金融法律关系的一方主体是银行或其他金融机构。金融法律关系必须是在金融活动中以银行等金融机构为中心形成的权利义务关系。

2. 金融法律关系具有综合性。金融活动既有金融主管机关对金融市场的调控和监管关系，又有金融市场各主体之间的平等关系。因此，在金融法律关系中夹杂着平等的民事法律关系的特征和国家干预经济的公法特征。

3. 金融法律关系具有多样性。随着当代金融活动对社会生活各个领域的渗透，金融成为现代经济的核心，金融活动也日趋复杂多样化。因此，金融法律关系具有多样性。

二、金融法律关系的构成要素

金融法律关系同其他法律关系一样，也是由主体、客体和内容三个要素构成，三个构成要素是构成金融法律关系不可缺少的组成部分。

（一）金融法律关系的主体

金融法律关系的主体是参加金融法律关系，依法享有权利和承担义务的当事人，是金融法律关系客体物的所有者、经营者，是客体行为的实施者。金融法律关系主体范围主要包括国家机关、企事业单位、社会组织和个人等，其中金融机构是金融法律关系的当然主体。

金融法律关系主体可分为以下几类：

1. 特殊主体。特殊主体包括中国人民银行、国家外汇管理局、中国证券监督管理委员会、中国银行保险监督管理委员会。它们作为国家金融监督管理部门，代表国家组织管理金融机构及其活动，代表国家监管、调控金融市场，在金融法律关系主体中居于重要的地位。

2. 各类银行和非银行金融机构。各类银行是指商业银行、政策性银行、外资银行等经营存款、放款、汇兑结算等业务的金融企业。非银行金融机构是指未冠以"银行"字样的，经营信托、投资、租赁、债券、保险等金融业务的金融机构。

3. 经济组织、事业单位、社会团体。这些主体可以是法人组织，也可以是非法人的合伙组织、联营组织。经济组织是指从事生产和流通以及服务性活动，以盈利为目的的企业。社会团体是指公民自愿组成，按照其章程开展活动的非营利性社会组织。

4. 自然人。自然人包括中国公民、外国公民、无国籍人。他们参与金融活动就成为金融法律关系的主体。自然人一般应具有权利能力和行为能力才能成为金融法律关系的主体，但在特殊情况下，无行为能力人或限制行为能力人也能成为金融法律关系的主体。

5. 国家。国家在特定的情况下，也能以主体资格参加金融活动，成为金融法律关系的主体，如发行货币、发行国家公债、参加联合国金融机构活动和政府之间的贷款等。

（二）金融法律关系的客体

金融法律关系的客体是指金融法律关系主体享有的权利义务所共同指向的对象。金融法律关系的客体包括货币、有价证券和行为，其中，货币和有价证券是主要的客体。人民币是我国的法定货币，它也是金融法律关系最为广泛的客体。外币在我国不能任意流通，但它是外汇管理行为的对象和存储法律关系的客体。有价证券是设定并证明持券人有权取得一定金额的凭证，包括票据、股票和债券。行为主要是指商业性金融机构提供金融服务的行为和货币当局及监管当局履行金融调控和金融监管的行为。

（三）金融法律关系的内容

金融法律关系的内容是指金融法律关系的主体依法所享有的权利和承担的义务。

权利是指主体有权依据金融法律、法规的规定为一定行为、不为一定行为和要求他人为一定行为或不为一定行为的可能性。义务是指主体依据金融法律、法规的规定必须为一定行为或不为一定行为的必要性。在不同的金融法律关系中，金融法律关系主体享有不同的权利、承担不同的义务。

金融法律关系主体的权利来自法律规范的规定，是保证权利人利益的法律手段，也是法律允许权利人行为的范围。如在金融管理法律关系中，管理主体享有的权利即职权，表现为决策权、命令权、禁止权、许可权、批准权、审核权、确认权、监督权等。在金融业务法律关系中，金融主体享有的是经营自主权、请求权、平等竞争权等。金融法律关系中的义务是金融法律关系的主体在金融管理和业务经营活动中依法必须为或不为一定行为的责任，如商业银行应当按照中国人民银行的规定缴存存款准备金，留足备付金；借款人必须依法订立借款合同，按期向银行偿还本金和利息等。

【案例分析 1-1】

大学生 D 某于 2011 年 7 月在 A 市某高校向 G 银行申请了 6000 元的国家助学贷款，2012 年 7 月毕业后，他认为自己已远离学校所在地，新的单位也没人知道自己贷过款，父母也已移居外地，G 银行找不到他本人和家人，于是没有按合同约定付息。2013 年 8 月，公司准备派他去外地学习培训，他前往 N 银行申请办理信用卡，准备在外地使用，却被告知因其有拖欠国家助学贷款的记录，拒绝为其办理信用卡。D 某大吃一惊，在了解到个人征信系统已实行全国联网运行后，他才意识到按约还贷的重要性，马上联系学校，把拖欠的贷款本息全部结清。

思考：本案例中存在的法律关系有哪些？并请分析各法律关系的构成要素。

三、金融法律关系的运行和保护

（一）金融法律关系的运行

金融法律关系的运行是指金融法律关系产生、变更和终止的过程。

1. 金融法律关系的产生。金融法律关系的产生是指由于一定的法律事实的存在或变化，金融法律关系主体之间形成一定的权利义务关系。金融法律事实的存在与变化，是金融法律关系产生的前提。所谓金融法律事实，是指由金融法律规范规定的能够引起金融法律关系产生、变更和终止的事实，包括行为和事件。事件是指不以当事人的意志为转移的客观现象，包括自然事件和社会事件。行为是指由金融法律规范规定的，能够引起金融法律关系产生、变更和终止的当事人的有意识行为，包括合法行为和违法行为。

2. 金融法律关系的变更。金融法律关系的变更是指由于一定的法律事实的出现或变化，使业已产生的金融法律关系的某些要素发生改变，从而引起金融法律关系的变更。金融法律关系的变更包括主体的变更、客体的变更和内容的变更。

3. 金融法律关系的终止。金融法律关系的终止是指由于一定的金融法律事实的出现从而导致金融法律关系的消灭。

(二) 金融法律关系的保护

金融法律关系的保护是指通过一定的保护机构，采取一定的保护方法，确保金融法律关系的参加者正确行使权利和切实履行义务，以维护当事人的合法权益和社会正常的金融秩序。

1. 金融法律关系的保护机构。

(1) 金融监管机构。金融监管机构是一国金融体制的中心，也是进行金融法律关系保护的最基本机构。金融监管机构通过对金融机构的市场准入、市场退出和金融业务活动的全过程的日常监管，对金融违法行为进行行政查处，可以对金融主体权利义务的实现起到最基本的保障作用。在我国，金融监管机构主要包括中国人民银行、国家外汇管理局、中国银行保险监督管理委员会、中国证券监督管理委员会。

(2) 仲裁机构。仲裁委员会依法组成仲裁庭，以第三人的身份对金融法律关系主体之间发生的金融合同纠纷进行调解或仲裁，这可以有效解决主体之间的金融纠纷，实现对金融法律关系的保护。

(3) 司法机构。人民检察院对金融犯罪案件依法行使检察权，并以国家公诉人的身份出庭支持公诉，对人民法院审判活动是否合法实行监督。人民法院依法行使审判权，对当事人提起诉讼的金融纠纷案件和人民检察院提起公诉的金融犯罪案件，依法进行审判，实现对金融法律关系的保护。

2. 金融法律关系的保护方法。一般所讲的保护方法是指狭义的保护方法，即通过追究法律责任来实现对金融法律关系的保护。金融法律关系的保护方法主要有以下三种：

(1) 行政保护方法。行政保护方法是指对违反金融法律、法规的行为人，由法律规定的金融监管机构依照行政程序加以处理，以保护金融法律关系主体的权利义务的实现。主要体现为金融监管机构对有违法行为的金融机构或其责任人员采取行政上的处理或纠正措施。有关法律赋予金融监管部门监管权和对违反法律、行政法规的行为的行政处罚权，如对单位采取批评、警告、停业整顿、吊销许可证，禁止市场准入等；对个人采取警告、记过、记大过、降级、开除、取消业务资格等。

(2) 经济仲裁保护方法。根据仲裁法的规定，凡平等主体的公民、法人和其他组织之间发生的合同纠纷和其他财产纠纷，可以提请仲裁。因此，金融业务活动中发生的相关争议，可依据仲裁协议申请仲裁。

(3) 司法保护方法。司法保护方法包括两个方面：一是人民法院依照诉讼程序以审判方式解决纠纷，并可对拒不履行法院判决、裁定或仲裁机构裁决的行为予以强制执行；二是对严重违反金融法律、法规、触犯《刑法》的犯罪分子，由人民法院依法作出裁决，追究刑事责任。

金融法律关系的保护不是等问题发生后才去保护，而是应从产生和运行的全过程自始至终地进行保护。如对金融机构的市场准入监管，采取的是预先排除不合格金融机构的方式，防止扰乱金融秩序。另外，金融法对金融法律关系的保护不仅要体现当事人的合法权利，更要直接或间接地保证国家意志和社会意志的结合，是国家意志、金融机构意志等当事人协调结合的产物；金融法对金融法律关系的保护手段具有多样性、综合性、复杂性的特征，在多变的金融形势下，单靠一种手段保护是远远不够的。

【案例分析 1 - 2】

　　中国证监会给 S*ST 大发下发《行政处罚决定书》，披露了 S*ST 大发财报中的假账问题。按照证监会下发的《行政处罚决定书》，S*ST 大发被罚款 50 万元，原实际控制人、董事长王某被罚款 20 万元。另外 9 名前高管也被给予"警告"处分，并分别处以 3 万元或 5 万元不等的罚款。此外，证监会还公布《市场禁入决定书》，认定王某为市场禁入者，自中国证监会宣布决定之日起 5 年内不能担任上市公司或从事证券业务机构的高级管理人员。

　　思考：请分析该案例中的金融法律责任的性质。

第三节　金融法的渊源和体系

一、金融法的渊源

　　金融法的渊源是指金融法律规范的表现形式。我国金融法的渊源包括国内法渊源和国际法渊源两大类。

　　（一）国内法渊源

　　金融法的国内渊源是指国家有关机关制定并发布的有关金融组织及其活动的规范性法律文件。具体包括以下方面：

　　1. 宪法。宪法是国家的根本大法，是治国安邦的总章程。宪法规定国家的根本任务和根本制度，即社会制度、国家制度的原则和国家政权的组织以及公民的基本权利义务等内容。宪法在我国具有最高的法律地位和法律效力，是其他一切法律、法规的制定依据。同样，宪法也是我国金融法立法的基础。

　　2. 金融法律。金融法律是由全国人大及其常委会制定的有关金融组织及其活动的规范性法律文件，它包括专门金融法律和其他法律中涉及金融活动的有关规定。前者如《中国人民银行法》《商业银行法》《保险法》《票据法》等；后者如《担保法》中关于保证、抵押、质押的规定，《公司法》中关于公司组织的规定等。

　　3. 金融行政法规。金融行政法规是由国务院制定的有关金融组织及其活动的规范性法律文件，如《中国人民银行货币政策委员会条例》《外汇管理条例》《储蓄管理条例》等。金融行政法规不得与宪法、金融法律相抵触。

　　4. 金融行政规章。金融行政规章是指国家金融监管部门（或机构）根据金融法律、法规的规定或授权制定的有关金融活动的规范性法律文件，如中国人民银行制定的《贷款通则》《金融机构管理规定》，国家外汇管理局制定的《保税区外汇管理办法》等。

5. 地方性法规和地方性规章。地方性法规和地方性规章是指省、自治区、直辖市和计划单列市的人民代表大会及其常委会和人民政府制定的有关金融活动的规范性法律文件。这些地方性法规和规章因地制宜，是对金融法律、法规的具体化，但它们不得同金融法律、行政法规相抵触。

6. 行业自律性规章、规范。这些规范是由金融行业或金融机构制定的有关自身金融活动的行为规范，具有准法律效力，如《中国证券业协会章程》《深圳证券交易所股票上市规则》等。

（二）国际法渊源

我国金融法的国际法渊源，是指我国缔结或参加的有关国际条约、协定以及一些具有广泛的影响，为国际社会接受并认可的国际惯例。

1. 国际条约。我国缔结或参加的金融国际条约，除我国声明保留的条款外，均属于我国金融法的重要渊源。我国参加国际金融活动所签订和加入的双边或多边条约，虽然不是我国有关机关制定，但一经参加就表明得到了我国政府的承认，对我国具有约束力。通常而言，金融国际条约一旦缔结和参加，即具有优先于国内法的效力。

目前，我国缔结和参与的有关金融的国际条约主要有：《国际货币基金组织协定》（我国是该条约缔结国之一）、《国际复兴开发银行协定》（1945年12月17日）、《国际复兴开发银行协定附则》（1980年9月26日）、《国际金融公司协定附则》（1980年2月28日）、《国际复兴银行开发贷款和国际开发协会信贷采购指南》（1985年5月）等。

2. 国际惯例。国际惯例是在国际经济长期实践交往中形成的为国际社会广泛接受并予承认的，一经双方确认就具有法律约束力的习惯性规范，如1958年国际商会的《商业单据托收统一规则》和1983年修订的《跟单信用证统一惯例》、1997年9月巴塞尔银行监管委员会颁布的《有效银行监管的核心原则》等。

【拓展阅读】

我国国内法规定了国际条约和国际惯例的法律效力，如《民法通则》第一百四十二条规定中华人民共和国缔结或者参加的国际条约同中华人民共和国的民事法律有不同规定的，适用国际条约的规定，但中华人民共和国声明保留的条款除外。中华人民共和国法律和中华人民共和国缔结或者参加的国际条约没有规定的，可以适用国际惯例。

二、金融法的体系

金融法体系是指在金融法的基本原则指导下，调整金融关系不同层面的金融法律、法规、规章等金融法律规范，分类组合为不同的金融法律制度，共同实现金融法的任务而形成的相互联结、和谐统一、层次分明的统一整体，它是一个多层次的结构体系。金融法体系内容相当庞杂，各国金融立法因经济发展阶段不同和管理重点各异，内容也不尽相同，体系也各有特点。中国的金融法体系主要包括：（1）金融法的任务、基本原则和适用范围；（2）银行法律制度和非银行金融机构法律制度；（3）金融担保法律制度、票据法律制度、证券法律制度、证券投资基金法律制度、期货交易法律制度、信托法律制度、融资租赁法律制度、保险法律制度、涉外金融法律制度、互联网金融法律制度、金融监管法律制度、金融犯罪等。

第四节　金融法的基本原则

金融法的基本原则是金融立法的指导思想，是调整金融关系、从事金融监督管理活动和金融业务活动时必须遵循的行为准则。它是金融法本质和内容的最集中表现，对金融法的各个法律制度具有普遍的指导作用。金融法的基本原则在不同国家有所不同，在同一国家经济发展的不同时期也会有差别。它往往与一国某一时期的经济发展水平、货币政策目标等密切相关，是一国特定经济、金融环境的反映。我国金融法的基本原则包括以下方面。

一、稳定币值，促进经济发展的原则

金融促进经济的发展，必须受客观规律的制约，其中最重要的一条就是必须保持货币价值（以下简称币值）的稳定。经济的发展是指经济持续、稳定、健康、协调的发展，而非单纯指经济的增长速度。币值的稳定是经济持续、稳定、健康、协调发展的必要条件。经济增长、币值稳定是市场经济协调发展的重要标志，是一国货币政策的主要目标。《中国人民银行法》第三条规定："货币政策目标是保持货币币值的稳定，并以此促进经济增长。"这一规定说明了币值稳定与经济发展的关系。保持币值稳定是指保持市场货币流通与经济发展状况相适应。要保持币值稳定，就要采取各种措施，使货币供应量与货币需求量达到基本平衡，避免出现通货膨胀或通货紧缩。促进经济增长要求货币发行、金融业务、金融监督与管理等活动的进行要有利于为经济发展创造良好的金融环境，实现金融业可持续发展战略，推动金融活动朝着经济增长的目标发展。实践证明，只有币值稳定，才能促进国民经济持续、快速、健康地发展。

二、维护金融业稳定发展的原则

金融业是从事货币资金融通的特种行业，是时刻面临多种类型风险威胁的高风险行业，这些风险包括信用风险、国家风险（转移风险）、市场风险、利率风险、流动性

风险、操作风险、声誉风险等。风险的存在，严重影响着金融业的安全运营，并有可能影响整个社会的经济稳定和国家安定。因此，必须要对风险加以防范和化解，促进金融机构的审慎经营，化解风险隐患，杜绝金融危机，保证金融业稳健运行。维护金融业稳定发展原则必须贯穿金融立法、执法、守法和对外交往过程的始终。从立法上而言，必须科学、合理地建立、健全各种金融法律法规和规章制度，为防范和化解金融风险创造良好的法律环境；从执法上而言，必须强化金融监管部门的地位和职权，改进监管的方式、方法，完善有关资本充足率、贷款损失准备金、资产集中度、流动性管理、风险管理和内部控制等方面的监管程序，切实加强实施非现场检查、现场检查和聘用外部审计、综合并表监管等措施；从守法上而言，各金融机构必须健全内部控制和各项具体业务制度，实行合法合规和审慎经营；从金融对外开放上而言，必须积极稳妥，立足国家主权和安全，切实做好涉外金融业务的经营和监管工作，防范国际金融风险的渗透和转移。

三、分业经营、分业管理的原则

金融具有广阔的活动领域，涉及银行、信托、保险、证券等多个领域。为了搞好经营、提高效益，需要在一定程度上坚持分业经营和分业管理的原则。分业经营是指要明确各金融机构的业务范围。分业管理是指对不同行业实施不同的管理方法。这样，一方面可以加强专业分工，提高经营管理水平和经营效益；另一方面打破了大一统的经营及管理模式，保护了竞争。但是，近年来随着金融创新的不断发展，某些发达国家对金融业的分业经营、分业管理原则有所放宽，允许银行也可以经营证券、信托等业务，这对于分散经营风险、扩大经营规模、提高经营效益有一定的意义。2018年4月8日，中国银行保险监督管理委员会在京揭牌，不再保留中国银行业监督管理委员会和中国保险监督管理委员会。可见，我国金融业管理顺应了金融业综合经营发展趋势。

四、保护投资人和金融消费者合法权益的原则

加强对投资者利益的保护具有深远的意义。其一，投资者是一切金融交易的资金来源，若其利益不能得到公平有效的保护，资金融通就会成为无源之水、无本之木。其二，投资者中大部分为小额个人投资者，他们高度分散、力量单薄，多半欠缺信息渠道及准确判断市场变化和化解金融风险的能力。突出对投资者利益的保护，更能体现法律的公平理念。其三，投资者是金融市场不可忽视的监督力量，运用法律保护投资者利益，赋予投资者各种法律权利，有助于提高金融市场的透明度。其四，多数金融工具具有流通性，因此投资者具有不特定性和广泛性，保护投资者的利益，不仅事关金融秩序的稳定，而且会影响到社会的安定。与此同时，金融消费者合法权益的保护也是金融立法的重要目标。

五、与国际惯例接轨的原则

当前各国经济相互依赖程度不断加深，经济逐渐全球化，为了适应金融业国际性的需要，一国的金融立法必须考虑关于金融方面的国际条约、国际惯例在世界范围内的普遍适用性，同时也必须借鉴他国先进的金融立法经验。金融业是国际关联性的行业，金融工具的交易在全球范围内具有高度的统一性与协调性，一国的金融市场不可能孤立于国际金融市场而存在，在金融立法中多考虑国际惯例等国际通行规则，不仅能加强本国金融业与国际金融业的联系，而且能提高本国金融业的竞争力。这里所称的国际惯例包括：为众多国家广泛采用，并确属科学合理的立法，如关于中央银行独立性、投资者利益保护、金融风险的预防与控制等方面的各国通行的立法措施；在国际金融监管合作层面上产生的对中国不具有条约约束力，但具有广泛国际影响的法律文件，如巴塞尔银行监管委员会 1988 年的《关于统一国际银行资本衡量和资本标准的协议》；任意性的国际成文惯例，如国际商会制定的《跟单信用证统一惯例》《商业单据托收统一规则》等；国际公认并通行的不成文习惯和惯常做法。

金融业在当代经济发展过程中居于核心和先导地位。金融法的基本原则更是体现了金融法的本质基础，因此有着极其重要的意义。上述金融法的几项基本原则均体现在现行金融法律中。当然，法律不会是一成不变的，金融法的基本原则也会随着经济的发展不断完善，从而使其具有更深远的意义。

✒ 【课后练习题】

一、单项选择题

1. 金融法律关系的内容是（　　　）。

A. 自然人　　　　　B. 法人　　　　　C. 权利　　　　　D. 权利和义务

2. 下列不属于金融法的渊源的是（　　　）。

A. 金融行政法规　　　　　　　　B. 金融地方性法规

C. 国际条约　　　　　　　　　　D. 金融习惯

3. 凡是能够引起法律关系发生、变更和消灭的客观现象，在法律上称为（　　　）。

A. 法律规定　　　B. 法律行为　　　C. 法律活动　　　D. 法律事实

4. 金融法律关系的客体不包括（　　　）。

A. 行为　　　　　B. 货币　　　　　C. 有价证券　　　D. 商业银行

5. 能够引起金融法律关系产生、变更和终止的不以当事人意志为转移的事实被称为（　　　）。

A. 金融行为　　　B. 金融合法行为　C. 金融违法行为　D. 金融法律事件

6. 下列不属于行政保护方法的是（　　　）。

A. 警告　　　　B. 记过　　　　　C. 开除　　　　　D. 仲裁

7. 仲裁机构是指（　　　）。

A. 仲裁委员会　　B. 仲裁协会　　C. 仲裁协议　　D. 仲裁庭

8. 以下不是金融法律关系构成要素的是（　　　　）。

A. 主体　　　　　B. 客体　　　　C. 权利和义务　D. 责任

9. 下列属于行政机关的是（　　　　）。

A. 中央银行　　　B. 人民法院　　C. 人民检察院　D. 仲裁机构

10. 下列不属于金融监管机构的是（　　　　）。

A. 国家外汇管理局　　　　　　　B. 银保监会

C. 商业银行　　　　　　　　　　D. 证监会

二、多项选择题

1. 金融法律关系的主体包括（　　　　）。

A. 中央银行　　　　　　　　　　B. 商业银行

C. 金融监管机构　　　　　　　　D. 个人

2. 金融法律关系的客体包括（　　　　）。

A. 货币　　　　　B. 金银　　　　C. 有价证券　　D. 行为

3. 金融法的基本原则包括（　　　　）。

A. 稳定币值，促进经济发展的原则

B. 维护金融业稳定发展的原则

C. 保护投资人和金融消费者合法权益的原则

D. 与国际惯例接轨的原则

4. 下列现象中属于法律事实中的行为的有（　　　　）。

A. 甲背书转让了一张票据

B. 乙非法窃取了他人的银行卡密码

C. 丙投保的车辆因意外失火而由保险公司理赔

D. 丁因其父亲的死亡继承了一笔存款

5. 金融法律关系的构成要素包括（　　　　）。

A. 金融法律关系的主体　　　　　B. 金融法律关系的客体

C. 金融法律关系的内容　　　　　D. 金融法律关系的产生

三、案例分析题

2008 年 6 月 13 日王某向某银行贷款 8 万元从事个体运输业，贷款期限为 1 年。贷款到期后，王某仅还 2 万元贷款。2009 年 9 月 13 日银行信贷员来到王某家，催还贷款，但王某已外出打工，只有王某妻子在家，王某妻子要求银行过 3 天再来。3 天后，银行信贷员再次来到王某家，王某妻子提出能否签个还款协议，银行表示同意。于是，王某妻子与银行签订了一份《还款协议》，协议约定 2009 年底还款 3 万元，2010 年 6 月 30 日前将剩余贷款 3 万元及利息全部还清。《还款协议》签订后，王某未按《还款协议》还款。2010 年 7 月银行以王某不还款为由，向法院提起诉讼。

问题：

王某妻子与银行签订的《还款协议》是否有效？为什么？

第二章

银行法律制度

【教学目的和要求】

本章概括介绍了银行法的概念、特征、调整对象、体系和中国银行业的体系。重点介绍了中央银行法律制度、商业银行法律制度和政策性银行法律制度。通过学习使学生掌握中国人民银行的职责、商业银行的业务范围、政策性银行的性质。理解中国人民银行的性质和业务、商业银行的设立条件、政策性银行的职能。能够运用《中国人民银行法》的相关法律规定，分析金融违法行为。能够准确运用《商业银行法》规定的商业银行的设立条件，做出是否能够设立的正确判断。

中央银行法是一个国家金融法律制度的基础部分，对金融调控以及金融监管的法治化具有重要意义。在金融机构体系中，商业银行具有举足轻重的地位。商业银行不仅对央行货币政策职能的贯彻与实现具有重要的承上启下的意义，而且其负债业务、中间业务与资产业务的特点也决定了其在整个金融风险系统控制与防范中的重要地位。政策性银行是承担政策性金融业务的银行。

第一节　银行法概述

一、银行法的概念、特征、调整对象和体系

（一）银行法的概念

银行法是金融法律体系中的核心，是国家进行宏观调控的重要法律。1994 年 2 月 25 日国务院发布了《中国人民银行外资金融机构管理条例》，1994 年 10 月 9 日中国人民银行发布了《银行账户管理办法》等法规。1995 年是"金融立法年"，1995 年 3 月 18 日第八届全国人大第三次会议通过了《中华人民共和国中国人民银行法》（以下简称《中国人民银行法》），1995 年 5 月 10 日第八届全国人大常委会第十三次会议通过了《中华人民共和国商业银行法》（以下简称《商业银行法》）。两部银行法的颁布是我国银行体制改革和银行法制建设的一个重大成果，标志着一个较为完整的银行法律

体系已初步形成。

（二）银行法的特征

银行法的特征：一是银行法律规范所规定的主体的一方是特定的，即有关的银行；二是银行法较多地体现了国家干预的色彩。金融监控是国家管理经济的一项重要职能，银行业与社会各类经济活动密切相关，影响着经济秩序的稳定，国家必然要加强对其合理的管制。

（三）银行法的调整对象

银行法的调整对象是指银行法效力所及的社会关系，当某类社会关系被纳入银行法的调整范围时，它便成为银行法的调整对象。从银行法调整社会关系的性质来看，在其调整的银行组织关系，银行经营业务关系和银行管理关系中，既有平等性的银行经营业务关系，又有带管理性的银行组织关系和银行管理关系，既涉及储户、商业银行等社会个体的利益，又涉及社会整体和国家的利益。任意性和强制性相结合是银行法律规范的一个突出特点，既有私法的色彩，又有公法的表现，体现了公法与私法相融合的属性。从法的调整方式角度看，银行法适用民事、行政、刑事等多种手段进行综合调整，从而被纳入经济法的体系，也就是说银行法调整直接涉及银行的金融关系和金融管理关系，不直接涉及银行的金融关系和金融管理关系，银行法一般不作调整。结合我国实际情况，我国银行法的调整对象包括以下关系：

1. 银行组织关系。银行组织关系主要涉及银行内部组织结构的管理关系，它属于银行管理关系的范畴，银行组织关系是指在银行的设立、变更、接管、终止过程中发生的组织管理关系以及银行内部组织机构设置和确认内部各部门之间权限过程中发生的组织管理关系；银行的财务预算关系；会计核算关系；资金调度拨付关系等。银行法调整银行组织关系的目的是加强银行的组织管理，增强银行竞争力和自我约束力，严格市场准入，维护金融市场秩序。正是基于其不同于其他管理关系的特点，我们将银行组织关系作为银行法调整对象的一类单独列出。

2. 银行经营业务关系。银行经营业务关系是指银行之间以及银行与银行的客户之间，在经营货币或其他信用业务等活动中所形成的经济关系。例如，金融代理关系、结算关系、投资关系、贷款关系、存款关系等，银行经营业务关系是一种横向的平等主体之间的经济关系，它的一方是银行，另一方是其服务的对象，含自然人、法人（包括银行），在特定的情况下，国家也可能成为银行经营业务关系的一方主体。

3. 银行管理关系。银行管理关系是指国家金融主管机关和其他国家经济管理机关在对银行行为进行纵向的监督管理和宏观调控过程中形成的社会关系。比如，政府对存款、贷款和利率的管理关系、货币和外汇管理关系。结算管理关系和银行监管与审计关系等都属于银行管理关系。在银行管理关系中一方是银行，另一方是代表国家行使管理职权的经济管理机关和依法被授权的组织。因而银行管理关系是一种纵向的非平等主体之间的经济管理关系。

随着社会生活的发展，社会关系也必然处于不断的变化发展中，法的调整对象也就必然处于这样一种变化发展中。因此，银行法的调整对象也将不断地发生变化，尤其应注意的是，我国加入世贸组织之后银行的活动范围逐步扩大，因而银行法调整对象的范围也会随之扩大，这些都有力地说明银行法的调整对象并非一成不变，而是处在不断发展中。

（四）银行法的体系

银行法的体系是指银行法的内部结构。按照本书对银行法所下的定义，从银行法的调整对象来说，银行法的体系包括以下几个方面。

1. 银行组织法。银行组织法，是指确认我国银行体系中所有银行以及从事某些银行业务的非银行金融机构的法律地位，调整其组织内部各部门之间的组织管理关系和经营协作关系的法律规范的总称。银行组织法的作用是规定银行等金融机构的法律主体资格，赋予不同银行参加金融活动时各自的权利、义务，确定银行组织机构的形式和经营规则等。

我国银行组织法的法律规范大多表现在《中国人民银行法》《商业银行法》《公司法》《金融机构管理规定》《外资金融机构管理条例》等法律、行政法规和其他法规中。

2. 银行业务法。银行业务法，是指调整银行之间以及银行与客户之间，在经营货币或其他信用业务等活动中所形成的经济关系的法律规范的总称。简而言之，银行业务法是调整银行业务关系的法律规范的总称。银行业务关系是一种横向的平等主体之间的经济关系，主要包括存款业务关系、贷款业务关系、结算业务关系等。这种业务关系的一方是银行，另一方是其服务的对象，包括自然人、法人（包括银行）和国家等。

银行业务法的法律规范大多表现在《商业银行法》《票据法》《储蓄管理条例》《人民币利率管理规定》《贷款通则》《专项贷款管理暂行办法》等规范性法律文件中。

3. 银行管理法。银行管理法，是指调整中央银行和有关国家经济管理机关对银行业进行监督管理和宏观调控过程中形成的社会关系的法律规范的总称。银行管理法通过明确银行管理的目标、确定管理机构的职责权限、规范管理手段等，贯彻国家货币政策，规范金融秩序。银行管理法在宏观经济调控体系中具有十分重要的作用。

银行管理法的法律规范大多表现在《中国人民银行法》《商业银行法》《外汇管理条例》《结汇、售汇及付汇管理规定》《人民币利率管理规定》《金融统计管理规定》等规范性法律文件中。

银行组织法、银行业务法和银行管理法相互协调配合，共同构成了我国银行法体系不可分割的有机整体。

二、我国银行体系

我国银行体系主要由中央银行、商业银行、政策性银行等组成。

（一）中央银行

我国的中央银行是中国人民银行。中国人民银行是 1948 年 12 月 1 日在合并华北银行、北海银行和西北农民银行的基础上于石家庄成立的，人民币也于当天开始发行。

1949 年初，中国人民银行总行迁到了北平。新中国成立后，又合并了东北银行、内蒙古人民银行等地区性银行，成为全国统一的国家银行。1983 年，国务院颁布了《关于中国人民银行专门行使中央银行职能的决定》，规定中国人民银行从 1984 年 1 月 1 日起，专司中央银行的职能，不再对企业和个人办理金融业务。

1993 年 12 月，国务院发布《关于金融体制改革的决定》，明确提出了我国金融体制改革的总体目标，并强调"建立在国务院领导下，独立执行货币政策的中央银行宏观调控体系，把中国人民银行办成真正的中央银行"。1995 年，第八届全国人大第三次会议表决通过的《中华人民共和国中国人民银行法》（2003 年 12 月进行了修订），以基本法的形式明确规定了中国人民银行作为我国中央银行的地位，从而使我国央行的法制建设步入了一个全新的时期。

（二）商业银行

商业银行是依法设立，以盈利为目的，办理吸收公众存款、发放贷款、办理结算等业务的企业法人。商业银行是金融体系的市场主体，它的业务经营活动最能反映银行业务活动的基本特征。

（三）政策性银行

1993 年，国务院发布《关于金融体制改革的决定》，提出深化金融改革、组建政策性银行。该决定指出：为了实现政策性金融与商业性金融的分离，以解决有的专业银行身兼二职的问题，割断政策性贷款与基础货币的直接联系，确保人民银行调控基础货币的主动权，特建立政策性银行；政策性银行要坚持自担风险、保本经营、不与商业性金融机构竞争的原则，业务上接受中国人民银行的监督；国家设立国家开发银行、中国农业发展银行、中国进出口银行三家政策性银行；政策性银行要设立监事会。

第二节　中央银行法律制度

一、中央银行法概述

（一）中央银行与中央银行法

1. 中央银行。中央银行是指在一国金融体系内居于核心地位，负责制定和执行国家货币政策，提供公共金融服务，维护国家金融稳定，依法实施金融监管的特殊金融机构。中央银行是发行货币的银行，一般垄断了货币发行权，是发行的银行；中央银行只与商业银行等金融机构发生业务往来，是银行的银行；中央银行代表国家贯彻执行金融政策，代为管理国家财政收支并为政府提供各种金融服务，是政府的银行。我国的中央银行是中国人民银行。

2. 中央银行法。中央银行法是规定中央银行的地位、性质、职能、组织、业务范围等内容的法律规范的总称。中央银行是负责管理一国金融事业，制定和执行国家的货币信用政策，调节和控制货币流通及信用活动，依法管理监督其他金融机构的国家机关。中央银行在各个国家的金融体系中居于核心地位，是国家贯彻金融业法律法规及政策，实现国家管理、干预经济职能的最重要的机构。中央银行法确立了中央银行的地位和职责，调整中央银行在组织管理和业务经营活动中形成的内外关系，规范了部分金融法律制度，为金融法律制度完善提供了可能，使中央银行能独立行使职能，保障了国家货币政策的制定和执行，促使金融体系稳健运行。

我国最早的中央银行法是 1995 年 3 月 18 日第八届全国人大第三次会议审议通过的《中华人民共和国中国人民银行法》（以下简称《中国人民银行法》），它是新中国成立以来管理和规范金融业的第一部大法，是金融法制建设的里程碑，该法于 2003 年 12 月 27 日进行修订。此外，中央银行的相关法律法规还散见于《中华人民共和国宪法》《中华人民共和国刑法》《中华人民共和国外汇管理条例》《金融机构撤销条例》以及《中国人民银行行政复议办法》等多部法律法规中，这构成了我国中央银行法律体系。

《中华人民共和国中国人民银行法》

（二）中国人民银行的性质、法律地位

1. 中国人民银行的性质。《中国人民银行法》第二条规定："中国人民银行是中华人民共和国的中央银行。中国人民银行在国务院领导下，制定和执行货币政策，防范和化解金融风险，维护金融稳定。"第八条规定："中国人民银行的全部资本由国家出资，属于国家所有。"这些规定，确立了中国人民银行的性质。

（1）中国人民银行是我国的中央银行。中国人民银行是我国的中央银行，代表国家制定、执行货币政策，对金融机构活动进行领导、管理和监督。

（2）中国人民银行是特殊的国家机关。中国人民银行从事金融业务，具有金融机构的属性，区别于一般的政府机关。具体体现在以下几方面：①中国人民银行履行的监管、调控职能主要是通过其服务职能，即通过金融业务活动实现的，其调控方式也主要是货币政策等间接手段；而一般政府机关主要依靠行政命令直接管理国家事务。②中国人民银行办理存款、再贴现、票据清算等金融业务，实行资产负债管理，有收益也会有亏损；而一般政府机关则完全依靠国家财政拨付经费。③中国人民银行因其职能的重要性和业务的特殊性，不像一般政府机关那样直接隶属于政府，而是具有相对独立的法律地位。

（3）中国人民银行是特殊的金融机构。中国人民银行虽然属于广义金融机构的范畴，但与普通金融机构相比，又更多地体现出国家政府机关的性质。首先，中国人民银行不以盈利为目的，其亏损由中央财政拨款弥补，这与普通金融机构以盈利为目的的企业属性截然不同。其次，中国人民银行不经营普通金融机构的业务，只对政府、普通金融机构办理业务，而未对工商企业和个人办理业务。最后，中国人民银行对高级管理人员的任免、任职期限等，规定较为严格，与其他政府机关行政首长的任命程序相同。

2. 中国人民银行的法律地位。中国人民银行的法律地位是指法律规定中国人民银行在国家机构体系中的地位。法律地位决定了中国人民银行的权限大小及其在国民经济调节体系中的地位。基于中国人民银行的性质以及我国现行的政治体制结构，中国人民银行的法律地位是在国务院领导下具有相对独立性的国家金融行政监管机关。

（1）中国人民银行具有行政隶属性。根据《中国人民银行法》规定，中国人民银行对中央政府的行政隶属性体现在四个方面。①中国人民银行是国务院的重要组成部门，在国务院领导下制定和执行货币政策，防范和化解金融风险，维护金融稳定。②中国人民银行就年度货币供应量、利率、汇率和国务院规定的其他重要事项作出的决定，须报国务院批准后执行。③中国人民银行货币政策委员会的职责、组成和工作程序，由国务院规定，报全国人民代表大会常务委员会备案。④中国人民银行的行长由国务院总理提名，副行长由国务院总理任免。

（2）中国人民银行具有相对独立性。根据《中国人民银行法》规定，中国人民银行享有相对独立性，其体现在三个方面。①中国人民银行履行职责，开展业务，不受地方政府、各级政府部门、社会团体和个人的干涉。财政不得向中国人民银行透支，中国人民银行不得直接认购政府债券，不得向各级政府贷款，不得包销政府债券。②中国人民银行应当向全国人民代表大会常务委员会提出有关货币政策情况和金融业运行情况的工作报告。③中国人民银行行长的人选，由全国人民代表大会决定；全国人民代表大会闭会期间，由全国人民代表大会常务委员会决定，由中华人民共和国主席任免。

（三）中国人民银行的职能、职责

1. 中国人民银行的职能。中国人民银行具有中央银行所具备的四项基本职能，即发行的银行、银行的银行、政府的银行、监管的银行。发行的银行是指国家赋予中国人民银行集中与垄断货币发行的特权，并由中国人民银行统一管理全国的货币发行、流通，维持币值稳定。银行的银行是指中国人民银行只对商业银行和其他金融机构开展各种银行业务，主要包括集中管理存款准备金、充当银行业的最后贷款人、组织全国银行间的资金清算等。政府的银行是指中国人民银行代表政府贯彻执行货币政策，代表政府管理财政收支，以及为政府提供各种金融服务。监管的银行是指中国人民银行为了实施货币政策和维护金融稳定而承担和执行有关监管职责，如监管银行间同业拆借市场、监管外汇市场等。

2. 中国人民银行的职责。中国人民银行的职责是中国人民银行职能的具体化。具体包括如下：

（1）发布与履行其职责有关的命令和规章。中国人民银行作为国务院的重要职能部门，有权根据法律、行政法规、决定和命令，在本部门的权限范围内，制定与颁布有关命令和规章。这是《中华人民共和国立法法》所明确规定的，也是实现中国人民银行职责的前提和保障。特别值得一提的是，2018年3月国务院机构改革，将银行业、保险业重要法律法规草案和审慎监管基本制度的职责划入中国人民银行。

（2）依法制定和执行货币政策。货币政策是指中国人民银行为实现一定的经济目标，运用各种工具调节和控制货币供给量，进而影响宏观经济的方针和措施的总和。

中国人民银行要在国务院领导下，依照法定程序研究拟订货币政策，并组织实施，以实现货币政策的最终目标。这是中国人民银行最重要的职责。

（3）发行人民币，管理人民币流通。发行与管理货币是世界各国中央银行通常的职责，中国人民银行也不例外。中国人民银行负责人民币的设计、印刷、投放和回笼，还要承担人民币流通中的更新、销毁和反假币等工作。

【案例分析 2－1】

张某与李某合谋加工伪造人民币。张某选定加工窝点，并纠集王某等人，由张某统一指挥加工假币。其中7人负责将假币两边撕开，4人在假币的左边穿上银线，另外4人在假币背面制作水印人头像，然后把加工好的银线和水印人头像的假币黏合，用熨斗熨平。公安人员在加工现场抓获张某等16人，缴获假币2箱（金额为300000元）及银线6捆等作案工具。

资料来源：http：//www.doc88com/P－4955457338869html。

思考：（1）张某侵犯了应属于何机关享有的法定货币权？

（2）张某应承担何种法律责任？

（4）监督管理银行间同业拆借市场和银行间债券市场。银行间同业拆借市场是金融机构之间开展一年以下、无担保资金融通活动的市场。中国人民银行负责审核同业拆借市场的准入主体，负责同业拆借交易、清算、风险、信息披露等方面的监督管理。银行间债券市场是指依托于中国外汇交易中心暨全国银行间同业拆借中心和中央国债登记结算公司，包括商业银行、农村信用联社、保险公司、证券公司等金融机构进行债券买卖和回购的市场。中国人民银行是全国银行间债券市场的主管部门，负责制定市场管理办法和规定，对市场进行全面监督和管理，拟订市场发展规划和推动市场产品创新等。

（5）实施外汇管理，监督管理银行间外汇市场。外汇管理是中国人民银行运用各种手段对外汇的收支、使用、结算、买卖以及汇率进行管制，以保持国际收支和汇率的稳定。外汇管理主要包括经常项目外汇管理、资本项目外汇管理、金融机构外汇业务管理、人民币汇率管理等。银行间外汇市场是指经国家外汇管理局批准的，从事外汇业务的金融机构之间通过中国外汇交易中心进行人民币与外币之间交易的市场。中国人民银行授权国家外汇管理局具体实施外汇管理，监管银行间外汇市场的准入、交易工具以及交易价格等。

（6）监督管理黄金市场。黄金市场是指黄金买卖和兑换的交易市场。中国人民银行是我国黄金市场的主管机关，具体负责监管黄金交易所和黄金进出口业务。上海黄金交易所是经国务院批准，由中国人民银行组建，在国家工商行政管理局登记注册的，不以营利为目的，实行自律性管理的法人。上海黄金交易所接受中国人民银行的领导和监管。黄金及其制品进出口管理属于我国进出口许可管理制度中限制进出口管理的范畴。自 2008 年 1 月 1 日起，黄金及其制品进出口列入《黄金及其制品进出口管理商品目录》的货物，必须获得中国人民银行或其授权的中国人民银行分支机构签发的"黄金及其制品进出口准许证"，海关才能办理验放手续。

（7）持有、管理、经营国家外汇储备、黄金储备。外汇储备是一国政府所持有的国际储备资产中的外汇部分，一般包括国际上广泛使用的可兑换货币。黄金储备是一国政府为了应付国际支付和维护货币信用而储备的金块、金币的总额。外汇储备、黄金储备是一国对外支付能力的保证，也是实现币值稳定和国际收支平衡的重要手段。中国人民银行与其他国家中央银行一样，负责持有、管理、经营国家外汇储备、黄金储备，并使其保值、增值。

（8）经理国库。国库是国家金库的简称，指专门办理国家预算资金的收纳、划分、留解和拨付的专门机构。中国人民银行经理国库主要是办理与监督国家预算收支和代理国债发行与兑付。这是中国人民银行的一项重要职责，体现了中国人民银行政府机关的职能。

（9）维护支付、清算系统的正常运行。支付、清算系统是中国人民银行向金融机构及社会经济活动提供资金清算服务的综合安排。我国已经建立了大额支付系统、小额支付系统、全国支票影像交换系统、境内外币支付系统、电子商业汇票系统、网上支付跨行清算系统，这些是我国重要的金融基础设施，是国家和社会资金流动的大动脉。中国人民银行主要从制定有关支付清算规则、依法规范支付清算体系正常运行、依法规范支付服务组织运行、推广多种支付工具以减少现金使用等几方面维护支付、清算系统的正常运行。

（10）指导、部署金融业反洗钱工作，负责反洗钱的资金监测。中国人民银行是国务院反洗钱行政主管部门，承担组织、协调国家反洗钱工作，具体指导、部署金融业反洗钱，负责反洗钱的资金监测，制定或者会同国务院有关金融监督管理机构制定《金融机构反洗钱规章》，监督、检查金融机构履行反洗钱义务的情况，在职责范围内调查可疑交易活动。中国人民银行已经设立反洗钱监测分析中心，负责接收并分析人民币、外币大额交易和可疑交易报告；建立国家反洗钱数据库，妥善保存金融机构提交的大额交易和可疑交易报告信息；按照规定向中国人民银行报告分析结果；要求金融机构及时提交人民币、外币大额交易和可疑交易报告；经中国人民银行批准，与境外有关机构交换信息、资料等。

（11）负责金融业的统计、调查、分析和预测。中国人民银行的地位和职能决定它有能力对金融行业进行系统的分析研究，搜集、汇总有关经济金融信息，对经济、金融形势作出预测，为国务院组织整个国民经济运行提供资料、信息和预测分析，为国民经济其他部门提供参考。

（12）作为国家的中央银行，从事有关的国际金融活动。在对外金融活动中，中国人民银行作为中国政府的代表，参加国际货币基金组织、世界银行、国际清算银行等国际金融组织，签订国际金融协定，以及参与国际金融事务与活动，如出席各种国际性金融会议、参加国际金融事务的协调磋商等。

（13）国务院规定的其他职责。这是一项弹性条款，既涵盖了中国人民银行现有的但没有必要或者不宜列出的职责，也包括了国务院将来根据国家经济、金融形势发展而赋予中国人民银行的职责。

（四）中国人民银行的组织机构

中国人民银行是一个复杂的组织控制系统，它通过一定的组织形式与组织机构履行职责，发挥作用。这些组织机构是实现中国人民银行职能、职责的根本保障。

中国人民银行内设部门。中国人民银行设26个职能司（局）：办公厅（党委办公室）、条法司、货币政策司、货币政策二司、金融市场司、金融稳定局、调查统计司、会计财务司、支付结算司、科技司、货币金银局、国库局、国际司（港澳台办公室）、内审司、人事司（党委组织部）、研究局、征信管理局、反洗钱局（保卫局）、金融消费权益保护局、党委宣传部（党委群工部）、机关党委、派驻纪检组、离退休干部局、参事室、工会、团委。

中国人民银行上海总部。中国人民银行上海总部于2005年8月10日正式成立，作为总行的有机组成部分，在总行的领导和授权下开展工作，主要承担部分中央银行业务的具体操作职责，同时履行一定的管理职能。上海总部建设总的目标可归纳为"两个平台、一个窗口和一个中心"，即把上海总部建设成为总行公开市场操作的平台、金融市场运行监测的平台、对外交往的重要窗口和一部分金融服务与研究和开发业务的中心。

中国人民银行直属机构。截至2016年末，中国人民银行下设中国人民银行机关服务中心（机关事务管理局）、中国人民银行集中采购中心、中国反洗钱监测分析中心、中国人民银行征信中心、中国外汇交易中心（中国银行间同业拆借中心）、中国金融出版社、金融时报社、中国人民银行清算总中心、中国印钞造币总公司、中国金币总公司、中国金融电子化公司、中国金融培训中心、中国人民银行郑州培训学院、中国人民银行金融信息中心、中国人民银行党校等直属机构。

中国人民银行各分支机构。截至2018年7月，中国人民银行共设上海分行、天津分行等36个分支机构。

二、中国人民银行的业务

（一）中国人民银行的法定业务

中国人民银行作为我国中央银行，它的业务是中国人民银行职责的具体化。中央银行业务一般由中央银行法确定，称为中央银行的法定业务。根据《中国人民银行法》的规定，我国的中央银行的法定业务具体包括以下几个方面。

1. 货币政策。中国人民银行货币政策委员会是中国人民银行制定货币政策的咨询议事机构。根据《中国人民银行法》和国务院颁布的《货币政策委员会条例》，经国务院批准，中国人民银行货币政策委员会于1997年7月成立。2003年12月27日新修订的《中国人民银行法》第十二条明确指出："中国人民银行设立货币政策委员会。货币政策委员会的职责、组成和工作程序，由国务院规定，报全国人民代表大会常务委员会备案。中国人民银行货币政策委员会应当在国家宏观调控、货币政策制定和调整中，发挥重要作用。"

货币政策的主要工具有：公开市场操作、存款准备金、再贷款与再贴现、利率政策、汇率政策和窗口指导等。

2. 监督稽核。《中国人民银行法》是进行银行监管的法律基础。银行监管的目的在于确保银行体系的活力，通过监视各银行机构的信用和流动性，保护存款人利益。另外，中国人民银行在中国的金融改革中起着特别重要的作用。

中国人民银行通过定期分析报告和现场稽核对金融机构进行监管。与银行监管密切相关的是对支付系统的监管，中央银行有责任维护国家支付、清算和结算系统的正常运行，中国人民银行一直致力于开发它拥有的支付系统，并与其他银行机构密切合作，使这些金融机构运行的支付系统更加高效和更加安全可靠。

3. 支付体系。中国人民银行作为中国支付体系建设的组织者、推动者和监督者，肩负"维护支付、清算系统正常运行"等法定职责，建设运行了第二代支付系统、中央银行会计核算数据集中系统、全国支票影像交换系统、境内外币支付系统等重要业务系统，为金融机构和金融市场提供低成本、高效率的公共清算平台，加速了社会资金周转，推动了经济金融较快发展。中国人民银行各级分支机构为商业银行各级分支机构提供结算账户服务。此外，还为一些政府机关、事业团体开设结算账户，提供支付服务。除了结算通过人民银行支付系统办理的支付交易以外，结算账户还用来结算其他支付系统产生的净额头寸，如商业银行系统的电子资金汇兑系统。

中国人民银行为了其维护支付、清算和结算系统的正常运行，除了履行一般监督作用以外，还为广大银行机构提供资金转账网络，即中国2000多家同城票据交换所、中国手工联行系统和中国电子联行系统。这些支付系统对银行机构之间的竞争起着中立作用。中国人民银行对各商业银行提供的支付服务通过业务条款、处理程序、借记和贷记条款以及收费政策施加一定影响。

4. 信贷指导政策。信贷指导政策是宏观经济政策的重要组成部分，是中国人民银行根据国家宏观调控和产业政策要求，对金融机构信贷总量和投向实施引导、调控和监督，促使信贷投向不断优化，实现信贷资金优化配置并促进经济结构调整的重要手段。制定和实施信贷政策是中国人民银行的重要职责。

5. 经理国库。央行经理国库始于1985年。1985年颁布的《国家金库条例》规定："中国人民银行具体经理国库。组织管理国库工作是人民银行的一项重要职责。"从此，中国人民银行在国库管理中的基本定位得到了科学的、准确的表达。

6. 征信管理。根据《中国人民银行法》《公司法》《征信业管理条例》等法律法规，中国人民银行依法履行对征信机构的监督管理职责。中国人民银行分支机构在总行的授权范围内，履行对辖区内征信机构的监督管理职责。

（二）中国人民银行禁止从事的业务

中央银行在办理业务时，要处理好币值稳定与经济增长之间的矛盾。这种矛盾主要表现在：国家发展经济需要货币投放，但货币投放过多就会导致通货膨胀。中央银行执行货币政策的目的是稳定币值，并以此促进经济增长，所以通货膨胀式的货币投放不可取。但是，如果中央银行限制货币的投放，又可能影响经济的增长，导致币值稳定但经济增长放缓。为了保证中央银行货币政策的执行，中央银行在办理业务时，要受到法律的限制。根据中国人民银行作为我国中央银行的特殊性质和地位，《中国人民银行法》对中国人民银行的业务活动作了以下限制性规定：

1. 不得对银行业金融机构的账户透支。透支作为一种信贷方式，是造成一国信用膨胀和货币金融危机的直接原因之一。一是会导致银行业金融机构不加约束地扩大信贷规模，造成信用膨胀；二是会使中央银行的存款准备金率、再贴现率等货币金融工具失去调节作用，从而加剧金融市场的混乱，最终导致金融危机。

2. 贷款的期限不得超过一年。中国人民银行对金融机构贷款，根据贷款方式的不同，可以分为信用贷款和再贴现两种。人民银行的信用贷款，依据贷款的期限的不同，划分为二十天内、三个月内、六个月内和一年期四个档次。向商业银行提供贷款，是中央银行的一种货币政策工具，对于中央银行控制市场货币供应量和信用规模，实现货币政策目标具有重要作用。正因为中央银行对商业银行的贷款是中央银行调控货币市场、执行国家货币政策的重要工具，直接影响到金融市场的稳定和发展，所以国家对中央银行向商业银行的贷款实行严格的限制。

3. 不得对政府财政透支。这种限制旨在防止财政以透支方式利用货币发行弥补财政赤字，导致通货膨胀，影响经济长期稳定的发展。这就要求国家财政应尽量保持收支平衡，如收支难以平衡，可以通过发行债券的方式来解决，不得向银行透支。

4. 不得直接认购、包销国债和其他政府债券。中国人民银行直接认购、包销国债和其他政府债券实际是一种变相或间接向政府财政进行透支的行为。这部分借款是没有物质保证的，借款通过银行的货币扩张机制，成倍地扩张，将会导致通货膨胀的发生。

5. 不得向地方政府、各级政府部门及其他单位和个人提供贷款。这是由中国人民银行的地位和管理职能所决定的。中国人民银行是我国的中央银行，是银行的银行。其职责集中在制定和实施货币政策、防范和化解金融风险、维护金融稳定等方面，因此，中国人民银行的贷款业务作为金融宏观调控的手段之一，是不能向地方政府、各级政府部门及其他单位和个人提供的。

【案例分析 2-2】

某市的财政状况一直不好，当地建设缺少大量资金，于是政府指令当地中国人民银行分行贷款给政府财政，并且要求其为当地商业银行透支，同时命令其为当地的一项基本建设项目的外国贷款提供担保。

思考：该案例中的人民银行分行从事了哪些法律禁止从事的业务？

（三）中国人民银行的金融监督管理权

中国人民银行享有的金融监督管理权具体包括以下四个方面。

1. 对金融机构的行为进行监管。《中国人民银行法》第三十二条规定了中国人民银行金融监管的内容,主要包括以下 9 个方面:①执行有关存款准备金管理规定的行为;②与中国人民银行特种贷款有关的行为;③执行有关人民币管理规定的行为;④执行有关银行间同业拆借市场、银行间债券市场管理规定的行为;⑤执行有关外汇管理规定的行为;⑥执行有关黄金管理规定的行为;⑦代理中国人民银行经理国库的行为;⑧执行有关清算管理规定的行为;⑨执行有关反洗钱规定的行为。

2. 可能发生金融风险时的监管。根据《中国人民银行法》的规定,中国人民银行在国务院的领导下制定和执行货币政策,防范和化解金融风险,维护金融业的稳定。《中国人民银行法》第三十四条规定:"当银行业金融机构出现支付困难,可能引发金融风险时,为了维护金融稳定,中国人民银行经国务院批准,有权对银行业金融机构进行检查监督。"

3. 建议中国银行保险监督管理委员会对银行业金融机构进行监管。中国银行保险监督管理委员会,承担了对银行业金融机构及其业务活动进行监管的职责。由于中国人民银行与银行业金融机构关系密切,银行业金融机构的资产负债表、利润表以及其他财务会计、统计报表和资料均可被要求送往中国人民银行,故中国人民银行可以在工作过程中发现银行业金融机构在业务活动中所存在的问题。中国人民银行根据执行货币政策和维护金融稳定的需要,可以建议中国银行保险监督管理委员会对银行业金融机构进行检查监督。中国银行保险监督管理委员会应当自收到建议之日起 30 日内予以回复。这有利于及时发现并化解金融风险,保护客户的合法权益,维护我国金融业的稳定。

4. 中国人民银行的内部监管。中国人民银行内部稽查、检查的对象是中国人民银行总行、分行及其支行。内部稽查、检查的主要内容包括三个方面:一是对中国人民银行行使中央银行职能,从事有关业务活动方面的监察;二是对中国人民银行工作人员有无违法、违纪情况进行监督;三是对中国人民银行的财务收支情况和会计事务进行监察。

【案例分析 2 - 3】

在对某市人民银行分行开展的业务检查中,查明其主要从事了以下几项业务:(1) 向在该行开立账户的建设银行某分行透支 60 万元。(2) 向农业银行再贴现 40 万元。(3) 2013 年 5 月 29 日,向农业银行该市分行发放贷款 500 万元,期限 2 年。(4) 向该市某投资公司发放贷款 300 万元,期限 4 年。(5) 直接认购 1 年期国债 20 万元。(6) 2013 年 8 月 16 日,向该市人民政府林业局发放贷款 300 万元,期限 3 年。(7) 决定为该市人民保险公司提供 500 万元担保。(8) 认购某公司股票 20 万元。

思考:上述哪些业务是合法的,哪些业务是违法的?为什么?

三、货币政策

（一）货币政策的概念

货币政策是指中央银行为实现既定的目标，运用各种工具调节货币供应量来调节市场利率，进而影响宏观经济运行的各种方针政策和措施的总称。货币政策是一国主要的宏观经济政策，制定和执行货币政策是中央银行的核心职责。

【拓展阅读】

"十三五"时期货币政策的重要使命

中国的经济金融运行已进入"十三五"时期。《中共中央关于制定国民经济和社会发展第十三个五年规划的建议》和《中华人民共和国国民经济和社会发展第十三个五年规划纲要》确立了"创新、协调、绿色、开放、共享"五位一体的发展理念，强调"要按照总量调节和定向施策并举、短期和中长期结合、国内和国际统筹、改革和发展协调的要求，完善宏观调控，采取相机调控、精准调控措施，适时预调微调，更加注重扩大就业、稳定物价、调整结构、提高效益、防控风险、保护环境"。这决定了"十三五"时期我国的货币政策操作基本取向和主要选择。具体来看，主要有以下五个方面内容：第一，综合运用各种货币政策机制和工具，根据国内外经济金融运行形势的变化，相机抉择，以"组合拳"方式进行具有前瞻性和针对性的预调微调。第二，完善货币政策调控机制。第三，改革并完善适应现代金融市场发展的金融监管框架。第四，有效防范和化解金融风险。第五，支持"一带一路"倡议的实施。

资料来源：节选自《上海证券报》，2016 - 04 - 21。

（二）货币政策工具

货币政策工具是中央银行为达到货币政策目标而采取的手段。货币政策工具根据其操作对象划分，可分为三类：一般性货币政策工具、选择性货币政策工具和其他货币政策工具。

1. 一般性货币政策工具，是指中央银行所采用的、对整个金融系统的货币信用的扩张与紧缩产生全面性或一般性影响的手段。它一般包括法定存款准备金率、调整再贴现率和公开市场操作，俗称中央银行的三大法宝。

（1）存款准备金政策，是指中央银行依法规定和调整商业银行交存中央银行的存款准备金率，控制商业银行创造信用的能力，间接地控制货币供应量。

（2）再贴现政策，是指中央银行通过制定和调整再贴现率来决定金融机构的融资成本，干预和影响市场利率及货币市场的供求，从而调节货币供应量的一种金融政策。

（3）公开市场业务政策又称公开市场操作，是指中央银行在金融市场（债券市场）上公开买卖有价证券（主要是政府公债券、国库券和银行承兑票据等）影响金融机构的头寸，吞吐基础货币，从而起到调节信用与货币供给作用的一种业务活动。

2. 选择性货币政策工具，是指中央银行用来调整某些商业银行或某种信用活动的货币政策工具。主要有：证券市场信用管理，即规定购买证券的保证金比率，以控制证券的信用交易，防止证券投机，从而增加其他资金市场的资金供给，促进信贷资金运用的合理化。消费信用管理，即中央银行对不动产以外的各种耐用消费品的销售融资予以控制。不动产信用控制，是中央银行对不动产信用活动的一种直接控制。还有优惠利率和预缴进口保证金。

3. 其他货币政策工具。其他货币政策工具是指除常规性、选择性货币政策工具外，中央银行有时还运用一些补充性货币政策工具，对信用进行直接控制和间接控制。直接信用控制，是指中央银行依法对商业银行等金融机构扩大信用业务活动直接干预的行为。主要有：信用分配、直接干预、流动性比率、利率最高限额；其他间接的货币政策工具，主要是指不具有法律效力的辅助性货币政策工具，一般包括道义劝说和窗口指导。

四、法律责任

（一）违反人民币发行及流通管理规定行为人的法律责任

1. 对伪造或变造人民币等违法行为人员的处罚。伪造、变造人民币，出售伪造、变造的人民币，或者明知是伪造、变造的人民币而运输，构成犯罪的，依法追究刑事责任；尚不构成犯罪的，由公安机关处十五日以下拘留、1万元以下罚款。

购买伪造、变造的人民币或者明知是伪造、变造的人民币而持有、使用，构成犯罪的，依法追究刑事责任；尚不构成犯罪的，由公安机关处十五日以下拘留、1万元以下罚款。

2. 对非法使用人民币图样的人员的处罚。在宣传品、出版物或者其他商品上非法使用人民币图样的，中国人民银行应当责令改正，并销毁非法使用的人民币图样，没收违法所得，并处5万元以下罚款。

3. 对印制、发售代币票券等人员的处罚。印制、发售代币票券，以代替人民币在市场上流通的，中国人民银行应当责令停止违法行为，并处20万元以下罚款。

（二）金融机构的法律责任

中国人民银行有权对金融机构以及其他单位和个人的下列行为进行检查监督：（1）执行有关存款准备金管理规定的行为；（2）与中国人民银行特种贷款有关的行为；（3）执行有关人民币管理规定的行为；（4）执行有关银行间同业拆借市场、银行间债券市场管理规定的行为；（5）执行有关外汇管理规定的行为；（6）执行有关黄金管理规定的行为；（7）代理中国人民银行经理国库的行为；（8）执行有关清算管理规定的行为；（9）执行有关反洗钱规定的行为。

上述所列行为违反法律、行政法规规定的，依照其规定给予处罚；有关法律、行政法规未作处罚规定的，由中国人民银行区别不同情形给予警告，没收违法所得。违法所得 50 万元以上的，并处违法所得 1 倍以上 5 倍以下罚款；没有违法所得或者违法所得不足 50 万元的，处 50 万元以上 200 万元以下罚款；对负有直接责任的董事、高级管理人员和其他直接责任人员给予警告，处 5 万元以上 50 万元以下罚款；构成犯罪的，依法追究刑事责任。

当事人对行政处罚不服的，可以依照《中华人民共和国行政诉讼法》的规定提起行政诉讼。

（三）中国人民银行及其工作人员违法行为的法律责任

1. 中国人民银行有下列行为之一的，对负有直接责任的主管人员和其他直接责任人员，依法给予行政处分；构成犯罪的，依法追究刑事责任：（1）违反《中国人民银行法》第三十条第一款的规定提供贷款的；（2）对单位和个人提供担保的；（3）擅自动用发行基金的。

2. 中国人民银行的工作人员泄露国家秘密或者所知悉的商业秘密，构成犯罪的，依法追究刑事责任；尚不构成犯罪的，依法给予行政处分。

3. 中国人民银行的工作人员贪污受贿、徇私舞弊、滥用职权、玩忽职守，构成犯罪的，依法追究刑事责任；尚不构成犯罪的，依法给予行政处分。

（四）其他组织和个人违法行为的法律责任

地方政府、各级政府部门、社会团体和个人强令中国人民银行及其工作人员违反《中国人民银行法》的规定提供贷款或者担保的，对负有直接责任的主管人员和其他直接责任人员，依法给予行政处分；构成犯罪的，依法追究刑事责任；造成损失的，应当承担部分或者全部赔偿责任。

【拓展阅读】

广东破获全国收缴量最多假币案

2015 年 9 月 17 日凌晨 5 时许，广东省公安厅以惠州为主战场，组织汕尾、深圳、广州、汕头、揭阳等地公安机关联合开展统一收网行动，一举捣毁分别位于惠州市惠城区和仲恺区的特大伪造货币窝点两个，缴获 2005 年版第五套 100 元面额假人民币 2.1 亿元，抓获犯罪嫌疑人 29 名，查获印刷机 4 台以及假币胶片等一大批印制假币原材料。由于打击及时，该团伙主要犯罪嫌疑人全部落网，生产的假币无一流入社会。此为新中国成立以来警方在窝点现场收缴假币量最多、印刷设备最多、团伙成员最多的一起假币案件。

资料来源：《法制日报》案件，2015 – 09 – 25。

【案例分析2-4】

　　甲印刷厂在2007年新年来临前夕，赶印一批以奥运为展现主题的挂历。为了获得比往年更好的销路，该厂在所有挂历的月历位置采用了以扩大了的新版100元人民币的图案作为背景，色彩尺寸与100元人民币的票面相同甚至号码也一样。该系列挂历一经推出后，果然比往年的销量要好一些。在这批挂历热销几个月后，遭到了当地人民银行会同当地公安局和工商局的联合查处。经过调查核实，人民银行依据相关法律对甲厂做出了：责令立即停止印刷销售印有人民币图案的挂历；销毁已经印刷的印有人民币图案的挂历成品；没收违法所得并处以2万元罚款的处罚决定。

　　思考： (1) 甲印刷厂的行为是否构成非法使用人民币图样？
　　　　　　(2) 当地人民银行是否对甲印刷厂的上述行为具有行政处罚权？

第三节　商业银行法律制度

一、商业银行法概述

（一）商业银行的概念、特征和职能

1. 商业银行的概念。商业银行是指依照《商业银行法》和《公司法》设立的吸收公众存款、发放贷款、办理结算等业务的企业法人。商业银行是金融业务范围最为广泛、实力最为雄厚的金融机构，在金融体系中居于主体地位。

2. 商业银行的特征。

（1）商业银行是企业。商业银行与一般工商企业一样，都是以营利为目的，依法经营、自担风险、自负盈亏的企业。

（2）商业银行是企业法人。商业银行要依法设立，有自己的名称、经营条件、经营场所和独立财产，以自己的名义从事经济活动，对外独立承担责任的法律主体。因此，商业银行是企业法人。

（3）商业银行是特殊的金融企业法人。商业银行的主要业务是吸收公众存款、发放贷款、办理结算等业务，是典型的金融企业，从而有别于一般的工商企业。同时，商业银行又是唯一可以签发支票的金融企业，其业务范围和对社会经济的影响力远远超过其他金融企业，如证券公司、信托公司等，因而又不同于其他金融企业。

3. 商业银行的职能：信用中介职能、支付中介职能、信用创造职能、金融服务职能。

（二）商业银行法的概念、适用范围和基本原则

1. 商业银行法的概念。商业银行法是指国家制定的，用来规范与调整商业银行和

客户、商业银行和中央银行、商业银行与其他金融机构之间关系的法律规范的总称。1995年5月10日第八届全国人民代表大会常务委员会第十三次会议通过了《中华人民共和国商业银行法》，并经过了2003年和2015年的两次修订。

《中华人民共和国商业银行法》

2. 商业银行法的适用范围。商业银行法的适用范围，是指《商业银行法》对哪些金融机构的哪些活动有法律约束力，主要包括以下方面。

（1）商业银行（国有独资商业银行、其他商业银行）的一切经营和管理活动。

（2）外资商业银行、中外合资商业银行、外国商业银行的分行，适用《商业银行法》规定，但法律、行政法规另有规定的除外。

（3）城市信用合作社、农村信用合作社办理存款、贷款和结算等业务。

（4）邮政企业办理邮政储蓄、汇款业务。

3.《商业银行法》的基本原则。

（1）"三性"原则。所谓"三性"原则是指商业银行以安全性、流动性、效益性为经营原则。这是我国商业银行必须遵守的首要、基本的原则。其中安全性原则是指商业银行在进行业务活动时，必须充分防范和化解各种经营风险，确保资产安全。流动性原则是指商业银行的资产可以随时变为现款，以便及时、充分地满足客户提现和发放正常贷款的需求。效益性原则是指商业银行在经营过程中，必须以盈利为目标，努力使盈利最大化，追求最佳的经济效益和社会效益。从根本上讲，"三性"原则之间是相互统一的，它们共同保证了商业银行经营活动的正常运行。其中，安全性原则是基础，是实现效益性原则和流动性原则的前提；流动性原则是保证，是实现效益性原则和安全性原则的条件；效益性原则是核心，是保持或实现安全性原则和流动性原则的目的。

（2）"四自方针"原则。所谓"四自方针"原则是指商业银行实行自主经营、自担风险、自负盈亏、自我约束。"自主经营"原则强调商业银行有权根据市场的需要，自主地对经营计划、投资安排、金融产品的开拓、劳动、人事、工资奖金分配等方面作出决策并组织实施，不受地方政府和部门的干预。"自担风险"原则是指商业银行要独自承担信用风险、利率风险、汇率风险、流动性风险和国家风险等经营中出现的各种风险。"自负盈亏"原则是指商业银行对其经营业务所产生的后果享有相应的权利，承担相应的责任。"自我约束"原则是指商业银行必须遵照国家法律法规规定，建立自我约束机制，建立、健全本行的业务管理和内部控制制度。

（3）平等、自愿、公平和诚实信用原则。商业银行与客户进行的业务活动是民事法律行为，理应遵守民法的基本原则。具体而言，商业银行与客户的法律地位完全平等，不允许一方以大欺小、以强凌弱，双方完全受自己意志的支配，不受他人的左右和干涉。同时双方要诚实守信，不欺不诈，在享有民事权利和承担民事义务上要对等、合理，不能失当。

（4）不得损害国家利益、社会公共利益原则。商业银行作为金融体系的主体，是整个经济的中枢，其是否良性发展，不仅仅关系到银行自身能否盈利，能否存续发展，更关系到广大的工商企业和人民大众的生产、生活能否顺利进行，关系到整个国家的社会秩序、经济秩序能否稳定。为此，商业银行开展业务，应当遵守法律、行政法规的有关规定，不得为谋取私利或者局部利益而损害国家利益、社会公共利益。

（5）公平竞争原则。竞争是市场经济的基本特征之一，只有竞争才会出效益，才会使资源达到最佳配置。商业银行正是通过竞争，不断促进银行业提高管理水平，提高信贷资产质量，增强服务意识。但银行业的竞争，必须是有序竞争、正当竞争，而不能搞不正当竞争。因为不正当竞争会破坏商业银行的稳健运营，使金融秩序发生混乱，严重阻碍经济发展。

（6）依法接受监管原则。商业银行依法接受国务院银行保险监督管理机构的监督管理，但法律规定其有关业务接受其他监督管理部门或者机构监督管理的，依照其规定。

二、商业银行的设立、变更

（一）商业银行的设立

1. 商业银行的设立条件。《商业银行法》第十二条明确规定了在我国设立商业银行的条件，具体如下：

①有符合本法和《公司法》规定的章程。商业银行的章程是商业银行依照法定程序制定的以书面形式规范商业银行行为的基本准则，对银行自身、银行股东、银行董事、银行监事和银行高级管理人员均具有约束力。

②有符合本法规定的注册资本最低限额。我国商业银行的注册资本最低限额具体规定为：设立全国性商业银行的注册资本最低限额为10亿元人民币；设立城市商业银行的注册资本最低限额为1亿元人民币；设立农村商业银行的注册资本最低限额为5000万元人民币。注册资本应当是实缴资本。

③有具备任职专业知识和业务工作经验的董事、高级管理人员。《商业银行法》对不能担任商业银行董事、高级管理人员的情形具体规定有：因贪污、贿赂、侵占财产、挪用财产或破坏社会经济秩序罪，被判处刑罚或因犯罪被剥夺政治权利的人；担任因经营不善破产清算公司、企业的董事或厂长、经理或对该公司的破产负有个人责任的人；担任因违法被吊销营业执照的公司、企业法定代表人，并负有个人责任的人；个人负有较大债务到期未清偿的。另外，商业银行董事、高级管理人员的任职资格管理，还适用中国人民银行2000年3月颁布的《金融机构高级管理人员任职资格管理办法》。

④有健全的组织机构和管理制度。

⑤有符合要求的营业场所、安全防范措施和与业务有关的其他设施。

⑥应当符合其他审慎性条件。

2. 设立商业银行的程序。提出申请，递交材料。《商业银行法》第十四条规定，设立商业银行，申请人应当向国务院银行保险监督管理机构提交下列文件、资料：①申请书，申请书应当载明拟设立的商业银行的名称、所在地、注册资本、业务范围等；

②可行性研究报告；③国务院银行保险监督管理机构规定提交的其他文件、资料。

填写正式申请，提交文件资料。《商业银行法》第十五条规定，设立商业银行的申请经审查符合本法第十四条规定的，申请人应当填写正式申请表，并提交下列文件、资料：①章程草案；②拟任职的董事、高级管理人员的资格证明；③法定验资机构出具的验资证明；④股东名册及其出资额、股份；⑤持有注册资本5%以上的股东的资信证明和有关资料；⑥经营方针和计划；⑦营业场所、安全防范措施和与业务有关的其他设施的资料；⑧国务院银行保险监督管理机构规定的其他文件、资料。

颁发许可证，办理注册登记。《商业银行法》第十六条规定，由国务院银行保险监督管理机构对申请人提交的文件和材料进行审查，审查后认定其符合商业银行设立条件的，批准其设立商业银行，并由国务院银行保险监督管理机构颁发经营许可证。申请人凭该经营许可证向工商行政管理部门办理登记，领取营业执照。经批准设立的商业银行，由国务院银行保险监督管理机构予以公告。如果商业银行或其分支机构自取得营业执照之日起无正当理由超过六个月未开业的，或者开业后自行停业连续六个月以上的，由国务院银行保险监督管理机构吊销其经营许可证，并予以公告。

【案例分析 2 – 5】

2015 年 1 月，A 公司在公司大门挂出"商贸公司银行信贷部"的招牌，向社会吸收存款，办理信贷业务。2015 年 6 月，国务院银行业监督管理机构调查得知，该商贸公司没有向工商行政管理部门办理登记，没有取得设立商业银行的资格，却在名称中使用"银行"字样，行使商业银行职能，遂予以取缔。

思考：国务院银行业监督管理机构的行为是否合法？为什么？

（二）商业银行的变更

根据《商业银行法》第二十四条的规定，商业银行出现下列事项的，应当经国务院银行保险监督管理机构批准进行变更：①变更名称；②变更注册资本；③变更总行或者分支行所在地；④调整业务范围；⑤变更持有资本总额或者股份总额5%以上的股东；⑥修改章程；⑦国务院银行保险监督管理机构规定的其他变更事项。值得注意的是，商业银行上述事项的变更，不改变商业银行的民事主体地位，其原有的民事权利、义务不发生变化。

三、商业银行的业务

（一）商业银行的负债业务

商业银行的负债业务是其接受信用，借以形成资金来源的业务。负债业务是商业银行经营活动的基础，是银行资产业务的前提和条件。具体来说，是由资本金、存款负债、借款负债和其他负债组成。

（二）商业银行的资产业务

商业银行的资产业务是指银行融出资金，运用货币资本来获得盈利的业务。一般来说，银行经营是否成功，很大程度上取决于资金运用的结果，而资金运用的结果又主要取决于银行贷款的效益。银行资产业务主要包括现金资产、贷款资产、证券投资三项。

（三）商业银行的中间业务和表外业务

商业银行的中间业务是指不动用或较少动用自己的资金，不列入资产负债表内，利用自身技术、信息、机构网络、资金、信誉、人才、设施等方面的优势，以中间人的身份为客户提供各类金融服务并收取手续费的业务。中间业务主要有九类：（1）支付结算类中间业务；（2）银行卡业务；（3）代理类中间业务；（4）担保类中间业务；（5）承诺类中间业务；（6）交易类中间业务；（7）基金托管业务；（8）咨询顾问类业务；（9）保管箱业务。商业银行的表外业务是指商业银行所从事的未列入资产负债表且不影响资产总额的业务。表外业务主要有四类：（1）贷款承诺；（2）担保；（3）金融衍生工具；（4）投资银行业务。

四、商业银行的接管、解散、破产和终止

（一）商业银行的接管

商业银行的接管是指银行保险监督机构依法定的条件和程序全面控制被接管商业银行的业务活动，以保证商业银行经营的安全性、合法性的一种预防性拯救性措施。商业银行的接管不是任意决定的，必须具备法律规定的原因：（1）已经发生信用危机，严重影响存款人利益；（2）可能发生信用危机，将严重影响存款人的利益。符合这两项原因之一的，银行监管部门有权予以接管。

对商业银行的接管，自接管决定实施之日起，接管机构便行使商业银行的经营管理权，并负责处理被接管银行的一切往来业务。但是商业银行的接管是对发生信用危机的商业银行实施的救济行动，并未发生民事主体的变化，与商业银行的合并和分立有着本质的区别。因此，被接管的商业银行在接管期间的债权债务关系不会发生变化，除非在接管期限届满前，该商业银行被合并。在接管期间，被接管的商业银行既要对被接管前的债权债务负责，又要对被接管期间发生的债权债务负责。

商业银行从办理存款业务开始，存款就构成了商业银行负债的最大部分，因此，在商业银行已经或可能发生信用危机时，银行保险监管机构为保护存款人利益、降低存款风险而及时采取措施实行接管，是处理商业银行信用危机的强制手段。接管期限由银行保险监督管理机构确定，最长不得超过2年。

（二）商业银行的解散

商业银行因法律规定或章程规定的解散事由出现而解散。

商业银行解散的程序如下：（1）向国务院银行保险监督管理机构提出申请。商业银行出现合并、分立或者商业银行章程规定的解散事由时，应当向国务院银行保险监督管理机构提出解散申请。商业银行的申请，应当附上解散理由和债务清偿计划。

（2）国务院银行保险监督管理机构审查决定是否批准。国务院银行保险监督管理机构在审查商业银行提交的解散申请时，要考虑解散的理由是否充分，是否符合法律的规定，是否严格依照法律规定的程序。

商业银行经国务院银行保险监督管理机构批准解散时，应当进入解散清算程序。商业银行解散的，应当依法成立清算组，进行清算，按照清偿计划及时偿还存款的本金和利息等债务。国务院银行保险监督管理机构监督清算过程。解散清算不仅可以使商业银行不遗留任何债权债务纠纷问题，也有利于及时、足额清偿存款人的存款本息，维护存款人的利益。

清算组是依法成立的对拟解散银行的债权债务等事宜进行处理的临时机构，清算期间对外代表拟解散银行从事相关活动。与接管组织相比，清算组织是对商业银行终止前的各项业务进行清算了结，其成员有股东、债权人、会计师、律师等。商业银行章程规定的期限届满或其他解散事由出现时，应当在5日内成立清算组。有限责任商业银行的清算组由股东组成，股份有限商业银行的清算组由股东大会确定其人选；逾期不成立清算组进行清算的，债权人可以申请人民法院指定有关人员组成清算组，进行清算。人民法院应当受理该申请，并及时指定清算组成员，进行清算。及时依法成立清算组，可以防止拟解散的商业银行转移财产、销毁账簿、抽逃资金、非法提供担保等违法行为发生。清算组在清算期间行使下列七项职权：（1）清理商业银行财产，分别编制资产负债表和财产清单。在此之后应当制订清算方案，并报股东会或者国务院银行保险监督管理机构确认。（2）通知或公告商业银行债权人。清算组应当自成立之日起10日内通知商业银行债权人，并于60日内在报纸上至少公告3次。债权人应当自接到通知之日起30日内，未接到通知书的自第一次公告之日起90日内，向清算组申报其债权。债权人申报其债权，应当说明债权的有关事项，并提供证明材料。清算组应当对债权进行登记。（3）处理与清算商业银行未了结的业务。（4）清缴所欠税款。（5）清理债权债务。清算组织要依法追缴商业银行的债权，如贷款本息、变卖抵押物优先受偿等，债权是清偿债务来源之一。债务的清偿要按照以下顺序进行：支付清算费用、职工工资和劳动保险费用、缴纳税款、偿付债权人。解散的债务清偿是足额清偿，不存在财产不足按比例清偿的情况。（6）处理银行清偿债务后的剩余财产。剩余财产分配，有限责任商业银行按照股东的出资比例分配，股份有限商业银行按照股东持有的股份比例分配。（7）代表商业银行参与民事诉讼活动。

（三）商业银行的破产

商业银行不能支付到期债务，经国务院银行保险监督管理机构同意，由人民法院宣告破产。商业银行被宣告破产的，由人民法院组织国务院银行保险监督管理机构等部门的有关人员成立清算组，进行清算。商业银行破产的条件主要有三个：不能支付到期债务；经营状况持续恶化；债权人或银行自己申请，并经国务院银行保险监督管理机构同意。这三个条件缺一不可。

商业银行破产清算支付顺序不同。商业银行破产清算时，在支付清算费用、所欠职工工资和劳动保险费用后，应当优先支付个人储蓄存款的本金和利息。然后，剩余的破产财产按顺序支付国家的税款，之后剩余的财产才能清偿普通的债务，包括其他银行、单位在银行的存款、拆出资金和破产银行所欠的其他债务。

（四）商业银行的终止

商业银行终止是指商业银行由于出现法律规定的或章程约定的情形，其权利和义务全部结束，其主体资格丧失。商业银行的终止会对存款人的利益以至整个金融秩序产生一定的影响，国家必须在这方面加强监管的力度。商业银行没有自行决定其终止的最终权利，只有经国务院银行保险监督机构同意后，商业银行才能依法终止。根据商业银行法的规定，商业银行在以下三种情况下终止：

1. 因解散而终止。即商业银行因分立、合并，或者出现公司章程规定的解散事由而主动申请消灭其主体资格的行为。商业银行因分立、合并引起的解散在法律上称为相对终止；因公司章程规定的解散事由而引起的解散称为绝对终止。《商业银行法》第六十九条规定，商业银行因分立、合并或者出现公司章程规定的解散事由需要解散的，应当向国务院银行保险监督管理机构提出申请，并附解散的理由与支付存款的本金和利息等债务清偿计划。经国务院银行保险监督管理机构批准后解散。商业银行解散的，应当依法成立清算组，进行清算，按照清偿计划及时偿还存款本金和利息等债务。国务院银行保险监督管理机构监督清算过程。

2. 因被撤销而终止。是指商业银行因为实施了严重违反国家法律法规的行为，严重损害了国家、集体、社会公众利益，而依法被国务院银行保险监督管理机构勒令停止，强制取消其主体资格的行为。在法律上因被撤销而引起的终止称为强制终止。这主要是针对商业银行的经营许可证被吊销的情况。商业银行设立后，如果违反法律、行政法规的规定进行经营活动，国务院银行保险监督管理机构有权吊销其经营许可证，撤销违法经营的商业银行。根据《商业银行法》第七十条规定，商业银行因吊销经营许可证被撤销的，国务院银行保险监督管理机构应当依法及时组织成立清算组进行清算，按照清偿计划及时偿还存款本金和利息等债务。

3. 因被宣告破产而终止。是指商业银行无力清偿到期债务，经债权人或债务人向人民法院申请宣告其破产，用商业银行的全部资产清偿债务的行为。这也属于强制终止的范畴。根据《商业银行法》第七十一条规定，商业银行不能支付到期债务，经国务院银行保险监督管理机构同意，由人民法院依法宣告其破产。商业银行被宣告破产的，由人民法院组织国务院银行保险监督管理机构等有关部门和有关人员成立清算组，进行清算。

五、法律责任

《商业银行法》第七十三条规定，商业银行有下列情形之一，对存款人或者其他客户造成财产损害的，应当承担支付迟延履行的利息以及其他民事责任：①无故拖延、拒绝支付存款本金和利息的；②违反票据承兑等结算业务规定，不予兑现，不予收付入账、压单、压票或者违反规定退票的；③非法查询、冻结、扣划个人储蓄存款或者单位存款的；④违反本法规定对存款人或者其他客户造成损害的其他行为。有前款规定情形的，由国务院银行保险监督管理机构责令改正，有违法所得的，没收违法所得，违法所得 5 万元以上的，并处违法所得 1 倍以上 5 倍以下罚款；没有违法所得或者违法所得不足 5 万元的，处 5 万元以上 50 万元以下罚款。

《商业银行法》第七十四条规定，商业银行有下列情形之一，由国务院银行保险监督管理机构责令改正，有违法所得的，没收违法所得，违法所得 50 万元以上的，并处违法所得 1 倍以上 5 倍以下罚款；没有违法所得或者违法所得不足 50 万元的，处 50 万元以上 200 万元以下罚款；情节特别严重或者逾期不改正的，可以责令停业整顿或者吊销其经营许可证；构成犯罪的，依法追究刑事责任：①未经批准设立分支机构的；②未经批准分立、合并或者违反规定对变更事项不报批的；③违反规定提高或者降低利率以及采用其他不正当手段，吸收存款，发放贷款的；④出租、出借经营许可证的；⑤未经批准买卖、代理买卖外汇的；⑥未经批准买卖政府债券或者发行、买卖金融债券的；⑦违反国家规定从事信托投资和证券经营业务、向非自用不动产投资或者向非银行金融机构和企业投资的；⑧向关系人发放信用贷款或者发放担保贷款的条件优于其他借款人同类贷款的条件的。

《商业银行法》第七十五条规定，商业银行有下列情形之一，由国务院银行保险监督管理机构责令改正，并处 20 万元以上 50 万元以下罚款；情节特别严重或者逾期不改正的，可以责令停业整顿或者吊销其经营许可证；构成犯罪的，依法追究刑事责任：①拒绝或者阻碍国务院银行保险监督管理机构检查监督的；②提供虚假的或者隐瞒重要事实的财务会计报告、报表和统计报表的；③未遵守资本充足率、存贷比例、资产流动性比例、同一借款人贷款比例和国务院银行保险监督管理机构有关资产负债比例管理的其他规定的。

《商业银行法》第七十六条规定，商业银行有下列情形之一，由中国人民银行责令改正，有违法所得的没收违法所得，违法所得 50 万元以上的，并处违法所得 1 倍以上 5 倍以下罚款；没有违法所得或者违法所得不足 50 万元的，处 50 万元以上 200 万元以下罚款；情节特别严重或者逾期不改正的，中国人民银行可以建议国务院银行业监督管理机构责令停业整顿或者吊销其经营许可证；构成犯罪的，依法追究刑事责任：①未经批准办理结汇、售汇的；②未经批准在银行间债券市场发行、买卖金融债券或者到境外借款的；③违反规定同业拆借的。

《商业银行法》第七十七条规定，商业银行有下列情形之一，由中国人民银行责令改正，并处 20 万元以上 50 万元以下罚款；情节特别严重或者逾期不改正的，中国人民银行可以建议国务院银行保险监督管理机构责令停业整顿或者吊销其经营许可证；构成犯罪的，依法追究刑事责任：①拒绝或者阻碍中国人民银行检查监督的；②提供虚假的或者隐瞒重要事实的财务会计报告、报表和统计报表的；③未按照中国人民银行规定的比例交存存款准备金的。

《商业银行法》第七十八条规定，商业银行有本法第七十三条至第七十七条规定情形的，对直接负责的董事、高级管理人员和其他直接责任人员，应当给予纪律处分；构成犯罪的，依法追究刑事责任。

《商业银行法》第八十条规定，商业银行不按照规定向国务院银行保险监督管理机构报送有关文件、资料的，由国务院银行保险监督管理机构责令改正，逾期不改正的，处10万元以上30万元以下罚款。商业银行不按照规定向中国人民银行报送有关文件、资料的，由中国人民银行责令改正，逾期不改正的，处10万元以上30万元以下罚款。

【案例分析2-6】

张某是某市下岗职工，为生计于2002年3月向工商局申请领取营业执照摆起了蔬菜摊点，两年下来已小有积蓄。王某是张某表弟，与张某住同一城市，在某机关工作。2005年11月王某所在机关集资建房，凡申请住房职工需缴纳7万元集资款。王某为筹集款项便找到其在本市建设银行工作的同学李某，提出借用银行公款的要求，遭到李某的拒绝。为不驳同学的情面，李某建议王某找其表哥张某借钱。这时王某提出查询张某存款的要求，李某略加考虑后同意将张某的存款情况抄下来交给王某。王某了解张某的存款情况后便去找张某借钱，由于王某不慎把张某在银行的存款情况说了出来。张某听后非常气愤，在事后咨询了有关人员后，以银行为被告起诉到县法院，请求银行赔偿其损失，并赔礼道歉。

思考：（1）银行违反了《商业银行法》的哪些规定？

（2）银行是否应赔偿张某的损失？

第四节 政策性银行法律制度

一、政策性银行概述

（一）政策性银行的概念、特征

1. 政策性银行的概念。政策性银行是由政府创立、参股或保证的，不以营利为目的，专门为贯彻、配合政府社会经济政策或意图，在特定的业务领域内，直接或间接地从事政策性融资活动，充当政府发展经济、促进社会进步、从事宏观经济管理工具的专门金融机构。

2. 政策性银行的特征。政策性银行不同于中央银行，也不同于商业银行，它是承担政策性银行业务的银行，具有以下特征：

（1）由政府出资设立，受政府控制。各国的政策性银行，大多数是由政府直接出全资创立，或者由政府部分出资、联合商业性金融机构共同出资创立等。

（2）不以营利为目的。政策性银行以贯彻政府经济政策为宗旨。在追求宏观经济利益的前提下，以贯彻政府产业政策、区域发展战略或意图为目标。政策性银行在总体经营方针和经营计划上，必须接受政府或有关政府部门的直接领导与监督。在资金上以政府财政为后盾，经营亏损由财政弥补。所承担的业务往往是商业银行不愿涉足，风险较高，经济效益较低，但能够带来社会效益的金融活动。

（3）有特殊的融资原则。政策性银行有其独有的业务领域和服务对象。以信用为基础开展金融业务。与商业银行讲求盈利性、安全性、流动性等经营原则不同，一是要求融资对象应当是从其他融资机构不易得到融通资金时，才考虑其融资活动；二是融资具有引导性作用，引导、吸收并推动更多金融机构按照国家政策意图发放贷款。

（4）有确定的业务领域和业务对象。不同的政策性银行在业务上都不具有综合性的特点，相反，各自都有明确的业务领域和业务对象。各国的政策性银行通常分别集中于国民经济的支柱产业和对国民经济的均衡发展具有关键意义的产业，以及对社会稳定和提高人民生活水平具有重要影响的业务领域。

我国三家政策性银行分别有自己的专门的业务领域，国家开发银行服务于基础设施、基础产业和支柱产业等经济领域；中国农业发展银行服务于农业；中国进出口银行服务于进出口贸易。

（二）政策性银行的职能

1. 引导性职能。引导性职能是指政策性金融机构以直接的资金投放或间接地吸引民间或私人金融机构资金从事符合政策意图的放款，以发挥它的引导功能。

2. 补充性职能。补充性职能是指政策性金融活动能补充完善商业银行为主体的金融体系的职能。

3. 服务性职能。政策性银行一般经营专业性业务，在该领域积累了丰富的经验和专业技能，聚集了一批精通业务的人才，可为企业提供各方面的金融与非金融服务。

（三）政策性银行的法律地位

政策性银行在一国银行体系中，与商业银行并存、互补，同时又与商业银行相互对应，是一种特殊类型的金融机构。政策性银行是基于政府的特定政策目标或意图而设立的，经营行为受政府部门的宏观决策与管理行为的左右，与政府之间保持某种依存关系。所以，政策性银行的法律地位是为政府经济政策、社会政策和产业政策服务的特殊金融机构，具有公益（事业单位）法人的性质。

【案例分析 2-7】

国家开发银行某省分行为扩大信贷规模，促进融资，准备开展以下业务：拟在全省范围内开展吸收公众存款，预计在三个月内吸收公众存款 1 亿元人民币，并以此发放商业性贷款 5000 万元人民币。

思考：该分行准备开展的业务是否合法？为什么？

二、我国的政策性银行

（一）政策性银行产生的原因

政策性银行是政府创立或担保，以贯彻国家产业政策和区域发展政策为目的，具有特殊融资原则，不以营利为目的的金融机构。1994年国务院为"实现政策性业务与商业性业务分离，以解决国有专业银行身兼二任的问题"而先后决定成立了我国的三家直属国务院领导的国有化的政策性银行：国家开发银行、中国进出口银行、中国农业发展银行。政策性银行的成立，一方面是为我国经济发展服务，为我国经济改革转轨服务，另一方面是使当时的四大专业银行能够摆脱政策性贷款业务，切实转变成为商业性银行。我国政策性银行曾在经济体制改革过程中发挥了重大作用，但在发展中也出现了种种问题，政策性银行的改革也被提上日程并需持续推进。政策性银行出现的问题及中央对政策性银行改革的重视，亟须在理论上对政策性银行改革进行探索。

国家开发银行的主要任务是建立稳定的资金来源，筹集和引导社会资金用于国家重点建设项目。原来由中国建设银行从事的政策性贷款业务，被分离出去划归由国家开发银行经营。国家开发银行的资金来源主要依靠财政拨款和发行金融债券。

中国进出口银行的主要任务是根据国家的产业政策与外贸政策，为机电产品和成套设备等资本性货物进出口提供政策性金融支持。它的资本金由国家财政拨付，其资金来源主要依靠在境内外发行金融债券来筹集。

中国农业发展银行的主要任务是对农业基本建设、重点工程项目及农产品生产流通提供政策性支持。它的资本金由国家财政拨付，其资金来源包括中国人民银行的再贷款和发行政策性金融债券。

（二）政策性银行存在的问题

1. 我国政策性银行存在的问题。

（1）法律地位缺失。我国没有专门的政策性银行立法，这一方面导致银行自身经营受法律约束的力度不够，另一方面也容易受政府干预，缺乏行使职能的独立性。

（2）业务模式不合理。目前政策性银行业务同时存在两方面问题：一是未能覆盖需要由国家给予支持的领域，如中小企业贷款、教育、高新技术产业等；二是存在与商业银行竞争的情况，政策性银行的利率比较低，与商业银行存在不公平竞争。

（3）资本充足率低，财务状况脆弱。首先，政策性银行自有资本金不足。成立之初财政注入资金较少，由于不能吸收存款且缺乏后续财政拨付，这几家银行主要靠发行金融债券和向中央银行贷款取得资金，资本金不稳定。其次，不良贷款占比过大问题一直都是制约政策性银行健康持续发展的瓶颈因素。

（4）缺乏有效的监管体系。对政策性银行，既需按对财政资金利用的方式考核，也需按市场方式考核。由于缺乏监督，政策性银行同时存在政府和市场的弊端，由于发展道路的不同，各自处于独立摸索发展的状态。如国开行的业务中也存在与市场竞争的商业性贷款。

2. 政策性银行改革方向。我国理论界提出政策性银行的改革应朝着开发性金融的方向进行。事实上，在现代金融中介体系中，政策性金融与商业性金融是相互对称、平行、并列和补充，而非相互替代的两大金融族类。而政策性金融只是具有某种特征的特定金融业务领域。结合我国国有银行的改革道路，不得不说，政策性银行与商业性银行存在很多不同，如政策性银行改革不能坚持政策性，那么原国有银行存在的弊端还会在三家银行中重现。政策性银行的改革方向应在坚定政策性的基础上结合市场化手段。具体从以下几个方向着手：

（1）加快立法，明确其法律地位。政策性银行作为执行国家宏观调控的机构仍有存在必要，但是必须以立法的形式明确其职能定位、主体资格、规范其经营方式、明确监督，以实现其独立、可持续发展。

（2）业务根据实际调整，发展综合性业务，并进行业务创新。首先，根据有关对德日韩政策性银行的考察，政策性银行支持的重点和业务领域也是不断调整的。为保持法律的稳定性，我国可对其业务范围做原则性规定，并确立对具体业务的合理调整机制。其次，在业务创新方面，我国政策性银行的业务主要是发放中长期贷款，这不符合现代金融理念。未来我国政策性银行改革可以鼓励其借用专业优势，发展综合业务，如财务顾问、证券承销、基金业务、中间业务等，即从传统的政策性银行业务转向综合的政策性金融业务。

（3）拓宽筹融资渠道，建立资本金补充机制。一是由财政资金加大支持；二是提高市场化融资能力。政策性银行以国家信用为基础，可以向市场发行债券等方式进行融资。在具体项目上可与其他金融机构合作。

（4）提高风险管理能力。政策性银行以国家信用为基础，如一味透支政府信用，会造成国家债务危机，因此政策性银行的风险管理能力尤为重要。从国际经验来看，各国政策性银行积极引进国际化标准，建立风险管理体系，形成了良好的风险识别、消化机制。在这方面，我国可借鉴商业银行风险管理经验，但商业性银行注重业务的盈利性和债务人的信用能力，而政策性银行注重社会公正性。因此，风险控制指标应有所不同。

（5）健全监管体系的法制化。首先，应在立法中明确政策性银行的监管部门、监管职责。其次，由于政策性银行需要财政进行投入并担保，因此应由财政部进行日常监管，而财政部应接受人大的监督，每年向人大报告政策性银行的运作情况，由人大监督政策性银行的经营是否符合其宗旨和定位。最后，鉴于其业务的专业性，需中国银行保险监督管理委员会参与监督。

【课后练习题】

一、单项选择题

1. 中国人民银行行长由（　　）提名，由（　　）任免。

A. 国务院总理；全国人民代表大会或全国人民代表大会常务委员会

B. 国务院总理；中华人民共和国主席

C. 中华人民共和国主席；全国人民代表大会或全国人民代表大会常务委员会

D. 全国人民代表大会或全国人民代表大会常务委员会；中华人民共和国主席

2. 中国人民银行货币政策委员会的性质是（　　）。

A. 制定货币政策的决策权力机构　　B. 制定货币政策的咨询议事机构

C. 货币政策的执行机构 D. 货币政策的监督机构

3. 中国人民银行根据执行货币政策的需要，可以决定对商业银行贷款的数额、期限、利率和方式，但贷款的期限不得超过（   ）。

A. 3 个月　　　B. 6 个月　　　C. 1 年　　　D. 3 年

4. 中国人民银行根据执行货币政策和维护金融稳定的需要，可以建议国务院银行业监督管理机构对银行业金融机构进行检查监督。国务院银行业监督管理机构应当自收到建议之日起（   ）内予以回复。

A. 15 日　　　B. 30 日　　　C. 45 日　　　D. 60 日

5. 在宣传品、出版物或者其他商品上非法使用人民币图样的，中国人民银行应当责令其改正，并销毁非法使用的人民币图样，没收违法所得，并处（   ）万元以下罚款。

A. 1　　　B. 3　　　C. 5　　　D. 7

6. 残缺的人民币由（   ）收回、销毁。

A. 中国人民银行　　　　　　　B. 国有独资商业银行

C. 储蓄所　　　　　　　　　　D. 财政部

7. 下列不属于中国人民银行的职能是（   ）。

A. 发行的银行　B. 银行的银行　C. 企业的银行　D. 政府的银行

8. 我国货币政策的目标是（   ）。

A. 稳定物价　　　　　　　　　B. 充分就业

C. 平衡国际收支　　　　　　　D. 保持币值稳定，并以此促进经济增长

9. 我国《商业银行法》规定的商业银行的资本充足率不得低于（   ）。

A. 8%　　　B. 5%　　　C. 10%　　　D. 13%

10. 我国《商业银行法》规定的商业银行的资产流动性比例不得低于（   ）。

A. 30%　　　B. 25%　　　C. 20%　　　D. 35%

二、多项选择题

1. 中国人民银行对哪些事项作出的决定，须报国务院批准后执行？（   ）

A. 年度货币供应量　　　　　　B. 利率

C. 汇率　　　　　　　　　　　D. 解聘员工

2. 中国人民银行履行下列哪些职责？（   ）

A. 发布、履行与其职责有关的命令和规章

B. 监督管理银行间同业拆借市场、银行间债券市场、外汇市场、黄金市场

C. 持有、管理、经营国家外汇储备、黄金储备

D. 负责全国经济的统计、调查、分析和预测

3. 下列表述正确的有（   ）。

A. 预计经济过热，一般应提高存款准备金比率

B. 本币和外币法定存款准备金，中国人民银行都实行按旬考核

C. 超额存款准备金属于自由准备，金融机构有权自由动用

D. 人民币存款准备金动用的最长期限为六个月，视具体情况可展期一次

4. 中国人民银行可以对下列哪些行为进行检查监督？（　　　）

A. 商业银行执行有关存款准备金管理规定的行为

B. 商业银行发放贷款的行为

C. 执行有关银行间同业拆借市场、银行间债券市场管理规定的行为

D. 代理中国人民银行经理国库的行为

5. 商业银行的经营原则有（　　　）。

A. 依法经营原则　　　　　　　B. 安全性原则

C. 流动性原则　　　　　　　　D. 盈利性原则

三、案例分析题

1995 年 2 月，某商业银行与某房地产开发公司共同开发某经济特区的房地产项目，并成立项目公司。因该行副行长兼任房地产公司副董事长，某商业银行向该项目公司投资 1 亿元人民币。同年 6 月，房地产开发公司以该公司的房地产作抵押，向该商业银行提出贷款申请，银行经审核后，向其发放了 2 亿元抵押贷款。该行当月资本余额为 17.9 亿元人民币。1996 年 7 月，房地产开发公司因经营亏损濒临破产，该商业银行的贷款已无法收回。1996 年年底，中国人民银行决定接管该商业银行。

问题：

（1）该商业银行能否向项目公司投资？为什么？

（2）该商业银行能否向房地产开发公司发放抵押贷款？为什么？

（3）该商业银行向房地产开发公司发放 2 亿元人民币贷款是否合法？为什么？

（4）中国人民银行对该商业银行的接管决定是否正确？为什么？

第三章

非银行金融机构法律制度

【教学目的和要求】

本章概括介绍了非银行金融机构的相关内容，重点介绍了财务公司、金融资产管理公司、汽车金融公司、金融租赁公司、贷款公司和典当行等主要的非银行金融机构的相关法律规定。通过学习使学生掌握财务公司的业务范围、金融资产管理公司的业务范围、贷款公司的业务范围，理解非银行金融机构的概念、主要的非银行金融机构的设立条件，能够准确判断主要的非银行金融机构的设立条件是否符合法律的规定。

非银行金融机构是随着金融资产多元化、金融业务专业化而产生的。早期的非银行金融机构大多同商业银行有着密切的联系。20 世纪初，证券业务和租赁业务迅速发展，产生了一大批非银行性的金融机构。第二次世界大战后，非银行金融机构逐步形成独立的体系。70 年代以来，金融创新活动不断涌现，非银行金融机构起了主要作用，它有力地推动了金融业务的多元化、目标化和证券化。

第一节 非银行金融机构概述

一、非银行金融机构的概念及其与商业银行的区别

（一）非银行金融机构的概念

非银行金融机构是以发行股票和债券、接受信用委托、提供保险等形式筹集资金，并将所筹资金运用于长期性投资的金融机构。非银行金融机构包括除商业银行和专业银行以外的所有金融机构。主要包括信托、证券、保险、融资租赁公司、财务公司、金融资产管理公司等。

（二）非银行金融机构与商业银行的区别

1. 资金来源不同。商业银行以吸收存款为主要资金来源，而非银行金融机构主要依靠发行股票、债券等其他方式筹措资金。

2. 资金运用不同。商业银行的资金运用以发放贷款为主，而非银行金融机构的资金运

用主要是以从事非贷款的某一项金融业务为主,如保险、信托、证券、租赁等金融业务。

3. 非银行金融机构不具有信用创造功能。商业银行具有"信用创造"功能,而非银行金融机构由于不从事存款的划转即转账结算业务,因而不具备信用创造功能。

商业银行与非银行金融机构虽然在具体的活动方式上存在着千差万别,但是,它们获取利润的基本原理和基本途径都是借贷资本的运动。

二、非银行金融机构的监管

随着我国金融体制改革的深化与金融监管体制的变化,《中国人民银行法》《商业银行法》《证券法》《保险法》《银行业监督管理法》的颁布或修改,使原由中国人民银行履行的金融监管职能逐步地分离出去,由先后设立的中国证监会、中国保监会、中国银监会行使,从而形成对证券业、保险业、银行业"分业经营、分业监管"的体制,但2018年3月中国银监会和中国保监会合并为中国银行保险监督管理委员会。有关证券机构和保险机构的设立、变更、终止及其业务监管由银保监会负责;而对银行业金融机构(含商业银行、城市信用合作社、农村信用合作社等吸收公众存款的金融机构以及政策性银行)以及金融资产管理公司、信托投资公司、财务公司、金融租赁公司、汽车金融公司等非银行金融机构的设立、变更、终止及其业务的监管也由银保监会负责。

三、非银行金融机构管理法的概念

非银行金融机构管理法是非银行金融机构的设置、性质、组织形式、业务范围和金融活动开展的法律规范的总称。国家对非银行金融机构采取单独立法的形式,实行分业管理。因为各类非银行金融机构的经营业务范围不同,经营侧重点各异,所以对它们成立的资格条件要求也不同,难以通过统一的立法加以规范。

第二节 财务公司

一、财务公司概述

(一)财务公司的概念

企业集团财务公司(以下简称财务公司)是指依法设立的、为企业集团成员单位提供金融服务的非银行金融机构。财务公司主要是为集团内部成员单位提供财务管理服务。

1996年,人民银行发布《企业集团财务公司管理暂行办法》,对财务公司的界定、机构设立、变更与终止、业务范围、监督管理等作了专门规定。2004年7月27日,中国银行业监督管理委员会颁布了《企业集团财务公司管理办法》,并于2004年9月1日起实施(原《企业集团财务公司管理暂行办法》废止)。

《企业集团财务公司管理办法》规定,所谓财务公司是指以加

《企业集团财务公司管理办法》

强企业集团资金集中管理和提高企业集团资金使用效率为目的，为企业集团成员单位（以下简称成员单位）提供财务管理服务的非银行金融机构。所谓企业集团是指在中华人民共和国境内依法登记，以资本为联结纽带、以母子公司为主体、以集团章程为共同行为规范，由母公司、子公司、参股公司及其他成员企业或机构共同组成的企业法人联合体。财务公司依法接受中国银行保险监督管理委员会的监督管理。

（二）我国财务公司的现状

企业集团财务公司是中国企业体制改革和金融体制改革的产物。国家为了增强国有大中型企业的活力，盘活企业内部资金，增强企业集团的融资能力，支持企业集团的发展，促进产业结构和产品结构的调整，以及探索具有中国特色的产业资本与金融资本相结合的道路，于1987年批准成立了中国第一家企业集团财务公司，即东风汽车工业集团财务公司。此后，根据国务院1991年第71号文件的决定，一些大型企业集团也相继建立了财务公司。目前，全国能源电力、航天航空、石油化工、钢铁冶金、机械制造等关系国计民生的基础产业和各个重要领域的大型企业集团几乎都拥有了自己的财务公司。

（三）财务公司的主要作用

1. 在资金管理和使用上，促使企业从粗放型向集约型转变。财务公司成立前，集团公司成员企业之间不直接发生信贷关系，经常会出现一些企业资金十分紧张，而另一些企业资金闲置的状况。财务公司成立后，成员企业成为财务公司的股东，在一定程度上集中了各成员企业的资本来进行一体化经营，同时财务公司可以运用金融手段将集团公司内部企业的闲散资金集中起来，统筹安排使用，这样能加快集团公司成员企业之间资金结算的速度，避免"三角债"发生，从而从整体上降低集团公司的财务费用，提高集团公司资金的使用效率，加速集团公司资产一体化经营的进程。

2. 财务公司以资金为纽带，以服务为手段，增强了集团公司的凝聚力。一方面，财务公司将集团公司一些成员企业吸收为自己的股东，用股本金的纽带将大家联结在一起；另一方面，财务公司吸纳的资金又成了集团公司成员企业信贷资金的一个重要来源，从而将集团公司成员企业进一步紧密地联结起来，形成一种相互支持、相互促进、共同发展的局面。

3. 及时解决企业集团急需的资金，保证企业生产经营的正常进行。由于各种原因，企业经常出现因资金紧缺而影响生产经营正常进行的情况，财务公司成立后，它比银行更了解企业的生产特点，能及时为企业提供救急资金，保证生产经营活动的正常进行。

4. 增强了企业集团的融资功能，促进了集团公司的发展壮大。财务公司不仅办理成员单位的存款、贷款、结算业务，而且根据企业集团的发展战略和生产经营特点，积极开展票据、买方信贷等新业务，为企业扩大销售、减少库存等发挥了很好的作用。

5. 有利于打破现有银行体制资金规模按行政区域分割的局面，促进大集团公司跨地区、跨行业发展。我国的金融机构存在纵向设置、条块分割等问题，资金管理体制是以行政区域为单位进行分级管理的，资金的跨地区流动比较困难。中央企业在地方往往得不到应有的支持，而财务公司可以突破地区的限制，向不与集团公司总部在同一地区的成员企业筹集、融通资金，向资金不能及时到位的项目提供资金支持，以保证生产的正常进行和建设项目的按期开工。

6. 促进了金融业的竞争，有利于金融机构提高服务质量和效益，有利于金融体制改革的深化。在所有金融机构中，财务公司还是相当弱小的，远不能与其他金融机构特别是银行竞争，但为了生存，财务公司必须通过提高服务质量来争取客户，这在客观上起到了促进其他金融机构深化改革、提高服务质量的作用。

二、财务公司的设立

（一）申请设立财务公司的企业集团应当具备的条件

1. 符合国家的产业政策；

2. 申请前一年，母公司的注册资本金不低于 8 亿元人民币；

3. 申请前一年，按规定并表核算的成员单位资产总额不低于 50 亿元人民币，净资产率不低于 30%；

4. 申请前连续两年，按规定并表核算的成员单位营业收入总额每年不低于 40 亿元人民币，税前利润总额每年不低于 2 亿元人民币；

5. 现金流量稳定并具有较大规模；

6. 母公司成立两年以上并且具有企业集团内部财务管理和资金管理经验；

7. 母公司具有健全的公司法人治理结构，未发生违法违规行为，近三年无不良诚信记录；

8. 母公司拥有核心主业；

9. 母公司无不当关联交易；

10. 中国银保监会规定的其他审慎性条件。

（二）财务公司的设立

1. 财务公司的设立条件。设立财务公司，应当具备下列条件：（1）确属集中管理企业集团资金的需要，经合理预测能够达到一定的业务规模；（2）符合《公司法》和《企业集团财务公司管理办法》规定的章程；（3）有符合《企业集团财务公司管理办法》规定的最低限额注册资本金；（4）有符合中国银行保险监督管理委员会规定的任职资格的董事、高级管理人员和规定比例的从业人员，在风险管理、资金集约管理等关键岗位上有合格的专门人才；（5）在法人治理、内部控制、业务操作、风险防范等方面具有完善的制度；（6）有符合要求的营业场所、安全防范措施和其他设施；（7）中国银行保险监督管理委员会规定的其他条件。

设立财务公司的注册资本金最低为 1 亿元人民币。财务公司的注册资本金应当是实缴的人民币或者等值的可自由兑换货币。经营外汇业务的财务公司，其注册资本金中应当包括不低于 500 万美元或者等值的可自由兑换货币。中国银行保险监督管理委员会根据财务公司的发展情况和审慎监管的需要，可以调整财务公司注册资本金的最低限额。财务公司的注册资本金应当主要从成员单位中募集，并可以吸收成员单位以外的合格的机构投资者的股份。财务公司的股东资格应当符合中国银行保险监督管理委员会的有关规定。外资投资性公司设立财务公司的注册资本金可以由该外资投资性公司单独或者与其投资者共同出资。

财务公司从业人员中从事金融或财务工作 3 年以上的人员应当不低于总人数的 2/3，其中从事金融或者财务工作 5 年以上人员应当不低于总人数的 1/3。曾任国际知名会计师事务所查账员、电脑公司程序设计师或系统分析员，或在国际知名资产管理公司、基金公司、投资银行、证券公司相关业务和管理岗位上工作过的专业人员，如果具有 2 年以上工作经验，并经国内相关业务及政策培训，则视同从事金融或财务工作 3 年以上。

2. 设立财务公司的程序。设立财务公司应当经过筹建和开业两个阶段。

申请筹建财务公司，应当由母公司向中国银行保险监督管理委员会提出申请，并提交下列文件、资料：（1）申请书，其内容应当包括拟设财务公司名称、所在地、注册资本、股东、股权结构、业务范围等；（2）可行性研究报告，其内容包括：第一，母公司及其他成员单位整体的生产经营状况、现金流量分析、在同行业中所处的地位以及中长期发展规划；第二，设立财务公司的宗旨、作用及其业务量预测；第三，经有资质的会计师事务所审计的最近 2 年的合并资产负债表、损益表及现金流量表；（3）成员单位名册及有权部门出具的相关证明资料；（4）《企业集团登记证》、申请人和其他出资人的营业执照复印件及出资保证；（5）设立外资财务公司的，需提供外资投资性公司及其投资企业的外商投资企业批准证书；（6）母公司法定代表人签署的确认上述资料真实性的证明文件；（7）中国银行保险监督管理委员会要求提交的其他文件、资料。财务公司的筹建申请，经中国银行保险监督管理委员会审批同意的，申请人应当自收到批准筹建文件起三个月内完成财务公司的筹建工作，并向中国银行保险监督管理委员会提出开业申请，同时提交下列文件：（1）财务公司章程草案；（2）财务公司经营方针和计划；（3）财务公司股东名册及其出资额、出资比例；（4）法定验资机构出具的对财务公司股东出资的验资证明；（5）拟任职的董事、高级管理人员的名单、详细履历及任职资格证明材料；（6）从业人员中拟从事风险管理、资金集中管理的人员的名单、详细履历；（7）从业人员中从事金融、财务工作 5 年及 5 年以上有关人员的证明材料；（8）财务公司业务规章及风险防范制度；（9）财务公司营业场所及其他与业务有关设施的资料；（10）中国银行保险监督管理委员会要求提交的其他文件、资料。

财务公司的开业申请经中国银行保险监督管理委员会核准后，由中国银行保险监督管理委员会颁发"金融许可证"并予以公告。财务公司凭"金融许可证"到工商行政管理机关办理注册登记，领取《企业法人营业执照》后方可开业。

3. 财务公司设立分公司。财务公司根据业务需要，经中国银行保险监督管理委员会审查批准，可以在成员单位集中且业务量较大的地区设立分公司。财务公司的分公司不具有法人资格，由财务公司依照本办法的规定授权其开展业务活动，其民事责任由财务公司承担。

财务公司申请设立分公司，应当符合下列条件：（1）确属业务发展和为成员单位提供财务管理服务需要；（2）财务公司设立 2 年以上，且注册资本金不低于 3 亿元人民币，资本充足率不低于 10%；（3）拟设立分公司所服务的成员单位不少于 10 家，且上述成员单位资产合计不低于 10 亿元人民币，或成员单位不足 10 家，但成员单位资产合计不低于 20 亿元人民币；（4）财务公司经营状况良好，且在 2 年内没有违法、违规经营记录。

财务公司分公司的营运资金不得少于 5000 万元人民币。财务公司拨付各分公司的营运资金总计不得超过其注册资本金的 50%。

财务公司申请设立分公司，应当向中国银行保险监督管理委员会报送以下文件、资料：（1）申请书，其内容包括拟设分公司的名称、所在地、营运资金、业务范围及服务对象等；（2）可行性研究报告，包括拟设分公司的业务量预测、所在地成员单位的生产经营状况、资金流量分析以及中长期发展规划等内容；（3）符合《企业集团财务公司管理办法》第二十条规定的有关证明文件；（4）财务公司董事会关于申请设立该分公司的决议以及对拟设分公司业务范围授权的决议草案；（5）中国银行保险监督管理委员会要求提交的其他文件、资料。

经批准设立的财务公司分公司，由中国银行保险监督管理委员会颁发"金融许可证"并予以公告，凭"金融许可证"向工商行政管理部门办理登记手续，领取营业执照，方可开业。经批准设立的财务公司及其分公司自领取营业执照之日起，无正当理由 6 个月不开业或者开业后无正当理由连续停业 6 个月以上的，由中国银行保险监督管理委员会吊销其"金融许可证"，并予以公告。

财务公司应当依照法律、行政法规及中国银行保险监督管理委员会的规定使用"金融许可证"，禁止伪造、变造、转让、出租、出借"金融许可证"。财务公司的公司性质、组织形式及组织机构应当符合《中华人民共和国公司法》及其他有关法律、法规的规定，并应当在公司章程中载明。

（三）财务公司的变更

财务公司有下列变更事项之一的，应当报经中国银行保险监督管理委员会批准：（1）变更名称；（2）调整业务范围；（3）变更注册资本金；（4）变更股东或者调整股权结构；（5）修改章程；（6）更换董事、高级管理人员；（7）变更营业场所；（8）中国银行保险监督管理委员会规定的其他变更事项。财务公司的分公司变更名称、营运资金、营业场所或者更换高级管理人员，应当由财务公司报中国银行保险监督管理委员会批准。

（四）财务公司的整顿、接管及终止

1. 财务公司的整顿。财务公司出现下列情形之一的，中国银行保险监督管理委员会可以责令其进行整顿：（1）出现严重支付危机；（2）当年亏损超过注册资本金的 30% 或者连续 3 年亏损超过注册资本金的 10%；（3）严重违反国家法律、行政法规或者有关规章。财务公司的整顿时间最长不超过 1 年。财务公司整顿期间，应当暂停经营部分或者全部业务。财务公司经过整顿，符合下列条件的，可恢复正常营业：（1）已恢复支付能力；（2）亏损得到弥补；（3）违法违规行为得到纠正。

2. 财务公司的接管。财务公司已经或者可能发生支付危机，严重影响债权人利益和金融秩序的稳定时，中国银行保险监督管理委员会可以依法对财务公司实行接管或者促成其机构重组。接管或者机构重组由中国银行保险监督管理委员会决定并组织实施。

3. 财务公司的终止。财务公司出现下列情况时，经中国银行保险监督管理委员会核准后，予以解散：（1）组建财务公司的企业集团解散，财务公司不能实现合并或改组；（2）章程中规定的解散事由出现；（3）股东会决定解散；（4）财务公司因分立或者合并不需要继续存在的；（5）依法被撤销，财务公司有违法经营、经营管理不善等情形，严重危害金融秩序、损害公众利益的，中国银行保险监督管理委员会有权予以撤销。财务公司解散或者被撤销，母公司应当依法成立清算组，按照法定程序进行清算，并由中国银行保险监督管理委员会公告。中国银行保险监督管理委员会可以直接委派清算组成员并监督清算过程。清算组在清算中发现财务公司的资产不足以清偿其债务时，应当立即停止清算，并向中国银行保险监督管理委员会报告，经中国银行保险监督管理委员会核准，依法向人民法院申请该财务公司破产。

三、财务公司的业务范围

（一）财务公司的法定业务范围

财务公司可以经营下列部分或者全部业务：（1）对成员单位办理财务和融资顾问、信用鉴证及相关的咨询、代理业务；（2）协助成员单位实现交易款项的收付；（3）经批准的保险代理业务；（4）对成员单位提供担保；（5）办理成员单位之间的委托贷款及委托投资；（6）对成员单位办理票据承兑与贴现；（7）办理成员单位之间的内部转账结算及相应的结算、清算方案设计；（8）吸收成员单位的存款；（9）对成员单位办理贷款及金融租赁；（10）从事同业拆借；（11）中国银行保险监督管理委员会批准的其他业务。

（二）财务公司可以申请从事的业务范围

财务公司严格遵守国家的有关规定和中国银行保险监督管理委员会审慎监管的有关要求，并具备特定条件者，可以向中国银行保险监督管理委员会申请从事下列业务：（1）经批准发行财务公司债券；（2）承销成员单位的企业债券；（3）对金融机构的股权投资；（4）有价证券投资；（5）成员单位产品的消费信贷、买方信贷及金融租赁。需具备的特定条件是：（1）财务公司设立1年以上，且经营状况良好；（2）注册资本金不低于3亿元人民币，从事成员单位产品消费信贷、买方信贷及金融租赁业务的，注册资本金不低于5亿元人民币；（3）经股东会同意并经董事会授权；（4）具有比较完善的投资决策机制、风险控制制度、操作规程以及相应的管理信息系统；（5）具有相应的合格专业人员；（6）中国银行保险监督管理委员会规定的其他条件。

财务公司不得从事离岸业务，不得从事任何形式的资金跨境业务。财务公司的业务范围经中国银行保险监督管理委员会批准后，应当在财务公司章程中载明。财务公司不得办理实业投资、贸易等非金融业务。财务公司在经批准的业务范围内细分业务品种，应当报中国银行保险监督管理委员会备案，但不涉及债权或者债务的中间业务除外。财务公司分公司的业务范围，由财务公司在其业务范围内根据审慎经营的原则进行授权，报中国银行保险监督管理委员会备案。财务公司分公司不得办理担保、同业拆借等业务。

【案例分析 3 – 1】

某企业集团 2010 年 9 月在其旗下设立一家财务公司。该财务公司董事会拟扩大经营业务如下：从事离岸业务；拟向 A 纺织有限责任公司投资 3000 万元；从事棉花等商品的贸易活动等；未向中国银行保险监督管理委员会申请批准，该财务公司拟发行 5000 万元的财务公司债券。

思考：该财务公司拟扩大的经营业务是否合法？为什么？

第三节 金融资产管理公司

一、金融资产管理公司概述

（一）金融资产管理公司的概念

国际上广义理解"金融资产管理公司"的实质是指由国家出面专门设立的以处理银行不良资产为使命的金融机构，具有特定使命的特征，以及较为宽泛业务范围的功能特征。

2000 年 11 月 1 日，我国在《金融资产管理公司条例》第二条对该类型公司作出明确定义："金融资产管理公司，是指国务院决定设立的收购国有银行不良贷款，管理和处置因收购国有银行不良贷款形成的资产的国有独资非银行金融机构。"同时第三条规定了其经营目标："金融资产管理公司以最大限度保全资产、减少损失为主要经营目标，依法独立承担民事责任。"

《金融资产
管理公司条例》

（二）我国四大金融资产管理公司的由来

20 世纪 90 年代以来，特别是亚洲金融危机后，各国政府普遍对金融机构不良资产问题给予了极大关注。我国国有商业银行是金融体系的重要组成，是筹措、融通和配置社会资金的主渠道之一，长期以来为经济发展提供了有力支持。然而，在 1995 年《商业银行法》出台之前，国有银行是以专业银行模式运作的，信贷业务具有浓厚的政策性色彩，加之受到 90 年代初期经济过热的影响，以及处于经济转轨过程中，在控制贷款质量方面缺乏有效的内部机制和良好的外部环境，从而产生了一定规模的不良贷款。此外，在 1993 年之前，银行从未提取过呆账准备金，没有核销过呆坏账损失。这样，不良贷款不断累积，金融风险逐渐孕育，成为经济运行中一个重大隐患，如果久拖不决，有可能危及金融秩序和社会安定，影响我国下一步发展和改革进程。鉴于上述情况，在认真分析国内金融问题和吸取国外经验教训的基础上，我国政府审时度势，决定成立金融资产管理公司，集中管理和处置从商业银行收购的不良贷款，并由中国信达资产管理公司先行试点。组建金融资产管理公司，是中国金融体制改革的一项重要举措，对于依法处置国有商业银行的不良资产，防范和化解金融风险，推动国有银行轻装上阵，促进国有企业扭亏脱困和改制发展，以及实现国有经济的战略重组都具有重要意义。1999年，东方、信达、华融、长城四大金融资产管理公司在国务院借鉴国际经验的基础上相继成立，并规定存续期为10年，分别负责收购、管理、处置相对应的中国银行、中国建设银行、中国工商银行、中国农业银行所剥离的不良资产。

（三）金融资产管理公司的现状

2004年初，国家明确了金融资产管理公司改革和发展的方向，即建立政策性收购不良资产处置目标责任制，允许资产管理公司开展商业化收购和接受委托代理处置不良资产业务，走市场化、商业化的道路。2004年4月，财政部关于金融资产管理公司商业化收购业务、委托代理业务、投资业务三项新业务市场准入政策的出台，使资产管理公司从事商业化业务有了政策依据。2004年9月，华融公司率先获准开办商业化收购不良资产、接受委托代理处置不良资产、对部分不良资产追加投资三项业务，商业化业务全面铺开。

我国组建金融资产管理公司是为同时达到以下三个目的：一是改善四家国有独资商业银行的资产负债状况，提高其国内外资信。同时深化国有独资商业银行改革，对不良贷款剥离后的银行实行严格的考核，不允许不良贷款率继续增加，从而把国有独资商业银行办成真正意义上的现代商业银行。二是运用金融资产管理公司的特殊法律地位和专业化优势，通过建立资产回收责任制和专业化经营，实现不良贷款价值回收最大化。三是通过金融资产管理，对符合条件的企业实施债权转股权，支持国有大中型亏损企业摆脱困境。

我国现存的四大金融资产管理公司已经完成政策性不良资产收购任务。2007年四家资产管理公司都已开始纯商业化资产运作。

二、金融资产管理公司的设立

1. 金融资产管理公司的注册资本为人民币100亿元，由财政部核拨。

2. 金融资产管理公司由中国人民银行颁发《金融机构法人许可证》，并向工商行政管理部门依法办理登记。

3. 金融资产管理公司设立分支机构，须经财政部同意，并报中国人民银行批准，由中国人民银行颁发《金融机构营业许可证》，并向工商行政管理部门依法办理登记。

4. 金融资产管理公司设总裁一人、副总裁若干人。总裁、副总裁由国务院任命。总裁对外代表金融资产管理公司行使职权，负责金融资产管理公司的经营管理。金融资产管理公司的高级管理人员须经中国人民银行审查任职资格。

三、金融资产管理公司的业务范围

金融资产管理公司在其收购的国有银行不良贷款范围内，管理和处置因收购国有银行不良贷款形成的资产时，可以从事下列业务活动：

1. 追偿债务；

2. 对所收购的不良贷款形成的资产进行租赁或者以其他形式转让、重组；

3. 债权转股权，并对企业阶段性持股；

4. 资产管理范围内公司的上市推荐及债券、股票承销；

5. 发行金融债券，向金融机构借款；

6. 财务及法律咨询，资产及项目评估；

7. 中国人民银行、中国证券监督管理委员会批准的其他业务活动。

金融资产管理公司可以向中国人民银行申请再贷款。

第四节 汽车金融公司

一、汽车金融公司的概念

汽车金融公司，是指经中国银行保险监督管理委员会批准设立的，为中国境内的汽车购买者及销售者提供金融服务的非银行金融机构。2007 年 12 月中国银行保险监督管理委员会通过并颁布了《汽车金融公司管理办法》。

上汽通用汽车金融有限责任公司（SAIC – GMAC）成立于 2004 年 8 月，总部位于中国上海，是经中国银监会批准成立的第一家汽车金融公司。公司注册资本为 15 亿元人民币，分别由上汽集团财务有限公司、GMAC UK PLC（通用汽车全资子公司）和上海通用汽车有限公司三方出资。截至 2015 年末，公司资产规模规模近 700 亿元人民币。

《汽车金融
公司管理办法》

丰田汽车金融（中国）有限公司正式成立于 2005 年 1 月 1 日，是最早通过中国银监会批准的汽车金融公司之一，是丰田金融服务株式会社在中国的独资企业。公司秉承了丰田金融服务株式会社所有的优秀经营理念，与丰田汽车一同为中国用户提供"安心、贴心、省心"的专业贷款购车服务。基于对丰田汽车产品的深刻认识，丰田汽车金融（中国）有限公司将全球成熟、先进的汽车金融服务理念与中国用户需求相结合，为中国丰田客户提供量身定制的专业购车贷款服务。

二、汽车金融公司的设立

（一）汽车金融公司的出资人

汽车金融公司的出资人为中国境内外依法设立的企业法人，其中主要出资人须为生产或销售汽车整车的企业或非银行金融机构。

非金融机构作为汽车金融公司出资人，应当具备以下条件：

1. 最近 1 年的总资产不低于 80 亿元人民币或等值的可自由兑换货币，年营业收入不低于 50 亿元人民币或等值的可自由兑换货币（合并会计报表口径）；

2. 最近 1 年年末净资产不低于资产总额的 30%（合并会计报表口径）；

3. 经营业绩良好，且最近 2 个会计年度连续盈利；

4. 入股资金来源真实合法，不得以借贷资金入股，不得以他人委托资金入股；

5. 遵守注册所在地法律，近2年无重大违法违规行为；

6. 承诺3年内不转让所持有的汽车金融公司股权（中国银保监会依法责令转让的除外），并在拟设公司章程中载明；

7. 中国银保监会规定的其他审慎性条件。

非银行金融机构作为汽车金融公司出资人，除应具备上述第3项至第6项的规定外，还应当具备注册资本不低于3亿元人民币或等值的可自由兑换货币的条件。

（二）汽车金融公司的设立

设立汽车金融公司，应当具备下列条件：

1. 有符合《汽车金融公司管理办法》规定的出资人。

2. 有符合《汽车金融公司管理办法》规定的最低限额注册资本。汽车金融公司注册资本的最低限额为5亿元人民币或等值的可自由兑换货币。注册资本为一次性实缴货币资本。中国银保监会根据汽车金融业务发展情况及审慎监管的需要，可以调高注册资本的最低限额。

3. 有符合《中华人民共和国公司法》和中国银保监会规定的公司章程。

4. 具有符合任职资格条件的董事、高级管理人员和熟悉汽车金融业务的合格从业人员。

5. 具有健全的公司治理、内部控制、业务操作、风险管理等制度。

6. 具有与业务经营相适应的营业场所、安全防范措施和其他设施。

7. 中国银保监会规定的其他审慎性条件。

汽车金融公司的设立须经过筹建和开业两个阶段。申请人提交的申请筹建、申请开业的资料，应以中文书写为准。汽车金融公司不得设立分支机构。

三、汽车金融公司的业务范围

经中国银保监会批准，汽车金融公司可从事下列部分或全部人民币业务：

1. 接受境外股东及其所在集团在华全资子公司和境内股东3个月（含）以上定期存款；

2. 接受汽车经销商采购车辆贷款保证金和承租人汽车租赁保证金；

3. 经批准，发行金融债券；

4. 从事同业拆借；

5. 向金融机构借款；

6. 提供购车贷款业务；

7. 提供汽车经销商采购车辆贷款和营运设备贷款，包括展示厅建设贷款和零配件贷款以及维修设备贷款等；

8. 提供汽车融资租赁业务（售后回租业务除外）；

9. 向金融机构出售或回购汽车贷款应收款和汽车融资租赁应收款业务；

10. 办理租赁汽车残值变卖及处理业务；

11. 从事与购车融资活动相关的咨询、代理业务；

12. 经批准，从事与汽车金融业务相关的金融机构股权投资业务；

13. 经中国银保监会批准的其他业务。

第五节　金融租赁公司

一、金融租赁公司的概念

金融租赁公司是指以经营金融租赁业务为主的非银行金融机构。金融租赁公司名称中需标明"金融租赁"字样。《金融租赁公司管理办法》于2014年3月13日由中国银行保险监督管理委员会公布并实施。

《金融租赁
公司管理办法》

二、金融租赁公司的设立

申请设立金融租赁公司，应当具备以下条件：

1. 有符合《中华人民共和国公司法》和银保监会规定的公司章程；

2. 有符合规定条件的发起人；

3. 注册资本为一次性实缴货币资本，最低限额为1亿元人民币或等值的可自由兑换货币；

4. 有符合任职资格条件的董事、高级管理人员，并且从业人员中具有金融或融资租赁工作经历3年以上的人员应当不低于总人数的50%；

5. 建立了有效的公司治理、内部控制和风险管理体系；

6. 建立了与业务经营和监管要求相适应的信息科技架构，具有支撑业务经营的必要、安全且合规的信息系统，具备保障业务持续运营的技术与措施；

7. 有与业务经营相适应的营业场所、安全防范措施和其他设施；

8. 银保监会规定的其他审慎性条件。

金融租赁公司根据业务发展的需要，经银保监会批准，可以设立分公司、子公司。设立分公司、子公司的具体条件由银保监会另行制定。

三、金融租赁公司的业务范围

经中国银行保险监督管理委员会批准，金融租赁公司可以经营下列部分或全部本外币业务：

1. 融资租赁业务；

2. 转让和受让融资租赁资产；

3. 固定收益类证券投资业务；

4. 接受承租人的租赁保证金；

5. 吸收非银行股东3个月（含）以上定期存款；

6. 同业拆借；

7. 向金融机构借款；

8. 境外借款；

9. 租赁物变卖及处理业务；

10. 经济咨询。

经银保监会批准，经营状况良好、符合条件的金融租赁公司可以开办下列部分或全部本外币业务：

1. 发行债券；

2. 在境内保税地区设立项目公司开展融资租赁业务；

3. 资产证券化；

4. 为控股子公司、项目公司对外融资提供担保；

5. 银保监会批准的其他业务。

需要明确的是，金融租赁公司不得吸收存款；经营业务如涉及外汇管理事项的，需遵守国家外汇管理有关规定。

第六节　贷款公司与典当行

一、贷款公司

（一）贷款公司的概念

贷款公司这种称谓仅局限在我国境内，与国内商业银行、财务公司、汽车金融公司、信托公司这类可以办理贷款业务的金融机构公司在定义和经营范围都有所不同。2009 年 8 月 11 日银监会下发《贷款公司管理规定》，规范了我国贷款公司的行为。

贷款公司是指经中国银行保险监督管理委员会依据有关法律、法规批准，由境内商业银行或农村合作银行在农村地区设立的专门为县域农民、农业和农村经济发展提供贷款服务的非银行业金融机构。贷款公司是由境内商业银行或农村合作银行全额出资的有限责任公司。

《贷款公司
管理规定》

（二）贷款公司的设立

贷款公司的设立条件：

1. 有符合规定的章程；

2. 注册资本不低于 50 万元人民币，为实收货币资本，由投资人一次足额缴纳；

3. 有具备任职专业知识和业务工作经验的高级管理人员；

4. 有具备相应专业知识和从业经验的工作人员；

5. 有必需的组织机构和管理制度；

6. 有符合要求的营业场所、安全防范措施和与业务有关的其他设施；

7. 中国银行保险监督管理委员会规定的其他条件。

设立贷款公司，其投资人应符合下列条件：

1. 投资人为境内商业银行或农村合作银行；

2. 资产规模不低于 50 亿元人民币；

3. 公司治理良好，内部控制健全有效；

4. 主要审慎监管指标符合监管要求；

5. 银保监会规定的其他审慎性条件。

设立贷款公司应当经筹建和开业两个阶段。贷款公司可根据业务发展需要，在县域内设立分公司。

【案例分析 3 - 2】

某股份有限责任公司，其资产规模为 40 亿元人民币，拟投资成立一个贷款公司，该贷款公司拟注册资本为 45 万元人民币，设立登记前，只能缴付 30 万元人民币，其余 15 万元需要在成立后一年内分两次缴清。

思考：（1）该投资人是否符合法律规定？

　　　　（2）拟成立的贷款公司，注册资本数额及分期缴付是否符合法律规定？

（三）贷款公司的业务范围

经中国银行保险监督管理委员会分局批准，贷款公司可经营下列业务：

1. 办理各项贷款；

2. 办理票据贴现；

3. 办理资产转让；

4. 办理贷款项下的结算；

5. 经中国银行保险监督管理委员会批准的其他资产业务。贷款公司不得吸收公众存款。

二、典当行

（一）典当行的概念

典当行是以实物占有权转移的形式为非国有中、小型企业和个人提供临时性抵押贷款的特殊金融企业。1996 年，中国人民银行发布了《典当行管理办法》，对典当行的界定、设立、变更与终止、业务范围和业务管理等作出了具体规定。2005 年 2 月 9 日，商务部发布了《典当管理办法》，并于 2005 年 4 月 1 日起开始实施。

《典当管理办法》（2005）规定，所谓典当，是指当户将其动产、财产权利作为当物质押或者将其房地产作为当物抵押给典当行，交付一定比例费用，取得当金，并在约定期限内支付当金利

《典当管理办法》

息、偿还当金、赎回当物的行为。所谓典当行，是指依照本办法设立的专门从事典当活动的企业法人，其组织形式与组织机构适用《中华人民共和国公司法》的有关规定。商务主管部门对典当业实施监督管理，公安机关对典当业进行治安管理。典当行的组织形式为有限责任公司，其名称中必须含有"典当行"字样（其他任何机构的名称不得使用"典当行"字样）。典当行依法由国务院银行业监督管理机构审批，领取《金融机构法人许可证》，并向工商行政管理部门办理公司登记手续，领取《企业法人营业执照》，取得法人资格。

> **【拓展阅读】**
>
> ### 典当行与银行的差异
>
> （1）典当行放贷不以信用为条件，不审核当户的信用程度，只注重当户所持典当标的的合法性及价值如何；银行放贷往往以信用为条件，审核客户的信用程度，包括资产信用和道德信用等。（2）典当行既接受动产质押，也接受权利质押，充分满足个人以物换钱的融资需求；银行通常只接受权利质押，无法满足个人以物换钱的融资需求。（3）典当行发放贷款不限制用途；银行发放贷款往往限制用途，如住房贷款、汽车贷款、助学贷款等指定用途贷款。（4）典当行发放贷款程序简单，方便快捷，最适用应急性或救急性的融资要求；银行发放贷款程序复杂，不适用应急性或救急性的融资需求。（5）典当行发放贷款的地域性限制不强；银行发放贷款有较强的地域性限制。

（二）典当行的设立

申请设立典当行，应当具备下列条件：

1. 有符合法律、法规规定的章程；

2. 有符合《典当管理办法》规定的最低限额的注册资本。典当行的注册资本最低限额为300万元；从事房地产抵押典当业务的，注册资本最低限额为500万元；从事财产权利质押典当业务的，注册资本最低限额为1000万元。典当行的注册资本最低限额应当为股东实缴的货币资本，不包括以实物、工业产权、非专利技术、土地使用权作价出资的资本；

3. 有符合要求的营业场所和办理业务必需的设施。典当行房屋建筑和经营设施应当符合国家有关安全标准和消防管理规定，具备下列安全防范设施：（1）经营场所内设置录像设备（录像资料至少保存2个月）；（2）营业柜台设置防护设施；（3）设置符合安全要求的典当物品保管库房和保险箱（柜、库）；（4）设置报警装置；（5）门窗设置防护设施；（6）配备必要的消防设施及器材；

4. 有熟悉典当业务的经营管理人员及鉴定评估人员；

5. 有两个以上法人股东，且法人股东相对控股；

6. 符合《典当管理办法》第九条和第十条规定的治安管理要求；

7. 符合国家对典当行统筹规划、合理布局的要求。

典当行应当建立、健全以下安全制度：（1）收当、续当、赎当查验证件（照）制度；（2）当物查验、保管制度；（3）通缉协查核对制度；（4）可疑情况报告制度；（5）配备保安人员制度。

设立典当行，申请人应当向拟设典当行所在地设区的市（地）级商务主管部门提交下列材料：（1）设立申请（应当载明拟设典当行的名称、住所、注册资本、股东及出资额、经营范围等内容）及可行性研究报告；（2）典当行章程、出资协议及出资承诺书；（3）典当行业务规则、内部管理制度及安全防范措施；（4）具有法定资格的验资机构出具的验资证明；（5）档案所在单位人事部门出具的个人股东、拟任法定代表人和其他高级管理人员的简历；（6）具有法定资格的会计师事务所出具的法人股东近期财务审计报告及出资能力证明、法人股东的董事会（股东会）决议及营业执照副本复印件；（7）符合要求的营业场所的所有权或者使用权的有效证明文件；（8）工商行政管理机关核发的《企业名称预先核准通知书》。

具备下列条件的典当行可以跨省（自治区、直辖市）设立分支机构：（1）经营典当业务3年以上，注册资本不少于人民币1500万元；（2）最近两年连续盈利；（3）最近两年无违法违规经营记录。典当行的分支机构也应当执行相关的安全制度，具备相应的安全防范设施。典当行应当对每个分支机构拨付不少于500万元的营运资金。典当行各分支机构营运资金总额不得超过典当行注册资本的50%。

典当行申请设立分支机构，应当向拟设分支机构所在地设区的市（地）级商务主管部门提交下列材料：（1）设立分支机构的申请报告（应当载明拟设分支机构的名称、住所、负责人、营运资金数额等）、可行性研究报告、董事会（股东会）决议；（2）具有法定资格的会计师事务所出具的该典当行最近两年的财务会计报告；（3）档案所在地人事部门出具的拟任分支机构负责人的简历；（4）符合要求的营业场所的所有权或者使用权的有效证明文件；（5）省级商务主管部门及所在地县级人民政府公安机关出具的最近2年无违法违规经营记录的证明。

收到设立典当行或者典当行申请设立分支机构的申请后，设区的市（地）级商务主管部门应当报省级商务主管部门审核，省级商务主管部门将审核意见和申请材料报送商务部，由商务部批准并颁发《典当经营许可证》。省级商务主管部门应当在收到商务部批准文件后5日（工作日，下同）内将有关情况通报同级人民政府公安机关。省级人民政府公安机关应当在5日内将通报情况通知设区的市（地）级人民政府公安机关。

申请人领取《典当经营许可证》后，应当在10日内向所在地县级人民政府公安机关申请典当行《特种行业许可证》，并提供下列材料：（1）申请报告；（2）《典当经营许可证》及复印件；（3）法定代表人、个人股东和其他高级管理人员的简历及有效身份证件复印件；（4）法定代表人、个人股东和其他高级管理人员的户口所在地县级人民政府公安机关出具的无故意犯罪记录证明；（5）典当行经营场所及保管库房平面图、建筑结构图；（6）录像设备、防护设施、保险箱（柜、库）及消防设施安装、设置位置分布图；（7）各项治安保卫、消防安全管理制度；（8）治安保卫组织或者治安保卫人员基本情况。

所在地县级人民政府公安机关受理后应当在10日内将申请材料及初步审核结果报设区的市（地）级人民政府公安机关审核批准，设区的市（地）级人民政府公安机关应当在10日内审核批准完毕。经批准的，颁发《特种行业许可证》。设区的市（地）级人民政府公安机关直接受理的申请，应当在20日内审核批准完毕。经批准的，颁发《特种行业许可证》。设区的市（地）级人民政府公安机关应当在发证后5日内将审核批准情况报省级人民政府公安机关备案；省级人民政府公安机关应当在5日内将有关情况通报同级商务主管部门。申请人领取《特种行业许可证》后，应当在10日内到工商行政管理机关申请登记注册，领取营业执照后，方可营业。

（三）典当行的业务范围

1. 典当行可以经营的业务：（1）动产质押典当业务；（2）财产权利质押典当业务；（3）房地产（外省、自治区、直辖市的房地产或者未取得商品房预售许可证的在建工程除外）抵押典当业务；（4）限额内绝当物品的变卖；（5）鉴定评估及咨询服务；（6）商务部依法批准的其他典当业务。

2. 典当行不得经营的业务：（1）非绝当物品的销售以及旧物收购、寄售；（2）动产抵押业务；（3）集资、吸收存款或者变相吸收存款；（4）发放信用贷款；（5）未经商务部批准的其他业务。

3. 典当行不得收当的财物：（1）依法被查封、扣押或者已经被采取其他保全措施的财产；（2）赃物和来源不明的物品；（3）易燃、易爆、剧毒、放射性物品及其容器；（4）管制刀具，枪支、弹药，军、警用标志、制式服装和器械；（5）国家机关公文、印章及其管理的财物；（6）国家机关核发的除物权证书以外的证照及有效身份证件；（7）当户没有所有权或者未能依法取得处分权的财产；（8）法律、法规及国家有关规定禁止流通的自然资源或者其他财物。

4. 典当行不得有下列行为：（1）从商业银行以外的单位和个人借款；（2）与其他典当行拆借或者变相拆借资金；（3）超过规定限额从商业银行贷款；（4）对外投资；（5）典当行收当国家统收、专营、专卖物品，须经有关部门批准。

【课后练习题】

一、单项选择题

1. 贷款公司对同一借款人的贷款余额不得超过资本净额的（   ）。

A. 10%　　　　　B. 15%　　　　　C. 18%　　　　　D. 13%

2. 经中国银监会批准成立的第一家汽车金融公司是（   ）。

A. 丰田汽车金融有限公司　　　　B. 上汽通用汽车金融有限公司

C. 大众汽车金融有限公司　　　　D. 一汽汽车金融有限公司

3. 金融资产管理公司的最低注册资本为人民币（　　）亿元。

A. 50 　　　　B. 30 　　　　C. 80 　　　　D. 100

4. 金融租赁公司的最低注册资本为人民币（　　）亿元。

A. 5 　　　　B. 1 　　　　C. 3 　　　　D. 10

5. 贷款公司的注册资本为人民币（　　）万元。

A. 100 　　　　B. 50 　　　　C. 150 　　　　D. 200

6. 从事房地产抵押典当业务的典当行，注册资本最低限额为（　　）万元。

A. 1000 　　　　B. 500 　　　　C. 300 　　　　D. 800

7. 典当行各分支机构营运资金总额不得超过典当行注册资本的（　　）。

A. 30% 　　　　B. 50% 　　　　C. 60% 　　　　D. 40%

8. 我国于（　　）年成立了四家金融资产管理公司。

A. 1998 　　　　B. 1997 　　　　C. 1999 　　　　D. 2000

9. 中国长城资产管理公司负责收购和管理（　　）的不良资产。

A. 中国建设银行 　　　　　　　B. 中国工商银行

C. 中国银行 　　　　　　　　　D. 中国农业银行

10. 财务公司领取营业执照之日起，无正当理由（　　）个月不开业的，由银监会吊销其"金融许可证"。

A. 5 　　　　B. 9 　　　　C. 6 　　　　D. 10

二、多项选择题

1. 非银行金融机构包括（　　）。

A. 农村信用社　　B. 财务公司　　C. 城市商业银行　　D. 金融资产管理公司

2. 贷款公司的营运资金不包括（　　）。

A. 实收资本 　　　　　　　　　B. 向投资人借款

C. 向其他金融机构融资 　　　　D. 向非投资人的企业借款

3. 贷款公司的业务包括（　　）。

A. 办理各项贷款 　　　　　　　B. 办理票据贴现

C. 办理资产转让 　　　　　　　D. 办理贷款项下的结算

4. 典当行不得经营的业务有（　　）。

A. 非绝当物品的销售以及旧物收购、寄售

B. 动产抵押业务

C. 集资、吸收存款或者变相吸收存款

D. 发放信用贷款

5. 财务公司有下列变更事项之一的，应当报经中国银行保险监督管理委员会批准（　　）。

A. 变更名称 　　　　　　　　　B. 变更注册资本金

C. 修改章程 　　　　　　　　　D. 变更营业场所

三、案例分析题

某市"大成"典当行 2014 年 6 月聘任王某担任总经理，王某上任伊始，为了能够作出更大业绩，拟拓宽经营渠道，开展以下业务：①经营范围扩大到外省自治区、直辖市的房地产抵押典当业务；②经营动产抵押业务；③当户没有所有权或者未能依法取得处分权的财产也可以作为收当的财物；④拟对外投资一家汽车金融公司。为了简化典当手续，办理赎当，当户不用出具本人的有效身份证件。典当期限最长可以到 12 个月。

问题：该典当行拟开展的业务是否符合法律规定？为什么？

第四章

金融担保法律制度

【教学目的和要求】

本章概括介绍了担保的定义、特征和担保活动的原则，重点介绍保证、抵押、质押这三种金融担保方式的特点及相关法律规定。通过学习使学生掌握保证、抵押、质押几种担保方式的含义、效力及其他规定，能够综合运用保证、抵押权、质押权等的规定处理实际生活中的金融担保纠纷，并运用相关知识规避纠纷的发生。

我国《商业银行法》《中华人民共和国合同法》（以下简称《合同法》）明确规定，商业银行开展信贷业务，应当严格审查借款人的资信，实行担保，保障按期收回贷款。而《担保法》的首要目的就是"促进资金融通"，因此，担保制度作为商业银行实现流动性经营原则的保障，对于保障信贷资金安全和信贷活动的正常开展，具有重要的作用。

《中华人民共和国合同法》

第一节　担保法概述

一、担保概述

（一）担保的概念

担保是指以第三人的信用或者在特定财产上设定的权利来确保特定债权人债权实现的法律制度。

各国都建立了担保法律制度来督促债务人履行债务，促进资金融通和商品流通，保障债权的实现。我国于 1995 年 6 月 30 日第八届全国人大常委会第十四次会议通过了《担保法》并于同年 10 月 1 日起正式施行。2007 年 3 月 16 日第十届全国人民代表大会第五次会议通过了《中华人民共和国物权法》（以下简称《物权法》），并于同年 10 月 1 日起施行。《物权法》第一百七十八条规定："担保法与本法的规定不一致的，适用本法。"这说明，《物权法》施行后，《担保法》依然有效，但当《担保法》与

《物权法》规定不一致时，适用《物权法》。

（二）担保的特征

1. 从属性。担保是以一定的债权关系的存在为前提。没有特定的主债权债务关系的存在，担保关系就不能产生。债权债务关系不成立、无效或者被撤销时，担保也归于消灭；债权债务关系因清偿等原因而消灭，担保也随之消灭。

2. 补充性。补充性是指担保一经有效成立，就在主合同的权利义务关系上补充了某种权利义务关系。主合同债权人必须先行使其在主合同中的权利，只有在主合同债权不能正常实现时，才能行使其在担保合同中的权利，要求担保人承担责任。换言之，在主债务因适当履行正常终止时，补充的义务并未实际履行；只有在主债务得不到履行时，补充的义务才履行使主债权得以实现。

3. 保障性。设立担保的目的，是保障主债权的实现。担保的具体方法，是以特定人的信用或者特定财产作为债权实现的保证。当债务人不履行到期债务时，应由担保人代为履行或者以特定财产折价或变卖的价款优先补偿债权人。

（三）担保活动的原则

担保活动应当遵循平等、自愿、公平、诚实信用的原则。平等，是指当事人在担保活动中的法律地位平等。自愿，是指担保活动应建立在各方当事人都自愿的基础上，一方不能采取欺诈、胁迫等手段使他方违背自己的真实意愿而参加担保活动。公平，是指担保活动中各方当事人的权利义务应对等，一方在取得自身权力和利益的同时，也承担相应的义务和责任。诚实信用，是指当事人在担保活动中应诚实守信，正确行使自己的权利，全面履行自己的义务。

二、担保法的概念及适用范围

（一）担保法的概念

担保法是调整债权人、债务人、担保人之间债权担保关系的法律规范的总称。担保法制定的目的是为促进资金融通和商品流通，保障债权的实现，发展社会主义市场经济。

（二）担保法的适用范围

在借贷、买卖、货物运输、加工承揽等经济活动中，债权人需要以担保方式保障其债权实现的，可以依照《担保法》规定设定担保。担保的方式有保证、抵押、质押、留置和定金。根据银行贷款债权金钱性的特点，贷款担保只适用于保证、抵押、质押。所谓贷款担保是指通过第三人的信用（保证）或者通过在借款人或第三人的特定财产上设定权利（抵押或质押）来确保贷款人的债权得以实现的一种保障措施。

三、担保法律关系

（一）担保法律关系的概念

担保法律关系是为了保障债权的实现，债权人与担保人之间基于担保行为而产生的权利与义务的法律关系。

（二）担保法律关系的构成

担保法律关系由主体、内容和客体三要素构成。

1. 担保法律关系的主体。担保法律关系的主体包括接受担保的一方和提供担保的一方。在金融担保活动中，接受担保的一方为资金出借人，他也是借款合同中的债权人，如商业银行、信托公司、金融租赁公司、小额贷款公司等；提供担保的一方为担保人，他可以是借款人本人，也可以是借款人以外的第三人。

2. 担保法律关系的客体。担保法律关系的客体是指担保人和担保相对人的权利义务所指向的对象。担保法律关系的客体包括物、具有财产内容的权利以及行为，如房屋、机器设备，土地使用权、各类票证券以及商标权、专利权、著作权等。法律禁止的物不可作为担保的客体，如土地所有权、人身及其器官等。

3. 担保法律关系的内容。担保法律关系的内容是指担保当事人之间基于担保行为而产生的权利与义务关系。担保权人的权利是指在主合同不能履行或者不能完全履行时，担保权人有权从担保人那里获得清偿。担保权人承担义务的情况不多，例如当他是质权人、留置权人时，应当承担妥善保管质物或留置物的义务。担保人的义务是在主合同不能履行或不能完全履行时，保证主债权得以清偿。

四、担保的形式

根据《担保法》及《物权法》的规定，债的担保形式包括人的担保、物的担保和金钱担保。

（一）人的担保

人的担保是指在债务人的财产或权利之外，又附加了其他人的一般财产作为债权实现的担保，其形式主要是保证人。

（二）物的担保

物的担保是指以债务人或其他人的财产作为保证债权实现的标的，在债务人不履行债务时，债权人可以将财产变换成价值，从中优先受偿，主要方式有抵押、质押、留置等。

（三）金钱担保

金钱担保指在债务以外又交付一定金钱，该金钱的得失与债务的清偿联系在一起，从而在心理上给债务人造成压力，促使其履行债务，实现债权人债权的制度，如定金。

除上述三种形式担保外，还存在反担保。反担保是指为了换取担保人提供担保，而由债务人或第三人向该担保人提供另一个担保，相对于原担保这被称为反担保。反担保可以是债务人提供，也可以是第三人提供。反担保的方式，可以是保证、抵押、质押。定金不适宜作为反担保的方式，从留置的法定性来看，留置也不能作为反担保的方式。

第二节　保证法律制度

一、保证概述

（一）保证的概念

保证，是指保证人和债权人约定，当债务人不履行债务时，保证人按照约定履行债务或者承担责任的担保方式。在保证法律关系中，主合同债权人为被保证人，为债务人提供保证的第三人为保证人。保证是一种人的担保，即信用担保。保证人事先并不提供特定的财产来保障债权的实现，而是凭其信用作保，因此，如果保证人不讲信用或缺乏代为清偿债务的能力，保证就不能真正起到保障债权实现的作用。

（二）保证人

保证人为被担保合同中债务人之外的第三人，是具有代为清偿能力的法人、其他组织或者公民。不具有完全代偿能力的法人、其他组织或者自然人以保证人身份订立保证合同后，又以自己没有代偿能力要求免除保证责任的，人民法院不予支持。根据《担保法》及《担保法解释》的规定，下列主体不得作为保证人：（1）国家机关，但经国务院批准为使用外国政府或者国际经济组织贷款进行转贷的除外。（2）学校、幼儿园、医院等以公益为目的的事业单位、社会团体。（3）企业法人的分支机构、职能部门。但企业法人的分支机构有法人书面授权的，可以在授权范围内提供保证。

二、保证合同

（一）保证合同的概念

保证合同是保证人与主合同中债权人订立的，为确保债权实现、明确保证责任，保证人以自己的信誉和资产向债权人作出承诺的协议。

（二）保证合同的形式

保证合同应当采取书面形式，具体来说，可以为以下几种形式：（1）主从合同的形式，即保证人与债权人单独订立保证合同；（2）主从条款形式，即债权人、债务人与保证人共同订立一个合同，保证责任仅作为保证条款出现在主合同中；（3）以保证人身份在主合同上承保的形式，即保证人在债权人与债务人签订的主合同上以保证人身份或在"保证人"栏下签名或者盖章；（4）保证人单方面出具保证承诺书的形式，即保证人单方以书面形式向债权人出具担保书，债权人接受且未提出异议。

（三）保证合同的内容

保证合同应当包括下列内容：（1）被保证的主债权种类、数额；（2）债务人履行债务的期限；（3）保证的方式；（4）保证担保的范围。保证人既可以就主合同的全部也可以就其中的部分进行担保，约定担保的范围不得超出主债务的数额，否则，超出的部分无效；在当事人未约定担保范围时，应根据《担保法》的规定加以确定，即应包括主债权及利息、违约金、损害赔偿金和实现债权的费用；（5）保证的期间。保证期间是指保证人承担责任的起止时间，保证人只在保证期间内承担保证责任，过了保证期间，即使债务人未履行债务，保证人也不必再承担保证责任；（6）双方认为需要约定的其他事项。这是兜底条款，当事人可以根据需要约定一些双方认为有必要明确的事项，如双方可就保证合同约定违约金等。

三、保证方式

保证方式可分为一般保证和连带责任保证。

（一）一般保证

一般保证是指当事人在保证合同中约定，债务人不能履行债务时，由保证人承担保证责任。一般保证的保证人享有"先诉抗辩权"，即一般保证的保证人在主合同纠纷未经审判或者仲裁，并就债务人财产依法强制执行仍不能履行债务前，对债权人可以拒绝承担保证责任，但下列情形除外：（1）债务人住所变更，致使债权人要求其履行债务发生重大困难的；（2）人民法院受理债务人破产案件，中止执行程序的；（3）保证人以书面形式放弃其"先诉抗辩权"的。

（二）连带责任保证

连带责任保证是指当事人在保证合同中约定保证人与债务人对债务承担连带责任。连带责任保证的保证人没有"先诉抗辩权"，即债务人在主合同规定的债务履行期届满没有履行债务的，债权人可以要求债务人履行债务，也可以要求保证人在其保证范围内承担保证责任。为了保护债权人的利益，法律还规定，当事人对保证方式没有约定或者约定不明确的，按照连带责任保证承担保证责任。

【案例分析 4 - 1】

张某从甲银行分支机构乙支行借款 20 万元，李某提供保证担保。李某和甲银行又特别约定，如保证人不履行保证责任，债权人有权直接从保证人在甲银行及其支行处开立的任何账户内扣收偿还张某的借款。借款到期后，张某、李某均未还款，甲银行直接从李某在甲银行下属的丙支行账户内扣划了 18 万元存款用于偿还张某的借款。

资料来源：2014 年国家司法考试试题。

　　思考：（1）李某提供的保证担保是哪一类型？

（2）"李某和甲银行又特别约定，如保证人不履行保证责任，债权人有权直接从保证人在甲银行及其支行处开立的任何账户内扣收偿还借款。"这个特别约定是否有效？

（3）李某是否应承担保证担保责任？如果李某承担保证担保责任是否能向张某行使追偿权？乙支行能否以自己名义向张某行使追偿权？

四、保证责任

（一）保证责任的范围

当事人可以在保证合同中约定保证担保的范围，如果没有约定或者约定不明确的，法律规定保证人应当对全部债务承担责任，即保证担保的范围包括主债权及利息、违约金、损害赔偿金及实现债权的费用。

（二）保证责任的期限

保证责任的期限即保证期间，是保证人承担责任的时间范围，即保证人在保证期间内才承担保证责任，超过保证期间，保证人就无须承担保证责任。根据《担保法》及最高人民法院的有关司法解释，确定保证期间可按照以下原则进行：（1）保证合同的双方当事人（保证人与债权人）在保证合同中如果约定了保证期间，而且这种约定符合法律的规定，则以当事人的约定为准；（2）如果当事人没有对保证期间作出约定，按照《担保法》规定，保证期间为主债务履行期届满之日起6个月；（3）保证合同约定的保证期间早于或者等于主债务履行期限的，视为没有约定，保证期间为主债务履行期届满之日起6个月；（4）保证合同约定保证人承担保证责任直至主债务本息还清时为止等类似内容的，视为约定不明，保证期间为主债务履行期届满之日起2年。对于一般保证，如果债权人没有在上述约定的或法定的保证期间对债务人提起诉讼或者申请仲裁，则保证人免除保证责任；对于连带责任保证，如果债权人没有在上述约定的或法定的保证期间要求保证人承担保证责任，则保证人也免除保证责任。

【案例分析 4-2】

2015年2月21日，某银行长白市支行与长白市百达电器有限公司（以下简称百达公司）签订借款合同一份，约定百达公司向银行借款300万元，同年2月25日归还100万元，8月21日归还200万元，月利率为10.98‰。同日，长白市万兴集团向长白市支行出具了一份"保证承诺书"，承诺对百达公司300万元借款承担保证责任，保证期限到2017年2月21日。借款合同签订后，长白市支行向百达公司发放了300万元贷款。百达公司借款后，仅于2015年2月24日，归还100万元，其余借款本息均未归还，担保人也未履行担保责任。2016年4月25日、2017年4月2日，长白市支行先后两次向担保人万兴集团发出"保证贷款逾期催收函"，两函分别载明，贵单位根据2015005号借款保证书向我们提供连带责任保证担保的200万元债务已于2015年8月21日到期，请速筹资还款。该函落款注明收件单位收到函件后加盖公章退回我行。万兴集团收到上述催收函后于2016年4月29日和2017年4月15日在催收函件单位栏内加盖公章。长白市支行也于2017年1月22日、4月2日，相继向百达公司发出"逾期贷款催收函"，百达公司在该催收函上盖章确认。长白市支行因百达公司对所借款一直未予归还，万兴集团在收到催收函后也无还款表示，遂于 2017 年 6 月 22 日向法院起诉。

思考：保证合同的效力以及新的保证合同是否达成？

（三）主合同变更对保证责任的影响

保证作为一种担保具有担保的从属性，因此主合同变更就会对保证人承担的保证责任产生影响，具体可分为以下几种情况：

1. 主合同主体变更。主体变更又可以分为权利主体的变更和义务主体的变更。权利主体变更是指主债权人转让其债权，此时保证债权同时转让，保证人在原保证担保的范围内对受让人承担保证责任。但是保证人与债权人事先约定仅对特定的债权人承担保证责任或者禁止债权转让的，保证人不再承担保证责任。至于义务主体的变更，保证期间，债权人如果未经保证人书面同意许可债务人转让部分债务，则保证人对未经其同意转让部分的债务，不再承担保证责任。但是，保证人仍应当对未转让部分的债务承担保证责任。

2. 主合同内容变更。保证期间，债权人与债务人对主合同数量、价款、币种利率等内容作了变动，未经保证人同意的，如果减轻债务人的债务的，保证人仍应当对变更后的合同承担保证责任；如果加重债务人的债务的，保证人对加重的部分不承担保证责任。债权人与债务人对主合同履行期限作了变动，未经保证人书面同意的，保证期间为原合同约定的或者法律规定的期间。

（四）保证人的追偿权

保证人的追偿权是指保证人承担保证责任后，可以向主债务人请求偿还的权利。保证人向主债务人行使追偿权的诉讼时效期间为 2 年，从保证人承担保证责任完毕之日起计算。

（五）保证人不承担民事责任的情形

根据《担保法》第三十条的规定，下列两种情况下保证人无须承担民事责任：（1）主合同当事人双方串通，骗取保证人提供保证的；（2）主合同债权人采取欺诈、胁迫等手段，使保证人在违背真实意愿的情况下提供保证。此外，根据最高人民法院关于《担保法》的司法解释，主合同当事人双方协议以新贷偿还旧贷，除保证人知道或者应当知道的外，保证人不承担民事责任，但新贷与旧贷是同一保证人的除外。

第三节 抵押法律制度

一、抵押概述

（一）抵押的概念

抵押是指债务人或第三人不转移对特定财产的占有，而将该财产作为债权的担保，当债务人不履行债务时，债权人有权依法以该财产折价或者拍卖、变卖该财产所得的价款优先受偿的一种担保方式。其中债务人或者第三人为抵押人，接受抵押物的债权人称为抵押权人，提供担保的财产为抵押财产。

（二）抵押的法律特征

抵押权人因抵押法律关系所享有的权利为抵押权。抵押权具有以下特征：

1. 抵押不转移对抵押财产的占有。这是抵押与质押的根本区别，也是抵押的优越性所在。一方面抵押人仍可占有和使用抵押财产发挥其效用；另一方面也免除了抵押权人的保管义务。

2. 抵押权是在他人财产上设定的权利。抵押权是为了担保债务的履行而设立的权利，属于他物权中的担保物权，具有限制他物权的作用。

3. 抵押权是一种换价权。抵押权人接受抵押财产是取得抵押物的交换价值为目的，而不是使用价值。即债权人是以控制抵押物为手段，以实现抵押物交换价值为目的。

4. 抵押权具有特定性。在抵押关系中，抵押权人是特定的，抵押财产及所担保的债务也是特定的。只有将抵押财产特定化，才能确定其价值。相比而言，保证担保则是以保证人不特定财产提供的。

5. 抵押权具有优先受偿性。所谓优先受偿，是指在债务人同时存在数个债权时，享有抵押权的债权人可以就抵押物优先受偿。这是有抵押权的债权人与无抵押权的一般债权的本质区别。

二、抵押物

抵押权设定后，债务人如果不履行合同，抵押权人就要通过对抵押物的折价或者拍卖、变卖实现自己的权利。因此，抵押物必须是可以进入市场交易的权属明晰的财产，符合社会公共利益。

（一）允许用来抵押的财产

《物权法》第一百八十条规定，债务人或者第三人有权处分的下列财产可以抵押：建筑物和其他土地附着物；建设用地使用权；以招标、拍卖、公开协商等方式取得的荒地等土地承包经营权；生产设备、原材料、半成品、产品；正在建造的建筑物、船舶、航空器；交通运输工具；法律、行政法规未禁止抵押的其他财产。抵押人可以将前款所列财产一并抵押。另外，《物权法》第一百八十一条规定，经当事人书面协议，企业、个体工商户、农业生产经营者可以将现有的以及将有的生产设备、原材料、半成品、产品抵押，债务人不履行到期债务或者发生当事人约定的实现抵押权的情形，债权人有权就实现抵押权时的动产优先受偿。

（二）禁止抵押的财产

《物权法》第一百八十四条规定，下列财产不得抵押：土地所有权；耕地、宅基地、自留地、自留山等集体所有的土地使用权，但法律规定可以抵押的除外；学校、幼儿园、医院等以公益为目的的事业单位、社会团体的教育设施、医疗卫生设施和其他社会公益设施；所有权、使用权不明或者有争议的财产；依法被查封、扣押、监管的财产；法律、行政法规规定不得抵押的其他财产。

（三）抵押物登记

抵押物登记，又称抵押登记、抵押权登记，是指经当事人申请，主管机关依照法定程序，将抵押物上设定的抵押权及抵押权变更、终止等事项记载于特定的抵押物登记簿上的行为。关于登记的效力，《物权法》采取了以登记要件主义与登记对抗主义相结合的原则，具体规定如下：（1）以建筑物和其他土地附着物；建设用地使用权；以招标、拍卖、公开协商等方式取得的荒山、荒沟、荒丘、荒滩等土地承包经营权；正在建造的建筑物抵押的，应当办理抵押登记，抵押权自登记时设立。（2）以生产设备、原材料、半成品、产品；交通运输工具或者正在建造的船舶、飞行器抵押的，抵押权自抵押合同生效时设立；未经登记，不得对抗善意第三人。（3）企业、个体工商户、农业生产经营者以现有的以及将有的生产设备、原材料、半成品和产品进行动产抵押的，应当向动产所在地的工商行政管理部门办理登记。抵押权自抵押合同生效时设立；未经登记，不得对抗善意第三人。

【案例分析 4 - 3】

2015 年，张某向当地工商银行申请贷款，工商银行要求其提供担保，张某同意以其所有的一套住房作为抵押物。双方签订了借款合同及抵押合同。由于银行工作人员的疏忽，双方并未到有关登记部门办理抵押登记手续。

思考：（1）房屋抵押权是否已生效？为什么？

（2）如果房屋抵押权尚未生效，工商银行应采取什么补救措施？

三、抵押合同

（一）抵押合同的形式

根据《担保法》规定，抵押人和抵押权人应当以书面形式订立抵押合同。书面形式包括债权人与债务人就抵押担保之设立而达成的抵押条款，也包括债权人与债务人或第三人专门就抵押担保问题达成的独立协议，还包括当事人之间就抵押担保的设立而制作的信函传真等书面材料。

（二）抵押合同的内容

抵押合同包括以下内容：被担保的主债权种类、数额；债务人履行债务的期限；抵押物的名称、数量、质量、状况、所在地、所有权权属或者使用权权属；抵押担保的范围；当事人认为需要约定的其他事项。抵押合同不完全具备前款规定内容的，可以补正。

（三）流质条款之禁止

流质条款又叫流质契约，是指如果债务人不履行债务时，担保物即归债权人所有的一种约定。《担保法》规定，抵押权人在债务履行期届满前，抵押权人和抵押人在合同中不得约定在债务履行期届满、抵押权人未受清偿时，抵押物的所有权转移为债权人所有。如果合同中有这样的条款，则该条款无效，即"流质条款无效"，该条款的无效不影响抵押合同其他部分内容的效力。自罗马法以来，各国法律都禁止流质契约，这主要是保护债权人、债务人和担保人各方的利益。

四、抵押的效力

（一）抵押担保的范围

抵押担保的范围包括主债权及其利息、违约金、损害赔偿金和实现抵押权的费用。抵押合同另有约定的，从其约定。

（二）抵押人的权利

1. 对抵押物享有占有权。抵押权设定后，抵押物仍由抵押人占有，而非交付抵押权人。

2. 对抵押物可以设定用益物权。抵押人可以对抵押物设定用益物权，但抵押人将抵押财产出租的，抵押权实现后对受让人不具有约束力。抵押人出租时未书面告知承租人抵押事实的，承租人可要求抵押人对其损失承担赔偿责任。抵押人在出租时告知承租人财产抵押事实的，抵押权实现给承租人造成的损失由承租人自己承担。但是，抵押人将出租的财产抵押的，抵押权实现后，租赁合同在承租期内对抵押物的受让人继续有效。

3. 对抵押物有再设定抵押权的权利。财产抵押以后，对该财产的价值大于所担保的债权的余额部分，抵押人可再次抵押。在设定多个抵押权的情况下，各抵押权人按照抵押权成立的先后顺序行使抵押权。

4. 对抵押物享有处分权。在抵押期间，抵押人在通知抵押权人并告知受让人抵押事实的情况下，可转让抵押物。抵押人未通知抵押权人，或未告知受让人的，如果抵押物已经登记的，该转让行为无效，抵押权人可行使抵押权，取得抵押物所有权的受让人也可以代替债务人清偿其全部债务，使抵押权消灭。受让人清偿债务后，可以向债务人追偿。如果抵押物未登记的，抵押权人不得对抗受让人，因此给抵押权人造成损失的由抵押人赔偿。抵押人的主要义务是妥善保管好抵押物，如果抵押人的行为造成抵押物的价值减少，有义务提供与减少价值相当的担保。

（三）抵押权人的权利

1. 支配抵押物并排除他人侵害的权利。在抵押期间，抵押物受到第三人或抵押人侵害的，抵押权人有权要求停止侵害、恢复原状、赔偿损失。因抵押人的行为使抵押物的价值减少的，抵押权人有权要求抵押人恢复原状或提供担保。抵押权人要求抵押人恢复原状或提供担保遭到拒绝的，抵押权人可请求债务人履行债务，也可以请求提前行使抵押权。

2. 对抵押物享有孳息收取权。抵押权的效力原则上不及于孳息，但履行期限届满，债务人不履行债务的，致使抵押物被人民法院依法扣押的，自扣押之日起，抵押权人有权收取抵押物的孳息。

3. 对抵押物享有优先受偿权。这是抵押权的核心权利，在债务人不履行债务时，抵押权人就抵押财产所获得的价金优先于没有设立抵押权的债权人优先受偿，即只有抵押权人的债权全部获得清偿以后有余额的，其他债权人才可以受偿，若无余额的，其他债权人无法受偿。

五、抵押权的实现

抵押权的实现，又称抵押权的实行，是指当债权已届清偿期而未受清偿时，抵押权人可以就抵押物优先受偿。

（一）抵押权实现的条件

抵押权的实现要满足下列条件：（1）抵押权有效存在；（2）债务履行期间届满债务人不履行债务或者发生了当事人约定的实现抵押权的情形；（3）未超过法定期间。

（二）抵押权的实现途径

当主债务期限届满债务人未按约定履行时，债权人（抵押权人）可依法行使抵押权，以实现其债权。抵押权的实现有以下几种途径：（1）以抵押物折价受偿；（2）以公开拍卖的形式从所得价款中受偿；（3）以变卖的形式从所得价款中受偿。采用以上方式之前，必须经双方协商一致方可。协商不成时，抵押权人不得擅自处分抵押物，而应向人民法院起诉，请求人民法院依法处理抵押物而获得受偿。无论采用何种途径处分抵押物，所得价款大于债权额的部分，应返还抵押人；小于债权额的不足部分，则成为一般债权。

（三）抵押物清偿的顺序

同一财产向两个以上债权人抵押的，抵押权已登记的，按照登记的先后顺序清偿；顺序相同的，按照债权比例清偿；抵押权已登记的先于未登记的受偿；抵押权未登记的，按照债权比例清偿。

（四）对实现抵押权的限制

建设用地使用权抵押后，已设定抵押权的土地上新增的建筑物不属于抵押物，因为抵押人主动添加的财产不属于天然孳息或法定孳息。但新增的建筑物不影响土地使用权的抵押效力，需要拍卖该抵押房地产时，可以依法将该土地上新增的建筑物与抵押物一同拍卖。但对拍卖新增建筑物所得，抵押权人无权优先受偿，应当返还给抵押人。抵押权实现后，如果是第三人提供的抵押物，第三人成为债务人的债权人，有权向债务人追偿。以招标、拍卖、公开协商等方式取得的荒地等土地承包经营权以及乡镇、村企业的厂房等建筑物占用范围内的建设用地使用权一并抵押的，实现抵押权后，未经法定程序，不得改变土地所有权的性质和土地用途。

（五）抵押权行使的期间

《物权法》第二百零二条规定，抵押权人应当在主债权诉讼时效期间行使抵押权；未行使的，人民法院不予保护。

【案例分析 4 - 4】

　　某厂决定进口一套设备，该厂有资金 5 万元，需要向他方借款。于是 2013 年 11 月，该厂以本厂的一辆价值 20 万元的汽车作为抵押，向该市工商银行贷款 10 万元，贷款期限 1 年，如果到期不还，由银行以拍卖汽车所得价款受偿。合同签订后双方到车管所办理抵押登记手续。由于进口设备还需要 5 万元资金，2016 年 2 月，该厂又向自己的关系户 A 厂借款 8 万元，期限为半年，并以已经设立抵押的汽车再次抵押，双方也到车管所办理抵押登记手续。2016 年 5 月该厂发生火灾，获得保险公司赔偿 20 万元。2016 年 6 月，A 厂要求该厂偿还 8 万元借款，否则申请拍卖。工商银行听说后，认为该厂未经其同意，将同一抵押物再次抵押，侵犯其抵押权。而该厂回复汽车已经被烧毁，抵押权没有标的物，自然也就没有抵押权。

　　资料来源：http://www.docin.com/p-725462567.html。

　　思考：（1）该厂用作抵押的汽车再次抵押是否有效？为什么？

　　　　　　（2）汽车被毁，抵押权人如何实现其抵押权？

六、特殊抵押

（一）最高额抵押

1. 最高额抵押的概念。最高额抵押是指抵押人为担保债务的履行，以一定的抵押物对一定期间内连续发生的债权提供抵押，抵押权人有权在约定的最高债权额限度内就抵押物优先受偿的抵押担保制度。

2. 最高额抵押的特征。最高额抵押具有以下特征：（1）最高额抵押是限额抵押，无论将来实际发生的债权如何增减变动，抵押权人只能在最高债权额范围内对抵押财产享有优先受偿的权利；（2）最高额抵押是为将来发生的债权提供担保。所谓"将来债权"，是指设定抵押时尚未发生，在抵押期间将要发生的债权；（3）最高额抵押是对一定期间内连续发生的债权做担保。所谓连续发生的债权，是指债权发生的次数不确定，而且接连发生，但不论发生多少次，只要发生在担保期间内，只要债权总额仍处于约定的最高债权额限度内，债权人都可以就抵押财产优先受偿。

3. 最高额抵押权的实现。根据《物权法》规定，抵押权人的债权在有下列情况之一时确定：约定的债权确定期间届满；没有约定债权确定期间或者约定不明确，抵押权人或者抵押人自最高额抵押权设立之日起满 2 年后请求确定债权；新的债权不可能发生；抵押财产被查封、扣押；债务人、抵押人被宣告破产或者被撤销；法律规定债权确定的其他情形。

（二）动产浮动抵押

1. 动产浮动抵押的概念。动产浮动抵押权是指抵押权人对抵押人提供担保的现有的以及将有的动产，在债务人不履行到期债务或者当事人约定的实现抵押权的情形时，就抵押动产有优先受偿的权利。经当事人书面协议，企业、个体工商户、农业生产经营者可以将现有的以及将有的生产设备、原材料、半成品、产品抵押，债务人不履行到期债务或者发生当事人约定的实现抵押权的情形，债权人有权就实现抵押权时的动产优先受偿。

2. 动产浮动抵押的特征。与传统的固定抵押相比，浮动抵押的特点在于：(1) 浮动抵押设定后，抵押的财产不断发生变化，直到约定或者法定的事由发生，抵押财产才确定。(2) 浮动抵押期间，抵押人处分抵押财产不必经抵押权人同意，抵押权人对抵押财产无追及的权利，只能就约定或者法定事由发生后确定的财产优先受偿。

3. 设立浮动抵押的条件。设立动产浮动抵押应当符合下列条件：(1) 设立浮动抵押的主体限于企业、个体工商户、农业生产经营者；(2) 设立浮动抵押的财产限于生产设备、原材料、半成品、产品。对除此以外的动产不得设立浮动抵押，对不动产也不得设立浮动抵押；(3) 设立浮动抵押要有书面协议；(4) 浮动抵押权实现的条件是债务人不履行到期债务或者发生当事人约定的实现抵押权的情形；(5) 债权人有权就实现抵押权时的动产优先受偿。浮动抵押中，实现抵押权时确定的动产与设立抵押权时的动产往往不相同，对于抵押期间抵押人已处分的动产债权人不能追及，而抵押期间抵押人新增的动产则要作为抵押财产，债权人就实现抵押权时确定的动产享有优先受偿的权利。

第四节　质押法律制度

一、质押概述

(一) 质押的概念

质押是指为担保债务的履行，债务人或者第三人将其动产或权利出质给债权人占有，债务人不履行到期债务或者发生当事人约定的实现质权的情形，债权人有权就该动产优先受偿的担保方式。质押包括动产质押和权利质押。享有质权的债权人称为质权人，债务人为出质人，移交的动产或权利为质物。

(二) 质押与抵押的区别

1. 质押转移对抵押财产的占有。这是质押与抵押的根本区别。

2. 质押的标的物以动产为主；抵押的标的物通常为不动产、特别动产 (车、船等)。

3. 质押只需占有即可以生效；抵押有时候则要登记才能生效。

4. 质押中质权人既支配质物，又能体现留置效力；而抵押只有单纯的担保效力。

5. 质押的实现大多直接通过变卖；抵押权的实现主要通过向法院申请拍卖。

二、动产质押

动产质押是指为担保债务的履行,债务人或者第三人将其动产出质给债权人占有的,债务人不履行到期债务或者发生当事人约定的实现质权的情形,债权人有权就该动产优先受偿的担保方式。动产的债务人或者第三人为出质人,债权人为质权人,交付的动产为质押财产,但法律、行政法规禁止转让的动产不得出质。

(一)动产质押的设立

1. 质押合同。设立动产质押,当事人应当采取书面形式订立质押合同。质押合同的条款包括:被担保债权的种类和数额;债务人履行债务的期限;质押财产的名称、数量、质量、状况;担保的范围及质押财产交付的时间等。法律、行政法规禁止转让的动产不得作为质押财产。此外,质权人在债务履行期届满前,不得与出质人约定债务人不履行到期债务时质押财产归债权人所有,即与抵押合同相类似,质押合同同样禁止"流质条款"。

【案例分析 4-5】

甲欲购买一辆三轮车从事个体运输,拟向乙借款 1 万元。乙要求甲提供担保。甲遂找其兄丙,要丙为其提供担保,丙表示愿以家中的一台录像机和一套组合音响出质。这样甲与乙签订了借款合同,约定乙向甲提供现金 1 万元,期限 1 年,到期还本并按银行同期定期存款利率支付利息。丙与乙在借款合同中设定了质押条款,载明丙以录像机一台和组合音响一套出质,作为乙的债权的担保。次日,丙将该录像机和组合音响移交乙占有。至债务履行期届满,甲不清偿债务。乙找到丙协议将录像机和组合音响折价清偿主债权 1 万元及利息,丙则以当时未单独和乙签订书面质押合同为由否认质押合同的存在,但同时说出于道义,最多只为甲借的 1 万元的本金提供质押担保。双方为此发生争议,乙向人民法院提起诉讼。

资料来源:刘旭东,赵红梅. 金融法规(第三版)[M]. 大连:东北财经大学出版社,2017.

思考:(1)乙与丙的质押合同是否存在?为什么?

(2)假如丙与乙之间的质押合同存在,那么质押担保的范围如何确定?

(3)本案如何处理?

---

2. 质押财产的交付。设立动产质押,除依法订立质押合同外,还要求交付质押财产。质权自出质人交付质押财产时设立。但根据《物权法》第二百一十二条规定,质权自出质人交付质押财产时设立。说明交付质押财产仅仅是设立动产质押的要件,而不是动产质押合同生效的要件。换言之,质押财产未交付,动产质权就不能设立,但并不意味着质权合同本身就无效。

(二)质权人的权利与义务

1. 质权人的权利主要有:(1)收取孳息的权利。质权人有权收取质押财产的孳息，但合同另有约定的除外。（2）救济质权损失的权利。质押财产的损坏或价值的减少将影响质权人的利益，为避免质权的损失，质权人可采取相应的救济措施。根据《物权法》规定，因不能归责于质权人的事由可能使质押财产毁损或者价值明显减少，足以危害质权人权利的，质权人有权要求出质人提供相应的担保；出质人不提供的，质权人可以拍卖、变卖质押财产，并与出质人通过协议将拍卖、变卖所得的价款提前清偿债务或者提存。（3）优先受偿的权利。债务人不履行到期债务或者发生当事人约定的实现质权的情形，质权人可以与出质人协议以质押财产折价，也可以就拍卖、变卖质押财产所得的价款优先受偿。这是质权效力的核心所在，也体现了设立动产质权的目的。

2. 质权人的义务主要有：（1）妥善保管质押财产的义务，因保管不善致使质押财产毁损、灭失的，质权人应当承担赔偿责任。（2）返还质押财产的义务。债务人履行债务或者出质人提前清偿所担保的债权的，质权人应当返还质押财产。

（三）动产质权的实现

债务人不履行到期债务或者发生当事人约定的实现质权的情形，质权人可以与出质人协议以质押财产折价，也可以就拍卖、变卖质押财产所得的价款优先受偿。出质人可以请求质权人在债务履行期届满后及时行使质权；质权人不行使的，出质人可以请求人民法院拍卖、变卖质押财产。

三、权利质押

权利质押是指为担保债务的履行，债务人或者第三人将其权利出质给债权人占有，当债务人不履行到期债务或者发生当事人约定的实现质权的情形，债权人有权就该动产优先受偿的担保方式。

（一）可以出质的权利

《物权法》第二百二十三条规定，债务人或者第三人有权处分下列权利可以出质：汇票、支票、本票；债券、存款单；仓单、提单；可以转让的基金份额、股权；可以转让的注册商标专用权、专利权、著作权等知识产权中的财产权；应收账款；法律、行政法规规定可以出质的其他财产权利。

（二）权利质押的设立

1. 以汇票、支票、本票、债券、存款单、仓单、提单出质的，当事人应当订立书面合同。质权自权利凭证交付质权人时设立；没有权利凭证的，质权自有关部门办理出质登记时设立。有价证券兑现日期或者提货日期先于主债权到期的，质权人可以先提货，并与出质人协议将兑现的价款或者提取的货物提前清偿债务或者提存。

2. 以基金份额、股权出质的，当事人应当订立书面合同。以基金份额、证券登记结算机构登记的股权出质的，质权自证券登记结算机构办理出质登记时设立；以其他股权出质的，质权自工商行政管理部门办理出质登记时设立。基金份额、股权出质后，不得转让，但经出质人与质权人协商同意的除外。出质人转让基金份额、股权所得的价款，应当向质权人提前清偿债务或者提存。

3. 以注册商标专用权、专利权、著作权等知识产权中的财产权出质的，当事人应当订立书面合同。质权自有关主管部门办理出质登记时设立。知识产权中的财产权出质后，出质人不得转让或者许可他人使用，但经出质人与质权人协商同意的除外。出质人转让或者许可他人使用出质的知识产权中的财产权所得的价款，应当向质权人提前清偿债务或者提存。

4. 以应收账款出质的，当事人应当订立书面合同。质权自信贷征信机构办理出质登记时设立。应收账款出质后，不得转让，但经出质人与质权人协商同意的除外。出质人转让应收账款所得的价款，应当向质权人提前清偿债务或者提存。

【课后练习题】

一、单项选择题

1. 担保活动应当遵循的原则是（　　　　）。

A. 平等、自愿、公平、诚实信用　　　　B. 平等、公平、合法、诚实守法

C. 自愿、公平、合法、诚实信用　　　　D. 公平、合法、平等、诚实守法

2. 一般保证的保证人与债权人未约定保证期间的，保证期间为主债务履行期届满之日起（　　　　）。

A. 6 个月　　　　　　B. 1 个月　　　　　C. 3 个月　　　　　D. 1 年

3. 下面可以做保证人的是（　　　　）。

A. 学校　　　　　　　　　　　　B. 运营良好的某法人企业

C. 某公司分支机构　　　　　　　D. 任何国家机关

4. 根据《中华人民共和国担保法》规定，当事人对保证方式没有约定或者约定不明的，视为（　　　　）。

A. 一般保证　　　　B. 连带责任保证 C. 最高额保证　D. 共同保证

5. 按照担保法的规定，下列合同中，可以附最高额抵押合同的是（　　　　）。

A. 运输合同　　　　B. 借款合同　　　　C. 委托合同　　　D. 合伙合同

6. 甲公司在银行开设一特别账户，存入人民币 200 万元。并将该账户移交乙公司，作为其向乙公司承担的 200 万元粮食款的担保。则下列说法正确的是（　　　　）。

A. 自该账户移交，乙公司取得该笔人民币的所有权

B. 自该账户移交，甲公司仅保留就该笔人民币要求乙公司返还的债权

C. 双方的法律关系为保留所有权买卖

D. 自该账户移交，甲、乙公司之间存在质权关系

7. 2016 年 5 月 10 日，甲以自有房屋 1 套为债权人乙设定抵押并办理了抵押登记。6 月 10 日，甲又以该房屋为债权人丙设定抵押，但一直拒绝办理抵押登记。9 月 10 日，甲擅自将该房屋转让给丁并办理了过户登记。下列哪种说法是错误的？（　　　　）

A. 乙可对该房屋行使抵押权

B. 甲与丙之间的抵押合同无效

C. 甲与丁之间转让房屋的合同无效

D. 丙可以要求甲赔偿自己所遭受的损失

8. 周某以公司债券出质，债券上未进行任何记载。周某按约定将债券交付给质权人。下列说法哪项是正确的？（　　）

A. 质押合同成立但不生效

B. 质押合同不成立

C. 质押合同生效，但不具有对抗效力

D. 质押合同生效且具有对抗效力

9. 赵某向张某借款，以自己的一台便携式电脑作为抵押，并在抵押合同中约定赵某到期不清偿债务该便携式电脑即归张某所有，但未办理登记手续。对此，下列说法符合规定的是（　　）。

A. 因该便携式电脑未办理登记，该抵押合同不生效

B. 因约定流质条款，该抵押合同不生效

C. 因约定流质条款，该抵押合同的流质条款无效，但该抵押合同有效

D. 因约定流质条款，该抵押合同的流质条款无效，但该抵押合同的效力处于不确定状态

10. 根据《物权法》和《担保法》的规定，债务人或者第三人有权处分的下列权利中不可以出质的是（　　）。

A. 汇票、支票、本票　　　　　　B. 仓单、提单

C. 著作权中的署名权　　　　　　D. 可以转让的基金份额、股权

二、多项选择题

1. 保证担保的范围包括（　　）。

A. 主债权及利息　B. 违约金　　　　C. 损害赔偿金　D. 实现债权的费用

2. 存在下列哪些情形，保证人不承担民事责任？（　　）。

A. 主合同当事人双方串通，骗取保证人提供保证的

B. 主合同债权人采取胁迫手段，使保证人在违背真实意愿的情况下提供保证的

C. 主合同债权人采取欺诈手段，使保证人在违背真实意愿的情况下提供保证的

D. 保证人因自己疏忽未看清合同内容，违背其本意的情况下提供保证的

3. 以下说法正确的是（　　）。

A. 城市房地产抵押合同签订后，土地上新增的房屋不属于抵押物

B. 为债务人抵押担保的第三人，在抵押权人实现抵押权后，有权向债务人追偿

C. 抵押权因抵押物灭失而消灭

D. 因抵押物灭失所得的赔偿金，应当作为抵押财产

4. 下面说法正确的是（　　）。

A. 质权人不负有妥善保管质物的义务

B. 因保管不善致使质物灭失或者毁损的，质权人应当承担民事责任

C. 因保管不善致使质物灭失或者毁损的，质权人不承担民事责任

D. 质权人不能妥善保管质物可能致使其灭失或者毁损的，出质人可以要求质权人将质物提存

5. 下列哪些权利可以质押？（　　　）

A. 汇票、支票、本票　　　　　　B. 债券

C. 依法可以转让的股份、股票　　D. 依法可以转让的专利权

三、案例分析题

2015 年 4 月，甲公司因欠乙银行贷款 200 万元不能按时偿还，向乙银行请求延期至 2016 年 2 月 1 日还款，并愿意以本公司所有的 3 台大型设备进行抵押和 1 辆轿车进行质押，为其履行还款义务提供担保。乙银行同意了甲公司的请求，并与甲公司订立了书面抵押和质押合同。甲公司将用于质押的轿车的机动车登记证书交乙银行保管，但未就抵押和质押办理任何登记手续，也未向乙银行交付用于抵押的设备和质押的轿车。2015 年 5 月，甲公司将用于抵押的 3 台设备出租给丙公司。2015 年 8 月，甲公司隐瞒有关事实，与戊公司订立合同出售其用于抵押的 3 台设备，随后，甲公司通知丙公司：本公司已将出租的 3 台设备卖给戊公司，要求解除租赁合同，丙公司可不再支付剩余 9 个月的租金，并请其将这 3 台设备交付给戊公司。丙公司表示同意，且立即向戊公司交付了这 3 台设备。

问题：（1）本案抵押合同是否有效？抵押权是否成立？并说明理由。

（2）甲公司是否有权将用于抵押的 3 台设备出租给丙公司？并说明理由。

（3）乙银行是否有权就用于抵押的 3 台设备向戊公司行使抵押权？并说明理由。

（4）乙银行是否对该轿车享有质权？并说明理由。

第五章

票据法律制度

【教学目的和要求】

本章对票据法律制度做了介绍，具体包括票据和票据法的概念、票据行为、票据权利、票据抗辩、票据伪造变造、票据更改涂销的一般规定。通过学习使学生掌握汇票、本票的出票、承兑、保证、付款、追索等具体规定，能够运用票据法相关理论处理实际问题，尤其是运用票据法分析实际案例。

票据是发票人依法发行的，由自己无条件支付或委托他人无条件支付一定金额的有价证券。票据是商品经济中的重要工具。票据制度是商品经济的产物，它与公司制度一起成为资本主义制度的支柱，是源于它在经济上能发挥多种功能、多种作用，如支付手段的作用、信用手段的作用、结算手段的作用以及融资手段的作用。票据是银行结算中常见的结算工具，《中华人民共和国票据法》（以下简称《票据法》）全面规范了票据活动中当事人的权利义务，保障票据活动中当事人的合法权益，为促进票据的正常使用和流动提供了法律保障。

《中华人民共和国
票据法》

第一节　票据法概述

一、票据概述

（一）票据的概念

票据在性质上属于有价证券，其概念有广义和狭义之分。广义的票据是指一切商业上的权利凭证，如股票、发票、提单、保单、债券等；狭义的票据仅指《票据法》上规定的票据，即指由出票人签发的、由自己无条件支付或委托他人于到期日或见票时无条件支付一定金额给收款人或持票人的一种有价证券。本章所指的票据是指狭义的票据。

（二）票据的特征

票据作为有价证券的一种，与其他有价证券相比，具有以下法律特征：

1. 票据是设权证券。设权证券是指证券上的权利在证券作成之前并不存在，证券权利是由作成证券而创设的，因此当证券灭失或毁损无法提示时，该证券权利也随之无法行使。票据就属于典型的设权证券，票据权利于证券作成后才发生，票据作成前权利不存在，票据权利随票据的转移而转让。

2. 票据是完全有价证券。完全有价证券又称绝对证券，是指权利完全证券化，权利与证券融为一体不可分离的证券。票据即为完全有价证券。票据权利的产生，必须作成票据；票据权利的转移，必须交付票据；票据权利的行使，必须持有票据。

3. 票据是要式证券。票据的作成必须依据票据法规定的格式进行；票据上的记载事项，也必须严格遵循票据法的规定。

4. 票据是流通证券。票据具有流通性，票据在到期前可以在市场上自由流通。票据上的权利，经背书或单纯交付即可转让于他人，既不必征得原债务人的同意，也不必通知原债务人；受票人取得票据后，即取得票据的全部权利，可以以自己的名义对票据上的出票人、承兑人或前手背书人起诉。

5. 票据是无因证券。票据权利仅以票据法的规定发生，而不需要考虑票据发生的原因或基础。只要权利人持有票据，就享有票据权利。而不问权利人持有票据的原因以及票据权利发生的原因。

6. 票据是文义证券。票据所创设的一切权利和义务，完全地、严格地依票据上所记载的文字为准，不得离开票据上记载的文字，以其他事实或因素来解释或确定。

7. 票据是债权证券。根据证券上的权利所表示的法律性质的不同，证券分为物权证券、债权证券和股权证券三种。物权证券是证明物权的，如提单、仓单等；债权证券是证明债权的，票据权利人对票据义务人行使付款请求权和追索权；股权证券是证明股东权利的，如股票。

（三）票据的种类

依据《票据法》规定，票据分为三种：汇票、本票、支票。

1. 汇票。汇票是出票人签发的，委托付款人在见票时或者在指定日期无条件支付确定的金额给收款人或持票人的票据。在我国现行票据业务中，汇票包括银行汇票和商业汇票两种。银行汇票，是指由银行作为出票人的汇票。商业汇票，是指由银行以外的人作为出票人的汇票。商业汇票又根据承兑人的不同分为银行承兑汇票和商业承兑汇票。银行承兑汇票由银行承兑并付款，商业承兑汇票由银行以外的付款人承兑并付款。

2. 本票。本票是出票人签发的，承诺自己在见票时无条件支付确定的金额给收款人或者持票人的票据。我国《票据法》所称本票，仅指银行本票，即经中国人民银行批准办理本票业务的银行依法签发的票据。此外，我国《票据法》只允许签发见票即付的即期银行本票，不承认远期本票。

3. 支票。支票是出票人签发的，委托办理支票存款业务的银行或者其他金融机构在见票时无条件支付确定的金额给收款人或者持票人的票据。支票依其支付方式不同可分为现金支票、转账支票、普通支票。票面上印有"现金"字样的支票为现金支票，现金支票只能用于支取现金；票面上印有"转账"字样的支票为转账支票，转账支票只能用于银行转账。支票上未印有"现金"或"转账"字样的为普通支票，普通支票可以用于支取现金，也可以用于银行转账。此外，在普通支票左上角划两条平行线的，为划线支票。划线支票只能用于银行转账，不得支取现金。

二、票据法

票据法是指调整因票据活动而发生的各种社会关系的法律规范的总称。它有广义和狭义之分。狭义的票据法，也被称为"形式票据法"，是指有关票据的专门立法，而广义的票据法则是"实质票据法"，除了包括票据的专门立法外，还包括民法、刑法、税法等其他法律法规中有关票据的一切规定。本章所指票据法为狭义票据法，即《中华人民共和国票据法》。该法于1995年5月10日第八届全国人民代表大会常务委员会第十三次会议通过，自1996年1月1日起施行。2004年8月28日第十届全国人民代表大会常务委员会第十一次会议决定对《票据法》进行修改，删去原《票据法》第七十五条"本票出票人的资格由中国人民银行审定，具体管理办法由中国人民银行规定"的条款。

三、票据法律关系

票据法律关系是指当事人之间因票据行为而产生的权利义务关系以及与票据相关的其他法律关系，分为票据关系与非票据关系两大类。

（一）票据关系

票据关系是指当事人之间基于票据行为而发生的权利义务关系，也称为票据上的关系。票据行为主要有出票、背书、承兑、票据保证等，当事人之间基于这些行为而产生的债权债务关系即为票据关系。与其他法律关系一样，票据关系也是由主体、客体、内容三个要素构成。票据关系的主体是指在票据上为一定的票据行为，享有票据权利，承担票据责任的人，即票据当事人，如出票人、持票人、承兑人、付款人、收款人、承兑人、票据保证人、参加付款人、预备付款人、背书人、被背书人等。这些当事人可以是自然人、法人，也可以是非法人组织，还可以是国家。票据关系的客体就是票据当事人的票据权利义务所指向的对象，也就是票载金额。票据关系的内容是指票据当事人因票据行为依法享有的权利和承担的义务。票据权利，是指持票人向票据债务人请求支付票据金额的权利，从内容上包括付款请求权和追索权。票据义务是指在票据上签章的票据行为人向持票人支付票载金额的义务。

（二）非票据关系

非票据关系是相对于票据关系而言的一种法律关系，根据产生的法律基础不同，非票据关系可分为票据法上的非票据关系与民法上的非票据关系。

1. 票据法上的非票据关系。所谓票据法上的非票据关系，是指由票据法所规定的，但不是基于票据行为直接发生的法律关系。票据关系可以说是票据当事人之间的基本法律关系。票据法为保障该基本票据关系，维持票据制度的作用，使票据债权人顺利行使其权利，特作出一些规定。我国票据法上的非票据关系主要有：（1）票据上的正当权利人对于因恶意或重大过失而取得票据的人行使票据返还请求权而发生的关系；（2）因时效期满或手续欠缺而丧失票据上权利的持票人对于发票人或承兑人行使利益偿还请求权而发生的关系；（3）汇票持票人请求发票人发给汇票复本的关系；（4）汇票的复本持票人请求复本接收人交还复本的关系；（5）票据付款人付款后请求持票人交还票据的关系；（6）汇票的誊本持票人请求原本接受人交还原本的关系。

2. 民法上的非票据关系。票据关系是一种形式关系或抽象关系，是由发票人发出票据、受款人取得票据而形成的。至于当事人之所以授受票据，以及授受票据的原因或实质，不受票据法调整，而是由民法来调整，因而被称为民法上的非票据关系。由于他们是产生票据关系的基础，故又被称为票据的基础关系。票据的基础关系有三种：票据原因关系、票据资金关系、票据预约关系。

（1）票据原因关系。票据原因关系是指当事人之间基于票据授受原因而发生的法律关系。票据原因主要包括：支付价金或劳务费或者其他费用、票据本身的买卖、债券担保、赠与、委托取款等。原因关系可以是有对价的，如买卖、借贷等；也可以是无对价的，如赠与、委任取款等。票据关系的成立虽基于一定的原因，但是票据一经成立，就与原因关系相脱离。所以票据如经转手，其原因关系必须断裂，原因关系的成立与否，都不影响票据权利的行使，票据权利人在行使权力时，也不必证明原因。

（2）票据资金关系。票据资金关系是指存在于汇票或支票的发票人与付款人之间的基础关系。汇票和支票都是委托证券，需委托他人付款。付款人并无承兑或付款的义务，付款人之所以愿意承兑或付款，原因在于他与出票人之间存在金钱、实物、信用等一定的资金关系。本票为自付证券，不存在资金关系。

（3）票据预约关系。票据预约关系是指授受票据的当事人之间有了原因关系之后，在发出票据之前，就票据的种类、金额、到期日、付款地等事项达成合意而产生的法律关系。票据预约就是以授受票据以及票据的有关事项为内容的民法上的合同。当事人之间先有票据原因关系，再有票据预约，然后根据预约发出票据，才能发生票据关系。票据预约关系是票据行为的基础，但票据上的权利义务关系并非由于票据预约产生，而是基于票据行为产生。因此，票据预约关系是否成立或是否遵守，对票据法律关系不产生影响。

（三）票据关系与票据基础关系之间的关系

票据关系与基础关系之间存在既相互独立又在一定情况下有牵连的双重关系。

1. 票据关系与基础关系相分离。票据关系一经形成，即与基础关系相分离。基础关系是否存在、是否有效，对票据关系都不产生影响。

2. 票据关系与基础关系的联系。票据关系与基础关系的联系只发生在票据原因关系中。在法律规定的某些场合，票据行为的原因可以影响票据行为的效力：（1）在授受票据的直接当事人之间，可以票据原因作为抗辩事由。（2）票据的无因性是相对于正当持票人而言；对于恶意持票人来说，票据的原因可以作为对其进行抗辩的理由。
（3）无对价而取得票据的持票人受其前手原因关系的牵连。我国《票据法》第十一条规定，因税收、继承、赠与可以依法无偿取得票据的，不受给付对价的限制。但是，所享有的票据权利不得优于其前手的权利。

四、票据行为

（一）票据行为的概念

票据行为有广义和狭义之分。广义的票据行为，是指以产生、变更或消灭票据的法律行为或准法律行为。它包括出票、背书、改写、涂销、禁止背书、付款、承兑、参加承兑、划线、保付等。狭义的票据行为，仅指以发生票据债务为目的的法律行为，或者说是以负担票据债务为意思表示内容的法律行为。狭义的票据行为只有五种：发票、背书、保证、承兑、参加承兑。

（二）票据行为的特征

1. 要式性。票据行为的要式性是指当事人进行票据行为必须按照法律规定的方式，否则即被认定为无效。票据行为是一种严格的书面行为，行为人应当依据《票据法》的规定，在票据上记载法定事项，同时还必须在票据上签章，其票据行为才能产生法律效力。

2. 抽象性。票据行为的抽象性，又称票据行为的无因性，是指票据行为仅具有抽象的形式即可产生票据上的效力。通常情况下，票据行为多以买卖、借贷等具有经济内容的法律行为为前提，但票据行为成立后，作为其前提条件的原因关系对票据关系不产生影响，即票据行为的效力与其基础关系是分离的。

3. 文义性。票据行为的文义性是指票据行为的内容完全以票据券面上记载的文字为准来确定，即使文字记载与实际情况不一致，仍以文字记载为准，不允许票据当事人以票据上文字以外的证据对票据上文字记载作变更或补充。

4. 独立性。票据行为的独立性是指在已经具备基本形式的同一票据上，各行为人所为的若干票据行为，从效力上互不牵连，各自以其票据上所载的文义分别独立发生效力，不因其他票据行为无效或有瑕疵而受影响。

（三）票据行为的要件

票据行为作为一种法律行为，必须具备一般法律行为应具备的要件，即票据行为的实质要件。同时票据行为作为要式的法律行为，还必须具备《票据法》所规定的特别要件即票据行为的形式要件。

1. 实质要件。

（1）行为人须具有票据行为能力。票据行为能力是指票据行为人的票据权利能力和票据行为能力。我国《票据法》对票据权利能力并没有任何明确的限制性规定。只要具备民事主体资格，无论是自然人、法人还是其他团体或组织，都具有票据权利能力。我国《票据法》第六条规定："无民事行为能力人或者限制民事行为能力人在票据上签章的，其签章无效。"

（2）行为人的意思表示须合法、真实。票据行为人的意思表示原则上也必须符合票据法律规定，即合法、真实或无瑕疵。以欺诈、偷盗或者胁迫等手段取得票据的，或者明知有前述情形，出于恶意取得票据的，不得享有票据权利。

2. 形式要件。票据行为的形式要件有书面、签章、记载和交付四项。

（1）书面。票据行为必须以书面形式和法定格式作成方能发生效力。票据凭证的格式和印刷管理由中国人民银行规定。票据当事人应当使用中国人民银行规定的统一格式的票据，使用未按人民银行统一规定印制的票据，票据无效。

（2）签章。票据签章是各种票据行为的共同要件。任何一种票据行为都必须由行为人在票据上签章方为有效。签章是指签名、盖章以及签名加盖章。法人或其他单位在使用票据时，签章为该法人或该单位的盖章加其法定代表人或得其授权之人签章。另外，票据上之签名，须为当事人本名、真名。

（3）记载。票据记载是票据行为有效成立的首要条件，票据法对各种票据行为的票据记载均有明确具体规定。票据记载的具体内容称为票据的记载事项，每个记载事项则称为票据的记载文句。票据行为不同，票据记载事项也不相同，相应记载文句也就不同。票据记载事项，依其效力不同，可分为必要记载事项、任意记载事项、不得记载事项三种。①必要记载事项。必要记载事项又可分为绝对必要记载事项和相对必要记载事项两类。绝对必要记载事项是指《票据法》规定的行为人为票据行为时必须在票据上进行记载如不记载则票据因此无效的记载事项。②任意记载事项。任意记载事项，是指《票据法》规定由当事人选择记载的事项，该事项一经记载即产生《票据法》上的效力。③不得记载事项。不得记载事项，是指《票据法》禁止行为人在票据上记载的事项。依其记载后的不同法律后果，分为无效记载事项和记载无效事项。无效记载事项，又称有害记载事项，是指依照《票据法》的规定，行为人在票据上不应该记载的事项或内容，如果行为人记载了此类事项，将依法导致该票据或票据行为无效的后果。记载无效事项，是指依照《票据法》的规定行为人在票据上不应该记载的事项或内容，如果行为人记载了此类事项，则此类被记载事项不发生《票据法》上的效力，但并不导致该票据或票据行为无效的后果。

（4）交付。票据交付是票据行为有效成立的最终要件。它是指票据行为人在依法完成票据记载和票据签章之后，以自己的意思将票据交与持票人。只有在票据交付后，票据行为才最终完成，票据上的权利义务才得以产生。

（四）票据行为的代理

1. 票据行为代理的概念。票据行为的代理，是指代理人在票据上表明代理关系，以被代理人的名义实施票据行为，票据行为所产生的法律后果由被代理人承担的票据法律制度。其有效的成立要件有以下四点：（1）明示本人的名义，即代理人必须在票据上表明被代理人的姓名或名称。（2）证明为本人代理的意思，即代理人带本人为票据行为时，必须在票据上表示代理的意思。（3）代理人签名或盖章，即代理人在票据上记载自己的姓名或名称。（4）须经本人授权。

2. 无权代理与越权代理。无权代理是指代理人没有代理权而以代理人名义在票据上签章的,应当由签章人承担票据责任。越权代理是指代理人超越代理权限的,应当就其超越权限的部分承担票据责任。

（五）票据行为的种类

1. 出票。出票又称发票,是指行为人作出票据并将其交给收款人的行为。出票行为的行为人称为出票人,接受票据的人称为收款人,收款人实际上就是票据的第一持票人。出票行为是创设票据权利的行为,即基本票据行为。没有出票行为,也就没有背书、承兑、保证等附属票据行为。因此,任何票据都必须有出票行为,但不一定要有背书、承兑、保证等附属票据行为。出票行为的成立,以作为基本票据、记载票据上的"应记载事项"及出票人签章、交付票据为要件,仅作为票据而不交付票据,不产生出票的效力。

2. 背书。背书是指持票人依法定方式在票据的背面或者粘单上记载有关事项并签章,以实现转让票据权利或法律允许的其他目的的票据行为。背书人的行为人称为背书人,接受其交付的人称为被背书人。根据背书的目的,背书可分为两种:①转让背书,它以转让票据权利为目的,是实现票据流通的重要手段;②非转让背书,它包括委托收款背书（即不以转让票据权利为目的,只是委托他人代理行使票据收款权利,受委托人有权凭票据向付款人收取票据所载金额,但没有处分票据的权利）和设质背书（即背书的目的在于设定质权,只有在背书人不能履行所担保的债务时,被背书人才有权依法行使票据权利,如果背书人履行了债务,则票据权利仍归背书人）。

3. 承兑。承兑是指远期汇票的付款人在票据的正面记载有关事项并签章,然后将票据交付请求承兑之人,承诺在汇票到期日支付汇票金额的票据行为。承兑是汇票所特有的一种票据行为,本票、支票均无承兑。

4. 保证。保证是指票据债务人以外的第三人为担保票据债务的履行,承诺愿意与票据债务人负相同票据责任的票据行为。按照我国《票据法》的规定,保证只适用于汇票和本票,支票不适用保证。保证具有增强票据信用、促进交易安全的作用。

5. 付款。付款是指付款人向持票人支付票据金额以消灭票据法律行为的行为。付款有广义和狭义之分。广义的付款是指一切票据债务人所进行的支付;狭义的付款仅指付款人及其贷款人的付款行为。严格意义上的付款是指狭义的付款。

【案例分析 5-1】

2015 年 10 月,J 省声华音响有限公司在 H 省 C 市设立代销点,委托该市的几家商场同时经销声华产品。王某是该市百花商场的营销主任,与声华公司的总经理李某是老同学。2016 年元月,声华音响器材在该市的销售情况良好,为了方便,声华公司总经理李某经常将声华公司的财务印章支票交给王某代为保管,并且在业务繁忙、自己又抽不出身时,李某就委托王某处理 C 市的业务,并授权王某以声华公司的名义、用声华公司的财务印章代签支票。2016 年 4 月,王某从百花商场辞职,决定开设一家电器商场,但是由于经费不足,王某开始只经营一些日常生活用品。李某继续将印章和支票本交与王某保管。2016 年 5 月,王某开始自己与本市的几家电器商场进行音响器材交易。在与本市的家乐商场交易时,王某未经李某授权,以声华公司的名义签发给对方一张价值 6 万元的支票。李某得知后当即表示,声华公司对王某的票据行为不担当任何责任,其一切后果都由王某本人负责。但家乐商场在了解真相之后认为,他们对此并不知情,声华没理由以此拒绝承担责任。最后双方协商不成,诉至法院。

资料来源:http: //www.doc88.com/p – 7088370965432.html。

思考:王某的行为是否构成票据代理关系?

五、票据伪造和变造

(一) 票据伪造

1. 票据伪造的概念。票据伪造,是指假冒他人名义而实施的票据行为,包括假冒出票人的名义签发票据的行为,以及假冒他人名义而为的背书、承兑、保证等其他票据行为。票据伪造的行为特征是:行为人不以自己的名义,而是假冒他人的名义进行票据行为。这种行为在形式上往往是符合票据行为要件的,但是其目的是使被伪造者或持票人蒙受损失,让自己从中得利。

2. 票据伪造的法律后果。

(1) 伪造人的责任。由于伪造人是以他人的名义伪造签章,而不是以自己名义进行的因此不属于票据行为人,不承担票据法上的责任。但必须承担侵权的民事责任、行政责任以及刑事责任。

(2) 被伪造人的责任。被伪造人由于自己并未在票据上签章,因此也不负票据法上的责任。此项抗辩事由,被伪造人可以对抗一切持票人,为了保护合法持票人的合法权益,被伪造签章的人应当负举证责任,证明该伪造的签章并非自己所为。

(3) 其他真正签章人的责任。由于票据行为具有独立性,因此,票据行为的无效不影响其他真实签章的效力。《票据法》第十四条规定,票据上有伪造、变造的签章的,不影响票据上其他真实签章的效力。

(4) 持票人和付款人的责任。票据伪造如果是出票人伪造,持票人直接从伪造人手中取得票据的,则持票人不能对被伪造人和伪造人行使票据权利,而只能依照民法上的规定请求伪造者赔偿;如果持票人的前手是有在票据上真实签章的人,则持票人可以向其行使追索权。对付款人来说,如果其发现票据是伪造的,有权拒绝承兑或拒绝付款;如果付款人没有辨认出持票人所持的是伪造票据(即既无恶意也无重大过失时),而对此票据付了款的,付款人的付款行为有效。付款人由此遭受的损失只能向伪造人请求民法上的损害赔偿。

(二) 票据变造

1. 票据变造的概念。票据变造,是指无变更权的人对票据上除签章以外的有关记载事项进行变更的行为。票据变造必须具备下列条件：（1）必须是无变更权的人所为的变更行为。如果是有变更权的人对票据已记载事项进行更改，更改的票据无效。对票据上的其他记载事项，原记载人在交出票据前可以自行改写，但应在改写处签章证明，这种行为称为票据的更改。《票据法》第九条第二款规定，票据金额、日期、收款人名称不得更改，更改的票据无效。（2）必须是变更票据签章以外的其他事项。如上所述，无变更权人变更票据上的签章行为，属于票据的伪造。（3）必须是变更的票据记载事项足以引起票据权利内容发生变化。如果对票据上一些无关紧要的其他事项作变更，变更后不会使票据权利的内容发生变化，则不构成票据的变造。

2. 票据变造的法律后果。《票据法》第十四条规定："票据上其他记载事项被变造的，在变造之前签章的人，对原记载事项负责；在变造之后签章的人，对变造之后的记载事项负责；不能辨别是在票据被变造之前或者之后签章的，视同在变造之前签章。"据此规定，票据变造的法律后果主要有：（1）变造人的责任。如果变造人属于票据行为人，则应承担票据上的责任。同时，变造人不论是否承担了票据责任，均需为变造行为承担民事赔偿责任和刑事责任。（2）被变造人的责任。这时的被变造人就是指变造前已经在票据上签章的所有票据行为人。被变造人只对变造前的记载事项承担责任。（3）变造后真实签章行为人的责任。票据中记载的事项已作了变更记载，在此以后的票据行为人在票据上签章的，应对变造后的记载事项负责。（4）其他签章人的责任。其他签章人主要是指不能辨别其签章是在变造前还是变造后签章的人。根据我国《票据法》的规定，在这种情况下，一律推定为在变造前进行的签章行为，行为人只对变造前的记载事项负责。（5）持票人的责任。对持票人来讲，主要是其票据权利的大小及性质问题。持票人如果是向变造前的票据行为人主张权利的，那么，只能就变造前的记载主张权利，其不足部分的权利只能向变造人行使；持票人如果是向变造人或变造后的行为人主张权利的，则有可能实现其票载的全部票据权利。

六、票据权利

（一）票据权利的概念

票据权利，是指持票人向票据债务人请求支付票据金额的权利。从票据权利的内容上来看，票据权利是包含两次请求权的权利。第一次请求权是付款请求权，如第一次请求权不能实现，持票人还可以行使第二次请求权，即追索权。持票人行使两次请求权必须按照法定的顺序和条件进行。

1. 付款请求权。付款请求权是指票据债权人请求票据主债务人或其他付款人按照票据所载金额支付金钱的权利。持票人行使付款请求权，须符合下列条件：（1）持票人持有处在有效期内的票据；（2）持票人须将原票据向付款人提示付款；（3）持票人只能请求付款人支付票据上确定的金额，付款人须一次性将债务履行完毕；（4）持票人得到付款后，必须将票据移交给付款人，原票据上的权利可能由付款人承受，向其他债务人请求付款，从而使付款请求权呈持续状态；（5）付款人支付票据金额后，如果发现该票据有伪造、变造情况，有权向持票人（接受付款人）请求返还所给付的金额。

2. 追索权。追索权是指债权人行使付款请求权而遭拒绝，或者因其他法定原因而不能兑现时，在保全票据权利的基础上，向其前手（包括出票人、背书人、保证人）请求偿还票据金额及其损失的权利。如经持票人追索，被追索人作了清偿，那么他对另外的相对人可再行使追索权，这种权利称为再追索权。

（二）票据权利的取得

票据权利的取得方式可分为原始取得和继受取得两种情形。

1. 原始取得。原始取得是指持票人不经其前手而最初取得的票据权利，它又可分为出票取得和善意取得两种。（1）出票取得。出票取得指出票人制作票据，并将票据交付收款人而完成出票行为，收款人由此取得票据权利。它是票据权利最主要的原始取得方式，也是其他取得方式的基础，没有票据权利的出票取得，其他取得方式也就无从谈起。（2）善意取得。善意取得是指票据受让人依《票据法》规定的转让方法，从无处分权人手中，无恶意或重大过失受让票据，从而取得票据权利。构成票据权利的善意取得需要具备下列条件：第一，取得人必须是从无处分权利人处取得票据；第二，取得人必须是依据《票据法》规定的转让方式取得票据；第三，取得人必须是基于善意而取得票据；我国《票据法》第十二条规定："以欺诈、偷盗或胁迫等手段取得票据的，或者明知有前列情形，出于恶意取得票据的，不得享有票据权利，持票人因重大过失取得不符合本法规定的票据的，也不得享有票据权利"；第四，取得人必须是付出对价而取得票据权利。

2. 继受取得。继受取得是指持票人从有正当处分权的人手中，依背书或交付转让或其他合法方式取得票据权利，可分为票据法上的继受取得和非票据法上的继受取得两种类型。票据法上的继受取得，是指持票人依背书或交付的方式从有权的人处取得票据权利；或票据保证人因履行保证义务、被追索人因偿还票据金额而取得票据权利。非票据法上的继受取得，是指持票人非基于票据法所规定方式而取得的票据权利。例如，因普通债权的转让继承、受赠或公司合并等方式取得的票据权利。

（三）票据权利的行使与保全

票据权利的行使，是指票据权利人请求票据义务人履行票据义务的行为。不同情况下，票据权利的行使可能有不同的程序，具体可包括向付款人提示票据请求承兑、向承兑人或付款人提示票据行使付款请求权、向票据债务人行使追索权等。票据权利的保全，是指票据权利人为防止票据权利的丧失而做的一切行为，如对票据主债务人遵期提示承兑和付款，以保全付款请求权和追索权；被拒绝承兑或付款或有其他法定原因不能实现付款请求权时，依法作成有效拒绝证明以保全追索权等。

保全票据权利的行为通常也是行使票据权利的行为，所以票据法一般将二者相提并论，一并进行规定。票据权利的行使与保全的方式通常有三种，即遵期提示、依法取证和中断时效。

1. 遵期提示。遵期提示，是指依《票据法》规定的期间，向票据债务人或关系人现实地出示票据请求其支付一定金额。根据我国《票据法》第四十条、第五十三条、

第八十条的规定，持票人不在法定期限内提示承兑和付款的，丧失对其前手的追索权。因此，遵期提示票据也是保全票据权利的必要行为方式。

2. 依法取证。依法取证，是持票人为了证明自己曾经依法行使票据权利而遭拒绝或者根本无法行使票据权利，而依法律规定的时间和方式取得相关的拒绝证明。例如，提示承兑或付款被拒绝的，请求拒绝人出具拒绝证书或退票理由书；承兑人或付款人死亡、被宣告破产的，向人民法院请求出具有关当事人被宣告死亡或宣告破产的证明或法律文书，向医院请求出具死亡证明，向公证机构请求出具具有拒绝证明效力的文书等。

3. 中断时效。中断时效，是指依据《票据法》规定，票据权利在票据时效期限内不行使的，因时效届满而消灭。中断票据时效的行为，是票据权利的保全措施之一。

《票据法》规定，持票人对票据债务人行使票据权利，或者保全票据权利，应当在票据当事人的营业场所和营业时间内进行，票据当事人无营业场所的，应当在其住所进行。

（四）票据权利时效

时效是指法律所确认的某种权利取得以及行使的时间范围。为了有利票据的有序流通，《票据法》对票据权利的行使时间作了规定，如果持票人在法定时间内不行使票据权利，时间届满，其票据权利即告消灭。具体规定如下：持票人对票据的出票人和承兑人的权利，自票据到期日起2年。见票即付的汇票本票，自出票日起2年；持票人对支票出票人的权利，自出票日起6个月；持票人对前手的追索权，在被拒绝承兑或者被拒绝付款之日起6个月；持票人对前手的再追索权，自清偿日或者被提起诉讼之日起3个月。

（五）票据权利丧失与补救

1. 票据丧失。票据丧失是指持票人非依本人意愿而失去对票据的占有，包括绝对丧失（如毁灭焚毁等）与相对丧失（如遗失、被窃等），票据的丧失不像丧失货币那样当然丧失权利，即票据的丧失并不意味着当然丧失票据权利，但票据是完全的有价证券，票据权利人行使权利，必须以持有票据、提示票据交回票据为必要，所以票据权利人丧失票据后，可能发生票据金额被冒领的危险，不能直接向票据债务人行使权利。因此，为保护持票人的利益，《票据法》设立了各种补救措施，使得票据权利人在丧失票据后，仍有行使票据权利的机会。

2. 票据丧失的补救方式

（1）挂失止付。挂失止付是失票人将丧失票据的情况通知付款人或代理付款人，并由接受通知的付款人暂停支付的临时性救济措施。《票据法》规定，未记载付款人或者无法确定付款人及其代理付款人的票据是不可作挂失止付的。已承兑的商业汇票、支票填明"现金"字样并填明代理付款银行的银行汇票、填明"现金"字样的银行本票可以挂失止付。但挂失止付是失票人在丧失票据后可以采取的一种暂时的预防措施，以防止票据被冒领或骗取。因此，失票人既可以在票据丧失后先采取挂失止付，再申请公示催告或提起诉讼，也可以直接申请公示催告，并由法院受理后发出止付通知，还可以直接向法院提起诉讼。（2）公示催告。公示催告是失票人在丧失票据后，向法院提出申请，请求法院以公告的方法通知不确定的利害关系人申报权利，逾期未申报者，则权利失效，而法院通过除权判决宣告丧失的票据无效的一种制度。（3）普通诉讼。普通诉讼是指丧失票据的失票人直接向人民法院提起民事诉讼，要求法院判令付款人向其支付票据金额的活动。这一票据丧失补救措施属于一般民事诉讼范畴，所以被称为普通诉讼。其具体操作方法与一般民事诉讼是相同的。

（六）票据责任

1. 票据责任的概念。票据责任，又称票据债务，是指票据债务人向票据权利人支付票据金额的义务。它与票据权利相对应。

2. 票据责任人的分类。票据责任人可以分为主债务人和次债务人两大类。（1）主债务人。主债务人是指直接承担付款责任的票据责任人，如本票的出票人、已承兑汇票的承兑人。支票没有主债务人，因为支票的出票是以出票人在开户银行或其他金融机构有足额存款为前提的，出票人的出票是委托银行或其他金融机构从其存款余额向持票人按支票所载金额付款的行为，这一点与汇票委托他人付款、本票出票人自己付款是有区别的。支票只有在付款人拒绝付款时，出票人才成为主债务人。（2）次债务人。次债务人是指对票据查对和付款负担保责任的票据债务人。他所承担的是票据承兑和付款的担保责任，包括汇票的出票人、背书人，本票的背书人，支票的背书人及各类票据的保证人。次债务人通常是持票人行使追索权的对象。次债务人在持票人不获承兑或不获付款时才承担清偿票据金额及其他必要费用的责任。

（七）票据抗辩

1. 票据抗辩的概念与分类。票据抗辩是指票据债务人根据票据法的规定对票据债权人拒绝履行义务的行为。票据债务人享有的对持票人拒绝履行票据义务的权利，称为抗辩权。根据抗辩原因的不同，可以将票据抗辩区分为对物的抗辩和对人的抗辩。对物的抗辩也称绝对抗辩，是指票据债务人对一切持票人都可以行使的抗辩。对人的抗辩也称相对抗辩，是指票据债务人只能对特定的持票人行使的抗辩。

对物的抗辩事由主要包括以下内容：（1）票据上的记载事项不符合票据法的规定导致票据无效；（2）票据上记载的到期日尚未到期；（3）票据上记载的付款地与持票人请求的付款地不符；（4）票据权利因已经付款或者依法被提存而消灭；（5）票据权利因法院的除权判决而消失；（6）票据行为人欠缺票据行为能力；（7）无权代理或者越权代理；（8）票据伪造或者变造；（9）欠缺票据权利的保全手续；（10）对不得转让的票据背书转让；（11）票据权利因票据时效期间的届满而消灭。其中，前五项抗辩事由是一切票据债务人对一切持票人都可以主张；后六项抗辩事由只能由特定的票据债务人对一切持票人主张。

对人的抗辩事由主要包括以下内容：（1）持票人丧失受偿行为能力；（2）持票人取得票据欠缺合法的形式，从而丧失票据权利；（3）持票人恶意取得票据；（4）原因关系无效或者不成立；（5）欠缺对价的抗辩。其中，前三项抗辩事由一切票据债务人都可以向特定的持票人主张抗辩；而后两项的抗辩事由只能由特定的票据债务人向特定的持票人主张抗辩。

2. 票据抗辩的限制。票据抗辩是有限制的，票据债务人不得以自己与出票人或者与持票人的前手之间的抗辩事由对抗持票人。但是，持票人明知存在抗辩事由而取得票据的除外。我国《票据法》中对票据抗辩的限制主要表现在以下方面：（1）票据债务人不得以自己与出票人之间的抗辩事由对抗持票人。即如果票据在多出票人之间存在抗辩事由，该票据债务人不得以此抗辩事由对抗善意持票人。（2）票据债务人不得以自己与持票人的前手之间的抗辩事由对抗持票人。（3）凡是善意的、已付对价的正当持票人可以向票据上的一切债务人请求付款，不受前手权利瑕疵和前手相互间抗辩的影响。（4）持票人取得的票据是无对价或不相当对价的，由于其享有的权利不能优于其前手权利，故票据债务人可以用对抗持票人前手的抗辩事由对抗该持票人。

第二节　汇票法律制度

一、汇票概述

（一）汇票的概念

汇票是出票人签发的，委托付款人在见票时或者在指定日期无条件支付确定的金额给收款人或者持票人的票据。汇票关系的基本当事人有三方：出票人、付款人和收款人。其中，出票人是签发汇票的人，付款人是受发票人的委托付款的人，收款人是从发票人处取得汇票向付款人请求付款的人。

（二）汇票的特征

与本票、支票相比，汇票具有以下特征：（1）从当事人方面来看，汇票在出票时，其基本当事人有三方：出票人、付款人和收款人。出票人是签发汇票的人，付款人是受出票人委托支付票据金额的人，收款人是凭汇票向付款人请求支付票据金额的人。（2）汇票是委付证券，是一种支付命令，故汇票的出票人和付款人之间必须具有真实的委托付款关系，并具有支付汇票金额的可靠的资金来源。（3）远期汇票须经承兑。承兑是汇票独有的法律行为，它是指付款人承诺在汇票到期日支付汇票金额的一种票据行为。汇票一经承兑，付款人就取代出票人而成为票据的主债务人。（4）付款日期有多种情况。汇票除有见票即付的情况外，还有定日付款后定期付款和交票后定期付款等情况。

（三）汇票的种类

汇票从不同角度，可作以下分类：

1. 按出票人不同，可分为银行汇票和商业汇票。银行汇票是指出票银行签发的，由其在见票时按照实际结算金额无条件支付给收款人或者持票人的票据。根据《支付结算办法》规定，单位和个人各种款项结算，均可使用银行汇票。银行汇票可以用于转账，填明现金字样的银行汇票也可以用于支取现金。商业汇票是指由银行以外的出票人签发的，委托付款人在指定日期无条件支付确定的金额给收款人或者持票人的票据。

2. 商业汇票按承兑人不同，可分为商业承兑汇票和银行承兑汇票。商业承兑汇票是由收款人签发，经银行以外的付款人承兑的汇票。银行承兑汇票是由收款人或承兑申请人签发，并由承兑申请人向开户银行申请，经银行审查同意承兑的汇票。

3. 按付款日期不同，汇票可分为即期汇票和远期汇票。汇票上的付款日期有四种记载方式，它们是见票即付、见票后若干天付款、出票后若干天付款和定日付款。若汇票上未记载付款日期，则视作见票即付。见票即付的汇票为即期汇票，其他三种记载方式为远期汇票。银行汇票为即期汇票，商业汇票则多为远期汇票。

4. 按是否附有商业单据，汇票可分为光票和跟单汇票。光票是指不附带商业单据的汇票，银行汇票多是光票；跟单汇票是指附有包括运输单据在内的商业单据的汇票，跟单汇票多是商业汇票。

二、汇票的出票

（一）出票的概念

汇票的出票，又称汇票的发行，是出票人签发票据并将其交付给收款人的票据行为。

（二）出票的效力

出票是以创设票据权利为目的（意思表示的内容）的票据行为。出票人依照《票据法》所规定的方式完成出票行为后，即发生票据法上的效力。出票的效力包括以下三个方面：

1. 出票对于出票人的效力。出票人签发汇票后，即承担保证该汇票承兑和付款的责任。如果汇票得不到承兑或者付款，持票人可以向出票人行使追索权。

2. 出票对于付款人的效力。出票是出票人的单方行为，因此只能授予付款人付款与承兑的资格，而不能为付款人设定承兑与付款的义务。是否承兑，由付款人自行决定，付款人拒绝承兑的，不承担票据责任。

3. 出票对于收款人的效力。票据是设权证券，收款人取得出票人发行的汇票后，即成为持票人，依法享有票据权利。

（三）汇票的记载事项

汇票的记载事项可分为绝对应记载事项、相对应记载事项及其他记载事项。

1. 绝对应记载事项。汇票必须记载下列事项：（1）表明"汇票"的字样；（2）无条件支付的委托；（3）确定的金额；（4）付款人名称；（5）收款人名称；（6）出票日期；（7）出票人签章。汇票上未记载上述规定事项之一的，汇票无效。

2. 相对应记载事项。汇票的相对应记载事项包括：付款日期、付款地和出票地。如果上述事项未在汇票上记载，汇票仍有效，相关内容根据法律规定确定。汇票上未记载付款日期的，为见票即付。汇票上未记载付款地的，付款人的营业场所、住所或者经常居住地为付款地。汇票上未记载出票地的，出票人的营业场所、住所或者经常居住地为出票地。

3. 其他记载事项。汇票上可以记载《票据法》规定事项以外的其他出票事项，但是该记载事项不具有汇票上的效力。例如，汇票上可记载签发汇票的原因和用途、该汇票项下的交易合同号码等，这些记载可能产生其他法律效力但不产生《票据法》上的效力。

三、汇票的背书

（一）背书的概念

背书是指持票人为了实现转让票据权利或其他目的，在票据背面或者粘单上记载有关事项并签章的一种附属的票据行为。作背书转让的持票人为背书人，受让人为被背书人。被背书人在接票据后可以再作背书，以增强其流通性和安全性。

（二）背书的分类

根据背书目的不同，可分为转让背书与非转让背书两类：

1. 转让背书。转让背书是指持票人以完全转让票据上的权利为目的，而在票据上进行的背书，其效力在于使票据上的权利发生转移。

2. 非转让背书。非转让背书是指持票人不以转让票据上的权利为目的，而是以授予他人的权利为目的在票据上进行的背书。非转让背书又包括委托收款背书和设定质押背书。（1）委托收款背书简称委任背书，是指持票人为了授予他人代为行使票据权利的权利而作的背书。我国《票据法》第三十五条第一款规定：背书记载"委托收款"字样的，被背书人有权代背书人行使被委托的汇票权利。但是，被背书人不得再以背书转让汇票权利。（2）设定质押背书，简称设质背书，是指持票人为了在票据上设定质押权，以票据来担保所负债务的履行而作的背书。《票据法》第三十五条第二款规定：汇票可以设定质押；质押时应当以背书记载"质押"字样。被背书人依法实现其质权时，可以行使汇票权利。

（三）汇票背书的注意事项

背书应注意以下事项：

1. 背书是附属的票据行为，只能在出票之后进行。

2. 必须是在出票时没有记载"不得转让"字样的票据上进行。如出票人在票据上已记载"不得转让"字样，则票据不得转让。若出票人的直接后手将票据背书转让，出票人对其直接后手的被背书人不承担保证承兑和保证付款的义务。

3. 背书的形式须符合法定要求。背书应记载于票据背面或粘单上，粘单上的第一记载人，应当在汇票和粘单的粘接处签章。背书由背书人签章并记载背书日期。背书未记载日期的，视为在汇票到期日前背书。汇票以背书转让或者以背书将一定的汇票权利授予他人行使时，必须记载被背书人名称。以背书转让的汇票，背书应当连续，即在票据转让中，转让汇票的背书人与受让汇票的被背书人在汇票上的签章依次前后衔接。背书人在背书时可在汇票上记载"不得转让"字样，此种情况下如果其后手再背书转让的，原背书人对后手的被背书人不承担保证责任。

4. 背书不得附有条件。背书时附有条件的，所附条件不具有票据上的效力。背书时将汇票金额的一部分背书转让或将汇票金额分别转让给 2 人以上的背书无效。

（四）汇票转让背书的效力

汇票转让背书的效力体现在以下几方面：

1. 权利转移的效力。它是指票据上的权利因背书而由背书人转移给被背书人。被背书人由背书而受让票据，并同时取得票据所有权及票据上的一切权利。

2. 担保责任的效力。它是指背书人以负担票据债务的意思为背书，对其后手有担保承兑及付款的责任。

3. 权利证明的效力。它是指持票人应以背书的连续来证明其取得的票据权利。持票人欲行使票据权利，只要向票据债务人提示票据即可。

四、汇票的承兑、保证与付款

（一）汇票的承兑

汇票的承兑是汇票付款人承诺在汇票到期日支付票据金额的票据行为。承兑是汇票独有的一种附属票据行为，是付款人在汇票正面所做的票据行为。

1. 汇票承兑的记载事项。付款人承兑汇票的，应当在汇票正面记载"承兑"字样和承兑日期并签章；见票后定期付款的汇票，应当在承兑时记载付款日期。由此可见，"承兑"字样、日期、签章为应记载事项。其中，承兑日期为相对应记载事项，如未记载，则可以付款人收到承兑提示之日起的第三日为承兑日期。付款人承兑汇票不得附有条件，承兑附有条件的，或者以其他方法变更汇票上的记载事项的，视为拒绝承兑。

2. 承兑的效力。承兑的效力是承兑人于到期日绝对付款的责任。承兑人决定承兑后，即成为票据主债务人，应当依汇票记载的文义，承担到期支付票据金额的责任。承兑人的付款责任是绝对责任，是基于他本人的意思表示而产生的义务。承兑人到期不付款时，持票人即使是原出票人，也可直接请求承兑人偿付汇票金额、利息及其他费用。

（二）汇票的保证

汇票保证是票据债务人以外的第三人为担保债务的履行所做的一种附属票据行为。

1. 汇票保证的记载事项。汇票保证行为根据被保证人的身份和在票据关系中的位置不同，可以在票据正面、背面或其粘单上为之。票据保证应记载下列事项：①表明"保证"的字样；②保证人的名称和住所；③被保证人的名称；④保证日期；⑤保证人的签章。

票据保证不得附有条件，附有条件的，不影响对汇票的保证责任。保证人未在票据或粘单记载"保证"字样而另行签订保证合同或保证条款的，不属于票据保证，发生纠纷后，人民法院应适用《担保法》的有关规定。

2. 票据保证人的法律责任。保证一旦成立，保证人即成为票据债务人，应承担票据责任。票据保证人的法律责任有以下三方面：（1）连带责任。与票据债务人负连带责任，即保证人所负的责任以被保证人所负的责任为准。（2）独立责任。由于票据行为具有独立性，只要被保证人债务在形式上有效成立，即使在质上无效（例如，被保证人无行为能力等），保证行为仍有效。（3）共同保证的责任。共同保证是指两个以上的人共同保证同一票据债务。共同保证的各保证人对共同保证的票据债务应负连带责任。共同保证人中的一人或数人在清偿全部债务后，可向其他保证人行使求偿权。

（三）汇票付款

汇票付款是指付款人依据票据文义支付票据金额，以消灭票据关系的行为。当付款人依法足额付款后，全体汇票债务人的责任解除。

1. 付款提示。持票人应当按照下列期限提示付款：①见票即付的汇票，自出票日起一个月内向付款人提示付款；②定日付款、出票后定期付款或者见票后定期付款的汇票，自到期日10日内向承兑人提示付款。

2. 付款人审查汇票。付款人在付款前，应对持票人向其提示的汇票负有形式审查的义务。审查的内容包括背书是否连续以及持票人合法的身份证明。

3. 付款人付款。持票人按规定提示付款的，付款人必须在当日足额付款，而不能分期付款和延期付款。如果付款人及其代理付款人以恶意或有重大过失付款的，应当自行承担责任。

4. 收回汇票。汇票是缴回证券，付款人在付款后，有权向持票人收回汇票。我国《票据法》规定，持票人获得付款的，应当在汇票上签收，并将汇票交给付款人。持票人委托银行收款的，受委托的银行将代收的汇票金额转账入持票人账户，视同签收。

五、汇票追索权

追索权是持票人在汇票到期不获付款、不获承兑或其他法定原因发生时，向其前手请求偿还票据金额及其损失的权利。

（一）追索权行使的原因

根据我国《票据法》的规定，追索权行使的原因是：①汇票被拒绝承兑；②承兑人或付款人死亡、逃匿；③承兑人或付款人被依法宣告破产或者因违法被责令终止业务活动。

（二）追索权的行使程序

1. 票据提示。持票人行使追索权，必须先在法定期限内向付款人提示票据，请求承兑或付款，否则丧失追索权。但是如果发生了付款人或承兑人死亡、解散、逃匿或其他无法提示的原因，则持票人可免除票据提示。

2. 作成拒绝证书。持票人在行使追索权时，原则上必须作成拒绝证书，但下列情况例外：①付款人或承兑人被宣告破产，持票人可用破产宣告裁定书代替拒绝证书；②付款人或承兑人因违法被责令终止业务活动的，有关行政主管部门的处罚决定可代替拒绝证书；③有关付款人或承兑人拒绝付款的其他证明也可代替拒绝证书。

3. 通知拒绝事由。持票人有义务通知拒绝事由，使票据全部债务人在知悉被拒绝的事实后做好相应的准备。我国《票据法》规定，持票人应当自收到被拒绝承兑或者被拒绝付款的有关证明之日起3日内，将被拒绝事由书面通知其前手；其前手应当自收到通知起3日内书面通知其再前手。持票人也可同时向各汇票债务人发出书面通知。

4. 确定追索对象。当追索通知发出后无人自动偿付时，追索权人就要确定具体的追索对象进行追索。我国《票据法》规定，汇票的出票人、背书人、承兑人和保证人对持票人承担连带责任。持票人可以不按照汇票债务人的先后顺序，对其中任何一人、数人或者全体行使追索权。

5. 请求偿还。追索对象确定后，持票人即可向其出示汇票、拒绝证书或拒绝证明，请求其依法偿还追索的金额。请求偿还的金额，包括票据金额、汇票金额从到期日起到清偿日止的利息、作成拒绝证书与通知费用及其他合理费用。被追索人按规定清偿后，可向其他票据多人行使再追索权。

第三节　本票、支票法律制度

一、本票

(一) 本票的概念

本票是出票人签发的，承诺自己在见票时无条件支付确定的金额给收款人或者持票人的票据。与汇票、支票一样，本票也是金钱证券、设权证券、要式证券、文义证券、无因证券等。本票与汇票、支票的不同之处在于，汇票和支票都是出票人委托他人支付的票据，本票是出票人自己支付的票据（自付证券），所以本票的当事人只有两人：出票人与收款人，没有付款人。

(二) 本票的种类

本票和其他有价证券一样，可以分为记名式、指定式、无记名式的本票。本票和汇票一样，可以分为即期本票、定期本票、计期本票、注期本票。我国本票仅限于银行本票，银行本票是银行签发的，承诺自己在见票时无条件支付确定金额给收款人或持票人的票据。银行本票分为定额银行本票和不定额银行本票。定额银行本票是指凭证上预先印有固定面额的银行本票。定额银行本票的面额有 1000 元、5000 元、1 万元和 5 万元四种。不定额银行本票是银行本票中按票面金额划分的一种票据，其是由银行签发的，承诺自己在见票时无条件支付确定金额给付款人或者持票人的。按支付方式不同分为转账不定额银行本票和现金不定额银行本票。根据中国人民银行的规定，银行本票仅限不定额本票。

(三) 本票与债券

本票是出票人对自己付款的承诺，所以出票人发出本票就是自己承担债务（本票出票人是本票上的主债务人，汇票上的主债务人是承兑人而不是出票人）。因此，在经济上，本票常常为债务人用来承担债务。各种债券（如公司债券、公债券）实质上都是本票。我国的国库券和各种企业债券就是如此。有时债务人借入资金就发出本票给债权人，这比普通的债权证书对债权人有利得多而为债权人所欢迎。

(四) 本票的记载事项

本票的记载事项分为绝对记载事项、相对记载事项和任意记载事项。本票的绝对应记载事项为 6 项：①标明"本票"的字样；②无条件支付的承诺；③确定的金额；④收款人名称；⑤出票日期；⑥出票人签章。本票的相对应记载事项为出票地和付款地两项。《票据法》对本票的任意记载事项未作规定，一般可适用与汇票类似的法律规定。

（五）银行本票的结算规定

1. 银行本票使用范围的规定。《支付结算办法》规定，单位和个人在同一票据交换区域需要支付各种款项，均可以使用银行本票。银行本票可以用于转账，注明"现金"字样的银行本票可以用于支取现金。

2. 申请银行本票的规定。申请人使用银行本票，应向银行填写"银行本票申请书"，填明收款人名称、申请人名称、支付金额、申请日期等项内容并签章。个人需要支取现金的，在"支付金额"栏先填写"现金"字样，后填写支付金额。

3. 签发银行本票的规定。银行应在办好转账或收妥现金以后，方可签发本票。用于转账的本票，应划去"现金"字样；用于支取现金的本票应划去"转账"字样，本票上未划去"现金"和"转账"字样的，一律按转账办理；注明"不得转让"的，出票行应当在本票正面注明本票的出票日期和大写的出票金额。最后，出票行在本票上加盖本票专用章和其授权经办人签名或盖章后交给申请人。

4. 银行本票提示付款的规定。银行本票的提示付款期限自出票日起最长不得超过两个月。超过提示付款期限的银行本票，代理付款人或付款人不予受理。

5. 银行本票付款的规定。对在银行开立账户的收款人或持票人付款的规定：代理付款行接到收款人或持票人交来的本票和两联进账单审查无误后，对在银行开立账户的收款人或持票人付款的，在第一联进账单上加盖转讫章作收款通知交给收款人或持票人，第二联进账单作贷方凭证。付款后，在本票上加盖转讫章，通过同城票据交换向签发行提出交换。出票行收到同城票据交换提入本票经核对相符，确属本行签发，即应办理转账。对在银行未开立账户的收款人或持票人付款的规定：出票行接到未在银行开立账户的收款人交来的填明"现金"字样的本票时，应审查收款人的身份证件，并要求提交身份证复印件留存备查；应审查收款人在本票背面是否注明证件名称、号码及发证机关。收款人委托他人向出票行提示付款的，出票行必须查验收款人和代理人的身份证件；应审查代理人在本票背面是否作委托收款背书及填写代理人姓名，以及收款人和代理人证件名称、号码及发证关，并要求提交身份证复印件留存备查。审核无误后，办理付款。

二、支票

（一）支票的概念、特征与种类

1. 支票的概念。支票是出票人签发的，委托办理支票存款业务的银行或者其他金融机构在见票时支付确定的金额给收款人或者持票人的票据。

2. 支票的特征。与汇票、本票相比，支票具有以下特征：（1）与本票相比，支票有三个基本当事人，即出票人、付款人和收款人，而本票只有两个基本当事人，因此支票可以看作一种特殊的汇票。（2）支票的付款人仅限于银行或信用社等金融机构；而汇票的付款人不限于金融机构。（3）支票的出票人必须先与银行等金融机构建立资金关系，然后才能签发以金融机构为付款人的支票，否则即构成签发"空头支票"的违法行为，必须承担相应的法律责任；而汇票的出票人与付款人之间不必先有资金关系。本票的出票人与付款人为同一个人，也不存在所谓的资金关系。（4）支票都是见票即付，不存在远期支票；而汇票可以是见票即付的，也可以是远期的。（5）支票因为都是见票即付的，因而无须承兑；而远期汇票则需要承兑。（6）支票可为空白授权出票，支票出票时，金额、收款人名称均可空白，由出票人授权补记，汇票和本票则不得签发空白票据。（7）支票信用作用弱而支付功能强。支票为见票即付，而且提示付款的期限也很短，因此支票的主要功能在于支付功能。

3. 支票的种类。

（1）依出票时是否记载收款人名称，支票可分为记名支票与不记名支票。记载收款人名称的，是记名支票；不记载收款人名称的，是不记名支票。记名支票依背书而转让，不记名支票无须背书也可转让。

（2）依支票的付款方式，支票可分为现金支票、转账支票和普通支票。支票上印有"现金"字样的为现金支票，现金支票只能用于支取现金。支票上印有"转账"字样的为转账支票，转账支票只能用于转账，支票上未印有"现金"或"转账"字样的为普通支票，普通支票可以用于支取现金，也可以用于转账。其中用于转账的，可在普通支票左上角划两条平行线，也称为划线支票，划线支票只能用于转账，不得支取现金；未划线的普通支票，可用于支取现金。

（3）依支票当事人是否兼任，支票可分为一般支票和变式支票。一般支票无当事人兼任现象，而变式支票中有当事人同时兼具两种身份，具体可分为对己支票（出票人自己为付款人）、指己支票（出票人自己为收款人）、付受支票（付款人也是收款人）。

（二）支票的记载事项及出票要求

1. 支票的绝对应记载事项。支票的绝对应记载事项有6项：①标明"支票"的字样；②无条件支付的委托；③确定的金额；④付款人名称；⑤出票日期；⑥出票人签章。支票上未记载上述绝对应记载事项之一的，支票无效。支票上的金额可以由出票人授权补记，未补记前的支票，不得使用。

2. 支票的相对应记载事项。支票的相对应记载事项包括：①收款人的名称。支票未记载收款人的，经出票人授权，可以补记；②出票地，支票未记载出票地的，以出票人的营业场所、住所或者经常居住地为出票地；③付款地，支票未记载付款地的，以付款人的营业所为付款地。

3. 支票的可记载事项。支票的可记载事项包括：①划平行线，出票人可以在支票正面划平行线，也可以在所划的两条平行线上记载收款银行的名称；②禁止背书转让；③免除拒绝通知或免除作成拒绝证书。

4. 不得记载事项。支票的不得记载事项包括：①无益记载事项，包括到期日、利息、免除担保文句、承兑等；②有害记载事项，包括有条件的委托支付文句，分期付款、以非金融机构为付款人。

5. 支票重要的出票要求。在我国，支票的出票必须使用银行规定格式并统一印制的支票用纸。支票出票人签发的支票金额不得超过其付款时在付款人处实有的存款金额。支票出票人签发的支票金额超过其付款时在付款人处实有的存款金额的，为空头支票。我国禁止签发空头支票。支票出票人不得签发与其预留本名的签名式样或印鉴不符的支票。

（三）支票的付款

1. 支票的付款期限。支票的持票人应当自出票日起 10 日内提示付款；异地使用的支票，其提示付款的期限由中国人民银行另行规定。

2. 支票付款的程序与方法。

（1）对提示付款的支票的审查。付款人对支票的审查为形式审查，并针对以下三个内容审查支票是否具备了法定要件；审查支票背书是否连续；审查支票出票人的印章与出票人在银行预留的印鉴是否一致。（2）收回支票。付款人审查支票后付款时，应要求付款提示人在票据上签章，并收回该支票。（3）支付支票金额。付款人收回支票后，应按支票上记载的货币和金额付款。（4）转账或抵销。付款人的付款除直接支付现金外，还可用转账或抵销的办法来支付。抵销是指持票人向付款人提示付款时，因欠付款人一笔同额到期债务，付款人可将其债权与持票人的支票金额抵销，使双方的支票关系和债务关系消灭。

3. 支票付款的效力。付款人在足额付款后，全体支票债务人的责任解除。

【案例分析 5-2】

2016 年 7 月 1 日，原告某彩电集团，为偿付给 A 市某彩管厂货款，签发金额为人民币 20 万元的中国工商银行 A 市分行的转账支票一张，未记载收款人名称就交付了支票。7 月 3 日，王某持该支票到 A 市一家电器城购买一批电器，此时，该转账支票的大小写金额均为人民币 20 万元，并且未有任何背书，电器城收下支票当日，王某在背书栏内进行了背书，并将收款人一栏填上了彩管厂的名称。被背书人电器城再次以持票人身份将该支票交给付款银行中国工商银行 A 市分行，即本案被告，由该分行于当日从原告某彩电集团的银行账户上划走人民币 20 万元，转入电器城的银行账户里。原告某彩电集团与其开户银行对账时，发现账上存款短缺 20 万元，经双方检查，发现该转账支票金额与存据不符，被改写过。经协商未果，原告向法院提起诉讼。

思考： 对于某彩电集团的损失，中国工商银行 A 市分行是否应承担责任？

第四节 涉外票据的法律适用

一、涉外票据法律适用的原则

涉外票据，是指出票、背书、承兑、保证、付款等行为中，既有发生在中华人民共和国境内的票据，也有发生在中华人民共和国境外的票据。

二、涉外票据法律适用的一般原则

我国涉外票据法律适用的一般原则如下：

1. 国际条约优先于国内法的原则。国际法优于国内法，这是法律适用的一般原则，各国对其缔结的国际条约必须遵守，是条约缔约国应尽的国际义务。当然，如果我国在缔结国际条约时，已经明确地提出对条约中的某些条款予以保留，则该条文对我国不发生效力。而对于我国未缔结的国际条约，则无条约优于国内法原则的适用余地。1930 年签订的《日内瓦统一票据法公约》和 1931 年签订的《日内瓦统一支票法公约》及相关公约，虽为主要国际条约，但我国未加入，故我国当然无用之义务。

2. 适用国内法原则。对于涉外票据，如果缔约国所参加的国际法或公约没有作出规定，或者该条规定与我国的国内立法不矛盾，则适用国内法。

3. 国际惯例补缺原则。国际惯例是在长期实践中，反复适用而形成的，各国普遍承认的，具有固定内容的习惯法。对于涉外票据，如果国内立法有明确规定，则不能适用国际惯例；反之，如果没有国内法作为裁判依据，则应以国际惯例加以解决。可见，国际惯例的效力处于最低层次，在涉外票据纠纷中起到补充作用。

三、涉外票据的准据法选择

在解决涉外票据法律冲突的过程中，人们逐步形成了一套行之有效的、较为统一的准据法的选择方式。

1. 票据能力适用其属人法。票据债务人的民事行为能力，适用其本国法律。票据债务人的民事行为能力，依照其本国法律为无民事行为能力或者为限制民事行为能力而依照行为地法律为完全民事行为能力的，适用行为地法律，认定其具有完全行为能力。

2. 票据行为的方式适用行为地法律。票据的出票、背书、保证等行为在方式上的有效完全取决于是否遵循了行为地法。这里的"行为地"并不是"行为发生地"，出票、保证等票据行为的发生地和行为地是一致的，但付款、承兑的行为地是指"票据上记载的承兑地或者付款地。"

3. 出票之记载事项的法律适用。我国《票据法》第九十七条规定，汇票、本票出票时的记载事项，适用出票地法律；支票出票时的记载事项，适用出票地法律，经当事人协议，也可以适用付款地法律。

4. 其他附属票据行为的法律适用。票据的背书、承兑、付款和保证行为等附属票据行为，适用行为地法律。

5. 票据追索权的行使期限，适用出票地法律。

6. 票据的提示期限、有关拒绝证明的方式、出具拒绝证明的期限，适用付款地法律。

第五节　法律责任

违反《票据法》的法律责任有刑事责任、行政责任和民事责任。

一、刑事责任

（一）票据欺诈行为的刑事责任

《票据法》第一百零二条规定，对下列票据欺诈行为依法追究刑事责任：①伪造变造票据的；②故意使用伪造、变造的票据的；③签发空头支票或者故意签发与其预留的本名签名式样或者印鉴不符的支票，骗取财物的；④签发无可靠资金来源的汇票、本票，骗取资金的；⑤汇票、本票的出票人在出票时作虚假记载，骗取财物的；⑥冒用他人的票据，或者故意使用过期或者作废的票据，骗取财物的；⑦付款人同出票人、持票人恶意串通，实施前六项所列行为之一的。

（二）违法承兑、付款或者保证的刑事责任

根据《票据法》第一百零四条规定，金融机构工作人员在票据业务中玩忽职守，对违反《票据法》规定的票据予以承兑、付款或者保证，造成重大损失，构成犯罪的，依法追究刑事责任。

二、行政责任

行政责任主要有以下几种：（1）对实施票据欺诈行为，情节轻微，不构成犯罪的，依照国家有关规定给予行政处罚。（2）金融机构工作人员在票据业务中玩忽职守，对违反《票据法》规定的票据予以承兑、付款或者保证的，给予处分。（3）票据的付款人对见票即付或者到期的票据，故意压票、拖延支付的，由金融行政管理部门处以罚款，对直接责任人员给予处分。

三、民事责任

民事责任主要有以下几种：

1. 因金融机构工作人员在票据业务中玩忽职守，对违反《票据法》规定的票据予以承兑、付款或者保证，给当事人造成损失的，由该金融机构和直接责任人员依法承担赔偿责任。

2. 票据的付款人故意压票、拖延支付，给持票人造成损失的，依法承担赔偿责任。

3. 行为人有违反《票据法》的其他行为，给他人造成损失的，也应依法承担民事责任。

【课后练习题】

一、单项选择题

1. 单位、个人、银行在票据上签章时，必须按照规定进行，下列签章不符合规定的是（　　）。

A. 单位在票据上使用该单位的财务专用章加其法定代表人或授权的代理人的盖章

B. 个人在票据上使用该个人的签名

C. 银行本票的出票人在票据上只使用经中国人民银行批准使用的该银行本票专用章

D. 商业承兑汇票的承兑人在票据上使用其预留银行的签章

2. 下列选项中，属于票据权利消灭的情形有（　　）。

A. 持票人对前手的再追索权，自清偿日或者被提起诉讼之日起 1 个月未行使

B. 持票人对前手的追索权，在被拒绝承兑或者被拒绝付款之日起 3 个月未行使

C. 持票人对支票出票人的权利，自出票日起 3 个月未行使

D. 持票人对本票出票人的权利，自票据出票日起 2 年未行使

3. 如果持票人将出票人禁止背书的汇票转让，在汇票不获承兑时，下列有关出票人票据责任的表述中，正确的是（　　）。

A. 出票人不负任何票据责任

B. 出票人仍须对善意持票人负偿还票款的责任

C. 出票人与背书人对善意持票人负偿还票款的连带责任

D. 出票人与背书人、持票人共同负责

4. 下列情况中，汇票持票人可以行使追索权的是（　　）。

A. 前手破产 　　　　　　　　　　B. 承兑人破产

C. 前手以外的背书人破产 　　　　D. 保证人破产

5. 见票后定期付款的汇票，持票人向付款人提示承兑的期限为（　　）。

A. 到期日前 　　　　　　　　　　B. 出票日起 10 日内

C. 出票日起 1 个月内 　　　　　　D. 出票日起 2 个月内

6. 汇票的保证人在汇票上或者粘单上未记载被保证人的名称，未承兑的汇票，（　　）为被保证人。

A. 持票人 　　　　B. 出票人 　　　　C. 承兑人 　　　　D. 付款人

7. 2016 年 4 月 7 日甲向乙签发一张本票，乙持票后将该本票背书给丙，丙又背书给丁。丁于 6 月 9 日向甲提示付款，因手续欠缺，未得到付款。丁可以向（　　）行使追索权。

A. 甲 　　　　　　　　　　　　　B. 乙

C. 丙　　　　　　　　　　　　D. 甲、乙、丙中的任何一个、数人和全体

8. 以下关于支票付款的有关说法，不正确的有（　　）。

A. 支票限于见票即付，不得另行记载付款日期；另行记载付款日期的，该票据无效

B. 支票的持票人应当自出票日起 10 日内提示付款

C. 超过付款提示期限的，付款人可以不予付款

D. 持票人超过付款提示期限的，并不丧失对出票人的追索权

9. 根据《票据法》规定，伪造票据者（　　）。

A. 承担票据责任　　　　　　　B. 承担付款责任

C. 不承担法律责任　　　　　　D. 不承担票据责任

10. 下列付款方式中，适用于支票的付款方式是（　　）。

A. 见票即付　　　　　　　　　B. 见票后定期付款

C. 定日付款　　　　　　　　　D. 出票后定期付款

二、多项选择题

1. 下列票据中，经票据权利人申请并提供担保，人民法院可以依法采取保全措施和执行措施的有（　　）。

A. 持票人恶意取得的票据

B. 记载有"不得转让"字样而用于贴现的票据

C. 记载有"不得转让"字样而用于质押的票据

D. 应付对价而未付对价的持票人持有的票据

2. 下列票据中，不得进行挂失止付的有（　　）。

A. 未记载付款人的票据

B. 绝对应记载事项不全的票据

C. 无法确定付款人及其代理付款人的票据

D. 票据权利时效届满的票据

3. 下列各项中，可以导致汇票无效的情形有（　　）。

A. 汇票上未记载付款日期　　　B. 汇票上未记载出票日期

C. 汇票上未记载收款人名称　　D. 汇票金额的中文大写和数码记载不一致

4. 下列有关票据背书的表述中，正确的有（　　）。

A. 背书人在背书时记载"不得转让"字样的，被背书人再行背书无效

B. 背书附条件的，背书无效

C. 部分转让票据权利的背书无效

D. 分别转让票据权利的背书无效

5. 下列各项，关于本票的表述正确的有（　　）。

A. 无条件支付的委托是其绝对记载事项之一

B. 本票仅限于银行本票，且为记名式本票和即期本票

C. 本票自出票日起，付款期限最长不得超过 2 个月

D. 本票的出票人是票据上的主债务人，即使持票人未按法定期限提示付款，但仍可对出票人进行追索

三、简答题

1. 票据行为的构成要件有哪些？

2. 票据权利应如何取得？

3. 我国《票据法》关于票据抗辩有哪些规定？

4. 汇票的绝对记载事项包括哪些内容？

5. 我国《票据法》关于票据保证有哪些规定？

第六章

保险法律制度

【教学目的和要求】

本章从整体介绍了保险的概念与特征、保险法的基本原则、保险合同的主体、客体，以及不同类型保险合同的特征，重点介绍了保险合同的履行、人身保险合同与财产保险合同的区别及各自的内容、保险法律责任等内容。通过学习使学生对保险的特征、积极意义、主要模式有所了解，并能运用相关法律法规分析具体的保险法相关案例。

保险，就是有法律保障的损失分摊制度，无论对于个人，还是对于社会，保险都具有十分重要的作用。从法律角度看，保险是指投保人根据合同约定向保险人支付保险费，保险人依约定向投保人或者合同约定的其他人支付保险金的商业行为。保险以特定危险为前提，以团体共济为目的，以商业经营为手段，具有分散风险、补偿损失、防灾防损、融通资金、收入分配等职能。保险既在宏观上影响国民经济，又在微观上关乎单位和个人的生产生活稳定。

第一节 保险与保险法概述

一、保险的概念和特征

（一）保险的概念

保险是指为确保社会经济生活的安定，运用多数机构和个人的集合力量，根据合理的计算，共同建立基金，对因特定危险事故所造成的财产损失给予补偿或对人身约定事件的出现实行给付的一种经济保障制度。保险既是一种分散风险的经济制度，又是一种契约关系，即法律关系。

《中华人民共和国保险法》（以下简称《保险法》）第二条规定："本法所称保险，是指投保人根据合同约定，向保险人支付保险费，保险人对于合同约定的可能发生的事故因其发生所造成的财产损失承担赔偿保险金责任，或者当被保险人死亡、伤残、疾病或

《中华人民共和国
保险法》

者达到合同约定的年龄、期限等条件时承担给付保险金责任的商业保险行为。"由此可见,《保险法》中的保险是一种约定的行为,这种约定行为的法律形式就是保险合同。

(二)保险的特征

1. 保险具有自愿性。《保险法》规定,订立保险合同应当遵循自愿订立原则,除法律、行政法规规定必须保险的以外,保险公司和其他单位不得强制他人订立保险合同。这是商业保险与社会保险的最大不同。

2. 保险具有双务性和有偿性。商业保险以保险合同为基础,而保险合同具有双务性和有偿性。投保人具有交付保险费的义务,同时享有使受益人获得保险金的权利;保险人获得收取保险费的权利,同时负有支付保险金的义务。

3. 保险金支付的偶然性。保险金的支付具有附条件性和附期限性,只有在合同约定的条件成立或期限到来时,才予以支付。这与储蓄人到期向银行提取本息的行为不同。

4. 保险具有互助性。保险具有"一人为众,众为一人"的互助性。保险人用多数投保人缴纳的保险费建立保险基金,对少数遭受损失的被保险人提供补偿。

【拓展阅读】

2013年4月20日,四川雅安发生地震,保险业立即开展抗震救灾和保险理赔各项工作。其中,太平保险、新华人寿实行无保单理赔,中国平安推出20项服务应急举措,中国人保启用航拍无人机查勘。保险公司还开启快捷预付赔款通道,英大泰和预付四川省电力公司1000万元赔款,太平洋保险两个小时内将预付赔款送到客户手中。截至地震发生次日零时,保险业共接到地震相关保险报案295件,已经赔付1002万元。

资料来源:http://www.chinanews.com/fortune/2014/01-06/5699658.shtml。

二、保险的分类

最初的保险,只有水险和非水险两种,现如今却已名目繁多,难以计数。保险的命名没有严格的标准,既可以保险标的物命名,如地震险,也可以事故发生地命名,如海上保险。通常我们把保险分为以下几种。

(一)财产保险与人身保险

根据保险标的的不同,商业保险可分为财产保险和人身保险。

财产保险是指以各种财产及与之相关的利益为标的,由保险人对保险标的可能遭受的意外损失负赔偿责任的一种保险。

人身保险是指以人的生命和身体为标的,以生存、年老、疾病、伤残、死亡等为保险事故,被保险人在保险期间发生保险事故,或生存到保险期满,保险人向被保险人或其受益人支付约定保险金的保险。

（二）强制保险与自愿保险

按照保险实施形式的不同，保险可分为强制保险与自愿保险。

强制保险，又称法定保险，是指根据国家颁布的有关法律和法规，凡是在规定范围内的单位或个人，无论是否出于自愿都必须参加的保险。例如我国实行的机动车交通事故责任强制保险（以下简称交强险），是我国首个由国家法律规定实行的强制保险，此外还包括油污损害民事责任保险、井下职工意外伤害保险、危险作业职工意外伤害保险、旅行社责任保险等强制保险。

自愿保险，是指在自愿原则下，投保人与保险人双方在平等协商的基础上，通过订立保险合同而建立的保险关系。投保人可以自由决定是否投保、向谁投保、保险金额、保障范围、保障程度和保险期限等事项。例如，机动车所有人在必须投保机动车交通事故责任强制保险的同时，还可自愿投保机动车辆第三者责任险等商业保险。

（三）足额保险、不足额保险与超额保险

以保险金额与保险价值（保险标的价值）的关系为标准，保险可分为足额保险、不足额保险与超额保险。

足额保险，又称全额保险，是指保险金额等于或大体相当于保险价值的保险。所谓保险价值，在此是指被保险财产的价值。

不足额保险，又称低额保险，是指保险金额低于保险价值的保险。

超额保险，是指保险金额大于财产价值的保险。

（四）原保险与再保险

根据保险人承担保险责任次序的不同，保险可分为原保险与再保险。

原保险是指保险人对被保险人或受益人承担直接的、原始的赔偿或给付责任的保险关系。

再保险也称分保，是指保险人将其承保业务的一部分或全部分给其他保险人承担，由其他保险人与之共担风险的一种保险。

（五）补偿性保险与给付性保险

以给付保险金的目的为标准，保险可分为补偿性保险与给付性保险。

补偿性保险，是指保险人所给付的保险金的目的在于补偿被保险人因保险事故所受实际损失的保险。财产保险属于补偿性保险。

与补偿性保险相对，给付性保险不以补偿损失为目的。大多数人身保险都属于给付性保险。

三、保险法的概念和特征

（一）保险法的概念

保险法是调整保险关系的法律规范的总和，旨在调整保险活动中保险人与投保人、被保险人以及受益人之间的法律关系，保障国家对保险企业、保险市场实施监督管理。

1995 年 6 月 30 日，第八届全国人民代表大会常务委员会第十四次会议通过了《中华人民共和国保险法》，同年 10 月 1 日正式施行。2002 年 10 月 28 日，第九届全国人民代表大会常务委员会第十三次会议通过了《关于修改〈中华人民共和国保险法〉的决定》，经修正后的《保险法》于2003年1月1日开始施行。2009年2月28日，第十一届全国人民代表大会常务委员会第七次会议表决通过了《中华人民共和国保险法》的修订草案，2014年8月31日第十二届全国人民代表大会常务委员会通过对该法的修正，2015年4月24日第十二届全国人民代表大会常务委员会第十四次会议又一次对该法进行修正。

（二）保险法的特征

1. 私益性与公益性相结合。保险法所调整的保险合同是当事人为追求"私利"而进行的商事法律行为，因此投保人与保险人之间基于保险合同所形成的关系是一种商事法律关系，此即保险法的私益性。但是，保险法对保险业的调整更多地注重保险业的社会责任或公共责任，此即保险法的公益性。

2. 任意性与强制性的结合。保险合同属于商事合同，合同法的一般原理和规则均适用于保险合同。在保险合同中，允许当事人采用协议或其他方式设定义务或施加条件，此即保险法的任意性。

保险法的强制性，是指保险法规范中具有强制性规定的内容，其效力不允许当事人作出变更或限制。例如，关于保险人的免责事项，《保险法》第二十七条第二款规定，投保人、被保险人故意制造保险事故的，保险人有权解除合同，不承担赔偿或者给付保险金的责任。即使当事人有相反约定，其约定也应认定为无效。

3. 伦理性与技术性的结合。保险法的伦理性，是指为防止道德危险，保险法对保险合同当事人提出了较高的善意要求，而使保险法具有了一定的伦理性特征。因此，保险合同又被称为"最大善意合同"。

保险法的技术性，是指基于保险行为长期实践中得来的经验和客观规律，使得保险法中存在很多具有一定技术性要求的法律规范。例如，保险费率的厘定、保险事故损失的计算、保险赔款的计算等。

四、保险法的基本原则

保险法的基本原则是指贯穿于保险法之中的，人们在保险活动中必须遵循的根本准则，它是制定、解释、执行和研究保险法的出发点和根据。保险法的基本原则主要有最大诚信原则、保险利益原则、损失补偿原则和近因原则。

（一）最大诚信原则

1. 最大诚信原则的含义。《民法通则》规定，民事活动应当遵循自愿、公平、等价有偿、诚实信用的原则。所谓诚实信用，是指任何一方当事人对他方不得隐瞒，双方都需善意地、全面地履行自己的义务。在保险法律关系中，对当事人的诚信程度要求比在一般民事活动中更为严格。必须遵循最大诚信原则，这是由保险经营的特点所决定的。

最大诚信原则是指保险合同当事人双方在签订和履行保险合同时，必须以最大的诚意履行自己应尽的义务，互不欺骗和隐瞒，恪守合同的承诺和义务，否则保险合同无效。

2. 最大诚信原则的内容。最大诚信原则的基本内容包括告知、保证、弃权和禁止反言。告知，又称申报、披露，是指在合同订立之前、订立时及在合同订立之后的有效期内，双方当事人均应如实申报、陈述重要事实。保证是指投保人或被保险人对在保险期限内的特定事项作为或不作为向保险人所做的担保或承诺。弃权和禁止反言。弃权是指保险人放弃因投保人或被保险人违反告知或保证义务而产生的保险合同解除权。禁止反言是指保险人既然放弃自己的权利，将来不得反悔再向对方主张已经放弃的权利。《保险法》第十六条第三款规定，保险人的合同解除权"自保险人知道有解除事由之日起，超过三十日不行使而消灭。自合同成立之日起超过二年的，保险人不得解除合同；发生保险事故的，保险人应当承担赔偿或者给付保险金的责任"。

【案例分析 6－1】

衡阳市某公司职工熊某于 2010 年 3 月通过保险公司业务员陈某为其 59 岁母亲王某投保 8 份重大疾病终身险，陈某未对王某的身体状况进行询问就填写了保单。事后陈某也未要求王某做身体检查。2015 年 10 月，王某不幸病逝，熊某要求保险公司理赔。保险公司以投保时未如实告知被保险人在投保前因"帕金森综合征"住院治疗的事实为由，拒绝理赔。熊某遂上诉法院，要求给付保险金 24 万元。

资料来源：http://wenku.baidu.com/view/8375404e852458fb770b56a7.html。

思考：本案保险公司应否承担赔偿责任？为什么？

（二）保险利益原则

1. 保险利益原则的含义。保险利益，也称可保利益，是指投保人或被保险人对保险标的具有法律上承认的利益。如果保险标的的损失使投保人的利益受到了损害，就可以认定为有保险利益，相反，则不存在保险利益。确立保险利益原则，可以防止投保人或者被保险人为骗取保险金，故意造成保险事故的发生，维护保险标的的安全和社会安定。

2. 保险利益的认定。

（1）财产保险利益的认定。关于财产保险的保险利益，《保险法》并没有明确规定财产保险利益的范围。一般认为，下列人员在法律上享有财产保险的保险利益：财产所有权人对其所有的财产；抵押权人、质权人对抵押、出质的财产；财产的经营管理人对其经营管理的财产；财产的保管人对其保管的财产；公民、法人对其因侵权行为或合同而可能承担的民事赔偿责任；保险人对保险标的的保险责任；债权人对其现有的或期待的债权等。

财产保险的保险利益在保险合同订立时可以不存在，但在保险事故发生时必须存在。

（2）人身保险利益的具体认定。关于人身保险的保险利益，《保险法》第三十一条规定，投保人对下列人员具有保险利益：①本人；②配偶、子女与父母；③前项以外与投保人有抚养、赡养或者扶养关系的家庭其他成员、近亲属；④与投保人有劳动关系的劳动者。除此以外，被保险人同意投保人为其订立保险合同的，视为投保人对被保险人具有保险利益。

人身保险的保险利益必须在保险合同订立时存在，否则订立的合同无效，但不要求在保险事故发生时投保人对被保险人具有保险利益。此外，人寿保险保单可出售、转让和抵押。

【案例分析 6 - 2】

李某与妻子马某于 2012 年离婚，约定 8 岁的儿子随马某一起生活，每周六儿子到李某处生活一天。后来李某与赵某再婚，由于李某的儿子活泼可爱，加上赵某不能生育，所以赵某特别喜欢李某的儿子。2014 年 5 月，赵某以母亲的身份为孩子买了人身保险，受益人为李某。2015 年 6 月，孩子在游泳时溺水身亡。李某提出索赔，保险公司以赵某对保险标的不具有保险利益为由，拒绝支付保险金。

资料来源：http：// wenku. baidu. com/view/4586860ade80d4d8dl5a4fdb. html？re = view。

思考：非孩子生母为孩子买保险，孩子出险能否获得赔偿？

（三）损失补偿原则

1. 损失补偿原则的含义。损失补偿原则是指当保险事故发生时使被保险人遭受损失时，保险人应在其责任范围内对被保险人所遭受的实际损失进行赔偿。损失补偿原则使被保险人的保险标的在经济上恢复到受损前的状态，但不允许被保险人因损失而获得额外的利益。

2. 损失补偿原则的体现。损失补偿原则是保险中理赔的基本原则，可具体体现为以下几个方面：

（1）补偿实际损失。投保人或者被保险人在受到约定的保险事故造成损失时，损失多少补偿多少，没有损失不予补偿。

（2）最高赔偿限额。保险人的赔付以投保时约定的保险金额为限，而且保险金额不得超过保险标的的实际价值，超过的损失，保险人不予赔偿。

（3）超额保险或重复保险中的超额部分无效。超额保险是指当事人在保险合同中规定的保险金额超过财产价值的保险，其中超出保险价值的部分无效。重复保险是指投保人对同一保险标的、同一保险利益、同一保险事故分别向两个以上保险人订立保险合同的保险，各保险人的赔偿金额的总和不得超过保险价值。

（4）代位求偿制度。代位求偿制度是指财产保险中保险标的的损失是由第三人的行为造成的，被保险人从保险人处取得赔付之后，应该向第三人追偿的权利转让给保险人，保险人有权向第三人追偿损失。

（四）近因原则

1. 近因原则的含义。近因原则是指只有在导致保险事故的近因属于保险责任范围内时，保险人才应承担保险责任。这里的"近因"，不是指时间上的最近的原因，而是指促成损失结果出现的最直接的原因。

2. 近因原则的具体应用。在保险实务中，如何确定损失近因，要根据具体情况作具体分析。

（1）单一原因致损。当造成损失的原因只有一个时，这个原因就是近因。如果该近因属于承保危险，保险人承担赔偿责任；如果该近因属于未保危险或除外责任，则保险不承担赔偿责任。

（2）多原因同时致损。多种原因同时致损，那么在原则上它们都是损失的近因。如果多种原因都属于承保危险，保险人需承担赔偿责任；如果都属于除外责任，保险不承担赔偿责任。多种原因中既有承保危险又有除外责任的，如果它们所致的损失能够分清，保险人对承保危险造成的损失承担赔偿责任。如果它们所致的损失无法分清，则会出现以下情况：由保险人与被保险人平均分担；保险人可以完全不承担赔偿责任；由保险人与被保险人协商赔付；按致损的承保危险在所有致损危险中所占的比例承担赔偿责任。

（3）多种原因连续发生致损。多种原因连续导致损失，并且前因和后因之间存在未中断的因果关系，则最先发生并造成一连串事故的原因为近因。如果该近因属于承保危险，保险人承担赔偿责任；反之，保险人不承担赔偿责任。

（4）多种原因间断发生致损。当发生并导致损失的原因有多个，且在一连串发生的原因中有间断情形，即有新的独立的原因介入，使原有的因果关系断裂，并导致损失，则新介入的独立原因为近因。如果该近因属于承保危险，保险人承担赔偿责任；反之，保险人不承担赔偿责任。

【案例分析6-3】

陈某驾驶某号牌摩托车搭载彭某、何某与郑某驾驶的无号牌摩托车相撞，导致何某倒地后被杨某驾驶的货车碾压致死。事故认定书认定：郑某、陈某、杨某承担此次事故的同等责任；彭某、何某无责任。摩托车和货车均有投保险。

思考：上述肇事车辆的保险公司应如何承担赔偿责任？为什么？

五、我国保险法立法概况

我国于1981年12月13日颁布《经济合同法》，对财产保险合同作出专门规定，这是我国首次有了实质意义上的有关保险的法律规定。1983年9月，国务院颁布了《财产保险合同条例》，这是我国调整保险合同关系的第一部专门立法。1985年3月3

日，国务院又制定了《保险企业管理暂行条例》。该条例规定中国人民银行为国家保险管理机关，中国人民保险公司是拥有垄断经营权的在全国经营保险和再保险业务的国营企业；设立保险企业要具备的条件，包括最低的资本金额；保险公司要保证有足够的偿付能力和保险准备金；关于再保险的法律要求等。

1995年6月30日，《保险法》在第八届全国人大常委会上通过，并于1995年10月1日起施行。这标志着我国保险立法走上了健康发展的轨道。《保险法》出台后，中国人民银行相继制定了一些配套的保险业管理规定，如《保险管理暂行规定（试行）》《保险代理人管理规定（试行）》《保险经纪人管理规定》等。随后，原中国保险监督管理委员会（2018年3月国务院机构改革，组建中国银行保险监督管理委员会，不再保留中国银行保险监督管理委员会和中国保险监督管理委员会）又先后颁布了《保险公司管理规定》《向保险公司投资入股暂行规定》《保险公估人管理规定（试行）》等一系列规范保险业的规章。

2002年10月28日《保险法》进行了一次修正，自2003年1月1日起施行。该次修改主要侧重于保险监管法部分的进一步完善，对保险合同法部分基本上未作改动。2009年2月28日，第十一届全国人大常委会第七次会议审议通过了《中华人民共和国保险法（修订草案）》，并于2009年10月1日起施行。这次对《保险法》进行的系统性修订，吸收了党的十六大以来保险业改革发展的宝贵经验和有益探索，针对保险业发展站在新起点进入新阶段的实际，对行业发展和保险监管作出了许多新的规定，进一步完善了商业保险的基本行为规范和国家保险监管制度的主体框架。在结构上，《保险法》将第二章保险合同中原第二节和第三节位置调换，将"人身保险"一节放在了财产保险的前面规定；将原第五章和第六章位置调换，把"保险代理人与保险经纪人"规定在第五章，"保险业监督管理"规定在第六章。

2014年8月31日，第十二届全国人民代表大会常务委员会对该法再次修正。修订后的《保险法》共八章一百八十七条。其中第八十二条因《公司法》修改导致本条所引用的条文序号发生变化而作相应修改。第八十五条删去了国务院保险监督管理机构对精算专业人员进行资格认可的规定。2015年4月24日，第十二届全国人民代表大会常务委员会第十四次会议对该法再次修正。修订后的《保险法》共八章一百八十五条。主要内容在于放宽审批，纳入保险销售人员、个人保险代理人、保险代理机构的代理从业人员、保险经纪人的经纪从业人员"应当品行良好，具有保险销售所需的专业能力"内容，删去其需要取得"国务院保险监督管理机构颁发的资格证书"。

2015年10月14日，国务院发布《保险法》第三次修订草案。本次《保险法》修改共新增24条，删去1条，修改54条，修改后共九章二百零八条。修改内容主要有：业务和资金管制放松、明确融资工具使用、加强偿付能力监管、增强消费者权益保护、完善和放松中介监管、明确行业协会等组织法律地位、加大对于保险违法行为的处罚力度等。

第二节　保险合同

一、保险合同的概念和类型

（一）保险合同的概念

保险合同是投保人与保险人约定保险权利义务关系的协议。投保人是指与保险人订立保险合同，并按保险合同负有支付保险费义务的人。保险人是指与投保人订立保险合同，并承担赔偿或者给付保险金责任的保险公司。

（二）保险合同的类型

1. 财产保险合同和人身保险合同。我国《保险法》以保险标的为标准，将保险合同分为财产保险合同与人身保险合同。

财产保险合同，是指以财产及其有关利益为保险标的的合同。财产保险合同又可以进一步分为财产损失保险合同、保证保险合同、责任保险合同、信用保险合同等。人身保险合同，是指以人的寿命和身体为保险标的的保险合同。人身保险合同可以进一步细分为人寿保险合同、意外伤害保险合同和健康保险合同（疾病保险合同）等。

2. 定值保险合同和不定值保险合同。以保险价值在订立保险合同时是否确定为标准，可将保险合同分为定值保险合同与不定值保险合同。这一区分，仅适用于财产保险合同。

所谓定值保险合同，是指当事人在订立保险合同时，已对保险标的的价值进行评定，并将之载明于合同中的保险合同。一旦保险标的出险，保险合同所记载的保险价值便成为保险人计算保险金的依据。不定值保险合同，是指当事人双方在订立合同时，不事先约定保险标的的保险价值，而是在合同中载明，保险标的的价值将在保险事故发生后再行估算的保险合同。例如，火灾保险多为不定值保险合同。

3. 原保险合同和再保险合同。以承担责任的次序为标准，保险合同可分为原保险合同和再保险合同。

原保险合同又称第一次保险合同，是指保险人对被保险人因保险事故所致损害承担直接原始的赔付责任的保险合同。再保险合同也称分保合同，是指原保险合同的保险人，为了避免或者减轻其在原保险合同中承担的保险责任，将其承保危险的全部或者一部分再转移给其他保险人所订立的保险合同。

4. 自愿保险合同和强制保险合同。以保险合同的订立是否出于当事人的自愿为标准，保险合同可分为自愿保险合同和强制保险合同。

自愿保险合同，是指经投保人和保险人自愿协商而订立的保险合同。投保人有权自行决定是否投保、向谁投保等，保险人相应地有权决定是否承保。强制保险合同又称法定保险合同，是指在法律规定一定范围内的社会成员必须投保而订立的保险合同。强制保险在法律、行政法规规定的范围内实施；法律、行政法规未作规定的，保险合同不得强制订立。

二、保险合同的主体和客体

（一）保险合同的主体

保险合同的主体是指在保险合同关系中享有权利和承担义务的人。保险合同的主体分两类：一是保险合同的当事人；二是保险合同的关系人。

1. 保险合同的当事人包括保险人和投保人。保险人也称承保人，是指经营保险业务，与投保人订立保险合同，收取保险费，组织保险基金，并在保险事故发生或保险期限届满后，对被保险人赔偿损失或给付保险金的保险公司。保险人在我国专指保险公司。投保人也称要保人，是指与保险人签订保险合同，并承担交付保险费义务的人。投保人可以是自然人，也可以是法人。投保人必须具备以下三个要件：第一，投保人要求具有完全行为能力；第二，投保人与保险标的之间有保险利益；第三，投保人负有交付保险费的义务。

2. 保险合同的关系人包括被保险人和受益人，他们对合同利益享有独立的请求权。被保险人是指其财产或人身受保险合同保障，享有保险金请求权的人。投保人与被保险人可以是同一个人，也可以不是同一个人。被保险人必须具备以下两个条件：第一，被保险人须是发生保险事故时遭受损失的人；第二，被保险人需是享有保险赔偿请求权的人。受益人也称保险金受领人，是指在人身保险合同中由被保险人或者投保人指定的享有保险金请求权的人。投保人、被保险人均可以为受益人。受益人需具备以下条件：第一，受益人需是由被保险人在人身保险合同中指定的人；第二，受益人需是享有保险金请求权的人。

（二）保险合同的客体

保险合同的客体是指保险合同的主体权利与义务共同指向的对象。由于保险合同保障的对象不是保险标的本身，而是被保险人对其财产或者生命、健康所享有的利益，即保险利益。所以，保险利益是保险合同当事人的权利义务所指向的对象，是保险合同的客体。

在财产保险合同中，保险利益表现为投保人或者被保险人对保险标的所具有的某种经济上的利益。投保人或被保险人因保险事故发生、保险标的不安全而受到损害，或因保险事故不发生、保险标的安全而免受损害，则说明他对保险标的具有保险利益。

三、保险合同的订立

（一）保险合同的订立程序

我国《保险法》第十三条规定："投保人提出保险要求，经保险人同意承保，保险合同成立。"因此，保险合同的成立，也须经过要约和承诺，即投保和承保阶段。

1. 投保。投保人的要约，即投保，是指投保人向保险人提出保险要求的行为。理论上投保行为可以是口头形式也可以是书面形式，但通常是由投保人填写保险人印刷的投保单，这在法律上被视为投保人提出要约的意思表示。应当将保险人的"要约邀请"和投保人的要约加以区别。保险人制作保险单证的行为是为订立保险合同所做的必需的准备工作，并未表明自己受此行为的约束，因此并非要约，仅仅是"希望他人向自己发出要约的意思表示"，属于要约邀请。

【案例分析6－4】

保险公司的业务员张某与投保人王某是同学关系。在张某向王某推销保险产品时，王某在外地出差，于是王某让张某到自己家中找自己的妻子收取保险费。张某遂到王某家中找到王某的妻子取得了保险费，并代替王某在投保书上签字。投保书所记载的投保人与被保险人均为王某，投保的险种为重大疾病保险，保险期限为终身，缴纳保险费期限为20年，每年应缴纳保险费金额为2000元。王某出差回到北京以后，张某将保险合同及保险费发票交给了王某。此后，王某每年正常缴纳保险费，累计缴费12000元。直到2006年，王某、张某关系恶化，王某遂起诉保险公司，以投保书不是自己亲笔签字为由要求退还全部保险费。

思考：法院应如何判决？

2. 承保。承保也就是指保险人审核投保人的投保要求，向投保人表示同意接受其投保的意思表示。保险人承保意味着双方已就保险合同条款达成意思表示一致的协议，保险合同即告成立。

（二）保险合同的形式

合同的形式是指合同当事人就双方权利义务关系经协商达成一致的表现方式。我国保险实务中，保险合同的形式主要表现为投保单、保险单、保险凭证、暂保单，以及其他书面协议等保险单证。

1. 投保单又称要保书，是指保险人预先备制供投保人提出保险要求时使用的格式文件，一般载明保险合同的主要条款。投保单的主要内容包括：投保人、被保险人的姓名、名称和住所；保险标的的名称及存放地点；保险险别；保险责任的起讫；保险价值和保险金额等。投保单本身并非正式合同文本，经保险人接受后，即成为保险合同的一部分。

2. 保险单又称保单，是指保险人交付给投保人证明其与保险公司订立保险合同的正式书面凭证。保险单一般载明保险合同的主要内容，保险单是保险合同的重要组成部分。

3. 保险凭证又称小保单，是指内容和格式简化了的保险单。它一般不列明具体的保险条款，只记载投保人和保险人约定的主要内容。保险凭证上记载的内容，虽然不是保险合同的全部内容，但与保险单具有同等的法律效力。对于保险凭证未列明的内容，以相应的保险单记载为准，当保险凭证记载的内容与相应的保险单列明的内容发生抵触时，以保险凭证的记载为准。保险人向投保人出具保险凭证的，不再签发保险单。

4. 暂保单又称临时保单，是指保险人或其代理人签发正式保单之前的临时合同凭证。暂保单不同于保险单，但是在有限期限内于保险单作成交付之前，具有与保险单相同的效力。保险单一经出立，暂保单的效力归并到保险单中。

5. 其他书面协议，是指投保人和保险人不采用上述形式订立的书面保险合同，是订立保险合同的辅助形式。

（三）保险合同的内容

保险合同的内容，是指保险合同双方当事人依法约定的权利和义务。保险合同的基本条款如下：

1. 当事人的姓名和住所。明确当事人的姓名和住所，是履行保险合同的前提。但在运输货物保险合同的简易保险单中，大多采用无记名式，保险单随货物的转移而一并转移给第三人，其目的是确保商品的流通。在人身保险中，除写明投保人、被保险人之外，还要写明受益人姓名。

2. 保险标的。保险标的是指作为保险对象的财产及其有关利益或人的寿命和身体。在财产保险中，保险标的为各种财产本身或其有关的利益和责任；在人身保险中，保险标的为人的生命、身体或健康。

3. 保险价值。保险价值是指投保人对保险标的所享有的保险利益在经济上用金钱估计的价值额，它是确定保险金额的基础。

4. 保险金额。保险金额是指保险人承担赔偿或给付保险金责任的最高限额，也是投保人对保险标的的实际投保金额。保险金额不能超过保险价值，但可以低于保险价值。在人身保险中，不存在保险标的价值，保险金额完全由双方当事人约定，保险金额只受投保人本身支付保险费的能力制约。

5. 保险费和保险费率。保险费是投保人支付的用以换取保险人承担危险赔偿责任的对价。《保险法》将交保险费规定为投保人的义务，但并不排斥其他人代投保人交付保险费。如果投保人不交保费视为放弃继续保险时，其他人的代交未经投保人认可，应为无效。

保险费率是指保险人以保险标的的损失率或死亡率或生存率为计算基础而规定一定时期内按一定保险金额收取保险费的比例。

6. 保险责任。保险责任是指保险人在保险单中载明的对被保险人标的承担经济保障的具体范围，它是保险合同中最基本的条款之一。保险人只对发生在保险责任范围内的损失承担责任。

7. 保险期限。保险期限是指保险合同的有效期限。它是保险人承担保险责任的期限，也叫保险责任的起讫时间。

8. 保险金赔偿或给付办法。保险单中应明确保险金的具体赔偿或给付办法，以确保发生保险事故，投保人依合同提出索赔或要求给付时，保险人依合同约定的方法支付赔偿或给付。

9. 违约责任和争议处理。违约责任是指合同当事人因其过错致使合同不能如约履行或不能完全履行时所应承担的法律后果。争议处理是指保险合同发生纠纷后，解决纠纷的方式方法。

四、保险合同的履行

保险合同的履行，是指保险合同依法成立并生效后，合同主体全面、适当完成各自承担的约定义务的行为。从程序上看，履行包括索赔、理赔、代位追偿三个环节。

（一）索赔

索赔是指投保人、被保险人在保险标的遭受保险事故后，按保险合同的规定，请求保险人履行赔偿责任的行为。一般情况下，财产保险合同的索赔权利人是被保险人。保险事故发生时，被保险人死亡或终止的，由其法定继承人或财产继承人取得保险索赔权。责任保险合同的受害第三人是索赔权利人。人身保险合同的索赔权利人是受益人，但若受益人放弃或故意造成被保险人死亡或伤残，保险索赔权丧失。人身保险合同没有指定受益人时，则由被保险人享有保险索赔权，若被保险人死亡，其法定继承人是索赔权利人。

在我国，非人寿保险和人寿保险的索赔时效不同。人寿保险的被保险人或者受益人向保险人请求给付保险金的诉讼时效期间为 5 年，自其知道或者应当知道保险事故发生之日起计算。人寿保险以外的其他保险的被保险人或者受益人，向保险人请求赔偿或者给付保险金的诉讼时效期间为 2 年，自其知道或者应当知道保险事故发生之日起计算。

（二）理赔

理赔是指保险人按投保人、被保险人的请求，根据保险合同约定，履行有关保险赔偿责任的行为。理赔程序包括：（1）立案检查。保险人收到投保人、被保人发出的出险通知后，应立即立案，并派人到现场查勘，及时了解损失原因及情况。（2）审核保险责任。按立案检查所得材料及保险人自己了解的情况，分析确定保险事故与发生损失之间是否有因果关系，然后作出是否给予保险赔偿的判断。（3）给付保险金。为了防止保险人以未完成核定为由，故意拖延赔付时间，或保险人认为不属于保险责任的，不及时通知被保险人或者受益人，《保险法》明确规定了相应的时限。《保险法》第二十三条规定，保险人收到被保险人或者受益人的赔偿或者给付保险金的请求后，应当及时作出核定；情形复杂的，应当在 30 日内作出核定，但合同另有约定的除外。

（三）代位追偿

在财产保险理赔中，涉及第三者责任时，在保险人向被保险人赔偿保险金后，保险人有权向第三者追偿。《保险法》第六十条规定，因第三者对保险标的的损害而造成保险事故的，保险人自向被保险人赔偿保险金之日起，在赔偿金额范围内代位行使被保险人对第三者请求赔偿的权利。前款规定的保险事故发生后，被保险人已经从第三者取得损害赔偿的，保险人赔偿保险金时，可以相应扣减被保险人从第三者已取得的赔偿金额。保险人依照本法第六十条第一款规定行使代位请求赔偿的权利，不影响被保险人就未取得赔偿的部分向第三者请求赔偿的权利。

【案例分析 6-5】

甲于 2012 年 4 月 20 日经其婆婆乙同意后为乙投了一份简易人身保险，指定受益人为乙之孙、甲之子丙，丙当时 10 岁。保险费从甲的工资中扣交。缴费 2 年后，甲与乙之子丁离婚，法院判决丁享有对丙的抚养权。离婚后甲仍自愿按月从自己工资中扣交这笔保险费，从未间断。2015 年 10 月 1 日乙病故，12 月甲向保险公司申请给付保险金，认为自己是投保人，一直缴纳保险费，而且自己是受益人丙的母亲；与此同时，丁提出本保险合同的受益人是丙，自己作为丙的监护人，这笔保险金应由他领取；保险公司则以甲因离婚而对乙无保险利益为由拒绝给付保险金。

思考：

（1）甲要求给付保险金的请求是否合法？为什么？

（2）丁要求给付保险金的请求是否合法？为什么？

（3）保险公司拒付的理由是否成立？为什么？

（4）本案应当如何处理？为什么？

（5）假设甲为其婆婆乙投保时，申报的年龄为 60 岁，而乙当时真实的年龄是 70 岁，保险合同约定的最高年龄限制是 65 岁，那么该案如何处理？保险公司应否给付保险金？

第三节　人身保险合同

一、人身保险合同的概念和分类

（一）人身保险合同的概念

我国《保险法》第十二条第三款规定："人身保险是以人的寿命和身体为保险标的的保险。"可见，人身保险合同是以人的寿命或身体为保险标的的保险合同，是投保人与保险人约定当发生合同约定的意外事故、意外灾害或疾病、年老等原因导致被保险人死亡、伤残或丧失劳动能力，或者合同约定的期限届满时，保险人按照约定承担给付保险金责任的协议。

（二）人身保险合同的分类

1. 人寿保险合同、意外伤害保险合同和健康保险合同。以保险人承保的范围为标准，人身保险合同可划分为人寿保险合同、意外伤害保险合同以及健康保险合同。

所谓人寿保险合同，是指以被保险人的寿命为保险标的，于被保险人死亡或生存至约定期限时，保险人向被保险人或受益人给付一定保险金的人身保险合同。它是人身保险合同中最基本、出现最早的险种。

意外伤害保险合同是指以被保险人的身体为保险标的，于被保险人遭受意外伤害事故以致被保险人死亡、伤残时，保险人向被保险人或受益人给付一定保险金的人身保险合同。

健康保险合同又称为疾病保险合同，是指以被保险人的健康为保险标的，于被保险人患病、分娩、或因前述原因导致残疾、死亡时，保险人向被保险人或受益人给付一定保险金的人身保险合同。

2. 长期保险合同、一年期保险合同和短期保险合同。以保险期限的长短为标准，人身保险合同可划分为长期保险合同、一年期保险合同以及短期保险合同。

长期保险合同是指保险期限超过一年（不包含一年）的人身保险合同。人寿保险合同的标的为自然人的寿命，大多属于此类。

一年期保险合同，是指保险期限仅为一年的人身保险合同。由于健康保险合同和意外伤害保险合同承保的危险变动率高，实务中常常采用此种合同类型。

短期保险合同，是指保险期限不足一年的人身保险合同。例如，意外伤害保险中的"旅客意外伤害保险"就只承保旅程期间的危险。

3. 分红型保险合同、投资连结型保险合同和万能型保险合同。随着资本市场化程度的日益提高，人寿保险市场出现了一种以理财、投资为主又兼顾保障的新型人寿保险产品，与传统人寿保险相比，其最显著的变化是在保险资金中增添了理财份额。以投资模式的大小和风险程度的高低为标准，理财投资型人寿保险合同又可划分为万能型保险合同、分红型保险合同以及投资连结型保险合同。

分红型保险合同主打"保障＋红利"功能，是指保险人将经营成果优于定价假设的盈，按照一定比例向投保人进行分配的人寿保险合同。根据中国保监会的规定，投保人每年至少应将分红保险可分配盈余的70%分配给投保人。

万能型保险合同，主打"保障＋投资"功能，是指含有保险保障并设有保底投资账户的人寿保险合同。

投资连结型保险合同，以"风险＋投资"为主要功能，是指含有保险保障并至少在一个投资账户拥有一定资产价值的人寿保险合同。三者中，连结险的灵活性最强、收益最高，但风险也最大。

二、人身保险合同的内容

（一）人身保险合同的一般条款

1. 当事人条款。人身保险合同的当事人包括保险人、投保人、被保险人和受益人。保险人不仅要有经保险监督管理机关依法批准的保险人资格，其业务范围也须经过批准。

投保人可以是自然人，也可以是法人或其他组织。订立合同时，投保人对被保险人不具有保险利益的，合同无效；合同订立后，因投保人丧失对被保险人的保险利益，当事人也不能主张保险合同无效。人身保险合同的被保险人是指以自己的生命或身体作为保险标的的人，仅限于自然人，而且应当符合保险法规定的限制性条件。受益人是指人身保险合同中由被保险人或者投保人指定的享有保险金请求权的人。受益人可以是投保人或者被保险人，也可以是投保人、被保险人以外的第三人。

🖱【案例分析 6 - 6】

昌达电脑有限责任公司职员华某为自己办理了终身死亡险，在保险合同中指明受益人是其配偶刘某，没有指明其他受益人。但是，刘某于 2015 年去世，后华某于 2016 年去世。华某有一子一女。其女称，华某临终口头说将她列为受益人，但无证据。

思考：保险金如何处理？为什么？

---

2. 保险事故条款。保险事故是指保险合同约定的保险责任范围内的事故，即保险人依保险合同负责任的事由，人身保险事故包括被保险人因自然灾害或意外事件而死亡、伤残、疾病等，或者生存至保险期限届满。

3. 保险金额和保险费条款。人身保险合同的保险金额，是由投保人和保险人在订立人身保险合同时根据被保险人的实际需要和缴纳保险费的能力协商确定。保险费是指被保险人参加保险时，根据其投保时所订的保险费率，向保险人交付的费用。

4. 保险期限条款。保险期限是保险合同效力发生和终止的期限，是人身保险合同预定的合同效力持续期间，必须在保险合同中明确记载。

（二）人身保险合同的特殊条款

除了保险合同均应具有的条款以外，人身保险合同还具有以下特殊条款。

1. 不可抗辩条款。不可抗辩条款，又称不可争议条款，是针对保险人的合同解除权而提出的，其基本内容是，自人身保险合同生效满一定时间之后，就成为无可争议的文件，保险人不能再以投保人在投保时违反最大诚信原则，没有履行告知义务等理由主张保险合同自始无效。

不可抗辩条款存在例外情况，在某些特定情况下，即使除斥期间结束，保险人也可提出抗辩，如投保人恶意欺诈、故意误告的，未缴纳保险费，投保人对保险标的不具有可保利益等。

2. 年龄不实条款。年龄不实条款，又称年龄误报条款，其内容是，投保人对被保险人年龄的误报将导致保险人享有合同解除权，或者将导致保险费或保险金额发生相应变动。年龄是寿险风险估计和计算保费的重要因素。根据我国《保险法》第三十二条规定，被保险人的真实年龄不符合合同约定的年龄限制的，保险人可以解除合同，并按照合同约定退还保险单的现金价值；被保险人的真实年龄大于误报年龄，致使投保人支付的保险费少于应付保险费的，保险人有权更正并要求投保人补交保险费，或者在给付保险金时按照实付保险费与应付保险费的比例支付；被保险人的真实年龄小于误报年龄，致使投保人支付的保险费多于应付保险费的，保险人应当将多收的保险费退还投保人。

3. 宽限期条款。在人寿保险合同中分期支付保险费的情形下，投保人在支付了首期保险费后，对到期没有缴纳续期保险费的，投保人将给予一定时间的优惠，让其在宽限期内补交续期保险费。在宽限期内，保险合同继续有效。如果在此期限内发生保险事故，保险人仍要承担给付保险金的责任，但可以从给付的保险金中扣除欠缴的保险费及利息。

根据我国《保险法》第三十六条的规定，宽限期限的产生有两种方式：（1）合同约定的期限；（2）法定期限，如果合同没有约定期限的，即宽限期限为 30 日或 60 日，即投保人自保险人催告之日起超过 30 日未支付当期保险费，或者超过约定的期限 60 日未支付当期保险费的，合同效力中止，或者由保险人按照合同约定的条件减少保险金额。

4. 复效条款。复效条款主要适用于保险期间中止的人寿保险合同，且往往以宽限期条款为前提。其内容是，保险期间中止的人寿保险合同，在符合一定条件时，合同的效力恢复到保险期间中止前的状态。《保险法》第三十七条规定了保险合同的复效，对于效力中止的合同，经保险人与投保人协商并达成协议，在投保人补交保险费后，合同效力恢复；但是，自合同效力中止之日起满 2 年双方未达成协议的，保险人有权解除合同。

5. 自杀条款。自杀条款适用于以死亡为给付保险金条件的人身保险合同，其内容是，被保险人于合同履行一定期限内有故意自杀的行为，保险人对由此导致的死亡不负给付保险金义务的约定。我国《保险法》第四十四条规定："以被保险人死亡为给付保险金条件的合同，自合同成立或者合同效力恢复之日起二年内，被保险人自杀的，保险人不承担给付保险金的责任，但被保险人自杀时为无民事行为能力人的除外。保险人依照前款规定不承担给付保险金责任的，应当按照合同约定退还保险单的现金价值。"

6. 不丧失价值条款。不丧失价值条款又称不没收条款，其内容是，当投保人无力或不愿意继续缴纳保险费以维持保险合同效力时，保险单所具有的现金价值不因保险合同效力的变化而丧失，投保人有权在约定的范围内选择合适的方式要求保险人退还保单的现金价值。人寿保险的保险费具有储蓄性特征，随着投保人的不断缴费，保单积存的责任准备金金额不断增长，从而形成保单的现金价值。

现金价值虽然由保险人占有，但仍然归属于投保人。即使保险合同的效力发生变化，投保人仍然有权选择有利于自己的方式来处理保单现金价值。其处理方式有以下几种。

（1）现金返还。即办理退保手续，将保险单下积存的责任准备金扣除退保手续费以后，以现金形式返还给投保人。

（2）办理减额缴清保险。即不变更原保险期限与条件，以保单积存的现金价值作为趸交保险费，投保与原保险单责任相同的人寿保险。其中，保险期限自停交保险费起至原保单期满时止，保险金额则是与所交清保险费相对应的金额。

（3）办理展期保险。即不变更保险金额，以保单积存的现金价值缴纳保险费，投保保险金额不变、仅保险期限发生变化的人寿保险。其中，保险期限根据返还的现金价值的数额来确定。

7. 保险单转让条款。人身保险单因其积存的责任准备金而具有现金价值所体现的有价证券的性质，因而具有可转让性。保险单转让条款，即投保人与保险人约定是否允许保险单转让以及转让条件的协议。保险单的转让，其实质是投保人的变更。由于关系到被保险人的身体健康和生命安全，对于按照以死亡为给付保险金条件的合同所签发的保险单，原投保人在转让保单时，必须经被保险人书面同意，方能转让。

第四节　财产保险合同

一、财产保险合同的概念和分类

（一）财产保险合同的概念

财产保险合同是指投保人和保险人之间达成的由投保人交付保险费，保险人对所承保的财产及其有关利益因保险事故所致损失承担赔偿责任的保险合同。主要包括财产保险、农业保险、责任保险、保证保险、信用保险等以财产及其有关利益为保险标的的各类保险。

财产保险起源于海上保险，共同海损是海上保险的萌芽，船舶货物抵押借款制度是海上保险的雏形，其后在火灾保险基础上逐步完善。19世纪，英、德、法、美等西方国家的工业革命推动了财产保险的迅猛发展。时至今日，财产保险发展更为完善，险种更为丰富，在保险市场上占有重要地位。

（二）财产保险合同的分类

1. 财产损失保险合同。财产损失保险合同是指以补偿生产资料、生活资料等有形资产的实际损失为目的的保险合同。一般包括企业财产保险合同、家庭财产保险合同、运输工具保险合同及货物运输保险合同等。

2. 责任保险合同。责任保险合同是指以被保险人对第三者依法应负的赔偿责任为保险标的的合同。一般包括公众责任保险合同、产品责任保险合同、雇主责任保险合同及职业责任保险合同等。

3. 信用保险合同。信用保险合同是指保险人对债务人的信用或履约能力提供保证的合同。信用保险合同的主要形式有出口信用保险合同、投资信用保险合同与国内商业信用保险合同等。

4. 保证保险合同。保证保险合同是指保险人对被保证人的作为或不作为给被保险人带来的损失承担保险责任的保险合同。比较典型的保证保险合同有忠诚保证保险合同、履约保证保险合同等。

二、财产保险合同的内容

（一）财产保险合同的标的

财产保险合同的标的是指合同所指向的保险对象，是投保人予以投保并寻求保险保障的对象，也是保险人同意承保并负担保险责任的目标。

1. 财产保险合同保险标的的构成要件。财产保险合同的保险标的是财产及其有关利益，但并非所有的财产及其有关利益都可以作为财产保险的保险标的。成为财产保险保险标的的财产及其有关利益，应当符合以下要件。

（1）投保的财产及其有关利益应当具有经济价值。财产保险合同的保险标的应当是能够用货币衡量的财产或者利益，如土地、矿藏、森林、江河就不能成为保险标的。否则，当保险事故发生导致保险标的损失时，保险人就会因无法确定赔偿金额而无法履行赔偿责任。

（2）投保的财产及其有关利益是合法的。投保的财产及其有关利益应当与被保险人具有法律上承认的经济利害关系，违法持有的财产或利益不能成为财产保险合同的标的，如违章建筑、危险建筑、非法占用的财产等。

（3）投保的财产及其有关利益应当经保险人同意承保。由于财产保险合同是以双方当事人协商一致为基础，只有当保险人接受投保时，相关财产和利益才能成为财产保险合同的保险标的。

2. 财产保险合同保险标的的分类。财产保险合同保险标的依据不同标准，可以分为以下方面。

（1）物质财产和与物质财产有关的利益。这是以保险标的的形式为标准进行的划分。物质财产，是指具有物质形态的各种有形财产，是财产保险合同最常见的保险标的，如运输工具保险合同承保的营运中的运输工具，货物运输保险合同承保的在途运输的货物，等等。与物质财产有关的利益，属于无形财产，如经济权益、民事赔偿责任、信用等。

（2）可保财产、特约可保财产和不保财产。财产保险合同的保险标的范围广泛，但并非所有的财产及其有关利益都可以作为财产保险的保险标的，且不同的财产保险合同的范围也有不同。依据保险人在具体财产保险合同中同意承保的财产范围，可将财产保险合同的保险标的分为可保财产、特约可保财产和不保财产。

可保财产是指保险人按照保险合同规定同意承保的财产及有关利益。特约可保财产是指经保险合同双方当事人协商并特别约定后，才予以承保的财产及有关利益。例如，金银、珠宝、玉器、首饰、古玩、古画、邮票、艺术品等市场价格变化较大或无固定价格、保险金额无法确定的财产；堤堰、水闸、铁路、道路、涵洞桥梁、码头等价值高、风险较为特别的财产；矿井、矿坑内的设备和物资等风险较大的财产。不保财产是指保险人不予承保的财产，一般是价值难以确定或者损失率较高或者容易诱发道德危险的财产。如我国保险公司开办的企业财产保险一般将土地、矿藏、矿井、矿坑、森林、水产资源以及未经收割或收割后尚未入库的农作物、货币、票证、有价证券、文件、账册、图纸、技术资料以及无法鉴定价值的财产、违章建筑、危险建筑、非法占用的财产以及在运输过程中的物资列为不保财产。

（二）财产保险合同的保险金额

财产保险合同的保险金额，是指财产保险合同双方当事人约定的，并且在财产保险合同中载明的保险人应当赔偿的货币额，也是保险人承担保险赔偿金的最高限额。由于保险金额是计算保险费的标准，直接关系到双方当事人的责任和义务，因此必须在财产保险合同中明确规定。财产保险合同的保险金额依据保险标的的实际价值来确定。具体方法包括以下方面。

1. 以定值方式确定保险金额。这是指投保人和保险人在订立财产保险合同时，以定值的方式协商确定保险金额，保险人在保险事故发生时按照约定的保险金额支付赔偿金。保险事故发生后，保险人只需通过确定损失比例来计算赔偿金额。此方法多适用于海上保险、国内货物运输保险、国内船舶保险及一些以不易确定价值的艺术品为保险标的的财产保险。

2. 以不定值方式确定保险金额。这是指投保人和保险人在订立财产保险合同时，以不定值的方式协商确定保险金额，保险人在保险事故发生时按照约定在保险金额的范围之内支付赔偿金。保险事故发生后，保险人不但要确定损失比例，而且要确定事故发生时保险标的的实际价值，以实际价值作为保险赔偿金额的计算依据，并以约定的保险金额为最高赔偿额予以实际赔偿。财产保险合同多采用不定值方法确定保险金额。

3. 以重置价值的方式确定保险金额。重置、重建价值是指保险财产重新购置的价值，可以包括对财产重置、重建时所需成本及费用，也可以包括通货膨胀的因素。当保险财产发生保险责任范围内的损失，在全部损失的情形下，保险人按保险金额赔偿；如果受损财产的保险金额高于重置重建价值时，其赔偿金额以不超过重置重建价值为限；在部分损失的情形下，则按实际损失计算赔偿金额。

以重置价值的方式确定保险金额，可使被保险人获得充分保障，而不必以历年折旧的积累来弥补重置重建时的差额，同时也避免了因通货膨胀、物价上涨等因素导致难以足额投保的情形。投保人和保险人在订立合同时，一般都须附加"重置价值保险条款"，以明确双方责任。这一方式多适用于以房屋和机器为保险标的的财产保险。

4. 以原值或原值加成的方式确定保险金额。这是指按照保险财产投保时的账面原值，或者增加一定的成数或倍数来确定保险金额。当保险财产发生保险责任范围内的损失，在全部损失的情形下，按保险金额赔偿；在部分损失的情形下，对于按账面原值投保的财产，如果受损财产的保险金额低于重置重建价值，应根据保险金额按财产损失程度或修复费用与重置重建价值的比例计算赔偿金额；如果受损保险财产的保险金额相当于或高于重置重建价值，按实际损失计算赔偿金额；对于按账面原值加成数投保的财产，按实际损失计算赔偿金额。这一方式多适用于部分固定资产，如建筑物或者货运险中的货物为保险标的的财产保险。

（三）财产保险合同的保险责任和责任免除

保险责任和责任免除是财产保险合同的核心内容，其意义在于明确保险人的责任范围，避免发生争讼。财产保险合同的保险责任是指保险人根据保险合同规定的保险危险一旦发生时，对被保险人的保险标的所造成的经济损失应负的赔偿责任，具体可分为以下三种。

1. 基本责任。财产保险合同的基本责任是指保险人按保险合同中载明的保险危险范围所承担的保险责任。财产保险合同所载明的危险范围主要包括三类。

（1）自然灾害，如火灾、雷电、暴风、洪水、雪灾等。

（2）意外事故，主要是指被保险人拥有财产所有权的自用的供电供水、供气设备因保险事故遭受损坏，引起停电、停水、停气以致造成保险标的的直接损失。

（3）其他损失和费用支出，主要是指发生保险事故时，为抢救保险标的或防止灾害蔓延，采取合理的必要的措施而造成保险标的的损失，以及保险事故发生后，被保险人为防止或者减少保险标的损失所支付的必要的合理的费用。

2. 责任免除。责任免除又称除外责任，是指财产保险合同中保险人不承担保险金赔偿责任的风险范围或种类。保险实务中，责任免除条款大多采用列举的方式，在保险条款中明文列出保险人不负赔偿责任的范围，主要有两个部分。

（1）明确列入责任免除条款的部分，如战争、敌对行为、军事行为、武装冲突或罢工、核反应、核辐射、放射性污染及非放射性污染等。

（2）不属于保险责任范围内的损失和费用。

3. 特约责任。特约责任又称附加责任，是指财产保险合同载明的基本责任以外的，经保险双方协商同意后特约附加承保的责任，属于约定扩大的保险责任，如企业财产保险附加盗窃险；或独立存在、单独承保，如机动车辆第三者责任险。

（四）财产保险合同的保险赔偿

财产保险合同的保险赔偿，是指在发生保险事故时，保险人应当依照财产保险合同的约定向被保险人支付保险赔偿金。财产保险合同的保险赔偿金的计算应以保险金额为限、以实际损失为限、以保险利益为限。保险赔偿的方式主要有四种，即比例责任赔偿方式、第一危险责任赔偿方式、限额责任赔偿方式和免责限度赔偿方式。

1. 全部损失。全部损失是指财产保险合同的保险标的在遭受保险事故后，已全部灭失或损毁，或者受到严重损坏而完全失去使用价值，或者保险标的受损后无修复、施救的价值，或者被保险人丧失保险标的并无可挽回。全部损失又分为实际全损和推定全损。

（1）实际全损。实际全损是指财产保险合同的保险标的在遭受保险事故后，已全部灭失或损毁。实际全损可分为四种情形：保险标的已遭毁灭，如投保货物被大火焚烧成灰烬；保险标的遭受严重损坏已失去形体和价值，如水泥浸海水后变成块状而失去原有用途；被保险人丧失保险标的并无可挽回，如投保货物被政府没收；保险标的失踪已达一定期限，如根据《海商法》第二百四十八条的规定，船舶失踪视为实际全损。对于保险标的的实际全损，保险人应当按照合同约定的保险金额承担赔偿责任。

（2）推定全损。推定全损是指财产保险合同的保险标的在遭受保险事故后，虽未达到实际全损的程度，但实际全损已不可避免，或者已无法补救，即推定为全损。推定全损可分为五种情形：保险标的的实际全损已经无法避免；保险标的受损后，修理费用估计超过货物修复后的价值；保险标的受损后，整理和续运到目的地的费用将超过其到达目的地的价值；保险标的受损后，为了避免实际全损需要施救等费用，将超过获救后的保险标的的价值；被保险人失去对保险标的的拥有，收回这一所有权所需费用，将超过保险标的的价值。

发生推定全损时，被保险人可以要求保险人按部分损失赔偿，也可要求保险人按全部损失赔偿。在要求按照全部损失赔偿的情况下，适用委付制度，保险人在全额赔偿后即获得了被保险货物残余价值的所有权。

2. 部分损失。不属于实际全损和推定全损的损失，为部分损失。对于财产保险合同保险标的的部分损失，保险人在保险金额的范围内按实际损失予以赔偿。

第五节　法律责任

一、保险法律责任的概念

保险法律责任是指公民、法人或者其他组织在从事保险活动时因违反保险法律、法规而依法应承担的法律后果。保险违法行为的内容和形式具有多样性，从行为内容上讲，保险违法行为既包括违反保险合同的违约行为，也包括违反保险业监管规则的行政违法行为，还包括保险监管者的非法行政行为。从责任形式上讲，保险违法行为既涉及民事责任，也涉及刑事责任和行政责任。

二、投保方的法律责任

根据《保险法》的规定，投保方主要有五类保险诈骗活动：投保人故意虚构保险标的，骗取保险金的；编造未曾发生的保险事故，或者编造虚假的事故原因或者夸大损失程度，骗取保险金的；故意造成财产损失的保险事故，骗取保险金的；故意造成被保险人死亡、伤残或者疾病等人身保险事故，骗取保险金的；伪造、变造与保险事故有关的证明、资料和其他证据，或者指使、唆使、收买他人提供虚假证明、资料和其他证据，编造虚假的事故原因或者夸大损失程度，骗取保险金的。

上述保险诈骗行为，构成犯罪的，依据《中华人民共和国刑法》规定追究刑事责任；情节轻微，尚不构成犯罪的，依照国家有关规定给予行政处罚。

三、保险方的法律责任

（一）违反诚信原则的法律责任
保险公司及其工作人员在保险业务经营活动中违反诚信原则的行为主要有：
1. 欺骗投保人、被保险人或者受益人；

2. 对投保人隐瞒与保险合同有关的重要情况；

3. 阻碍投保人履行《保险法》规定的如实告知义务，或者诱导其不履行《保险法》规定的如实告知义务；

4. 给予或者承诺给予投保人、被保险人、受益人保险合同约定以外的保险费回扣或者其他利益；

5. 拒不依法履行保险合同约定的赔偿或者给付保险金义务；

6. 故意编造未曾发生的保险事故、虚构保险合同或者故意夸大已经发生的保险事故的损失程度进行虚假理赔，骗取保险金或者谋取其他不正当利益；

7. 挪用、截留、侵占保险费；

8. 委托未取得合法资格的机构或者个人从事保险销售活动；

9. 利用开展保险业务为其他机构或者个人谋取不正当利益；

10. 利用保险代理人、保险经纪人或者保险评估机构，从事以虚构保险中介业务或者编造退保等方式套取费用等违法活动；

11. 以捏造、散布虚假事实等方式损害竞争对手的商业信誉，或者以其他不正当竞争行为扰乱保险市场秩序；

12. 泄露在业务活动中知悉的投保人、被保险人的商业秘密；

13. 违反法律、行政法规和国务院保险监督管理机构规定的其他行为。

保险公司有上述行为之一的，由保险监督管理机构责令改正，处5万元以上30万元以下的罚款；情节严重的，限制其业务范围、责令停止接受新业务或者吊销业务许可证。

（二）超越经营范围或者兼营业务的法律责任

根据《保险法》第九十五条规定，保险公司应当在国务院保险监督管理机构依法批准的业务范围内从事保险经营活动。保险公司违反规定，超出批准的业务范围经营的，由保险监督管理机构责令限期改正，没收违法所得，并处违法所得1倍以上5倍以下的罚款；没有违法所得或者违法所得不足10万元的，处10万元以上50万元以下的罚款。逾期不改正或者造成严重后果的，责令停业整顿或者吊销业务许可证。

（三）擅自变更公司登记事项的法律责任

保险公司登记事项的变更，需经国务院保险监督管理机构的批准。保险公司未经批准，擅自变更保险公司登记事项的，由保险监督管理机构责令改正，处1万元以上10万元以下的罚款。

（四）违反保险经营规则等行为的法律责任

《保险法》第一百六十四条规定，保险公司有下列行为之一的，由保险监督管理机构责令改正，处5万元以上30万元以下的罚款；情节严重的，可以限制其业务范围、责令停止接受新业务或者吊销业务许可证：

1. 未按照规定提存保证金或者违反规定动用保证金的；

2. 未按照规定提取或者结转各项责任准备金的；

3. 未按照规定缴纳保险保障基金或者提取公积金的；

4. 未按照规定办理再保险的；

5. 未按照规定运用保险公司资金的；

6. 未经批准设立分支机构的；

7. 未按照规定申请批准保险条款、保险费率的。

（五）妨碍监管的法律责任

保险公司应当接受保险监管机构的检查监督，应当及时按要求向保险监管机构报送有关资料，如有违反，应承担相应的法律责任。具体如下：

1. 保险公司未按照规定报送或者保管报告、报表、文件、资料的，或者未按照规定提供有关信息、资料的，未按照规定报送保险条款、保险费率备案的，未按照规定披露信息的，由保险监督管理机构责令限期改正；逾期不改正的，处 1 万元以上 10 万元以下的罚款。

2. 保险公司编制或者提供虚假的报告、报表、文件、资料的，拒绝或者妨碍依法监督检查的，未按照规定使用经批准或者备案的保险条款、保险费率的，由保险监督管理机构责令改正，处 10 万元以上 50 万元以下的罚款；情节严重的，可以限制其业务范围、责令停止接受新业务或者吊销业务许可证。

（六）非法承保的法律责任

根据《保险法》第一百六十三条规定，保险公司超额承保，情节严重的，或者为无民事行为能力人承保以死亡为给付保险金条件的保险的，由保险监督管理机构责令改正，处 5 万元以上 30 万元以下的罚款。

四、保险监督管理机构及其工作人员的法律责任

保险监督管理机构承担对保险活动进行监督管理的职责，应当依照法律规定对保险业实施监督管理，依照法定程序进行审批，不得放弃职守，不能滥用职权，否则也应当承担相应的法律责任。

《保险法》第一百七十八条规定，保险监督管理机构从事监督管理工作的人员有下列情形之一的，依法给予处分：违反规定批准机构设立的；违反规定进行保险条款、保险费率审批的；违反规定进行现场检查的；违反规定查询账户或者冻结资金的；泄露其知悉的有关单位和个人的商业秘密的；违反规定实施行政处罚的；滥用职权、玩忽职守的其他行为。

【课后练习题】

一、单项选择题

1. 下列关于保险的判断正确的是（　　）。

A. 保险就是要消灭危险　　　　　B. 保险就是保证不发生危险

C. 保险就是保证发生危险　　　　D. 保险就是要分散危险带来的损失

2. 依据保险的标的进行分类，保险可分为（　　　）。

A. 财产保险与人身保险　　　　　B. 寿险与非寿险

C. 陆上保险与海上保险　　　　　D. 商业保险与社会保险

3. 在保险法的基本原则中，哪一原则只适用于财产保险（　　　）。

A. 保险利益原则　　　　　　　　B. 最大诚信原则

C. 损失补偿原则　　　　　　　　D. 近因原则

4. 关于保险的损失补偿原则，下列说法正确的是（　　　）。

A. 保险人在其责任范围内，只对被保险人所遭受的实际损失进行赔偿

B. 只要发生约定的危险，保险人就应对被保险人予以赔偿

C. 只要保险标的发生损失，保险人就应给予赔偿

D. 保险人向被保险人补偿的保险金，不能少于其所受损失

5. 近现代保险制度的发祥地为（　　　）。

A. 英国　　　　　　　　　　　　B. 意大利北部地中海沿岸

C. 西班牙的巴塞罗那　　　　　　D. 法国

6. 下列对保险法损失补偿原则的理解，正确的是（　　　）。

A. 投保人投保后，凡有损失的，保险人均应予以赔偿

B. 当保险事故发生使被保险人遭受损失时，保险人在其责任范围内对被保险人所遭受的实际损失进行赔偿

C. 损失多少，赔偿多少

D. 既适用于财产保险，也适用于人身保险

7. 某企业向某保险公司投保企业财产保险，在保险期限之内，因暴风引起电杆倒塌，电线短路引起火花，火花引燃厂房，从而导致保险标的严重受损。其中，属于财产损失的近因是（　　　）。

A. 暴风　　　　B. 电杆倒塌　　　　C. 火花　　　　D. 厂房燃烧

8. 下列选项中不适用保险法规定的有（　　　）。

A. 海上保险　　B. 农业保险　　C. 信用保险　　D. 保证保险

9. 2009 年 10 月，李某在某保险公司中投保了 30 年期人身保险 1 份，约定保险费每月 10 日分期交付。2011 年 6 月 10 日，李某因下岗无力按期交付保险费，7 月 10 日仍未交付。8 月 5 日外出时因遇车祸意外身亡。根据《保险法》的规定，下列说法中正确的是（　　　）。

A. 李某虽未按时交付保险费，保险人仍应支付约定的保险金，但是应该扣除未缴纳的保费

B. 因李某未按时交付保险费而使合同效力中止

C. 李某虽未交足 2 年保险费但应在扣除手续费后退还保险费

D. 因合同成立不足 2 年而退还保险单的现金价值

10. 根据《保险法》的规定，如果受益人在被保险人死后，尚未领取保险金时死亡，领取保险金的权利属于下列选项中何人所有（   ）？

A. 被保险人的继承人 B. 投保人重新指定受益人

C. 投保人 D. 受益人的继承人

二、多项选择题

1. 保险的基本原则有哪些（   ）？

A. 保险利益原则 B. 诚实信用原则

C. 损失补偿原则 D. 近因原则

2. 下列关于保险法的原则哪些表述是错误的？（   ）

A. 自愿原则是指保险当事人双方可以自由决定保险范围和保险费率

B. 保险利益原则的根本目的是有效弥补投保人的损失

C. 近因原则中的近因是指造成保险标的损害的主要的、决定性的原因

D. 最大诚信原则对保险人的主要要求是及时全面地赔付保险金

3. 保险具有以下作用（   ）。

A. 转移风险 B. 均摊损失

C. 实施补偿 D. 抵押贷款和投资收益

4. 下列关于强制保险阐述正确的有（   ）。

A. 强制保险与自愿保险相对应

B. 法律的强制性是强制保险最根本的特征

C. 强制保险的保险范围全面且保险责任自动产生

D. 强制保险的保险金额由国家统一规定

5. 根据保险利益原则，下列选项中哪些当事人的投保行为是无效的？（   ）

A. 赵某为自己购买的一注彩票投保

B. 钱某为自己即将出生的女儿购买人寿险

C. 孙某为屋前的一棵国家一级保护树木投保

D. 李某为自己与女友的恋爱关系投保

三、简答题

1. 简述保险的概念、特征。

2. 简述保险利益原则。

3. 保险合同应包括哪些主要内容？

4. 什么是保险索赔？哪些人有保险索赔权？

5. 人身保险合同有哪些特殊的内容？

第七章

证券法律制度

【教学目的和要求】

本章介绍了证券的概念及性质、证券市场的功能，掌握证券法的基本原则、证券发行及证券交易的相关规定、各证券机构的相关规定，通过学习使学生对证券和证券法的概念、证券市场的主体、禁止的证券交易行为有所了解，能够掌握股票和债券发行的条件与程序、证券交易的程序和掌握上市公司收购的方式。

我国证券市场是国家不断深化经济体制改革的产物。我国证券法的产生和发展，始终与经济体制改革的进程联系在一起，与特定时期的国内外经济、政治和社会背景联系在一起。经过二十多年的时间，我国证券法治建设取得了令人瞩目的成就。全国人大常委会于 2005 年修订的《证券法》，结合我国证券市场现状，吸收了国外证券法制的经验，加快了我国证券法制建设的步伐，增加了许多崭新的内容，2013 年 6 月 29 日、2014 年 8 月 31 日又分别对个别条文予以修正。该法共十二章二百四十条，对于完善上市公司监管制度，保护中小投资者的权益、健全证券发行和权证交易制度等具有重要意义。

第一节　证券及证券法

一、证券概述

（一）证券的概念

证券是以证明或设定权利为目的所作成的书面凭证。证券有广义和狭义之分。广义的证券通常是指有价证券，包括资本证券、商品证券和货币证券。狭义的证券，仅指资本证券，即证明持有人享有一定的所有权和债权的书面凭证，它表明持券人对一定本金带来的收益享有请求权，包括股票、债券及其衍生品。证券法上所称的证券是狭义的证券。

（二）证券的特征

证券实质上是具有财产属性的民事权利，证券的特点在于把民事权利表现在证券上，使权利与证券相结合，权利体现为证券，即权利的证券化。证券作为表彰一定民事权利的书面凭证，具有以下四个基本特征：

1. 证券是财产性权利凭证。证券是具有财产价值的权利凭证，其表彰的是特定范围的财产权利。持有证券，意味着持有人可以凭证券向义务人行使一定的权利，即对该证券所代表的财产拥有一定的控制权。

2. 证券是流通性权利凭证。证券的活力就在于证券的流通性。证券可多次转让构成了流通，通过变现为货币还可实现其规避风险的功能。证券的流通性是证券制度顺利发展的基础。

3. 证券是收益性权利凭证。证券持有人的最终目的是获得收益，这是证券持有人投资证券的直接动因。一方面，证券本身是一种财产性权利，反映了特定的财产权，证券持有人可通过行使该项财产权而获得收益，如取得股息收入（股票）或者取得利息收入（债券）；另一方面，证券持有人可以通过转让证券获得收益，如二级市场上的低价买入、高价卖出，证券持有人可通过差价而获得收益，尤其是投机收益。

4. 证券是风险性权利凭证。证券的风险性，表现为由于证券市场的变化或发行人的原因，使投资者不能获得预期收入，甚至发生损失的可能性。证券投资的风险和收益是相联系的。在实际的市场中，任何证券投资活动都存在着风险，完全回避风险的投资是不存在的。

（三）证券的分类

证券是记载财产权利的特殊书证，从广义上讲，证券分为三类：金额证券、资格证券和有价证券。

1. 金额证券。金额证券简称金券，是指证券券面标明一定金额并为了特殊目的而使用的、证券形式与证券权利密不可分的证券。典型形式是邮票与印花。它具有三个基本特征。

（1）金券是为特殊目的而使用的证券。如邮票用于信件邮寄，印花是为办理印花税而使用，邮票和印花本身不具有价值，通常不得转让。

（2）金券在形式上具有特定性。金券是由国家或者国家授权的机构制作，金券的格式及记载的内容带有标准化与一致性的特点，未经国家授权，其他机构或个人无权制作或随意变更金券记载的内容。

（3）金券的证券形式与证券权利密不可分。即凡是主让金券权利的人，必须持有并出示金券。丢失邮票，无法邮寄；失去印花，无法表示缴纳了印花税。

2. 资格证券。资格证券又称免责证券，是指表明证券持有人具有行使一定权利的资格的证券。例如，车船票、电影票、行李票、存车票、银行存折和存单、飞机票等。资格证券持有人可凭其所持证券向义务人行使一定权利，义务人向证券持有人履行义务后即可免除法律责任。但义务人因恶意或重大过失向非权利人履行义务的除外。资格证券的持有人即可推定为权利人，义务人在履行义务过程中无须审查持券人是否为权利人。如果义务人拒绝向持券人履行义务必须提供确切证据。资格证券的权利人丧失对证券的占有，并未绝对导致其丧失该证券表明的权利。如果能通过其他合法方式证明权利的存在，则仍能行使其权利，义务人仍应向其履行义务。

3. 有价证券。有价证券，是指记载和表明一定财产权利的证券。例如，股票、债券、汇票、本票、支票、提单、仓单等。有价证券持券人权利的行使与证券不可分离，持券人即可推定为权利人，义务人向其履行义务后即可免责。这点与资格证券相同。但与资格证券不同的是，有价证券的权利人若未持有证券，即使通过其他方式证明其为真正的权利人，也不能行使证券所记载的权利。在此情形下，只能严格依照法定方式和程序确认权利人的身份，之后才能行使权利。如票据遗失。有价证券依不同标准可分为不同种类：

（1）依其代表权利的性质不同，可分为商品证券、货币证券和资本证券。商品证券，又称货物证券，是指证明有权领取特定货物的有价证券，如提单、仓单等。货币证券，是指表明有权请求给付一定数量货币的有价证券，如汇票、本票和支票等。货币证券是替代货币进行支付和结算的商业信用工具。资本证券，是指表明有权请求给付一定的资本金及其所带来收益的有价证券，是有价证券的主要形式，包括股权证券和债权证券。股权证券是指证券持有人享有股东权利的一种证券，如股票。债权证券是指证券持有人享有向证券发行人请求还本付息权利的一种证券，如国库券、公司债券、金融债券等。值得注意的是，资本证券并非实际资本，而是虚拟资本，其虽然也有价格，但自身却无价值，形成的价格是资本化了的收入。

（2）依其转移的方式不同，可分为记名证券和无记名证券。记名证券，是指证券券面上记载权利人姓名或名称的证券。如记名股票、记名公司债券等。记名证券的记名人为权利人，采取背书或法律规定的其他方式转让。无记名证券，是指证券券面上不记载权利人姓名或名称的证券。无记名证券的持有人为权利人，以交付证券的方式转让，如国库券、无记名股票等。

【拓展阅读】

记名证券和不记名证券在证券流通性上存在的差异

1. 在权利人认定方面，记名证券的权利人，以证券全面的记载事项为准，具有"认人不认券"的特点。权利人转让记名证券的，要办理登记或者进行背书转让。不记名证券具有"认券不认人"的特点，凡持有证券者，都被推定为权利人。

2. 在权力行使的安全性方面，权利人转让记名证券时，相对人应依持有人持有证券和权利登记人的事实加以判断，从而提高了证券转让的安全性。转让不记名证券时，相对人仅需考虑转让方持有证券的事实，所以有可能出现持券人行使他人证券权利的情况。

3. 在权利的流通性方面，记名证券在权利人认定和权利转让上受到较多限制，其流通性较弱。反之，不记名证券的流通性较强。

4. 在证券遗失后果方面，记名证券遗失或者毁损通常可依照《民事诉讼法》规定的公示催告程序，申请发行人注销原证券并补发新证券；不记名证券毁损或者灭失的，权利人即使有充分证据证明证券遗失，也不能申请补发新证。

（3）依其发行主体不同，可分为政府证券、金融证券和公司证券。政府证券，是指政府为筹集财政资金或建设资金，以其信誉为担保，按照一定程序向社会公众投资者募集资金并发行的债权债务凭证。通常仅限于政府债券。

金融证券，是指银行或非银行金融机构为筹措信贷资金向投资者发行的承诺到期还本付息的有价证券，以金融债券为主。公司证券，是指公司为筹集生产所需资金而发行的有价证券，包括股票和公司债券。

二、证券法的概念、适用范围

（一）证券法的概念

证券法有广义和狭义之分。广义的证券法包括国家机关和被授权机关制定的证券法律、法规和部门规章。狭义的证券法，指调整和规范证券种类、证券发行关系、证券交易关系、证券市场监督管理关系以及其他相关法律规范的总称。

我国现行《证券法》于1998年12月29日通过审议，于1999年7月1日实施。该法于2004年8月28日进行微小修改，于2005年10月27日进行重大修改，2013年6月29日、2014年8月31日分别对个别条文予以修正。该法共十二章二百四十条，对于完善上市公司监管制度，保护中小投资者的权益、健全证券发行和权证交易制度等具有重要意义。

（二）证券法的适用范围

《证券法》的适用对象范围，是在中华人民共和国境内的股票、公司债券与国务院依法认定的其他证券的发行和交易。《证券法》未规定的，适用《公司法》和其他法律、行政法规的规定。政府债券、证券投资基金份额的上市交易适用《证券法》，但其他法律、法规另有规定的，适用其规定。证券衍生品种，如认股权证、股指期货、期权等的发行、交易的管理办法，则由国务院依照《证券法》的原则加以规定。

三、证券法的宗旨及基本原则

（一）证券法的宗旨

证券法的宗旨是指证券法意欲实现的总体目标，是指导建立证券法基本原则和具体规范的基础，具有高度的稳定性和抽象性。证券法的宗旨是，规范证券发行和交易行为，保护投资者的合法权益，维护社会经济秩序和社会公共利益，促进社会主义市场经济的发展。

（二）证券法的基本原则

证券法的基本原则，是证券法的基本精神的体现，是实现证券法宗旨的重要手段。

它是证券发行、交易及其管理活动必须遵循的最基本的准则，贯穿于证券立法、执法和司法活动过程的始终。证券法的基本原则包括以下方面。

1. 公开、公平、公正原则。公开原则一方面要求信息公开，即证券发行者必须将与证券有关的一切真实情况予以公开，以供投资者投资决策时参考；另一方面要求管理公开，即监管法律、法规、相关政策公开，市场监管与执法活动公开。公平原则指在证券发行和交易活动中，发行人、投资人、券商和政权专业服务机构等的法律地位、权利、机会完全平等，其合法权益受到同等保护。公正原则指立法机关、证券监管机构、证券中介机构和司法机关在履行职责时，应当依法行使职责，对一切主体给予公正的待遇。公开原则是证券发行和交易制度的核心，只有以公开为基础，才能实现公平和公正。

2. 自愿、有偿、诚实信用原则。该原则是指证券发行与交易活动的当事人应当遵守市场活动规则，尊重对方主体平等的法律地位，自愿、有偿、诚实信用，实事求是地履行自己所承担的义务，不得有强制交易、无偿占有、不诚实的行为。

3. 合法原则。证券发行、交易活动，必须遵守法律、行政法规，禁止欺诈、内幕交易和操纵证券交易市场的行为。

4. 分业经营、分业管理原则。证券业和银行业、信托业、保险业实行分业经营、分业管理。证券公司与银行、信托、保险业务机构分别设立。国家另有规定的除外。

5. 保护投资者合法权益的原则。证券市场的发展必须依靠社会公众的支持，投资者的热情和信心是证券市场稳健发展的重要保证。《证券法》将保护投资者合法权益放在首要位置，并在整部法律中规定了信息披露、禁止证券欺诈行为等制度，都体现了保护投资者合法权益的原则。

6. 国家集中统一监管与行业自律相结合的原则。在证券市场上除证监会按照授权履行监管职责外，国家还依法设立证券业协会实行自律性监管。国家审计机关对证券交易所、证券公司、证券登记结算机构、证券监管机构依法进行审计监督。

四、证券法律关系

（一）证券法律关系的概念

证券法律关系是指证券法调整的当事人在证券发行和证券交易中形成的权利义务关系。具体来讲，主要包括以下关系：

1. 证券发行关系。证券发行关系主要是指证券发行人因发行证券与国家有关审批机关、代销或者包销证券的证券公司、购买证券的投资者之间的权利义务关系。

2. 证券交易关系。证券交易关系是指投资者以转让等方式处置证券而与其他人发生的各种交易关系，如证券买卖关系、证券质押关系、证券赠与关系以及证券继承关系等。

3. 证券服务关系。证券服务关系主要是指证券中介机构向发行人及投资者等提供财务审计、资产评估、法律服务、投资咨询服务、证券经纪服务等而形成的法律关系。

4. 证券监管关系。证券监管关系主要是指国家证券监督管理机构运用法律赋予的权利对证券市场进行规划、调控、监察和督导而与相关当事人产生的权利义务关系。

5. 证券其他相关活动而发生的关系。例如，证券公司参加证券业协会建立自律规则相互间产生的关系、司法机关处理证券违法犯罪行为与行为人发生的关系等。

（二）证券法律关系的构成

证券法律关系由主体、客体、内容三部分构成。

1. 主体。证券法律关系的主体包括在证券法律关系中享有权利、承担义务的组织和个人。主要有证券管理主体、发行主体、经营主体、服务主体及投资主体。

2. 客体。证券法律关系的客体是指证券法律关系中主体权利和义务共同指向的对象。主要包括行为和证券。

3. 内容。证券法律关系的内容是指证券法律关系中主体享有的权利和承担的义务。

第二节　证券市场主体制度

一、证券市场概述

证券市场是证券募集、发行和交易的市场，是金融市场的组成部分。

证券市场的分类，可采用证券种类、市场功能以及地域等多种标准。证券市场不同，法律规则和市场规则存在较大差别。按照证券种类，证券市场分为股票市场、债券市场、基金市场以及衍生证券市场。按照市场功能，证券市场分为证券发行市场和证券交易市场，可扩张至证券服务市场。证券市场不同于其他商品市场和金融市场，它具有以下特点：

1. 证券市场是以证券权利作为交易标的的市场形式。通过证券市场转让的"商品"，是具有流通性的各种有价证券或权利商品，既包括股票、债券和投资基金凭证，也包括证券指数、证券期货和期权等衍生证券，可称为权利商品。

2. 证券市场是从事投资的场所。通过证券市场，发行人向投资者交付投资凭证，取得了生产所需资金，实现了社会闲散资金的汇集。投资者跻身于证券市场，或是为了实现资本的增值或生息，或是为了转移或分散投资风险。

3. 证券市场遵循特殊的交易规则。由于证券市场是特殊的场所形态，市场功能不同，交易规则相异，适用证券法的特殊规定，唯有证券法没有特别规定时，才适用民事一般法的规定。

4. 证券市场遵循特殊的监管规则。为了有效发挥证券市场的资源配置功能，证券市场遵循政府监管和自律组织监管制度，以疏导关系、维护稳定，促进发展和提高效率作为监管的宗旨。

二、证券市场的主体

证券市场是各种市场主体共同结成的交易网络，市场主体是证券市场最主要的构成要素，主要分为证券发行人、投资者、证券公司、证券服务机构及政府监管和自律组织。

（一）证券发行人

证券主要包括股票、公司债券、国库券、证券投资基金、衍生证券以及国务院依法认定的其他证券。由于证券种类不同，证券发行人的身份也存在差别，可分为以下方面。

1. 国家或政府。中央政府和地方政府有权依法发行政府债券。政府债券分为中央政府债券和地方政府债券。中央政府债券，也称"公债券"或"国债"，主要目的是弥补国家财政赤字和实现政府对大型建设项目的投资。我国以往发行的国库券、财政债券、重点建设债券、国家建设债券、保值公债和特种国债等中央政府债券，都属于中央政府债券。地方政府债券是由各级地方政府发行的债券，一般用于交通、通信、住宅、教育、医疗、医院和污水处理等公共设施的建设。其发行方式有两种基本模式，一是地方政府直接发行地方债券；二是中央政府发行国债，再转贷给地方。我国现在采用财政部代理地方发行地方政府债券的模式。

2. 金融机构。经过中国人民银行的批准，商业银行、政策性银行和非银行金融机构可以依法发行金融债券，增加信贷资金来源；上述金融机构通过改制上市，具备上市公司资格的，还可对外发行股票以及《证券法》规定的其他证券。

3. 非公司企业法人。根据《企业债券管理条例》规定，在我国境内设立的其他法人企业，可以依法有偿筹集资金，依照法定程序发行企业债券，不受所有制、地区、企业组织结构等因素的限制。从实践情况来看，发行企业债券的非公司企业法人，主要是国有企业、集体企业和三资企业。

4. 公司。根据《公司法》规定，公司分为有限责任公司和股份有限公司。其中，有限责任公司不能以任何形式对外发行股票，但具备资格的有限责任公司可以依法发行公司债券。依照法律规定，股份有限公司可以发行股票，也可以发行公司债券。

（二）投资者

在证券法上，狭义上的投资者仅指已持有证券的个人和组织，广义上的投资者还包括可能持有证券的个人和组织，即证券持有人和货币持有人都是投资者。必须指出，投资者不同于公司股东，公司股东是公司股票的现实持有人，投资者既可以是股票持有人，也可以是其他证券的持有人，还可能是货币持有人。对于投资者，可采用多种分类标准，最主要的是采用身份和国籍标准进行分类。

1. 按照投资者的身份，投资者分为个人投资者和机构投资者。机构投资者可再分为金融机构、基金管理公司、投资公司以及其他组织。机构投资者资金雄厚，专业性和抗风险能力强，是证券市场上的主要投资者。个人投资者资金总额大，却相互分散，欠缺专业知识，抗风险能力较差。为了稳定证券市场，减少投机活动，监管机构正在努力开展投资者教育，积极培养机构投资者。截至目前，证券投资基金、QFII、全国社会保障基金及其他机构投资者已占据了股票和债券市场的最大份额，个人投资者占据基金市场的主要份额。

2. 按照投资者的技能，投资者分为专业投资者和非专业投资者。专业投资者，作为投资者中的一类，是指具有与所从事证券投资及风险相适应的财产、收入和经验等条件的投资者，主要包括机构投资者以及具有相应条件的个人投资者。专业投资者之外的投资者为非专业投资者或普通投资者。将投资者分为专业投资者和非专业投资者，主要目的是协助投资者从事与其自身条件相适应的投资并控制投资风险。证监会推动、证券交易所正在实行的投资者适当性管理制度，正是建立在专业投资者和非专业投资者分类的基础上的。

3. 按照投资者的国籍或注册地，投资者分为境内投资者和境外投资者。境内投资者是具备中华人民共和国国籍的自然人，以及依法注册的法人和合伙企业等，不包括政府机关。境外投资者是指通过我国证券市场直接持有证券的境外组织和个人。境外投资者投资于股票的，目前主要有两种模式：一是直接持有 B 股股票；二是通过 QFII 持有 A 股股票。境外投资者在我国境内设立外商投资企业，可持有 A 股股票，但该外商投资企业不属于境外投资者。

（三）证券公司

证券公司是指依法设立、专门从事证券业务的公司。证券公司是连接发行人与投资者、投资者与投资者的重要中介机构，主要业务包括证券承销、交易和服务。

证券公司从事证券承销，即协助发行人对外发行证券，从而成为发行人与投资者之间的中介机构，称为承销商；证券公司接受投资者委托从事证券买卖，即协助投资者从事证券交易，成为投资者与投资者交易的中介。证券交易所是交易所会员交易的平台，投资者必须委托证券公司办理证券交易事务，不能直接进入证券交易所从事交易，证券公司因此被称为经纪人。证券公司接受客户委托，还可在营业范围内向客户提供证券投资咨询服务。除此以外，证券公司还可以从事证券自营业务，其地位相当于投资者，即以自己名义从事证券交易，应当自己承担交易后果。对于证券公司的业务活动，我国采取分类管理制度。

（四）证券服务机构

证券服务机构，通常包括投资咨询机构、财务顾问机构、资信评级机构、资产评估机构、会计师事务所和律师事务所。证券服务机构是根据其他市场参与者的委托，向委托人提供投资咨询、财务分析或评级服务、资产评估和法律服务等，并依照约定收取报酬或费用，但不包括向委托人转让证券。另外，证券登记结算机构也是证券服务机构，它根据法律法规的规定以及与证券发行人签订的协议，代为办理证券登记、证券结算、股东名册制备、分红派息等业务。

在广义上，证券公司也是证券服务机构。如前所述，投资者必须通过证券公司，才能买卖上市证券，通常也才能完成其他证券买卖。证券公司接受投资者的委托，应当向投资者提供买卖证券的通道，完成证券买卖，办理证券结算登记等事务，并向投资者收取报酬或费用，该等报酬或费用也称"手续费"。

（五）政府监管机构和自律组织

在我国，政府监管机构主要是指证监会及国务院授权的其他机构。自律组织主要是证券交易所和证券业协会。根据规定，自律组织不是经营性组织，不得从事证券投资，不承担证券投资风险。政府监管机构和自律组织是证券市场健康发展的重要基础，是维护证券市场秩序的重要保证。政府监管机构和自律监管机构通过制定、执行相关的法律法规和交易规则，实现证券交易的安全、快捷和有序。

第三节　证券发行与承销制度

一、证券发行制度

（一）证券发行的概念

证券发行，是发行人制作并向投资者交付证券的行为，包括制作证券和交付证券。（1）制作证券，是将额定权利附加在证券上的行为，包括印制有纸化的证券文书以及确认无纸化证券的权利范围。（2）交付证券，是发行人将证券及证券权利有偿或无偿地授予投资者的行为。制作并交付证券，是证券发行的主要含义。发行人为了发行证券而从事股份制改造，这是证券发行的准备活动，本身不是证券发行。

（二）证券发行的方式

1. 直接发行和间接发行。直接发行是发行人直接与购买人签订证券购销合同，销售证券的行为。间接发行是通过证券承销机构发行证券。按照我国法律规定，股票必须间接发行，债券既可以直接发行，也可以间接发行。

2. 公开发行和非公开发行。公开发行，即公募发行，是发行人向社会公众销售证券。非公开发行，即私募发行，是发行人面向特定投资者销售证券。证券公开发行的标准：向不特定对象发行证券；向累计超过二百人的特定对象发行证券；法律、行政法规规定的其他发行行为。

3. 初次发行和再次发行。初次发行是发行人第一次发行证券。再次发行是在初次发行基础上再次发行同种证券。

4. 股票发行、债券发行和证券投资基金发行。股票发行是股份有限公司为筹集资金，依照法定程序向投资者出售股票。债券发行是发行人以借贷资金为目的，依照法定程序向投资者出售债券。证券投资基金发行是符合条件的证券投资基金发起人以筹集受托资金为目的，依照法定程序向投资者发售证券投资基金。

（三）证券发行的条件

《证券法》规定，公开发行证券，必须符合法律、行政法规规定的条件，并依法报经国务院证券监督管理机构或者国务院授权的部门核准；未经依法核准，任何单位和个人不得公开发行证券。

1. 股票发行的条件。

（1）新设立股份有限公司公开发行股票的条件。新设立股份有限公司公开发行股票应当符合《公司法》① 规定的条件和经国务院批准的国务院证券监督管理机构规定的其他条件。根据《股票发行与交易管理暂行条例》② 的规定，新设立股份有限公司公开发行股票应具备以下条件：①股份有限公司的生产经营符合国家的产业政策。②发行的普通股限于一种，同股同权。③发起人认购的股本数额不少于公司拟发行的股本总额的35%。④在公司拟发行的股本总额中，发起人认购的部分不少于人民币3000万元，但国家另有规定的除外。⑤向社会公众发行的部分不少于公司拟发行股本总额的25%，其中公司职工认购的股本数额不得超过拟向社会公众发行的股本总额的10%；公司拟发行的股本总额超过人民币4亿元的，证监会按规定可酌情降低向社会公众发行的部分的比例，但最低不得少于公司拟发行股本总额的10%。⑥发起人在近3年内没有重大违法行为。⑦证监会规定的其他条件。

（2）公开发行新股的条件。公司公开发行新股，应当符合下列条件：①具备健全且运行良好的组织机构；②具有持续盈利能力，财务状况良好；③最近3年会计文件无虚假记载，无其他重大违法行为；④经国务院批准的国务院证券监督管理机构规定的其他条件。上市公司非公开发行新股，应当符合经国务院批准的国务院证券监督管理机构规定的条件，并报国务院证券监督管理机构核准。根据《证券法》第十五条规定，公司对公开发行股票所募集资金，必须按照招股说明书所列资金用途使用。改变招股说明书所列资金用途，必须经股东大会作出决议。擅自改变用途而未作纠正的，或者未经股东大会认可的，不得公开发行新股，上市公司也不得非公开发行新股。

2. 公司债券发行的条件。《证券法》③ 规定，公开发行公司债券，应当符合下列条件：①股份有限公司的净资产不低于人民币3000万元，有限责任公司的净资产不低于人民币6000万元；②累计债券余额不超过公司净资产的40%；③最近三年平均可分配利润足以支付公司债券一年的利息；④筹集的资金投向符合国家产业政策；⑤债券的利率不超过国务院限定的利率水平；⑥国务院规定的其他条件。《证券法》规定有下列情形之一的，不得再次公开发行公司债券：①前一次公开发行的公司债券尚未募足；②对已公开发行的公司债券或者其他债务有违约或者延迟支付本息的事实，且仍处于继续状态；③违反本法规定，改变公开发行公司债券所募资金的用途。

（四）证券发行的程序

为了保证证券市场的稳定和投资者的正当利益，证券发行必须按一定的程序进行。从目前我国证券发行的过程来看，股票与企业债券的发行一般要有以下基本程序。

1. 证券发行报批前的准备工作。发行前的准备工作对于证券能否取得发行资格、能否顺利发行有着重要意义，主要内容包括：（1）聘请中介人，主要是聘请证券承销

---

① 《公司法》第八十四条："以募集方式设立股份有限公司，发起人认购的股份不得少于公司股份总数的百分之三十五；但是法律、行政法规另有规定的，从其规定。"

② 1993年4月22日国务院令第112号发布《股票发行与交易管理暂行条例》，该条例第八条规定了设立股份有限公司申请公开发行股票应具备的条件。

③ 参见《证券法》第十六条。

商，其次还包括具有从事证券相关业务资格的律师事务所、会计审计机构、资产评估机构等其他中介人。选择中介机构应当综合考虑中介机构的实力、业绩、人员素质等情况。（2）进行财产重估和资信评审。新建股份有限公司必须经国家有关部门批准，并由发起单位认购全部股份总额的35%以上，方能对外发行股票。现有企业改制成股份有限公司必须经国家有关部门批准，并进行财产重估，合理核定企业资产的价值。我国采用的资产评估方法主要有收益现值法、重置成本法、现行市价法和清算价格法。如果发行企业债券，则必须进行资信审查和评估，对于向社会公开发行债券的企业，还必须先向有关信誉评估机构申请评估，评估机构根据有关标准评定企业的资信等级。（3）围绕证券发行审批的要求准备好各项文件资料。

2. 证券发行人向有关部门提交申请文件。发行人完成了各项文件资料的准备工作后，便可向有关政府部门递交发行证券申请报告及其他所要求的文件资料。

新设立股份有限公司公开发行股票，应向国务院证券监督管理机构报送募股申请和下列文件：（1）公司章程；（2）发起人协议；（3）发起人姓名或者名称，发起人认购的股份数、出资种类及验资证明；（4）招股说明书；（5）代收股款银行的名称及地址；（6）承销机构名称及有关的协议。依照《证券法》规定聘请保荐人的，还应当报送保荐人出具的发行保荐书，法律、行政法规规定设立公司必须报经批准的，还应当提交相应的批准文件。

公司公开发行新股，应当向国务院证券监督管理机构报送募股申请和下列文件：公司营业执照；公司章程；股东大会决议；招股说明书；财务会计报告；代收股款银行的名称及地址；承销机构名称及有关的协议。

申请公开发行公司债券，应当向国务院授权的部门或者国务院证券监督管理机构报送的文件包括：公司营业执照；公司章程；公司债券募集办法；资产评估报告和验资报告；国务院授权的部门或者国务院证券监督管理机构规定的其他文件。依照《证券法》规定聘请保荐人的，还应当报送保荐人出具的发行保荐书。

3. 证券发行的审批。有关证券管理部门接获发行人的申报后，即进入审查批复阶段，经过对申报资料的审核，有关部门会出具书面反馈意见，发行人和中介机构须按照反馈意见修改和补充资料。对于股票发行，一般要经过两级审查，中国证监会发行部初审和发行审核委员会复审，通过后即可公开发行证券。

4. 实施发行阶段。发行人在获得证券发行审批部门同意其公开发行证券的批复后，即可按批准的发行方案发行证券，分为以下几个步骤：（1）刊登发行公告。（2）披露招募说明书并备案。招募说明书是发行人向特定的或不特定的投资人发出销售某种证券的书面要约，发行人向社会公开发行证券，必须公告招募说明书，并承担相应的法律责任。（3）发行证券。发行人通过证券承销机构按照一定的发行方式向公众发行证券。（4）验资。发行的证券价款缴足后，须经法定的验资机构验资并出具证明。（5）证券托管。（6）发行结束。

【案例分析 7 - 1】

　　甲电网集团是根据国家电力体制改革部署新组建的电网公司。该公司作为国有重点骨干企业,以电网经营为核心业务。该集团在 2010 年初与另外三家资金雄厚的股份有限公司投资设立某电力股份有限公司(以下简称电力公司)。为了募集资金,打开市场,2013 年 6 月,该电力公司股东大会决定向全国电力行业定向募集资金,并制定了定向募股办法,该办法规定募集人数至少在 400 人以上。在未得到中国证券监督管理委员会批准的情况下,该电力公司就已经在电力行业内部发行股票。中国证监会对此事进行调查。

　　思考:电力公司为什么受到中国证监会的处罚?

二、证券发行的承销制度

(一)证券承销的概念

证券公司按照发行人委托,向投资者销售、促成销售或代为销售拟发行证券的行为,即为证券承销。证券承销证券经营机构代理证券发行人发行证券的行为,是证券经营机构最基础的业务活动之一。在证券承销中,发行人为委托人,证券公司为受托人,双方当事人签订和履行证券承销协议,最终完成证券发行事务。

在我国,规范证券承销的主要法律、法规是:(1)全国人大常委会发布的《证券法》;(2)证监会发布的《证券发行与承销管理办法》(2013 年 12 月 13 日发布、2014 年 3 月 21 日第一次修订、2015 年 12 月 30 日第二次修订)。

(二)证券承销分类

按照发行人与承销商商定的承销权利、义务内容,可将证券承销分为代销和包销,证券包销又分为全额包销和余额包销。发行人与承销商商定具体的承销方式,其实质是发行人和承销商商定如何划分销售的风险。对于发行人来说,代销—余额包销—全额包销,风险组件降低;对于承销商来说,代销—余额包销—全额包销,风险逐步升高。在承销费用方面,全额包销费用最高,余额包销费用次之,代销费用通常最低。

1. 证券代销。证券代销是证券公司代发行人发售证券,承销期结束时,将未售出证券全部退还发行人的承销方式。在采用代销时,未出售证券的风险,由发行人承担。为了最大限度减少未出售证券的数量,降低发行风险,代销协议可以特别约定证券公司采取各种促销措施。在国际上,代销主要适用于证券私募。在我国,上市公司非公开发行股票为采取自行销售(即直接发行)或者上市公司配股的,应当采取代销方式。

2. 证券包销。证券包销,是证券公司将发行人的证券按照协议全部购入或者承销期结束时将售后剩余证券全部自行购入的承销方式。在包销方式下,证券公司承担了发行失败的主要风险,多数发行人也乐于接受包销方式,它在我国已成为最主要的承销方式。证券包销分为全额包销和余额包销。

（1）全额包销，是指证券公司以自有资金一次性全部买进发行人所发行的全部证券，再以自己名义和风险向投资者出售所购证券的承销方式。

（2）余额包销，是指证券公司在承销期内积极销售发行人的证券，如果在承销期结束时仍有未售出证券的，证券公司应以自己的名义和资金，购买发行人未出售的证券。

（三）证券承销的协议

证券承销协议是证券承销制度的核心问题，是发行人与证券公司签署的、旨在规范和调整证券承销法律关系以及承销行为的合同文件。证券承销协议主要包括以下内容：当事人的名称、住所及法定代表人姓名；代销、包销证券的种类、数量、金额及发行价格；代销、包销的期限及起止日期；代销、包销的付款方式及日期；代销、包销的费用和结算办法；违约责任；国务院证券监督管理机构规定的其他事项。

（四）承销机构的行为规则

证券公司承销证券，应当对公开发行募集文件的真实性、准确性、完整性进行核查；发现有虚假记载、误导性陈述或者重大遗漏的，不得进行销售活动；已经销售的，必须立即停止销售活动，并采取纠正措施。证券公司在代销、包销期内，对所代销、包销的证券应当保证先行出售给认购人，证券公司不得为本公司预留所代销的证券和预先购入并留存所包销的证券向不特定对象公开发行的证券票面总值超过人民币5000万元的，应当由承销团承销。承销团应当由主承销和参与承销的证券公司组成。

三、证券发行上市保荐制度

发行人申请公开发行股票、可转换为股票的公司债券，依法采取承销方式的，或者公开发行法律、行政法规规定实行保荐制度的其他证券的，应当聘请具有保荐资格的机构担任保荐人。

保荐人应当遵守业务规则和行业规范，诚实守信，勤勉尽责，对发行人的申请文件和信息披露资料进行审慎核查，督导发行人规范运作。对已作出的核准证券发行的决定，发现尚未发行证券的，应当予以撤销，停止发行。证券已经发行尚未上市，因发行不符合法定条件或者法定程序被国务院证券监督管理机构或者国务院授权的部门撤销发行核准决定的，发行人应当按照发行价并加算银行同期存款利息返还证券持有人，保荐人除能够证明自己没有过错外，应当与发行人承担连带责任。

第四节　证券交易与上市制度

一、证券交易

（一）证券交易的概念

证券交易是对已发行并经投资者认购的证券进行买卖的活动。证券发行是证券交易的前提，没有证券发行就没有证券交易。证券交易是证券发行的要求和保证，不能流通的证券无人愿意购买。证券发行规模和发行价格影响证券交易状况和交易价格；证券市场的交易状况和交易价格，反过来又影响证券发行条件和发行规模。

（二）证券交易的方式

1. 场内交易和场外交易。场内交易是证券在依法设立的证券交易所内以公开集中竞价方式进行的挂牌交易。场内交易的对象是上市公司股票及其他经核准进入证券交易所交易的证券。在我国，证券交易主要采用场内交易形式。场外交易是在证券交易所以外进行的证券交易活动。场外交易的交易对象是非上市公司股票及其他无法在证券交易所交易的证券。场外交易能弥补场内交易的不足，增强非上市证券的流通性和变现能力。

2. 现货交易、期货交易、期权交易和信用交易。现货交易是交易双方成交后即办理交割手续的证券交易方式。早期的证券交易主要采取现货交易，随着证券业的发展，期货交易、期权交易等方式应运而生。期货交易是交易双方交易时同意，在此后的某一特定时间，按照合同规定的数量与价格进行清算和交割的证券交易方式。期权交易是期权购买者支付期权费后，拥有在约定期限以事先约定的价格，向期权出售者买进或者卖出一定数量某种证券的权利，并可以转让或者放弃这种权利的证券交易方式。信用交易是投资者只向证券公司交付一定数量保证金，差额由证券公司垫付的证券交易方式。

（三）证券交易的限制规定

1. 证券转让期限的限制。

（1）发起人持有的本公司股份，自公司成立之日起一年内不得转让。公司公开发行股份前已发行的股份，自公司股票在证券交易所上市交易之日起一年内不得转让。公司董事、监事、高级管理人员应当向公司申报所持有的本公司的股份及其变动情况，在任职期间每年转让的股份不得超过其所持有本公司股份总额的25%；所持本公司股份自公司股票上市交易之日起一年内不得转让。上述人员离职后半年内，不得转让其持有的本公司股份。

（2）上市公司董事、监事、高级管理人员、持有上市公司股份5%以上的股东，将其持有的该公司的股票在买入后6个月内卖出，或者在卖出后6个月内又买入，由此所得收益归该公司所有，公司董事会应当收回其所得收益。但是，证券公司因包销购入售后剩余股票而持有5%以上股份的，卖出该股票不受6个月时间限制。

（3）在上市公司收购中，收购人持有的被收购的上市公司的股票，在收购行为完成后的10个月内不得转让。

2. 持股与买卖股票的限制。

（1）证券交易所、证券公司和证券登记结算机构的从业人员、证券监督管理机构的工作人员以及法律、行政法规禁止参与股票交易的其他人员，在任期或者法定限期内，不得直接或者以化名、借他人名义持有、买卖股票，也不得收受他人赠送的股票。

（2）为股票发行出具审计报告、资产评估报告或者法律意见书等文件的证券服务机构和人员，在该股票承销期内和期满后 6 个月内，不得买卖该种股票，除前款规定外，为上市公司出具审计报告、资产评估报告或者法律意见书等文件的证券服务机构和人员，自接受上市公司委托之日起至上述文件公开后 5 日内，不得买卖该种股票。

二、证券上市

证券上市是已公开发行的证券，经证券交易所审核同意，在证券交易所挂牌交易的行为。证券上市是连接证券发行与证券交易的桥梁。对上市公司来说，公司股票上市，有利于公司扩大经营规模，提高竞争力。对投资者来说，证券上市使证券变现能力增强，减少投资风险。

（一）股票上市

1. 股票上市的概念。申请股票上市交易，应当向证券交易所提出申请，由证券交易所依法审核同意，并由双方签订上市协议。申请股票、可转换为股票的公司债券或者法律，行政法规规定实行保荐制度的其他证券上市交易，应当聘请具有保荐资格的机构担任保荐人。

2. 股票上市的条件。股份有限公司申请股票上市，应当符合下列条件：①股票经国务院证券监督管理机构核准已公开发行；②公司股本总额不少于人民币 3000 万元①；③公开发行的股份达到公司股份总数的 25% 以上，公司股本总额超过人民币 4 亿元的，公开发行股份的比例为 10% 以上；④公司最近三年无重大违法行为，财务会计报告无虚假记载。

3. 股票上市的程序。申请股票上市交易，应当向证券交易所报送下列文件：①上市报告书；②申请股票上市的股东大会决议；③公司章程；④公司营业执照；⑤依法经会计师事务所审计的公司最近三年的财务会计报告；⑥法律意见书和上市保荐书；⑦最近一次的招股说明书；⑧证券交易所上市规则规定的其他文件。

4. 股票上市的公告。股票上市交易申请经证券交易所审核同意后，签订上市协议的公司应当在规定的期限内公告股票上市的有关文件，并将该文件置备于指定场所供公众查阅。签订上市协议的公司除公告前条规定的文件外，还应当公告下列事项：①股票获准在证券交易所交易的日期；②持有公司股份最多的前十名股东的名单和持股数额；③公司的实际控制人；④董事、监事、高级管理人员的姓名及其持有本公司股票和债券的情况。

5. 股票上市的暂停和终止。上市公司有下列情形之一的，由证券交易所决定暂停其股票上市交易：①公司股本总额、股权分布等发生变化不再具备上市条件；②公司不按照规定公开其财务状况，或者对财务会计报告作虚假记载，可能误导投资者；③公司有重大违法行为；④公司最近三年连续亏损；⑤证券交易所上市规则规定的其他情形。

---

① 《证券法》第五十条第（二）款规定的上市条件是："公司股本总额不少于三千万元"，该条件低于沪深两家证券交易所规定的五千万元。

上市公司有下列情形之一的，由证券交易所决定终止其股票上市交易：①公司股本总额、股权分布等发生变化不再具备上市条件，在证券交易所规定的期限内仍不能达到上市条件；②公司不按照规定公开其财务状况，或者对财务会计报告作虚假记载，且拒绝纠正；③公司最近三年连续亏损，在其后一个年度内未能恢复盈利；④公司解散或者被宣告破产；⑤证券交易所上市规则规定的其他情形。

（二）债券上市

1. 债券上市的条件。公司申请公司债券上市交易，应当符合下列条件：①公司债券的期限为一年以上；②公司债券实际发行额不少于人民币5000万元；③公司申请债券上市时仍符合法定的公司债券发行条件。

2. 债券上市的程序申请。公司债券上市交易，应当向证券交易所报送下列文件：①上市报告书；②申请公司债券上市的董事会决议；③公司章程；④公司营业执照；⑤公司债券募集办法；⑥公司债券的实际发行数额；⑦证券交易所上市规则规定的其他文件。申请可转换为股票的公司债券上市交易，还应当报送保荐人出具的上市保荐书。

3. 债券上市的暂停和终止。公司债券上市交易后，公司有下列情形之一的，由证券交易所决定暂停其公司债券上市交易：①公司有重大违法行为；②公司情况发生重大变化不符合公司债券上市条件；③发行公司债券所募集的资金不按照核准的用途使用；④未按照公司债券募集办法履行义务；⑤公司最近两年连续亏损。

公司有前述第①、④项所列情形之一经查实后果严重的，或者有前述第②、③、⑤项所列情形之一，在限期内未能消除的，由证券交易所决定终止其公司债券上市交易。公司解散或者被宣告破产的，由证券交易所终止其公司债券上市交易。

三、证券交易信息披露制度

（一）证券交易信息披露的概念

证券交易信息披露制度是证券发行人及证券法规定的负有信息披露义务的主体，依照法定方式和要求，将与证券交易有关的可能影响证券投资者投资判断的信息予以公开的证券法律制度。

（二）证券交易信息披露的内容

1. 中期报告。上市公司和公司债券上市交易的公司，应当在每一会计年度的上半年结束之日起2个月内，向国务院证券监督管理机构和证券交易所报送中期报告，并予以公告。

2. 年度报告。上市公司和公司债券上市交易的公司，应当在每一会计年度结束之日起4个月内，向国务院证券监督管理机构和证券交易所报送年度报告，并予以公告。

3. 临时报告。发生可能对上市公司股票交易价格产生较大影响的重大事件，投资者尚未得知时，上市公司应当立即将有关该重大事件的情况向国务院证券监督管理机构和证券交易所报送临时报告，并予以公告，说明事件的起因、目前的状态和可能产生的法律后果。

四、证券交易禁止行为

《证券法》规定的禁止的交易行为主要包括内幕交易、操纵市场、虚假陈述、欺诈客户等违法行为。

（一）内幕交易行为

内幕交易是指证券交易内幕信息的知情人和非法获取内幕信息的人利用内幕信息从事证券交易的活动。

证券交易内幕信息的知情人包括：发行人的董事监事、高级管理人员；持有公司5%以上股份的股东及其董事、监事、高级管理人员，公司的实际控制人及其董事、监事、高级管理人员；发行人控股的公司及其董事、监事、高级管理人员；由于所任公司职务可以获取公司有关内幕信息的人员；证券监督管理机构工作人员以及由于法定职责对证券的发行、交易进行管理的其他人员；保荐人、承销的证券公司、证券交易所、证券登记结算机构，证券服务机构的有关人员，国务院证券监督管理机构规定的其他人。

内幕信息是指证券交易活动中，涉及公司的经营、财务或者对该公司证券的市场价格有重大影响的未公开的信息。内幕信息包括：①《证券法》第六十七条第二款所列重大事件①；②公司分配股利或者增资的计划；③公司股权结构的重大变化；④公司债务担保的重大变更；⑤公司营业用主要资产的抵押、出售或者报废一次超过该资产的30%；⑥公司的董事、监事、高级管理人员的行为可能依法承担重大损害赔偿责任；⑦上市公司收购的有关方案；⑧国务院证券监督管理机构认定的对证券交易价格有显著影响的其他重要信息。②

内幕交易的主体是证券交易内幕消息的知情人和非法获取内幕消息的人，法律禁止他们在内幕信息公开前有以下三类行为：①买卖该公司的证券；②泄露该信息；③建议他人买卖该证券。内幕交易行为给投资者造成损失的，行为人应当依法承担赔偿责任。

（二）操纵市场行为

1. 操纵市场行为的概念。操纵市场行为是指单位或个人以获取利益或者减少损失为目的，利用资金信息的优势或者滥用职权影响证券市场的价格，制造证券市场假象，诱导或致使投资者在不了解事实真相的情况下作出买卖证券的决定，扰乱证券市场秩序。

2. 操纵市场行为的手段。《证券法》规定，禁止任何人以下列手段操纵证券市场：①单独或者通过合谋，集中资金优势持股优势或者利用信息优势联合或者连续买卖，操纵证券交易价格或者证券交易量；②与他人串通，以事先约定的时间、价格和方式相互进行证券交易，影响证券交易价格或者证券交易量；③在自己实际控制的账户之

---

① 重大事件具有两个特点：一是可能对上市公司股票交易价格产生较大影响；二是投资者尚未得知。

② 参见《证券法》第七十五条。

间进行证券交易，影响证券交易价格或者证券交易量；④以其他手段操纵证券市场。

（三）虚假陈述行为

虚假陈述行为是指信息披露义务人违反证券法律规定，在证券发行或者交易过程中，对重大事件作出违背事实真相的虚假记载、误导性陈述，或者在披露信息时发生重大遗漏、不正当披露信息的行为。

禁止国家工作人员、传播媒介从业人员和有关人员编造、传播虚假信息，扰乱证券市场。禁止证券交易所、证券公司、证券登记结算机构、证券服务机构及其从业人员，证券业协会、证券监督管理机构及其工作人员，在证券交易活动中作出虚假陈述或者信息误导。各种传播媒介传播证券市场信息必须真实、客观，禁止误导。

（四）欺诈客户行为

1. 欺诈客户行为的概念。欺诈客户行为是指证券公司及其从业人员在证券交易中违背客户的真实意愿侵害客户权益的行为。

2. 欺诈客户行为的表现。欺诈客户行为主要有：①违背客户的委托为其买卖证券；②不在规定时间内向客户提供交易的书面确认文件；③挪用客户所委托买卖的证券或者客户账户上的资金；④未经客户的委托，擅自为客户买卖证券，或者假借客户的名义买卖证券；⑤为谋取佣金收入，诱使客户进行不必要的证券买卖；⑥利用传播媒介或者通过其他方式提供，传播虚假或者误导投资者的信息；⑦其他违背客户真实意思表示、损害客户利益的行为。

此外，《证券法》还规定，在证券交易中，禁止法人非法利用他人账户从事证券交易，禁止法人出借自己或他人的证券账户；依法拓宽资金入市渠道，禁止资金违规流入股市；禁止任何人挪用公款买卖证券；国有企业和国有资产控股的企业买卖上市交易的股票，必须遵守国家有关规定；证券交易所、证券公司、证券登记结算机构，证券服务机构及其从业人员对证券交易中发现的禁止的交易行为，应当及时向证券监督管理机构报告等。

五、上市公司收购

（一）上市公司收购的概念

上市公司收购是投资者通过证券交易所购买上市公司的股票达到一定数量，或者通过协议受让该上市公司股东一定比例的股份，以取得该上市公司控制权的行为。

上市公司收购与公司合并的区别在于，上市公司收购是收购人与被收购公司股东间的买卖行为，买卖标的物是被收购公司的股票。上市公司收购不影响被收购公司的法人资格。公司合并是有关公司间财产合一，并导致进行合并公司法人资格的合并。

（二）上市公司收购的原则

1. 股东待遇平等原则。上市公司收购过程中，被收购上市公司的所有股东，不论持股多少，都要有同等的待遇，即公平地享有信息，在相同情况下以相同价格出售股份，收购方不得差别对待。股东待遇平等的目的在于防止公司收购中的大股东，操纵行情，私下交易。

2. 保护中小股东利益原则。中小股东在公司中处于弱势地位，利益容易受到侵犯，保护中小股东利益是上市公司收购的重要原则。

3. 充分披露信息原则。上市公司的收购及相关股份权益变动活动中的信息披露义务人，应当充分披露其在上市公司中的权益及变动情况，依法严格履行报告、公告和其他法定义务。在相关信息披露前，负有保密义务。信息披露义务人报告、公告的信息必须真实、准确、完整，不得有虚假记载、误导性陈述或者重大遗漏。

（三）上市公司收购的方式

上市公司收购有以下两种方式。

1. 要约收购。要约收购是收购者以公开方式向被收购公司的所有股东发出购买其所持股票的要约，以实现收购目的的上市公司收购方式。《证券法》规定，通过证券交易所的证券交易，投资者持有或者通过协议、其他安排与他人共同持有一个上市公司已发行的股份达到30%时，继续进行收购的，应当依法向该上市公司所有股东发出收购上市公司全部或者部分股份的要约。

2. 协议收购。协议收购是收购人与目标公司的个别股东私下达成协议，并按协议规定的条件收购目标公司这些股东持有的股份，以实现收购目标上市公司的收购方式。《证券法》规定，采取协议收购方式的，收购人可以依照法律、行政法规的规定同被收购公司的股东以协议方式进行股份转让。

第五节　法律责任

一、证券法律责任的概念

证券法律责任是证券法律关系主体在证券发行和证券交易过程中违反证券法律法规规定，应当承担的相应法律后果。

二、证券法律责任的分类

（一）证券行政责任

证券行政责任是行为人实施证券法律法规禁止的行为而应当承担的行政法律后果。承担行政责任的方式有行政处分和行政处罚。行政处分是行政机关对内部工作人员或者行政监察机关对国家工作人员违法行为的处罚形式。行政处罚是对证券市场有权管理、监督指导协调的行政机关对违反证券法律法规的单位和个人给予的制裁措施。

（二）证券民事责任

证券民事责任是证券民事主体违反证券民事法律法规而应当承担的民事法律后果。证券民事责任分为违约责任和侵权责任。承担证券民事责任的方法主要有赔偿损失、支付违约金和强制过户等。

（三）证券刑事责任

证券刑事责任是行为人实施《公司法》《证券法》和《刑法》禁止的行为，构成证券犯罪而应当承担的刑事法律后果。承担刑事责任的形式有管制、拘役、有期徒刑、无期徒刑和死刑等。[①]

三、证券法律责任的具体规定

(一) 违反证券发行管理的法律责任

1. 擅自发行证券的法律责任。未经法定机关核准，擅自公开或者变相公开发行证券的，责令停止发行，退还所募资金并加算银行同期存款利息，处以非法所募资金金额1%以上5%以下的罚款；对擅自公开或者变相公开发行证券设立的公司，由依法履行监督管理职责的机构或者部门会同县级以上地方政府予以取缔。对直接负责的主管人员和其他直接责任人员给予警告，并处以3万元以上30万元以下的罚款。[②]

2. 骗取发行核准的法律责任。发行人不符合发行条件，以欺骗手段骗取发行核准，尚未发行证券的，处以30万元以上60万元以下的罚款；已经发行证券的，处以非法所募资金金额1%以上5%以下的罚款。对直接负责的主管人员和其他直接责任人员处以3万元以上30万元以下的罚款。[③]

3. 违反承销业务的法律责任。证券公司承销或者代理买卖未经核准擅自公开发行证券的，责令停止承销或者代理买卖，没收违法所得，并处以违法所得1倍以上5倍以下的罚款；没有违法所得或者违法所得不足30万元的，处以30万元以上60万元以下的罚款。给投资者造成损失的，应当与发行人承担连带赔偿责任。对直接负责的主管人员和其他直接责任人员给予警告，撤销任职资格或者证券从业资格，并处以3万元以上30万元以下的罚款。

4. 其他法律责任。发行人、上市公司擅自改变公开发行证券所募集资金的用途的，责令改正，对直接负责的主管人员和其他直接责任人员给予警告，并处以3万元以上30万元以下的罚款。

(二) 违反证券交易规范的法律责任

1. 违反内幕交易规则的法律责任。证券交易内幕信息的知情人或者非法获取内幕信息的人，在涉及证券的发行、交易或者其他对证券的价格有重大影响的信息公开前，买卖该证券，或者泄露该信息，或者建议他人买卖该证券的，责令依法处理非法持有的证券，没收违法所得，并处以违法所得1倍以上5倍以下的罚款；没有违法所得或者违法所得不足3万元的，处以3万元以上60万元以下的罚款。单位从事内幕交易的，还应当对直接负责的主管人员和其他直接责任人员给予警告，并处以3万元以上30万元以下的罚款。证券监督管理机构工作人员进行内幕交易的从重处罚。

2. 证券欺诈的法律责任。证券交易所、证券公司、证券登记结算机构、证券服务机构的从业人员或者证券业协会的工作人员，故意提供虚假资料，隐匿、伪造、篡改

---

① 刘旭东，赵红梅. 金融法规（第三版）[M]. 大连：东北财经大学出版社，2017：153.
② 参见《证券法》第一百八十八条。
③ 参见《证券法》第一百八十九条。

或者毁损交易记录，诱骗投资者买卖证券的，撤销证券从业资格，并处以 3 万元以上 10 万元以下的罚款；属于国家工作人员的，还应当依法给予行政处分。

3. 操纵证券市场的法律责任。操纵证券市场的，责令依法处理其非法持有的证券，没收违法所得，并处以违法所得 1 倍以上 5 倍以下的罚款；没有违法所得或者违法所得不足 30 万元的，处以 30 万元以上 300 万元以下的罚款。单位操纵证券市场的，还应当对直接负责的主管人员和其他直接责任人员给予警告，并处以 10 万元以上 60 万元以下的罚款。①

4. 虚假陈述、传播误导等相关法律责任。扰乱证券市场的，由证券监督管理机构责令改正，没收违法所得，并处以违法所得 1 倍以上 5 倍以下的罚款；没有违法所得或者违法所得不足 3 万元的，处以 3 万元以上 20 万元以下的罚款。

5. 其他法律责任。收购人或者收购人的控股股东利用上市公司收购损害被收购公司及其股东的合法权益的，责令改正，给予警告；情节严重的，并处以 10 万元以上 60 万元以下的罚款。给被收购公司及其股东造成损失的，依法承担赔偿责任。对直接负责的主管人员和其他直接责任人员给予警告，并处以 3 万元以上 30 万元以下的罚款。

（三）证券机构的法律责任

1. 证券公司的法律责任。证券公司违反《证券法》的规定，要承担的法律责任是：①责令改正，没收违法所得；②并处罚款；③情节严重的，责令关闭或者撤销相关业务许可；④对负直接责任的主管人员和其他直接责任人员给予警告，撤销任职资格或者证券从业资格，并处罚款；⑤造成损失的，依法承担民事赔偿法律责任。

2. 证券交易所的法律责任。证券交易所对不符合法定条件的证券上市申请予以审核同意的，给予警告，没收业务收入，并处以业务收入 1 倍以上 5 倍以下的罚款。对直接负责的主管人员和其他直接责任人员给予警告，并处以 3 万元以上 30 万元以下的罚款。

3. 其他证券机构的法律责任。证券服务机构未勤勉尽责，所制作、出具的文件有虚假记载、误导性陈述或者重大遗漏的责令改正，没收业务收入，暂停或者撤销证券服务业务许可，并处以业务收入 1 倍以上 5 倍以下的罚款。对直接负责的主管人员和其他直接责任人员给予警告，撤销证券从业资格，并处以 3 万元以上 10 万元以下的罚款。

4. 其他法律责任。违反法律、行政法规或者国务院证券监督管理机构的有关规定，情节严重的，国务院证券监督管理机构可以对有关责任人员采取证券市场禁入的措施。

【课后练习题】

一、单项选择题

1. 依据证券券面是否记载权利主体的姓名或名称，有价证券可以分为（　　）。

---

① 参见《证券法》第一百九十条、第一百九十一条。

A. 完全证券和不完全证券　　　　B. 设权证券和证权证券

C. 记名证券和不记名证券　　　　D. 货币证券和资本证券

2. 股票公开发行与公司债券公开发行最大的区别在于（　　）。

A. 是否需要保荐制度　　　　　　B. 是否需要承销制度

C. 发行人不同　　　　　　　　　D. 所发行证券的种类不同

3. 对于在境内、外市场发行证券及其衍生品种并上市的公司在境外市场披露的信息，（　　）。

A. 不必在境内披露

B. 经中国证监会批准，可以不披露

C. 应当同时在境内市场披露

D. 不能在境内市场披露

4. 证券服务机构因其制作、出具的文件有虚假记载、误导性陈述或者重大遗漏，给他人造成损失的，应当（　　）。

A. 无论有无过错，均应当承担赔偿责任

B. 与发行人、上市公司承担连带赔偿责任，但是能够证明自己没有过错的除外

C. 有过错的，应当承担赔偿责任

D. 应当承担部分赔偿责任

5. 某股份有限公司向国务院授权证券管理部门申请其股票上市交易，下列情形中将构成其股票不能上市交易的是（　　）。

A. 公开发行的股份达到公司股份总数的35%

B. 公司股本总额为6000万元

C. 公司在前年因财务会计报告有虚假记载被处理

D. 持有公司股票面值达人民币1000元以上的股东人数有900多人

6. 某证券公司从事的下列行为中，不为《证券法》所禁止的是（　　）。

A. 王某委托该证券公司在11月28日买进某上市公司股票1000股，该证券公司看到该股票涨情较好，为了让王某赚更多的钱，为王某买进2000股

B. 向自己的客户推荐某上市公司的股票，使客户下定决心买进该公司股票

C. 因某股票市场行情非常好，为了让客户多赚钱，在客户不知情的情况下为客户买进大量股票，结果使客户赚取了巨额利润

D. 挪用客户账户上的资金

7. 对于上市公司收购价款的支付方式，说法不正确的有（　　）。

A. 收购人可以采用现金、证券、现金与证券相结合等合法方式支付收购上市公司的价款

B. 以现金支付收购价款的，应当在作出要约收购提示性公告的同时，将不少于收购价款总额的20%作为履约保证金存入证券登记结算机构指定的银行

C. 收购人以证券支付收购价款的，应当提供该证券的发行人最近3年经审计的财务会计报告、证券估值报告，并配合被收购公司聘请的独立财务顾问的尽职调查工作

D. 不能以上市交易的证券支付收购价款

8. 某证券公司的工作人员王某在执行公司指令时违反交易规则，对其责任承担说法正确的是（　　）。

A. 由王某承担责任

B. 由王某与证券公司承担连带责任

C. 由证券公司承担全部责任

D. 由王某与证券公司承担共同责任

9. 证券登记结算机构与结算参与人在交收过程中，当资金交付时给付证券、证券交付时给付资金，这种交收方式称为（　　）。

A. 一级结算规则
B. 分级结算规则

C. 货银对付规则
D. 集中统一交付规则

10. 我国证券交易监管的模式是（　　）。

A. 政府监管

B. 自律监管

C. 以政府监管为主，以自律监管为辅

D. 以自律监管为主，以政府监管为辅

二、多项选择题

1. 下列有关公开发行股票的说法正确的是（　　）。

A. 必须是向特定对象发行股票

B. 向累计超过200人的特定对象发行证券为公开发行

C. 向累计超过100人的特定对象发行证券为公开发行

D. 向不特定对象公开发行股票，依法采取承销方式的，应当聘请具有保荐资格的机构担任保荐人

2. 上市公司收购行为完成后，下列情形符合法律规定的有（　　）。

A. 收购期限届满，被收购公司股权分布不符合上市条件的，该上市公司的股票应当由证券交易所依法终止上市交易

B. 被收购公司不再具备股份有限公司条件的，应当解散

C. 收购人应当在15日内将收购情况报告国务院证券监督管理机构和证券交易所，并予公告

D. 收购人持有的被收购的上市公司的股票，在收购行为完成后的12个月内不得转让

3. 证券发行中因虚假陈述致使投资者在证券投资中遭受损失的，发行人、承销商应当承担赔偿责任，下列（　　）应负连带赔偿责任。

A. 发行人的董事、监事、经理

B. 承销商的董事、监事、经理

C. 出具证券投资咨询意见的咨询机构

D. 出具法律意见书的律师事务所

4. 下列（　　）行为属于法律禁止的证券交易行为。

A. 发起人在公司成立之日起3年内转让其所持股票

B. 公司董事、监事、经理在任职期间内转让本公司股票

C. 为股票发行出具审计报告的专业人员在该股票承销期内买卖该种股票

D. 为上市公司出具法律意见书的律师在该文件公开后5日内买卖该公司股票

5. 以下属于证券业协会职责的有（　　）。

A. 证券账户、结算账户的设立

B. 教育和组织会员遵守证券法律、行政法规；依法维护会员的合法权益，向证券监督管理机构反映会员的建议和要求；收集整理证券信息，为会员提供服务

C. 证券的存管和过户

D. 制定会员应遵守的规则，组织会员单位从业人员的业务培训，开展会员间的业务交流；对会员之间、会员与客户之间发生的证券业务纠纷进行调解

三、简答题

1. 证券市场的主体包括哪些？

2. 股票、债券发行的条件和程序有哪些？

3. 证券交易程序是怎样的？

4. 持续信息公开的内容有哪些？

5. 证券交易的禁止行为有哪些？

第八章

证券投资基金法律制度

本章介绍了证券投资基金的基本概念、功能、分类，并在此基础上重点解读证券投资基金的募集以及上市规则、信息披露制度和相应的法律责任制度，通过学习使学生领会股票基金与债权基金的区别、证券投资基金的功能、募集程序、公开募集的信息披露的具体内容，并能够熟练运用证券投资基金的上市交易、证券投资基金的运作方式。

证券投资基金作为证券发展中的一个重要环节，随着我国经济、金融以及证券业的快速发展已成为人们关注的焦点。它不仅可以更好地发挥市场机制配置资金资源的基础性作用，而且可以开拓我国长期以来所形成的较为单一的投资渠道，有效引导投资者树立正确的投资理念，改善我国证券市场投资者的结构和素质。

证券投资基金是一种利益共享、风险共担的集合证券投资方式，其具体运作是通过发行基金单位，集合投资者的资金，交由专业的管理者负责投资管理，即分散投资于各种有价证券和其他金融衍生品；投资者则按投资分享收益，投资管理机构本身作为资金管理者收取一定的管理费用；为了保证投资者的利益，基金运行通常引入银行等财产托管人，以监督基金管理者对基金财产的经营管理。基金财产委托专业的投资管理机构运营，代表了投资管理专业化分工的发展趋势。

第一节 证券投资基金法概述

一、证券投资基金概述

（一）投资基金的概念

证券投资基金是利益共享、风险共担的集合证券投资方式，是通过发售基金份额，集中投资者的资金，由基金管理人管理，基金托管人托管，从事股票、债券和外汇等金融投资，将投资收益按投资者的投资比例进行分配的间接投资方式。

证券投资基金对引导储蓄资金转化为投资，稳定和活跃证券市场，提高直接融资比例，完善金融结构有积极的促进作用。我国证券投资基金的发展历程表明，证券投资基金的发展壮大，能够推动证券市场健康、稳定发展和金融体系的健全、完善，是国民经济和社会发展不可缺少的重要组成部分。

（二）证券投资基金的特征

1. 专业理财。证券投资基金由专业管理人员组成的基金管理公司管理和运作。基金管理人经过专门训练，具有丰富的证券投资经验，善于收集、分析证券市场中的各类证券信息，能够对金融市场的价格变动趋势做出正确预测，最大限度地避免投资决策失误，提高投资效率。

2. 间接收益。证券投资基金是一种间接的投资方式，投资者通过购买基金间接投资于证券市场。投资者与上市公司没有直接关系，不参与公司事务决策和经营管理。证券投资基金由专业管理人员运作，投资者间接受益。

3. 组合投资。证券投资基金可以最广泛地吸收社会闲散资金，形成雄厚资金实力。参与证券投资时，资本越雄厚，优势越明显，享有大额投资在较低成本上的相对优势，从而获得规模效益的好处。

4. 分散风险。基金可以凭借雄厚资金，在法律规定投资范围内分散投资于多种证券，借助于资金庞大和投资者众多，使每个投资者面临的投资风险变小，达到分散投资风险的目的，从而有效保护投资者的利益，保证证券投资基金资产的安全。

（三）证券投资基金的分类

1. 封闭式基金和开放式基金。封闭式基金是基金发起人设立基金时，限定基金份额的发行总额，筹足总额后，基金即宣告成立，并进行封闭，在一定时期内不再接受新的投资的证券投资基金。封闭式基金的基金份额的流通采用在证券交易所上市的办法，投资者日后买卖基金单位，必须通过证券经纪商在二级市场上进行竞价交易。

开放式基金是基金发起人设立基金时，基金份额的总数不固定，可视投资者需求追加发行，在市场上进行竞价交易。投资者可根据市场状况和各自投资决策，或者要求发行机构按现期净资产值扣除手续费后赎回股份或收益凭证，或者再买入股份或受益凭证，增持基金单位份额。

【拓展阅读】

封闭式基金和开放式基金的区别

封闭式基金和开放式基金在基金的规模、基金单位的买卖方式、基金单位的买卖价格形成方式、基金的投资策略、基金的买卖费用等方面有很多不同之处。封闭式基金和开放式基金的本质区别在于"开放"与否，即基金规模是否可以改变。封闭式基金事先确定发行总额，在封闭期内基金单位总数不变；开放式基金发行总额不固定，基金单位总数随时增减。

2. 股票基金和债券基金。股票基金是以股票为主要投资对象的证券投资基金，是证券投资基金中最原始和最基本的品种。股票基金并非所有资金都买股票，也可以用少量资金投入债券或者其他证券。我国有关法规规定，基金必须用不少于20%的资金投资国债。基金是不是股票基金，往往根据基金契约规定的投资目标、投资范围判断。国内所有上市交易的封闭式基金及大部分的开放式基金都是股票基金。债券基金是全部或者大部分投资于债券市场的证券投资基金，其规模仅次于股票基金。根据中国证监会对基金类别的分类指标，80%以上的基金资产投资于债券的为债券基金。债券基金集中众多投资者的资金，对债券进行组合投资，寻求较为稳定的收益。

3. 公司型基金和契约型基金。公司型基金是按照《中华人民共和国公司法》（以下简称《公司法》），以发行股份的方式筹集资金组成的公司形态的证券投资基金。投资者认购公司型基金成为该公司股东，凭持有的股份依法享有投资收益。契约型基金是把投资者、管理人、托管人作为基金当事人，通过签订基金契约的形式发行受益凭证而设立的证券投资基金。契约型基金没有基金章程，没有董事会，通过基金企业规范当事人的行为，基金管理人负责基金的管理操作。基金托管人作为基金资产的名义持有人，负责基金资产的保管和处置，对基金管理人的运作实行监督。[1]

《中华人民共和国公司法》

（四）证券投资基金的功能

1. 分散投资风险。投资是证券投资基金的运作方式，通过组合投资可以使各种投资的风险和收益相互配合，分散和降低投资风险，提高投资收益。同时，基金管理人在组合投资方面如果业绩良好，不仅将给基金投资人带来满意的收益，也会为其代客理财业务的发展带来良好的市场支持。

2. 促进机构投资者发展。投资基金通过集中众多分散投资交由专业基金管理人投资操作，在一定程度上也推动了机构投资者的发展。证券投资基金是机构投资者中的重要组成部分，通过合规操作、合理投资，可以克服中小投资者盲目和短视的投资倾向，防止证券市场过度投机，维持证券价格的相对稳定，从而保护投资者的利益。

3. 实现资本市场资源有效配置。证券投资基金是证券市场资金的重要供给者。证券投资基金通过代客理财、专家经营，可以吸引缺乏投资知识和投资经验的投资者以及那些有投资愿望但缺少投资机会的投资者，将来自社会方方面面的资金有效集中起来投入证券市场，增加证券市场的资金供给，从而有力推进证券市场的发展和实现资本市场资源的有效配置。

4. 推动金融市场创新。证券投资基金作为投资股票、债券及其他金融产品的工具，本身就是一种金融创新。同时，证券投资基金也带动了商业银行等金融机构的金融管理体制、业务运作、金融产品等各方面的金融创新活动。在此过程中，商业银行的业务已经突破了吸收存款、发放贷款等传统的负债与资产业务的范围，通过担任基金托管人获得托管收入，担任基金管理人获得管理收入，代为销售基金证券获得代理收入，拓宽了盈利来源，并带来了金融组织结构、金融市场结构、金融产品结构的大幅度调整。

---

[1] 唐波. 新编金融法学 [M]. 北京：北京大学出版社，2012：55-56.

【案例分析 8 - 1】

根据媒体公开报道，2009 年 2 月，深圳市证监局在例行检查宝盈基金管理有限公司过程中，发现基金管理人存在诸多运作不规范的行为，于是，监管机关向其下达了《关于宝盈基金管理有限公司现场检查的反馈意见函》，而按照基金契约，基金持有人有权取得与宝盈基金管理有限公司有关文件资料的复印件。但基金公司以"上级对下级的检查是不公开信息"为由拒绝了北京盲人投资者戴朝钢的请求。于是，戴朝钢为了维护自己的合法权益，三度前往北京市顺义区人民法院，向基金管理人索赔。2010 年 4 月，戴朝钢以证券投资基金交易纠纷为案由，要求宝盈基金公司提供深圳证监局《意见函》复印件为诉请，提起诉讼并被立案。受诉讼管辖地限制，案件已移交至深圳市福田区法院。

资料来源：百度文档 http://fund.jrj.com.cn/focus/lcgc049/index.shtml。

思考：请根据所学内容对上述案件给出审理建议。

二、我国证券投资基金法立法

证券投资基金法是调整证券投资基金关系的法律规范的总称。我国现行的《中华人民共和国证券投资基金法》（以下简称《证券投资基金法》）于 2003 年 10 月 28 日第十届全国人民代表大会常务委员会第五次会议通过，2004 年 6 月 1 日开始实施，其后，《证券投资基金信息披露管理办法》（2004 年 6 月 8 日发布）、《证券投资者保护基金管理办法》（2005 年 6 月 30 日发布，2016 年 4 月 19 日修订）、《证券投资基金评价业务管理暂行办法》（2009 年 11 月 6 日发布）、《证券投资基金管理公司管理办法》（2004 年 9 月 16 日发布、2012 年 9 月 20 日修订）、

《中华人民共和国证券投资基金法》

《证券投资基金销售管理办法》（2004 年 6 月 25 日发布、2013 年 3 月 15 日第二次修订）、《证券投资基金托管业务管理办法》（2013 年 4 月 2 日发布）、《公开募集证券投资基金风险准备金监督管理暂行办法》（2013 年 9 月 24 日发布）、《公开募集证券投资基金运作管理办法》（2014 年 7 月 7 日发布）等与之配套的一系列行政法规、规章都相继颁布，起到了辅助规范作用。但是，随着经济和金融体制改革的不断深化和社会主义市场经济的不断发展，我国财富管理行业和资本市场发生了很大的变化，基金业的发展实践中新的情况和问题不断出现，迫切需要法律制度与时俱进地作出调整，填补存在的制度空白和缺陷。于是，《证券投资基金法》经 2012 年 12 月 28 日第十一届全国人民代表大会常务委员会第三十次会议、2015 年 4 月 24 日第十二届全国人民代表大会常务委员会第十四次会议两次修订后重新发布实施，该法全文分为十五章，共一百五十四条。

我国证券投资基金经过十多年突飞猛进的发展历程，管理规模不断扩大，已经积累了一定的集合资产管理经验，基金品种也在不断丰富和完善，与此同时，证券投资

基金除股票市场之外，已经涉足债券市场、货币市场等其他领域。我国证券市场经过几年的调整，市场进入了机构投资者时代，以基金为主的机构投资者已经成为市场的新生代力量，其管理能力与经验的沉淀和积累、管理资产的市场份额比重增大，以及其投资文化在市场中显示的"示范效应"，使得证券投资基金已经在中国的资本市场上基本确立了"市场中坚力量"的地位。截至2013年12月31日，中国银河证券基金研究评价资讯系统采集到披露基金资产净值和份额规模数据的基金数量达到了1890只，数量可观，规模庞大。《证券投资基金法》的颁布、实施，特别是将私募基金纳入法律调整范围的后期修订，是基金业和资本市场发展历史上的一个重要的里程碑，标志着我国基金业进入了一个崭新的发展阶段，完善的法律必将对我国基金业以及资本市场和金融业健康发展产生重要的作用和深远的影响。①

第二节　证券投资基金的募集、上市交易与运作制度

一、证券投资基金的募集

（一）证券投资基金募集的概念

证券投资基金募集是根据法律规定，由设立证券投资基金的机构提出证券投资基金募集方案，按照相关程序向证券监督管理机关提出募集申请，经批准后进行的证券投资基金募集活动。证券投资基金募集是证券投资基金的起点，资金募集决定证券投资基金设立与否，决定证券投资基金的正常经营，决定证券投资基金的投资收益。

（二）证券投资基金募集的程序

1. 申请。基金管理人进行证券投资基金募集，必须向国务院证券监督管理机构提交相关文件，如申请报告、基金合同草案、基金托管协议草案、招募说明书草案、资格证明文件、财务会计报告和法律意见书等。

2. 核准。国务院证券监督管理机构应当自受理证券投资基金募集申请之日起6个月内依照法律行政法规及国务院证券监督管理机构的规定和审慎监管原则进行审查，作出核准或者不予核准的决定，并通知申请人；不予核准的，应当说明理由。

【拓展阅读】

基金管理人的募集责任

《证券投资基金法》规定，未经国务院证券监督管理机构核准，擅自募集基金的，责令停止，返还所募资金和加计的银行同期存款利息，没收违法所得，并处所募资金金额1%以上5%以下罚款；构成犯罪的，依法追究刑事责任。

---

① 曹胜亮，张华. 金融法［M］. 武汉：武汉大学出版社，2014：88－89.

3. 发售。基金管理人应当自收到核准文件之日起 6 个月内进行基金份额的发售。证券投资基金募集不得超过国务院证券监督管理机构核准的证券投资基金募集期限，证券投资基金募集期限自基金份额发售之日起计算。一般来说，证券投资基金的募集期限在 3 个月内，基金份额的发售，由基金管理人负责办理。基金管理人应当在基金份额发售的 3 日前公布招募说明书、基金合同及其他有关文件。

4. 备案和公告。证券投资基金募集期限届满，封闭式基金募集的基金份额总额达到核准规模的 80% 以上，开放式基金募集的基金份额总额超过核准的最低募集份额总额，并且基金份额持有人人数符合国务院证券监督管理机构规定的，基金管理人应当自证券投资基金募集期限届满之日起 10 日内聘请法定验资机构验资；自收到验资报告之日起 10 日内，向国务院证券监督管理机构提交验资报告，办理证券投资基金备案手续，并予以公告。

（三）证券投资基金设立的主要文件

1. 申请报告。申请报告应当写明基金名称、类型、规模、发行对象和价格、费率、认购、申购和赎回安排、存续期限、上市与交易安排等，以及拟任基金管理人和基金托管人、设立基金的可行性分析。

2. 基金合同草案。基金合同草案应当明确基金合同当事人的权利和义务，明确基金份额持有人大会召开的规则和具体程序，说明基金产品的特性等涉及投资人重大利益的事项等。

3. 基金托管协议草案。基金托管协议是基金管理人和基金托管人签订的，明确各自在管理、运用基金财产方面的职责的协议。基金托管协议草案的内容包括基金管理人与基金托管人之间义务的监督、核查，基金资产保管，投资指令的发送、确认及执行，交易安排，基金资产净值计算和会计核算，基金收益分配，基金持有人名册的登记与保管等。

4. 招募说明书草案。招募说明书应当清晰地说明基金产品的特性，基金发行、上市与交易安排，基金认购、申购和赎回安排，基金投资，风险揭示，信息披露以及基金份额持有人服务等内容，最大限度地披露影响投资人决策的全部事项，以充分保护基金投资人的利益，方便投资。

5. 基金管理人和基金托管人的资格证明文件。《证券投资基金法》规定，基金管理人由国务院证券监督管理机构批准设立的基金管理公司担任；同时还规定，基金托管人由依法设立并取得基金托管资格的商业银行担任。因此，基金管理人和基金托管人应当提交相应的资质。

6. 律师事务所出具的法律意见书。律师事务所出具的法律意见书是指律师事务所及其资格证明。律师对基金管理人和基金托管人、代销机构资格、基金广告以及基金发行文件等进行尽职调查。

7. 经会计师事务所审计的基金管理人和基金托管人最近 3 年或者成立以来的财务会计出具的法律意见书。

8. 国务院证券监督管理机构规定提交的其他文件。

（四）证券投资基金合同的内容

证券投资基金合同的内容主要包括：募集基金的目的和基金名称；基金管理人、基金托管人的名称和住所；基金运作方式；封闭式基金的基金份额总额和基金合同期限，或者开放式基金的最低募集份额总额；确定基金份额发售日期、价格和费用的原则；基金份额持有人基金管理人和基金托管人的权利、义务；基金份额持有人大会召集、议事及表决的程序和规则；基金份额发售、交易、申购、赎回的程序、时间、地点、费用计算方式，以及给付赎回款项的时间和方式；基金收益分配原则、执行方式；作为基金管理人、基金托管人报酬的管理费、托管费的提取、支付方式与比例；与基金财产管理、运用有关的其他费用的提取、支付方式；基金财产的投资方向和投资限制；基金资产净值的计算方法和公告方式；基金募集未达到法定要求的处理方式；基金合同解除和终止的事由、程序以及基金财产清算方式；争议解决方式；当事人约定的其他事项。

二、证券投资基金的上市交易

证券投资基金的上市交易是经基金管理人申请，国务院证券监督管理机构核准，基金份额在证券交易所挂牌，采用公开集中竞价的方式进行买卖。证券投资基金的投资者不直接进入证券交易所进行交易，而是委托作为交易所会员的经纪人代理买卖。证券投资基金上市交易的，证券交易所随时向证券投资基金投资者提供证券投资基金交易的成交价格、交易量及其他交易情况，基金管理人和基金托管人也应当按照规定向社会公布基金财务会计报告及其他信息，保证证券投资基金交易的公开、透明。

1. 证券投资基金上市交易条件：（1）基金的募集符合《证券投资基金法》规定；（2）基金合同期限为五年以上；（3）基金募集金额不低于2亿元人民币；（4）基金份额持有人不少于1000人；（5）基金份额上市交易规则规定的其他条件。

2. 证券投资基金终止上市交易的情形：（1）不再具备《证券投资基金法》规定的上市交易条件；（2）基金合同期限届满；（3）基金份额持有人大会决定提前终止上市交易；（4）基金合同约定的或基金份额上市交易规则规定的终止上市交易的其他情形。

三、证券投资基金的运作

证券投资基金的运作是在证券投资基金成立后，基金管理人对基金财产进行的日常管理和运作。

（一）基金财产投资的方式

基金管理人运用基金财产进行证券投资，应当采用资产组合的方式。资产组合方式是基于证券投资基金的投资目的和投资方向，将基金财产投资于按照一定原则选择并按照一定比例进行组合的多种证券。组合投资的目的是降低投资风险，保持基金资产额流动性和投资收益的稳定性。

基金资产组合方式分为两种：一种是可投资的主要证券品种之间的组合。一只基金通常组合不同证券品种，但是以某一证券品种的资产组合为主，比如股票型基金以股票组合为主，债券型基金以债券组合为主。另一种是同一种证券的品种组合。以投资某一证券为主的基金，根据其投资方向和目的不同，其资产组合的具体品种各不相同。

（二）基金财产投资的比例

《证券投资基金法》没有对基金财产投资的具体比例限制作出限定，这为证券投资基金的创新和发展提供了法律空间，有利于证券投资基金风格个性的形成，有利于基金管理人更好地为投资者提供理财服务。当然，运用基金财产进行证券投资时，应当遵守国务院证券监督管理机构的具体规定。

（三）基金财产投资的范围

1. 上市交易的股票。投资于上市交易的股票，可以获取分配的股息和红利，以及买入、卖出股票的差价收益。上市交易的股票实行集中竞价交易，流通性强，股票所属公司的信息更为公开，受到严格的市场监管，是证券投资基金的主要投资品种之一。

2. 上市交易的债券。上市交易的债券到期还本付息，收益比较稳定，风险较小，同样具有流通性，是证券投资基金的主要投资品种之一。

3. 国务院证券监督管理机构规定的其他证券品种。国务院证券监督管理机构可以按照《证券投资基金法》的授权，根据我国证券市场和证券投资基金业的发展状况和实际需要，规定证券投资基金可以投资的证券品种。这主要是考虑到我国的证券市场还不发达，可交易的证券品种较少，市值较低，未上市的股票和债券的发行及交易还不够规范，企业信用制度、风险控制制度还不健全，证券交易监督手段还不够完善。如此规定可以更好地规范基金管理人运用基金财产进行的投资行为，控制投资风险，维护基金投资人的利益。

（四）基金财产禁止投资的范围

1. 承销证券。发行证券大多采用包销方式，一旦证券不能全部销售，就要由基金财产购入剩余证券，这不但违背了基金财产组合投资的原则，而且增加了基金财产投资的风险。证券承销实质是经纪业务，而基金财产只能用于符合法律规定的投资。对基金财产承销证券必须严格禁止，以保证基金财产的安全。

2. 向他人贷款或者提供担保。贷款和担保存在较大风险，世界各国对基金从事借贷严格禁止，以保证基金财产的安全，对担保活动都有不同程度的限制。正是考虑到贷款和担保可能会对基金份额持有人的利益造成损害，因此我国证券投资基金法对基金财产用于向他人贷款或者提供担保的行为严格禁止。

【案例分析 8-2】

买基金送大米、送食用油、送购物卡，促销新基金的路子越走越偏、越走越远。"××支（分）行：……为配合我司基金销售，特制订基金销售激励方案如下：认购基金 1 万元，奖励价值××元的大米；认购 2 万元，奖励价值××元的大米或油；认购 3 万元，奖励……"上述文字出自日前一家新基金推出的渠道销售奖励方案，而类似方案在最近两个月频频现身于部分新基金的促销进程中。早在两个月前即有报道称，在东北某市，某证券公司基金代销点称"只要买 2 万元以上的基金，就可获得 1 桶 5 升装的豆油"。而现在，类似的促销措施已经蔓延到了部分沿海城市。赠送的商品也五花八门，从米到油，再到日用品等。在低迷的销售环境和拥挤的交叉销售渠道中，部分基金重又举起了"重金激励、实物促销"的老招。

资料来源：周宏. 新基金涉嫌违规促销送米送油都是错 [EB/OL]. 中国经济网，2017.

思考：根据《证券投资基金销售管理办法》第四十七条的规定试分析上述案例。

第三节 基金监管与法律责任

一、基金监管

基金监管对于维护证券市场的良好秩序、提高证券市场效率、保护基金份额持有人的利益均具有重要意义，是证券市场监管体系中不可缺少的组成部分。

（一）政府监管

在我国，负责基金监管的政府机构是国务院证券监督管理机构，其具体监管职责包括：（1）制定有关证券投资基金活动监督管理的规章、规则，并行使审批、核准或者注册权；（2）办理基金备案；（3）对基金管理人基金托管人及其他机构从事证券投资基金活动进行监督管理，对违法行为进行查处，并予以公告；（4）制定基金从业人员的资格标准和行为准则，并监督实施；（5）监督检查基金信息的披露情况；（6）指导和监督基金行业协会的活动；（7）法律、行政法规规定的其他职责。

国务院证券监督管理机构在依法履行职责时，有权采取下列措施：（1）对基金管理人、基金托管人、基金服务机构进行现场检查，并要求其报送有关的业务资料；（2）进入涉嫌违法行为发生场所调查取证；（3）询问当事人和与被调查事件有关的单位和个人，要求其对与被调查事件有关的事项作出说明；（4）查阅、复制与被调查事件有关的财产权登记、通信记录等资料；（5）查阅、复制当事人和与被调查事件有关的单位和个人的证券交易记录、登记过户记录、财务会计资料及其他相关文件和资料；对可能被转移、隐匿或者毁损的文件和资料，可以予以封存；（6）查询当事人和与被调查事件有关的单位和个人的资金账户、证券账户和银行账户，对有证据证明已经或者可能转移或者隐匿违法资金、证券等涉案财产或者隐匿、伪造毁损重要证据的，经国务院证券监督管理机构主要负责人批准，可以冻结或者查封；（7）在调查操纵证券市场、内幕交易等重大证券违法行为时，经国务院证券监督管理机构主要负责人批准，可以限制被调查事件当事人的证券买卖，但限制的期限不得超过 15 个交易日；案情复杂的，可以延长 15 个交易日。

（二）自律监管

自律监管是我国基金监管体系不可或缺的组成部分。中国证券投资基金业协会成立于 2012 年 6 月，是证券投资基金行业的自律性组织，是社会团体法人。会员包括基金管理公司、基金托管银行、基金销售机构、基金评级机构及其他资产管理机构、相关服务机构。协会秉承"服务、自律、创新"理念，自觉接受会员大会和理事会的监督，在证监会的监督指导和协会理事会的引领下，严格按照国家有关法律规定和协会章程开展工作。截至 2013 年 11 月 1 日，基金业协会的会员共有 555 家。

基金业协会依法履行下列职责：①教育和组织会员遵守有关证券投资的法律、行政法规，维护投资人合法权益；②依法维护会员的合法权益，反映会员的建议和要求；③制定和实施行业自律规则，监督、检查会员及其从业人员的执业行为，对违反自律规则和协会章程的，按照规定给予纪律处分；④制定行业执业标准和业务规范，组织基金从业人员的从业考试、资质管理和业务培训；⑤提供会员服务，组织行业交流，推动行业创新，开展行业宣传和投资人教育活动；⑥对会员之间、会员与客户之间发生的基金业务纠纷进行调解；⑦依法办理非公开募集基金的登记、备案；⑧协会章程规定的其他职责。

二、法律责任

违反《证券投资基金法》的法律责任包括民事责任、行政责任及刑事责任。

（一）民事责任

民事责任是当事人不履行民事义务所应承担的法律后果，具有以下特点：（1）以财产责任为主；（2）以等价、补偿为主；（3）向特定的权利人或受害人承担责任基金管理人、基金托管人与基金份额持有人的关系是平等的民事主体之间的关系。因此基金管理人、基金托管人不履行其民事义务，应当承担相应的民事责任。

《证券投资基金法》第一百四十六条规定，违反本法规定，给基金财产、基金份额持有人或者投资人造成损害的，依法承担赔偿责任。基金管理人、基金托管人在履行各自职责的过程中，违反本法规定或者基金合同约定，给基金财产或者基金份额持有人造成损害的，应当分别对各自的行为依法承担赔偿责任；因共同行为给基金财产或者基金份额持有人造成损害的，应当承担连带赔偿责任。

法律还确立了民事赔偿优先的原则，《证券投资基金法》第一百五十一条规定，违反本法规定，应当承担民事赔偿责任和缴纳罚款、罚金，其财产不足以同时支付时，先承担民事赔偿责任。

（二）行政责任

行政责任是当事人违反法律法规依法所应承担的行政法律后果。基金管理人、基金托管人及其他行为主体违反《证券投资基金法》，承担行政责任的方式包括没收违法所得、罚款、警告、暂停或取消基金从业资格等。

具体来说，《证券投资基金法》第一百一十九条至第一百三十五条，对基金管理人、基金托管人及其股东、实际控制人、董事、监事等高级管理人员、其他从业人员的违法行为规定了明确详尽的行政责任，包括：（1）未经批准、核准擅自从事各类基金业务的；（2）擅自变更持有5%以上股权的股东、实际控制人或者其他重大事项的；（3）不依法申报、备案的；（4）违反禁止性规定的；（5）未对基金财产实行分别管理或者分账保管的；（6）基金管理人、基金托管人违反本法规定，相互出资或者持有股份的；（7）动用募集的资金的；（8）不依法披露基金信息或者披露的信息有虚假记载、误导性陈述或者重大遗漏的；（9）基金管理人或者基金托管人不按照规定召集基金份额持有人大会的；（10）未经登记，使用"基金"或者"基金管理"字样或者近似名称进行证券投资活动的。

《证券投资基金法》第一百三十六条至第一百四十四条，对基金销售机构、支付机构份额登记机构、基金投资顾问机构、基金评价机构、信息技术系统服务机构，相关会计师事务所、律师事务所等基金服务机构的违法行为规定了明确详尽的行政责任，包括：（1）擅自从事公开募集基金的基金服务业务的；（2）未向投资人充分揭示投资风险并误导其购买与其风险承担能力不相当的基金产品的；（3）未按照规定划付基金销售结算资金的；（4）挪用基金销售结算资金或者基金份额的；（5）未妥善保存或者备份基金份额登记数据的；（6）隐匿、伪造、篡改、毁损基金份额登记数据的；（7）违反本法规定开展投资顾问、基金评价服务的；（8）未按照规定向国务院证券监督管理机构提供相关信息技术系统资料，或者提供的信息技术系统资料虚假、有重大遗漏的；（9）未勤勉尽责，所出具的文件有虚假记载、误导性陈述或者重大遗漏的；（10）未建立应急等风险管理制度和灾难备份系统，或者泄露与基金份额持有人、基金投资运作相关的非公开信息的。

（三）刑事责任

《证券投资基金法》第一百四十九条规定，基金管理人、基金托管人或其他行为主体，违反本法构成犯罪的，依法追究刑事责任。

【课后练习题】

一、单项选择题

1. 基金管理公司及子公司开展资产管理业务主要是通过（　　）。

A. 集合资产管理计划、定向资产管理计划

B. 公募基金、各类非公募资产管理计划

C. 私募证券投资基金、私募股权投资基金

D. 企业年金、保险资产管理计划

2. 下列关于投资基金的说法正确的是（　　）。

A. 投资基金通过向投资者发行收益凭证，将社会上的资金集中起来

B. 投资基金是一种直接投资工具

C. 投资基金只能投资于金融资产

D. 投资基金投资的资产既可以是金融资产，也可以是房地产、大宗能源、林权、

艺术品等其他资产

3. 投资基金中最主要的一种类别是（　　　）。

A. 风投基金　　　B. 私募股权基金　　C. 另类投资基金　　D. 证券投资基金

4. 投资理论和极其复杂的金融市场操作技巧是基于（　　　）。

A. 充分利用各种金融衍生品的杠杆效用，承担高风险、追求高收益的投资模式对冲基金

B. 风险投资基金

C. 另类投资基金

D. 私募股权基金

5. 基金资产保管职责应由下列哪一个机构承担？（　　　）

A. 基金托管人　　　　　　　　　　　B. 基金销售机构

C. 基金注册登记机构　　　　　　　　D. 基金管理人

6. 各国和地区对证券投资基金的称谓不尽相同，在美国，一般称证券投资基金为（　　　）。

A. 证券投资信托　　　　　　　　　　B. 单位信托基金

C. 证券投资基金　　　　　　　　　　D. 共同基金

7. 下列关于证券投资基金特点的陈述，不正确的是（　　　）。

A. 独立托管　　　　B. 集合理财　　　　C. 风险固定　　　　D. 组合投资

8. 下列关于证券投资基金的特点，表述不正确的是（　　　）。

A. 由当事人共同投资运作基金资产，有利于保证基金资产安全

B. 投资人可以享受到专业化的投资管理服务

C. 有利于降低投资成本

D. 有利于发挥资金规模优势

9. 封闭式基金的发起人确定后，通过签订何种文件界定相互间的权利与义务关系？（　　　）

A. 基金契约　　　　　　　　　　　　B. 发起人协议

C. 基金上市公告书　　　　　　　　　D. 基金招募说明书

10. 契约型封闭式基金最基本的法律文件是（　　　）。

A. 基金契约　　　　　　　　　　　　B. 发起人协议

C. 基金上市公告书　　　　　　　　　D. 基金招募说明书

二、多项选择题

1. 证券投资基金的主要特征包括（　　　）。

A. 集合投资　　　　　　　　　　　　B. 专业管理

C. 组合投资、分散风险　　　　　　　D. 制衡机制

E. 利益共享、风险共担

2. 关于开放式基金，下列哪些说法是正确的？（　　　）

A. 开放式基金投资者可以根据需要随时申购或赎回基金单位，导致基金单位总数

不断变化

　　B. 开放式基金没有固定的存续期限

　　C. 与封闭式基金相比，开放式基金的信息披露要求较高

　　D. 开放式基金持有人面临的风险主要是基金管理人能力的风险，无二级市场风险

　　3. 下列关于公募基金的说法，哪些是正确的？（　　　）

　　A. 募集对象不固定

　　B. 涉及众多投资人

　　C. 监管机构实行严格的审批或核准制

　　D. 监管机构一般实行备案制

　　4. 根据基金投资范围不同，基金可分为（　　　）。

　　A. 股票基金　　　　　B. 固定基金　　　　　C. 债券基金　　　　　D. 货币市场基金

　　5. 根据我国《证券投资基金管理暂行办法》的规定，有下列事项之一的，应当召开基金份额持有人大会。（　　　）

　　A. 修改基金契约　　　　　　　　　　　B. 更换基金管理人

　　C. 更换基金托管人　　　　　　　　　　D. 提前终止基金

三、简答题

　　1. 证券投资基金募集的程序有哪些？

　　2. 证券投资基金上市交易的条件是什么？

　　3. 证券投资基金的运作有哪些法律上的要求？

　　4. 证券投资基金信息披露的内容有哪些？其禁止行为包括哪些？

　　5. 证券投资基金监督管理制度的主要内容有哪些？

第九章

期货交易法律制度

【教学目的和要求】

本章介绍了期货交易法规的概念、特点、种类、期货法体系，通过学习使学生领会期货法基本原则、期货交易与结算流程、期货法律责任的同时，熟练运用期货的基本原则及制度解决具体的期货交易问题。

期货市场是商品经济高度发展的产物，随着我国经济的不断发展，期货市场在整个国民经济体系中也发挥着越来越重要的作用。我国期货市场经过了20余年的发展，已经建立起了一套比较完整的交易制度体系，这一体系为我国期货交易的发展奠定了基础。随着我国期货交易的迅速发展，期货交易法学理论的研究也逐步深入，并取得了一定的成果。但是，在一些期货交易基本问题上，我国法学界仍然存在着较多的争议，这些争议从长远看对我国期货交易法学理论的研究会产生积极的推动作用，但对于我国现阶段期货交易法律制度的完善将会是一种阻碍。此外，对于主要依靠引进国外先进的期货交易制度的我国来说，这些舶来的制度如何尽快融入我国现有的法律体系之中也是亟待解决的问题。

第一节 期货交易制度概述

一、期货

（一）期货的概念

期货是期货交易的简称，也是期货合约的简称。期货合约是期货交易的对象，此期货这一概念更多的是指期货交易的对象，即期货合约。

《中华人民共和国期货交易管理条例》（以下简称《期货交易管理条例》）对期货的概念进行了界定，即"本条例所称期货交易，是指采用公开的集中交易方式或者国务院期货监督管理机构

《中华人民共和国
期货交易管理条例》

批准的其他方式进行的以期货合约或者期权合约为交易标的的交易活动。本条例所称期货合约，是指期货交易场所统一制定的、规定在将来某一特定的时间和地点交割一定数量标的物的标准化合约"。

（二）期货的特征

1. 期货合约是一种标准化合约。期货交易合约条款为标准化条款，这是期货交易形成的重要条件，使期货交易因节省大量的谈判成本而方便其不断转手。期货合约标准化条款因交易对象不同而不同。对商品期货而言，合约标准化是指合约所代表的商品数量、品质、交易时间和地点都是既定的，唯一的变量是价格，如大豆期货交易，除大豆交易每手代表的大豆数量、品质、交割地统一规定外，交易所对大豆期货交易的最小变动单位、价位涨跌幅限定、最后交易日、每日交易时间等也都有统一的规定。

对金融期货（包括利率期货、外汇期货和股票指数等）而言，合约的标准化是指交易单位、最小变动价、每日价格最大波动限制、合约月份、交割时间、最后交易日及交割方式等都由交易所作统一规定。

2. 期货合约依法订立。期货合约须是交易双方当事人在合法成立的期货交易所依法订立。各国期货交易法一般都严禁在期货交易所外的期货交易，原因不外为：（1）场外期货交易必然对规范化的场内交易产生冲击，使期货市场的套期保值、价格发现等功能无法发挥；（2）期货交易本身投机性强，必须加以规范、控制，而场外交易难以监管。所以期货交易须在交易所的交易大厅通过集中公开竞价的方式进行，也可以通过交易所认定的非公开竞价的方式进行。当然，也有一些国家（地区）对场外交易有所放宽。

3. 期货合约是一种特殊的标准合同。期货合约的设计尤其是金融期货合同的设计往往关系到整个金融市场管理的成败，因此期货合约一般由交易所专门设计，而不能由交易双方当事人中的任何一方制作，这是期货合约与一般标准合同的显著区别。一般的标准合同的制定通常为合同的一方。

期货交易所要承担起组织期货交易的重任，要对期货交易进行规范化管理，以保证期货交易在公开、公平、公正的条件下进行。因其地位决定，期货合约的条款只能由期货交易所设计。同时，由于期货市场是一个投机性很高的市场，风险极高，涉及广大期货投资者的切身利益，涉及社会公共利益，所以，各国期货交易法大都规定，期货合约的上市、下市、修改必须经过期货监管部门的批准。

4. 期货合约是一种附条件的合约。期货合约是一种将来特定时间交付某种商品的标准化合约，只有当满足一定条件时，期货合约的持有人的权利才能实现。在合约交割期到来之前，持有人享有的权利只是一种期待权。期货合约是在将来特定时间依签约时达成的特定价格、数量买进或卖出某种标准化商品的合约，该种商品的价格期间可能会上涨或下跌，期货投资者必须承担盈利或亏损的结果，并且期货交易能进行买空卖空，由此期货合约也是一种风险性很大的合约。

5. 期货合约是一种有担保的方便对冲的合约。期货交易的双方当事人买卖期货合约，意味着各方须承担在将来某一特定时间，按照约定的价格，在特定的地点，接受或交付某种特定等级、品质及数量的商品，否则将构成违约，要承担相应的法律后果，交易的任何一方当事人都可以很方便地将自己在合同中的全部权利义务概括地转让给第三人，从而免除自己到期交货或付款的责任，这是因为期货合约是一种有担保的合约。

这种担保来自三个方面：（1）期货交易所、期货结算所；（2）结算会员；（3）期货投资者。各国的期货交易规则几乎无例外规定，在期货合约签约前，期货投资者必须向其委托的期货中介缴纳初始保证金，如果价格波动，账户中的保证金余额低于规定的维持保证金水平时，投资者还必须再缴存追加保证金，结算会员也必须在结算所保持一定数量的保证金。结算会员向结算所缴纳保证金是结算所能为所有期货合同担保的。交易所和结算所负责期货会员的结算，包括期货会员到期的交割和未到期合约的平仓，并承担保证每笔交易的清算和担保期货合约的卖出者到期能够交货、期货合约的购入者能够最终拥有其所需商品的担保责任。保证金在期货市场中的良性循环，是期货合约能够方便对冲的保障。

6. 期货合约是一种多功能的复杂合约。期货投资者交易的目的也是期货交易的功能，主要有三个：（1）实物或者金融产品的交割；（2）套期保值规避价格风险；（3）赚取风险利润。在期货交易中，虽然也有实物或金融产品的交割，但绝大多数期货交易是通过对冲来避免价格风险，或者是为赚取风险利润的。期货合约的这一特征是其与远期现货合同的最大区别，当事人签订远期现货合同的目的在于取得货物的所有权，而绝大多数投资者签订期货合同的目的并不在于取得货物的所有权，其真正的目的在于在期货市场上通过对冲操作达到转移现货市场上的价格风险或赚取风险利润。在避免价格风险或赚取风险利润的目的无法实现时，期货投资者则必须履行实物交割的义务。因而，期货合约是一种交易多样的复杂合约。

（三）期货的种类

根据交易品种，期货合约可分为两大类：商品期货和金融期货。以实物商品，如玉米、大豆、小麦、铜、铝、原油等作为期货品种的属于商品期货。以金融产品，如汇率、利率、股票指数等作为期货品种的属于金融期货。

1. 商品期货。商品期货是指标的为实物商品的期货合约，交易的标的物就是一般说的期货上市品种，如合约所代表的玉米、铜、石油等。商品期货历史较久，种类繁多，主要包括农副产品、金属新产品、能源产品等几大类，但并不是所有的商品都适合做期货交易，在众多的实物商品中，一般而言只有具备下列属性的商品才能作为期货合约的上市品种。

（1）价格波动大。只有商品的价格波动较大，意图回避价格风险的交易者才需要利用远期价格先把价格确定下来。如果商品价格基本不变，如实行的是垄断价格或计划价格，商品的经营者就没有必要利用期货交易固定价格或锁定成本。

（2）供需量大。期货市场功能的发挥是以商品供需双方广泛参加交易为前提的，只有现货供需量大的商品才能在大范围进行充分竞争，形成权威价格。

（3）易于分级和标准化。期货合约事先规定了交割商品的质量标准，因此，期货品种必须是质量稳定的商品，若复杂，就难以进行标准化。

（4）易于储存、运输。商品期货一般都是远期交割的商品，这就要求这些商品易于储存、不易变质、便于运输，以保证期货实物交割的顺利进行。目前，我国允许进行的期货交易的商品有铜、铝、大豆、小麦、豆粕、绿豆、天然橡胶、胶合板、籼米、啤酒大麦、红小豆、花生仁、原油等品种。

2. 金融期货。金融期货是指以金融工具为标的的期货合约。金融期货作为期货交易的一种，具有期货交易的一般特点，但与商品期货相比较，期货合约标的不是实物商品，而是金融产品，如证券、货币、汇率、利率等。

金融期货品种一般不存在质量问题，交割也大都采用差价结算的现金交割方式。金融期货产生于20世纪70年代的美国市场。1972年美国芝加哥商品交易所的国际货币市场开始国际货币的期货交易，1975年又开展房地产抵押证券的期货交易，标志着金融期货交易的开始。

此后，芝加哥商品交易所、纽约商品交易所和纽约期货交易所等都进行各种金融产品的期货交易，货币、利率、股票指数等均作为金融期货的交易对象。并且，金融期货的交易额往往大大超过商品期货的交易额。

与金融相关的期货合约品种较多，最主要的是三大类：

（1）利率期货，指以利率为标的的期货合约。国际上最先推出的利率期货是1975年美国芝加哥商品交易所推出的美国国民抵押协会的抵押证券期货。利率期货主要包括以长期国债为标的的长期利率期货和以3个月短期存款利率为标的的短期利率期货。

（2）货币期货，指以汇率为标的的期货合约。货币期货是适应各国从事对外贸易和金融业务的需要而产生的，借此规避汇率风险。1972年美国芝加哥商品交易所的国际货币市场推出第一张货币期货合约并获得成功。其后，英国、澳大利亚等国相继建立货币期货交易市场。目前，国际上货币期货合约所涉及的货币主要有英镑、美元、日元、欧元等。

（3）股票指数期货，指以股票指数为标的的期货合约。股票指数期货是当前金融期货市场最热门和发展最快的期货交易。股票指数期货不涉及股票本身的交割期，价格根据股票指数的涨跌计算，合约以现金清算形式进行交割。

目前，我国已经或曾经开展的金融期货交易包括国债期货、外汇期货、股票指数期货交易。此外，广义的期货合约除上述商品期货和金融期货外，还包括期权。期权，是期货合约选择权的简称，指权利主体所享有的在规定的期限内按约定的价格买进或卖出一定数量的某种商品或金融产品合约的权利。

期权是一种交易双方签订的，按约定价格在约定时间内买卖约定数量的商品（或金融产品）的期货。但事实上，期权和一般的商品期货之间有一个本质的区别即购买并持有这种期货的一方，在合同规定的交割时间有权选择是否执行这一合同，而出售这种合同的一方则必须服从买方的选择。

【拓展阅读】

利率期货的历史发展及前景

利率期货合约最早于 1975 年 10 月由芝加哥期货交易所推出，在此之后，利率期货交易得到迅速发展。在利率期货发展历程上具有里程碑意义的一个重要事件是，1977 年 8 月 22 日，美国长期国库券期货合约在芝加哥期货交易所上市。这一合约获得了空前的成功，成为世界上交易量最大的一个合约。在期货交易比较发达的国家和地区，利率期货早已超过农产品期货而成为成交量最大的一个类别。在美国，利率期货的成交量甚至已占到整个期货交易总量的一半以上。从我国"十二五"规划中可以看出，政府正加大对债券市场发展的重视，努力建设一个产品序列齐全、功能完备、具有相当规模的债券市场体系。为了达成这一目标，政府部门将积极配合减少行政管制，鼓励金融制度与工具的创新，并且会在信息披露、信用评级、会计、税收等方面进行制度和体制改革。当前中国期货与债券市场正处于从量的扩张向质的提升转变的关键时期，在良好的政策环境下，开展利率期货交易的条件正在逐步形成。

二、期货法

(一) 期货法的概念

期货法是调整期货交易所产生的社会关系的法律规范的总称。其调整对象所指的"社会关系"包括两大类，即期货管理关系和期货合约的买卖关系。因此，期货法有广义和狭义之分。广义的期货法即包括单行的期货法，还包括其他有关期货交易的法律、法规；狭义的期货法仅指单行的期货法，如美国、新加坡的《期货交易法》、日本的《商品交易所法》等。期货法所调整的社会关系比较复杂，既包括国家对期货市场的管理关系以及期货交易所、期货经纪公司内部的管理关系，也包括参与期货交易的各方之间的权利义务关系。

一般来说，期货法主要包括以下内容：①期货市场有关法律制度，如期货交易所、结算所、中介机构、投资者、期货管理机构的法律地位、权利义务等，以及国家对期货市场的管理；②期货交易的各项法律规则制度。

(二) 期货法体系

期货法应包括由国家制定的统一的规范期货市场的法律、法规及由国家主管部门审批认可的期货交易所制定的交易规则和管理规则，期货管理机构、经纪商等组织的内部章程与业务规章制度等，具体由以下部分组成。

1. 国家期货监督管理机构法。各国期货立法在强调期货行业自我管理的同时，都规定了期货主管机构，以加强对期货市场的监督，维护期货市场的公平竞争和广大客户的合法权益。如美国专门制定了《商品期货交易委员会法》，设立期货监督管理委员会，该法对期货监督管理委员会的机构组成、职责、管辖范围作出规定，还可规定财务监督、价格监督、市场监督等程序及期货监督管理委员会介入交易所、市场的程序等。

2. 期货交易所法。期货交易依法必须在期货交易所内进行，期货交易所是期货交易的核心。期货交易所法应对期货交易所的设立宗旨、原则、条件，交易所职责及运行规则、会员接纳程序、会员的权利义务、营业许可证发放，场内工作人员与出市经纪人条件及选定，交易量的限额，处罚违法违章与不正当竞争行为，争议的解决途径及规则等内容作出详细的规定。

3. 期货经纪商法。期货经纪商在期货交易中起联系交易所与期货交易者的作用，且与交易所和交易人都存在直接的权利、义务关系，因此，加强对期货经纪商的管理十分必要。期货经纪商法应对期货经纪商的资格、条件、审批、业务范围及违章处罚等作出具体的规定。

4. 期货交易法。狭义的期货法就是指期货交易法，指的是期货交易业务规则方面的立法，其关键在于确立一套统一的期货交易制度，防止市场操纵及其他非法交易等一切扰乱期货交易秩序的行为。

从某种意义上讲，期货交易法是各国期货法的核心性立法。

5. 期货交易所制定的场内交易规则和管理规则、期货监督管理委员会、经纪商等组织制定的内部章程与业务规章制度这些规则和制度由立法部门审批认可，赋予其法律效力，成为期货法体系中的组成部分。

【案例分析 9－1】

某钢厂估计 2009 年 6 月螺纹钢的成本为 3000 元/吨。2009 年 1 月到 2009 年 6 月，螺纹钢期货合约以 3050 元/吨的价格交易，钢厂决定利用期货价格锁定 50 元/吨的加工利润，该钢厂随即在螺纹钢期货上按 3050 元/吨的价格卖出 10000 吨螺纹钢。价格在 6 月时跌到 2900 元/吨，低于企业生产成本，但由于采取了套期保值，期货上实现的盈利不仅抵销了现货销售的亏损，还保证了 50 元/吨的正常利润。

资料来源：https://wenku.baidu.com/view/4a2537ab9ec3d5bbfd0a748b.html?re=view。

思考：运用套期保值的基本做法试分析上述问题。

（三）我国的期货立法

计划经济时期及此后较长时间，我国的期货市场多年处于停滞状态，期货立法更是一个空白。1990 年 10 月，我国在郑州建立了第一家粮食批发市场，作为期货市场的一个试点。1992 年，以深圳有色金属交易所的开业为标志，我国开始正式建立期货市场。期货市场发展初期，由于没有明确行政主管部门，有关部门之间缺乏协调，各自为政，配套法律、法规严重滞后，使得我国期货市场一开始就出现盲目发展的势头，表现为交易所数量过多（短短几年，全国各地已开办期货交易所数 30 多家）、品种重复、法律滞后、管理运作不规范、盲目开展境外期货、地下期货和期货欺诈严重等。

为了整顿市场秩序，加强对期货市场的管理，规范期货交易行为，保护客户的合法权益，一些规范期货市场的法律法规相继出台。1993 年 4 月，国家工商行政管理局颁布《期货经纪公司登记管理暂行办法》，1993 年 6 月国家外汇管理局制定、中国人民银行批准《外汇期货业务管理试行办法》，1994 年，证监会、国家外汇管理局、国家工商行政管理局、公安部联合发出了《关于严厉查处非法外汇期货和外汇按金交易活动的通知》，1995 年 2 月证监会和财政部联合颁布《国债期货交易管理暂行办法》等。

20 世纪末 21 世纪初，我国期货立法进入黄金发展期。①期货交易的基本法律规范出台。1999 年 6 月 2 日国务院发布《期货交易管理暂行条例》，该暂行条例自 1999 年 9 月 1 日施行。2007 年 3 月 6 日，国务院颁布《期货交易管理条例》，该条例分总则、期货交易所、期货公司、期货交易基本规则、期货业协会、监督管理法律责任、附则共八章八十七条，自 2007 年 4 月 15 日起施行。1999 年 6 月 2 日国务院发布的《期货交易管理暂行条例》同时废止。根据 2012 年 10 月 24 日中华人民共和国国务院令第 627 号公布的《国务院关于修改〈期货交易管理条例〉的决定》第一次修订，根据 2013 年 7 月 18 日《国务院关于废止和修改部分行政法规的决定》第二次修订。《期货交易管理条例》是目前我国有关期货法的核心法。②期货交易所的立法得到加强。证监会先后颁布了《期货公司监督管理办法》《期货交易所管理办法》《期货公司风险监管指标管理办法》《期货公司分类监管规定》《期货营业部管理规定（试行)》等部门规章、规范性文件，范围涉及面很广泛，对我国期货市场的规范化运作，保护期货投资者的合法权益起到很好的作用。此外，一些地方立法机构也出台了规范期货市场的地方法规和地方政府规章，补充、完善我国期货立法体系，如上海市、郑州市、深圳市就本地区的期货交易制定地方性法规，包括《上海金属交易所管理暂行规定》《上海金属交易所规则》《上海交易所会员管理暂行办法》《深圳有色金属交易所期货交易管理暂行规定》《深圳有色金属交易所期货交易规则》《深圳经济特区有色金属期货经纪商管理暂行规定》《郑州粮食批发市场交易管理暂行规则》及其实施细则等。综上所述，我国的期货立法主要是国务院的行政法规、部门规章、地方性法规及地方政府规章等，目前尚无全国人民代表大会或全国人大常委会颁布的法律，有关期货立法也还有待形成科学、完善的体系，以便进一步规范我国期货市场，促进我国期货行业的发展。

（四）期货法的基本原则

1. 公开、公平、公正原则。"三公"原则是资本市场上应普遍遵守的原则，期货交易也不例外。只有在公开、公平、公正的条件下进行，才能实现期货交易的基本经济功能。这一原则被我国台湾学者表述为"开放且诚信的市场"。

公开原则指信息公开，要求市场有充分的透明度，期货市场各方履行信息披露义务。公开要求交易所对影响乃至决定价格的各种因素及与交易有关的各种信息资料以法定的方式向社会及交易者公开创造交易市场公正与公平的条件。

公平原则要求市场应给所有交易者公平交易的机会，按照统一的市场规则进行交易，机会均等、自由竞争，严格执行"时间优先、价格优先"的成交规则，防止欺诈，排除市场操纵和垄断。

公正原则要求期货监管部门在履行监管职责时，应当给被监管对象以公正的待遇，不能给任何关系人以特殊照顾，以免损害其他交易者的权益。公平与公正要求在期货交易中，各主体法律地位平等，权利义务对等，各方平等地享受权利，承担义务。同时还意味着法律上确保所有的交易者都能处于良好的交易环境中，获得平等的买卖机会。

2. 维护公平竞争原则。公平竞争是期货市场正常运行的基本条件，是实现期货市场功能的前提。排除操纵与非法垄断，期货市场才能日臻完善。公平竞争原则集中体现在交易过程中，任何交易者都不得享有任何特权或优惠条件。对于期货市场的主客体，依照法律根据资格审核，按期货市场的进、出制度办理。该原则还要求在期货市场交易的价格应通过场内公开、公平的竞争方式进行。

3. 保护投资者利益原则。期货市场是大众参加的公共性市场，而且期货交易要求有专门的知识，大多数期货交易者并非业内人士，相比于期货交易所、经纪公司而言，他们处于弱势地位：他们的资金不归自己保管，存在被中介者挪用的可能；缺乏足够的投资专业知识和交易技巧，必须通过中介进行交易，极易被欺骗和误导；他们是风险和亏损的承担者，而期货市场的组织者和中介者，无论盈亏均能收取佣金、手续费。投资者是期货市场的参与者，在期货市场上处于主要地位，没有他们的参与，期货市场的基本功能——风险转移就缺少承担者。如果法律对期货投资者保护不利，就会打击他们对市场的信心，挫伤他们对期货的投资热情，最终将危及期货市场存在的基石。

第二节　我国期货交易基本制度和规则

一、期货交易的概念与特点

（一）期货交易的概念

期货交易是指在期货交易所进行的期货合约买卖，其实质是期货合约权利义务的概括转让。

（二）期货交易的特点

1. 期货交易是一种会员制交易。世界上大多数国家（地区）的期货交易所采取的组织形式为会员制，少部分为公司制，我国大陆及台湾地区兼采这两种形式。无论采取何种组织形式，期货交易都采取会员制交易，即只有交易所会员才能直接进行期货交易，故期货交易是一种会员制交易。

2. 期货交易的客体是期货合约。期货交易的对象不是某一种具体、实在的商品，而是代表某种商品（或金融产品），反映这类商品的共同属性的标准化合约，即进行的是期货合约的交易。

3. 期货交易以公开竞价的方式进行。期货交易须在专门的期货交易所内进行，通过公开集中竞价方式达成交易。所谓"公开"即交易行情公开、各类信息公开。在期货交易中，所有的报价都必须进入交易所，向场内所有的期货交易者公开；所谓"集中"，即所有的交易者以及与交易有关的各类信息都汇聚期货市场，交易者依据各自对商品供求状况及其他各类影响因素的了解，通过公开、集中的竞争方式，产生一个买卖双方共同接受的价格，达成交易。

4. 期货交易具有独特的履约方式。期货合约在最后交易日前可以自由转让，也称"对冲"。"对冲"是期货交易完全不同于现货交易的独特的履约方式，指在期货合约进入交割月份之前，对之前买入或卖出的同品种、同月份的合约进行反向交易以了结手中的合约。当合约进入交割月份之后，期货买卖双方的履约方式则只能是实物交割。在期货交易中，多数交易者都会在合约进入交割月份之前以对冲方式平仓，只有少数交易者因某些原因未平仓而进行实物交割。

二、期货交易流程与结算流程

（一）期货交易流程

交易流程指在结余市场内进行期货合约买卖活动的程序。一般而言，期货合约交易，须经过下单、审单、报单、竞价成交、回报、通知这些环节，完成一个基本的流程。

1. 下单。下单是指开立账户的客户根据市场行情，以书面方式向所委托的期货经纪公司下达交易定单。

2. 审单、报单。经纪公司对客户所下的定单进行审核，决定是否接受。经审核确认无误后，受理客户定单，注明收单时间并马上报送公司驻交易所的场内经纪人。

3. 竞价成交。场内经纪人收到定单后，按时间顺序根据市场行情，将定单内容依次输入电脑交易系统，报价并竞价。竞价过程中，根据"价格优先，时间优先"原则，买卖双方达成交易。

4. 回报。成交后，由经纪公司场内经纪人直接通过电话向其经纪公司报告，或是由中央计算机成交信息库通过电脑网络系统将成交情况自动直接传送给经纪公司。一些交易所还开通了短信信息服务，场内经纪人可以通过短信信息报告成交情况。

5. 通知。经纪公司在收到其驻交易所代表的定单执行情况报告后，即在客户最初下达的定单上做好相应的记录，并将定单执行情况通过电话或其他方式通知客户，或直接将定单交送下单的客户，由客户对成交回报及时签字确认。

（二）期货结算流程

期货交易制度严格规定，每一笔期货交易，只有经过结算所核定，才能得到最终的确认、登记和结算，成为合法有效的成交期货合约。

因此，期货结算流程也便成为整个期货交易不可缺少的组成部分。期货结算所确认、结算期货交易的一般程序有以下方面。

1. 收集成交记录。将当日达成的所有交易的记录资料收集起来。

2. 清理成交记录。将收集的成交记录进行清理，逐一进行核对，剔除买卖不相配的成交，另行处理；对审核无误的成交记录分类整理，并按会员户头打印出成交清单。

3. 确认成交。会员在收到期货结算所送达的成交清单后，须对清单所列成交记录进行核实，如无异议，则在成交清单上签章以示确认，并将已经确认的一份成交清单送往期货结算所。

4. 登记。期货结算所在收到经会员确认的成交清单后，即将清单所列成交的合约分类逐一在该会员的交易账户上作相应的登记。合约经登记后，即具有法律效力，买方和卖方应各负其责。

5. 结算。结算所的结算部门根据当日的结算价和相关的成交价，对结算会员当日账户上头寸变化及其发生的盈亏进行计算，调整其保证金账户，并处理有关保证金追加和清退事宜。期货结算所根据每个交易日的交易情况，以各个结算会员单位（大多数为经纪公司）为对象进行交易结算。而各个期货经纪公司与其客户之间也要进行交易结算。经纪公司结算部在接到客户成交定单后，应分账户打出每个客户的当日买卖交易表，并与期货结算所统计本公司每日交易情况表核对。

核对无误后，经纪公司结算部可以根据期货交易所公布的每种合约当日结算价及每一个客户当日的平、持仓量，对客户进行平仓、持仓盈亏以及追加（或清退）的保证金结算，并应及时将结算情况通知客户。如果客户履约保证金不足，应及时通知客户追加保证金。[①]

三、期货合约制度

期货合约又称标准化期货合约，由各交易所根据期货市场发育程度及上市品种的具体特点统一制定，一个标准合约为"一手"。期货交易必须以"一手"的整数倍进行交易。期货交易所为期货合约规定了统一的标准化条款，这些条款主要包括以下几个方面。

（一）数量和数量单位的标准化

期货交易所事先对每张期货合约所包含的商品数量及数量单位都作了规定，从而，只要是在该期货交易所买卖的同种商品的期货合约，每一张都具有相同的商品数量及数量单位，统称为"期货交易单位"。比如，郑州交易所规定每张小麦期货合约包含的期货交易单位是 10 吨，即只要在该交易所上市买卖的小麦期货合约它的数量单位只能是"吨"，数量为 10（吨）。

（二）商品质量等级的标准化

期货交易所对所有在交易所内上市的期货商品规定统一的质量等级。买卖双方在进行交易时无须再对商品的质量等级进行协商，发生实物交割时，就按规定的标准等

---

① 徐孟洲. 金融法（第三版）［M］. 北京：高等教育出版社，2014：101 – 103.

级进行交割。

（三）交割地点的标准化

由于商品期货交易多用于大宗货物的买卖，因此，期货交易所为交易规定了统一的实物商品交收的仓库，以防止商品在储存过程中出现损坏或遗失等情况，保证卖方交付的商品符合期货合约规定的数量与等级，保证买方收到符合期货合约规定的商品。

（四）交割时间的标准化

期货合约的交割期由交易所统一规定，签约双方只能在交易所规定的交割月份内选择，一旦选择，交割月份也就固定了。如郑州交易所小麦期货的交割月份为7月、9月、11月，交易当事人如选择实物交割，应在该规定的月份进行交割。

正是因为期货合约具有标准化的特点，因此，在签订期货合约时，买卖双方只需在期货合约上填上各自的名称及编号、选定的成交价格及交割月份即可。目前我国批准设立的各期货交易所均设计出各自标准化期货合约，期货投资者必须依标准化的期货合约进行交易。

四、期货交易的价格制度与持仓限额制度

（一）期货交易的价格制度

交易价格是指以交易所上市商品合约规定的交货品级为标准，通过场内公开、平等竞争形成，并在特定的交易所核准仓库的交货价格。其中具体涉及开盘价、收盘价、结算价几种价格。开盘价是指当日交易开始后第一笔交易的价格。一般来说，开盘价为前一交易日该商品的收盘价；收盘价是指当日交易结束前一段时间成交合约的算术平均价，如最后该段时间没有成交，则前推至最后一笔的成交价格；结算价是计算未平仓合约的差价、决定是否追加保证金和制定下一交易日交易停板额的依据。郑州交易所的结算价是该商品的当日收盘价；上交所的结算价是该商品在交易日内成交价的加权平均价；深交所的结算价则是由交易所价格小组根据当日商品的交易情况确定并予以公布的价格。

1. 报价货币。报价单位与最小变动价位。如郑州交易所规定其法定报价货币为人民币，报价单位为元、角、分、厘/公斤，最小变动价位即所报价格是合约细则规定的最小变动价位的整倍数，如小麦合约，则是每公斤0.1分的整倍数，每张合约为人民币10元；深交所规定其最小浮动价位为人民币10元或2美元；上交所的最小变动价位则由其根据不同的交易品种分别确定。

2. 价幅。即每一交易日的价格涨跌最大幅度，也叫每日价格停板额，一般由各交易所根据实际情况确定并公布。如深交所规定价格不得超过该商品前一交易日收市价的3%；上交所规定为1%。如果连续若干日某商品价格波动达到价幅上限或下限（即涨、跌停板）时，交易所有权将原来价幅增加一倍，如果该商品价格波动仍然连续达到该新价幅的上限或下限，交易所有权暂停该商品的交易。

（二）期货交易的持仓限额制度

交易所还可以对交易头寸予以限制。所谓交易头寸限制，即持仓限额，指根据期

货市场管理机构和期货交易所规定的某一市场参与者最多可持有的期货合约和期权合约数量。期货交易具有买空卖空和投机冒险的特点，期货交易中的投机行为是一种合法行为，受法律保护。但是，过度的投机会给社会及交易市场带来不必要的负担和价格的剧烈波动。为了减少或消除投机活动的负作用，法律有必要对可能作出的交易量进行限制。大多数交易所在合约规定中都事先列明了交易者可能就某一商品持有的最大空头或多头部位合约数量。当交易者持有的合约数量达到或超过规定的数量时，交易者必须及时向交易所管理部门报告。

《期货交易管理条例》中规定了期货交易所应当按照国家有关规定建立持仓限额和大户持仓报告制度。即期货交易实行大户持仓报告制度。会员或者客户持仓达到期货交易所规定的持仓报告标准的，会员或者客户应当向期货交易所报告。客户未报告的，会员应当向期货交易所报告。期货交易所可以根据市场风险状况制定并调整持仓报告标准。在期货市场上，交易者如果对某种特定商品在期货市场的头寸占有绝对优势，就可以使期货商品的价格偏离市场竞争价格，从而达到操纵市场价格的目的。交易头寸限制正是对操纵市场价格的一种防范。

【案例分析 9 - 2】

　　中航油新加坡公司主要从事中国进口航油采购和国际石油贸易及石油实业投资等业务。公司从 1999 年开始从事石油衍生品期货交易，编制了《风险管理手册》，对公司衍生品交易政策作出明确规定：公司每个交易员仓位限额为为 50 万桶，公司所有产品的仓位限额为 200 万桶；每个交易员亏损限额 50 万美元，总裁审批亏损限额最高为 500 万美元，且须得到董事会批准；公司开展石油衍生产品新业务和进行风险评估须董事会审批等。

　　2002 年 3 月，中航油新加坡公司开始从事场外石油期权交易。10 月底，中航油新加坡公司根据对油价走势可能下跌的判断，在航油价位为每桶 20 多美元时陆续卖出 2004 年航油期权 200 多万桶，卖价为每桶 36 美元，获得了 200 万美元权利金收入。2004 年 1 月，由于国际油价继续攀升，中航油新加坡公司计算期权业务潜亏 540 万美元，因不希望在财务报表中体现出经营亏损，公司将仓位进行展期（将临近交割期的合约头寸延后至更远期合同）和成倍放大交易量。中航油新加坡公司在 2004 年 1 月、6 月和 9 月先后进行了三次挪盘，即买回期权以关闭原先盘位，同时出售期限更长、交易量更大的新期权。公司期权交易量放大到 5200 万桶，期权盘位展期到 2005 年与 2006 年。中航油累计亏损达到了 5.54 亿美元。

　　资料来源：https：//wenku. baidu. com/view/33ce55ab8e9951e79a89279f. html。

　　思考：试用持仓限额制度分析上述问题。

五、期货交易保证金制度

（一）期货交易保证金的概念

期货交易保证金，又称履约保证金，指参与期货交易的人为了保证其履行合约缴纳的一定数额的资金。保证金是买卖双方确保合约履行的一种财力担保，在期货交易中起着极其重要的作用。各国的期货立法都规定，期货市场参与者必须遵守期货交易保证金的规定。期货交易所向会员收取的保证金，属于会员所有，除用于会员的交易结算外，严禁挪作他用。在法律性质上，期货保证金似乎与一般合同的违约金和定金相似，但是期货交易保证金既不是违约金，也不是定金，它是一种类似押金的起保证作用的资金。保证金的所有权到合约履行完毕前一直归存放人，当会员单位退出交易所时，交易所应将保证金退还给存放会员；在期货合约交割时，结算机构在收到卖方的提货凭证后即退还卖方的交易保证金。在收到买方的货款后即退还买方的保证金。

（二）期货保证金的形式

广义的保证金包括风险保证金、初始保证金和追加保证金。风险保证金称为基础保证金，初始保证金和追加保证金称为交易保证金。

风险保证金，即风险基金，是会员在入会时一次性交付并存入交易所账户而在退会时一次性清退的风险准备金。风险准备金的数额由交易所自行确定，如规定每个会员为 20 万元人民币。会员违约或违反交易规则给对方造成经济损失，用交易保证金尚不足以补偿时，由交易所从该会员的风险准备金中扣除来补偿。如果仍然不足以补偿时，交易所有权动用全部风险基金先予补偿，然后通过有关途径向违约方或违章者追索。

初始保证金，主要用于防止买卖双方在交易中发生亏损时拒不履约造成的经济损失。一般要求在第二个交易日前由交易所按成交合约总值的一定比例（深交所是3%~15%，上交所是5%~10%）向买卖双方收取并存入结算机构账户中。交易所有权调整初始保证金的比例。

追加保证金，是指维持全部未平仓合约所必须增加的保证金。根据未平仓合约按当日结算价计算差价，如价差亏损超过初始保证金的一定比例（一般为25%）时，交易所即向亏损方发出追加保证金的通知。

（三）期货交易保证金制度的基本内容

期货交易应当严格执行保证金制度。期货交易所向会员收取保证金，用于担保期货会员的履行，期货交易所应当在其指定的结算银行开立专用结算账户，专户存储保证金，不得挪用。

期货交易所保证金管理制度包括：（1）向会员收取的保证金的比例和形式；（2）专用结算账户中会员保证金的最低余额；（3）当会员保证金余额低于交易所规定的最低数额时的处置方法，当交易所会员的保证金不足时，该会员必须追加保证金。会员未在期货交易所统一规定的时间内追加保证金的，期货交易所应当将该会员的期货会员强制平仓，强行平仓的有关费用和发生的损失由该客户承担。

此外，期货交易所向会员、期货经纪公司向客户收取交易手续费，应当按照国务院有关部门的统一规定执行。并且，期货交易所应当按照手续费收入的20%的比例提取风险准备金，风险准备金必须单独核算、专户储存。证监会可以根据交易所业务规则、发展规模和潜在的风险来决定风险准备金的规模。

会员在期货交易所违约的，应该以该会员的保证金承担违约责任；保证金不足的，期货交易所应当以风险准备金和自有资金代为承担违约责任，并由此取得对该会员的追偿权；客户在期货交易中违约的，期货经纪公司比照上述规定执行。

【案例分析 9 - 3】

A 期货经纪公司在当日交易结算时，发现客户甲某交易保证金不足，于是电话通知甲某在第二天交易开始前足额追加保证金。甲某要求期货公司允许其进行透支交易，并许诺待其资金到位立即追加保证金，公司对此予以拒绝。第二天交易开始后，甲某没有及时追加保证金，此时期货公司应该对甲某没有保证金支持的头寸强行平仓。

资料来源：https://wenku.baidu.com/view/953bde5bf11dc281e53a580216fc700abb6852bd.html。

思考：交易保证金不足，又未及时追加的应当如何处理？

六、期货交易的结算制度和交割制度

（一）期货交易的结算制度

期货交易是一种保证金交易，它可以以少量资金进行数倍于自有资金的交易，因此，如何保证交易双方到期履行合约，进行交割清算以及在不能履行合约的情况下，对受损方予以补救，对期货市场的正常运行至关重要。

根据《期货交易管理条例》规定，期货交易的结算，由期货交易所统一组织进行。期货交易所的结算机构是期货交易当事人的结算代理人，即无论卖方还是买方，在每次交易中都是以结算机构为交易对象，对结算机构负责。同时，结算机构和保证机构为主体，因而无论是客户、期货经纪公司或是结算会员的交易，一旦有违约情形，结算机构作为义务人（违约会员）的债权人，为其主张权利，要求不履行合约或无力履约的会员继续履行或赔偿损失。因此，它有权直接划拨违约会员账户的资金或启动违约会员的基金或财产，或强制拍卖该会员席位，作为清偿资金。期货交易所实行每日结算制度，交易所应当在当日收市后即将结算结果通知会员；期货经纪公司根据期货交易所的结果对客户进行结算，并应将结算结果即时通知客户。

期货交易的结算一般采取三种方式，即对冲、实物交割和现金结算。所谓对冲，是指期货交易者重新买进或卖出一份数量相等而性质相反的期货合约，以便与自己手中持有的合约冲销。大多数期货交易采用对冲方法了结清算。实物交割结算是在卖方按期货合约规定的商品数量、质量、时间、地点等条件向买方交运实物商品，而买方则按合约规定的金额支付价款。除了上述两种结算方式外，金融期货合约大多采取现金结算方式结算。期货交易所实行当日无负债结算制度。通常，结算机构每日根据市场价格重新计算每个客户的盈亏，即在每日市场收盘的时候，由结算机构对每一结算会员未平仓部位的损益进行结算。期货交易所应当在当日及时将结算结果通知会员。

（二）期货交易的交割制度

交割是指期货合约实物所有权的转移，即卖方会员将提货凭证通过结算机构交换买方支付凭证的过程。具体来说，交割是指在规定的交割期内卖方向结算机构提交货单发票，买方向结算机构提交付款凭证，然后经结算机构验证，并交换买卖双方提交的凭据的过程。

当合约到期时，货物的交付与接受只涉及第一卖主和最后买主，卖主只需将交货通知交给结算机构，结算机构通过核查交易记录将通知转给最后买主，由买主和卖主进行实物交割，结算机构办理有关手续，卖方可以在交割月份内任何一天交货。但通常交易所会对交割时间作具体规定，以便当事人进行交割。各交易所对交割时间规定不尽相同。

上交所规定，最早交割日为期货合约到期月份的 15 日，最迟交割日为该月 25 日，交割可在该段时间内任何一天进行。最早交割日一周前的交易日为最后交易日，即未平仓合约的最后一日，过了最后交易日，未平仓合约必须准备实物交割，买卖双方交割的地点为交易所指定的地点或合约中规定的地点。期货交易实物交收地点是经过交易所审查批准，符合交割要求的定点仓库。车站、码头、工厂、火车上、船舱内均不得作为交货地点。

七、期货交易的履约保障制度

凡是在期货交易所内达成并符合期货交易所有关规定的期货交易，交易所都必须提供履约的担保，即使合约一方宣布破产，也同样提供这种担保，对另一方作出财产性的赔偿。这种履约担保与一般民事法律的合同履行担保期有所不同。

期货交易之所以能提供这种财力的担保，是与前述的期货交易所和结算所内实行的履约保证金制度、无负债结算制度等严格的规章制度紧密相关的。期货交易所向会员收取保证金，用于担保期货合约的履行，期货交易所应当在其指定的结算银行开立专用结算账户，专户储存保证金，不得挪用。当期货交易所会员的保证金不足时，该会员必须追加保证金，会员未在期货交易所统一规定的时间内追加保证金的，期货交易所应当将该会员的期货合约强行平仓，强行平仓的有关费用和发生的损失由该客户承担。这些规章制度的实施，强有力地保障了期货交易的正常开展，消除了期货交易者的后顾之忧。

此外，期货交易所向会员、期货经纪公司向客户收取交易手续费，应当按照国务院有关部门的统一规定。并且，期货交易所应当按照手续费收入的一定比例提取风险准备金，风险准备金必须单独核算、专户储存。会员在期货交易中违约的应以该会员的保证金承担违约责任；保证金不足的，期货交易所应当以风险准备金和自有资金代为承担违约责任，并由此取得对该会员的追偿权。

八、其他有关期货交易的规则、制度

(一) 风险揭示制度

交易具有高风险的特点，法律对期货交易制定了严格的风险揭示制度。除了前述的保证金、风险基金制度、信息公开制度外，还对期货交易所、期货公司等规定了风险揭示要求。期货公司接受客户委托为其进行期货交易，应当事先向客户出示风险说明书，经客户签字确认后，与客户签订书面合同。期货公司不得未经客户委托或者不按照客户委托内容，擅自进行期货交易。

该制度同时在《期货公司管理办法》中有所体现，其中规定期货公司应当按照规定实行投资者适当性管理制度，建立执业规范和内部问责机制，了解客户的经济实力、专业知识、投资经历和风险偏好等情况，审慎评估客户的风险承受能力，提供与评估结果相适应的产品或者服务。期货公司应当向客户全面客观介绍相关法律法规、业务规则、产品或者服务的特征，充分揭示风险，并按照合同的约定，如实向客户提供与交易相关的资料、信息，不得欺诈或者误导客户。期货公司在为客户开立期货经纪账户前，应当向客户出

《期货公司管理办法》

示"期货交易风险说明书"，由客户签字确认，并签订期货经纪合同。《〈期货经纪合同〉指引》和"期货交易风险说明书"由中国期货业协会制定。

【拓展阅读】

期货交易风险防范

投资者在准备进入期货市场时必须仔细考察、慎重决策，挑选有实力、有信誉的公司，确定最佳选择后与该公司签订"期货经纪委托合同"。投资者在交易时，要时刻注意自己的资金状况，防止由于保证金不足，造成强行平仓，给自己带来重大损失。为避免"爆仓"情况的发生，需要特别控制好仓位，合理地进行资金管理，切忌满仓操作。投资者尤其要注意交割风险，尽可能不要将手中的合约持有至临近交割，以避免陷入被"逼仓"的困境。所谓"逼仓"，就是在临近交割时，多方（或空方）凭借其资金优势，逼空（或多方），当对手无法筹措足够的实物（或资金）时，只能平仓离场。

(二) 信息公开制度

期货信息是指所有对期货交易者有用的信息及其在期货交易过程中产生的各种信息。期货交易过程实际上是期货信息的形成和传递的过程，期货交易就是一种期货合约的交易，主要为交易者通过预测期货价格的走势来从事投机交易和套期保值，所以，

掌握商品期货的价格变动趋势的各种信息是下达指令进行交易的重要条件。

因此，各国（地区）的期货立法都规定了信息公开制度。与期货交易相关的信息各种各样，主要包括：（1）价格信息。包括开盘价、收盘价及晚场交易中的中止价与恢复价；与上一交易日相比的价格变动幅度，各种相关收盘的期货合约价格，证券市场行情，现货交易价格、交易量等。（2）供求信息，包括各种商品的供给和需求的信息。（3）合约交易量，即在一定的交易时间内某商品在交易所成交的合约总量。（4）合约空盘量，即尚未结算合约量，也称未平仓数量。（5）其他对期货交易价格有影响的重要信息。

（三）交易回避制度

作为一种特殊的金融交易，期货交易具有明显的信息不对称特点，因此，期货法律法规规定有交易回避制度，即对更加可能知道与期货交易相关信息的单位、人员，严格其参与期货交易，以体现期货法的公平原则。期货交易所不得直接或者间接参与期货交易。期货公司不得从事或者变相从事期货自营业务。

期货交易回避制度禁止参与期货交易的主体包括：（1）期货交易所、期货公司本身；（2）国家机关和事业单位，尤其是证券、期货监督管理机构、期货业协会的工作人员；（3）证券、期货监督管理机构、期货业协会的工作人员的配偶等。违反上述回避制度参与交易规定的，构成内幕交易的，将受到法律的严厉处罚。

第三节　法律责任

一、期货交易中的违法行为

期货交易给社会经济、商品流通、金融贸易带来了市场竞争机制，给投资者创造了投资投机机会，但同时由于其很强的投机性，如不加以适度限制，会给整个社会经济、公共利益带来负面影响，诱发价格剧烈波动，使交易市场负担加重，破坏期货市场的正常秩序，甚至引起金融、经济危机。

为防止期货交易的过度投机，我国期货立法禁止以下三种交易行为。

（一）操纵或影响期货价格

禁止单独或者合谋，集中资金优势、持仓优势或者利用信息优势联合或者连续买卖合约，操纵期货交易价格的；禁止蓄意串通，按事先约定的时间、价格和方式相互进行期货交易，影响期货交易价格或者期货交易量的；禁止以自己为交易对象，自买自卖，影响期货交易价格或者期货交易量的；禁止为影响期货市场行情囤积现货的；禁止国务院期货监督管理机构规定的其他操纵期货交易价格的行为。

操纵期货交易价格的，责令改正，没收违法所得，并处违法所得1倍以上5倍以下的罚款；没有违法所得或者违法所得不满20万元的，处20万元以上100万元以下的罚款；对直接负责的主管人员和其他直接责任人员给予警告，并处1万元以上10万元以下的罚款。

（二）内幕交易

与《证券交易法》相类似，《期货交易管理条例》明确规定，禁止期货交易内幕信息的知情人员或者非法获取期货交易内幕信息的人员，在对期货业价格有重大影响的信息尚未公开前，利用内幕信息从事期货交易，或向他人泄露信息，使之交易。《期货交易管理条例》中规定期货交易内幕信息的知情人或者非法获取期货交易内幕信息的人，在对期货交易价格有重大影响的信息尚未公开前，利用内幕信息从事期货交易，或者向他人泄露内幕信息，使他人利用内幕信息进行期货交易的，没收违法所得，并处违法所得1倍以上5倍以下的罚款；没有违法所得或者违法所得不满10万元的，处10万元以上50万元以下的罚款。单位从事内幕交易的，还应当对直接负责的主管人员和其他直接责任人员给予警告，并处3万元以上30万元以下的罚款。国务院期货监督管理机构、期货交易所和期货保证金安全存管监控机构的工作人员进行内幕交易的，从重处罚。

（三）欺诈客户

法律上，欺诈表现为一方故意以虚假事实欺骗对方并使其遭受损失的行为。《期货交易管理条例》中规定，期货公司不得有下列欺诈客户的行为：（1）向客户作获利保证或者不按照规定向客户出示风险说明书的；（2）在经纪业务中与客户约定分享利益、共担风险的；（3）不按照规定接受客户委托或者不按照客户委托内容擅自进行期货交易的；（4）隐瞒重要事项或者使用其他不正当手段，诱骗客户发出交易指令的；（5）向客户提供虚假成交回报的；（6）未将客户交易指令下达到期货交易所的；（7）挪用客户保证金的；（8）不按照规定在期货保证金存管银行开立保证金账户，或者违规划转客户保证金的；（9）国务院期货监督管理机构规定的其他欺诈客户的行为。

期货公司有上述欺诈客户行为之一的，责令改正，给予警告，没收违法所得，并处违法所得1倍以上5倍以下的罚款；没有违法所得或者违法所得不满10万元的，并处10万元以上50万元以下的罚款；情节严重的，责令停业整顿或者吊销期货业务许可证。期货公司有上述所列行为之一的，对直接负责的主管人员和其他直接责任人员给予警告，并处1万元以上10万元以下的罚款；情节严重的，暂停或者撤销任职资格、期货从业人员资格。任何单位或者个人编造并且传播有关期货交易的虚假信息，扰乱期货交易市场的，依照上述规定处罚。

期货公司及其他期货经营机构、非期货公司结算会员、期货保证金存管银行提供虚假申请文件或者采取其他欺诈手段隐瞒重要事实骗取期货业务许可的，撤销其期货业务许可，没收违法所得。

二、期货交易主体的法律责任

（一）对期货交易所和直接人员的违规处罚

期货交易所、非期货公司结算会员有下列行为之一的，责令改正，给予警告，没收违法所得：（1）违反规定接纳会员的；（2）违反规定收取手续费的；（3）违反规定使用、分配收益的；（4）不按照规定公布即时行情的，或者发布价格预测信息的；（5）不按照规定向国务院期货监督管理机构履行报告义务的；（6）不按照规定向国务院期货监督管理机构报送有关文件、资料的；（7）不按照规定建立、健全结算担保金制度的；（8）不按照规定提取、管理和使用风险准备金的；（9）违反国务院期货监督管理机构有关保证金安全存管监控规定的；（10）限制会员实物交割总量的；（11）违反国务院期货监督管理机构规定的其他行为。

有上述所列行为之一的，对直接负责的主管人员和其他直接责任人员给予纪律处分，处1万元以上10万元以下的罚款。有上述第（2）项所列行为的，应当责令退还多收取的手续费。期货保证金安全存管监控机构有上述第（5）、（6）、（9）、（11）、（12）项所列行为的，期货保证金存管银行有上述第（9）、（12）项所列行为的，责令改正，给予警告，没收违法所得；对直接负责的主管人员和其他直接责任人员给予纪律处分，处1万元以上10万元以下的罚款。

（二）对期货交易所和直接人员的违法经济行为的处罚

期货交易所有下列行为之一的，责令改正，给予警告，没收违法所得，并处违法所得1倍以上5倍以下的罚款；没有违法所得或者违法所得不满10万元的，并处10万元以上50万元以下的罚款；情节严重的，责令停业整顿：（1）未经批准，擅自办理《期货交易管理条例》第十三条所列事项的；（2）允许会员在保证金不足的情况下进行期货交易的；（3）直接或者间接参与期货交易，或者违反规定从事与其职责无关的业务的；（4）违反规定收取保证金，或者挪用保证金的；（5）伪造、涂改或者不按照规定保存期货交易、结算、交割资料的；（6）未建立或者未执行当日无负债结算、涨跌停板、持仓限额和大户持仓报告制度的；（7）拒绝或者妨碍国务院期货监督管理机构监督检查的；（8）违反国务院期货监督管理机构规定的其他行为。

上述第（1）项未经批准，擅自办理《期货交易管理条例》第十三条所列事项的行为是指期货交易所办理下列事项，应当经国务院期货监督管理机构批准，但实际上未提交经国务院期货监督管理机构批准的行为：（1）制定或者修改章程、交易规则；（2）上市、中止、取消或者恢复交易品种；（3）上市、修改或者终止合约；（4）变更住所或者营业场所；（5）合并、分立或者解散；（6）国务院期货监督管理机构规定的其他事项。有上述所列行为之一的，对直接负责的主管人员和其他直接责任人员给予纪律处分，处1万元以上10万元以下的罚款，非期货公司结算会员、期货保证金安全存管监控机构有上述有关违法行为的，责令改正，给予警告，没收违法所得，并处违法所得1倍以上5倍以下的罚款；没有违法所得或者违法所得不满10万元的，并处10万元以上50万元以下的罚款；情节严重的，责令停业整顿。

（三）对期货公司和直接人员的违规处罚

期货公司和直接人员不得有下列违规行为：（1）接受不符合规定条件的单位或者个人委托的；（2）允许客户在保证金不足的情况下进行期货交易的；（3）未经批准，擅自办理《期货交易管理条例》第十九条、第二十条所列事项的；（4）违反规定从事与期货业务无关的活动的；（5）从事或者变相从事期货自营业务的；（6）为其股东、实际控制人或者其他关联人提供融资，或者对外担保的；（7）违反国务院期货监督管理机构有关保证金安全存管监控规定的；（8）不按照规定向国务院期货监督管理机构履行报告义务或者报送有关文件、资料的；（9）交易软件、结算软件不符合期货公司审慎经营和风险管理以及国务院期货监督管理机构有关保证金安全存管监控规定的要求的；（10）不按照规定提取、管理和使用风险准备金的。

期货公司有上述行为之一的，责令改正，给予警告，没收违法所得，并处违法所得1倍以上3倍以下的罚款；没有违法所得或者违法所得不满10万元的，并处10万元以上30万元以下的罚款；情节严重的，责令停业整顿或者吊销期货业务许可证。期货公司有前述所列行为之一的，对直接负责的主管人员和其他直接责任人员给予警告，并处1万元以上5万元以下的罚款；情节严重的，暂停或者撤销任职资格。

期货公司的股东、实际控制人或者其他关联人未经批准擅自委托他人或者接受他人委托持有或者管理期货公司股权的，拒不配合国务院期货监督管理机构的检查，拒不按照规定履行报告义务、提供有关信息和资料，或者报送、提供的信息和资料有虚假记载、误导性陈述或者重大遗漏的，责令改正，给予警告，没收违法所得，并处违法所得1倍以上3倍以下的罚款；没有违法所得或者违法所得不满10万元的，并处10万元以上30万元以下的罚款；情节严重的，责令停业整顿或者吊销期货业务许可证。

（四）对交割仓库违法行为的处罚

根据《期货交易管理条例》规定，交割仓库不得有下列行为：（1）出具虚假仓单；（2）违反期货交易所业务规则，限制交割商品的入库、出库；（3）泄露与期货交易有关的商业秘密；（4）违反国家有关规定参与期货交易；（5）国务院期货监督管理机构规定的其他行为。交割仓库有前述行为之一的，责令改正，给予警告，没收违法所得，并处违法所得1倍以上5倍以下的罚款；没有违法所得或者违法所得不满10万元的，并处10万元以上50万元以下的罚款；情节严重的，责令期货交易所暂停或者取消其交割仓库资格。对直接负责的主管人员和其他直接责任人员给予警告，并处1万元以上10万元以下的罚款。[①]

【案例分析 9 - 4】

2008年，红枣期货交易活跃，某客户在某期货公司营业部开户并存入1000万元准备进行红枣期货交易。由于某些原因，该客户一直没有交易，营业部经理李某擅自利用这些资金以自己名义买进了多手期货合约。

资料来源：https://www.asklib.com/view/f6b9dfb21034.html。

思考：李某应承担怎样的法律责任？

① 朱崇实，刘志云.金融法教程［M］.北京：法律出版社，2017：110-112.

三、其他违法行为的法律责任

期货法律还往往对其他方面的违法行为作出规定，主要包括：（1）国有以及国有控股企业违反《期货交易管理条例》和国务院国有资产监督管理机构以及其他有关部门关于企业以国有资产进入期货市场的有关规定进行期货交易，或者单位、个人违规使用信贷资金、财政资金进行期货交易的，给予警告，没收违法所得，并处违法所得1倍以上5倍以下的罚款；没有违法所得或者违法所得不满10万元的，并处10万元以上50万元以下的罚款。对直接负责的主管人员和其他直接责任人员给予降级直至开除的纪律处分。（2）境内单位或者个人违反规定从事境外期货交易的，责令改正，给予警告，没收违法所得，并处违法所得1倍以上5倍以下的罚款；没有违法所得或者违法所得不满20万元的，并处20万元以上100万元以下的罚款；情节严重的，暂停其境外期货交易。对单位直接负责的主管人员和其他直接责任人员给予警告，并处1万元以上10万元以下的罚款。（3）非法设立期货交易场所或者以其他形式组织期货交易活动的，由所在地县级以上地方人民政府予以取缔，没收违法所得，并处违法所得1倍以上5倍以下的罚款；没有违法所得或者违法所得不满20万元的，处20万元以上100万元以下的罚款。对单位直接负责的主管人员和其他直接责任人员给予警告，并处1万元以上10万元以下的罚款。非法设立期货公司及其他期货经营机构，或者擅自从事期货业务的，予以取缔，没收违法所得，并处违法所得1倍以上5倍以下的罚款；没有违法所得或者违法所得不满20万元的，处20万元以上100万元以下的罚款。对单位直接负责的主管人员和其他直接责任人员给予警告，并处1万元以上10万元以下的罚款。（4）期货公司的交易软件、结算软件供应商拒不配合国务院期货监督管理机构调查，或者未按照规定向国务院期货监督管理机构提供相关软件资料，或者提供的软件资料有虚假、重大遗漏的，责令改正，处3万元以上10万元以下的罚款。对直接负责的主管人员和其他直接责任人员给予警告，并处1万元以上5万元以下的罚款。（5）会计师事务所、律师事务所、资产评估机构等中介服务机构未勤勉尽责，所出具的文件有虚假记载、误导性陈述或者重大遗漏的，责令改正，没收业务收入，暂停或者撤销相关业务许可，并处业务收入1倍以上5倍以下的罚款。对直接负责的主管人员和其他直接责任人员给予警告，并处3万元以上10万元以下的罚款。

【课后练习题】

一、单项选择题

1. 1972年（   ）率先推出了外汇期货合约。

A. CBOT   B. CME   C. COME   D. NYMEX

2. 下列关于期货交易和远期交易的说法正确的是（   ）。

A. 两者的交易对象相同

B. 远期交易是在期货交易的基础上发展起来的

C. 履约方式相同

D. 信用风险不同

3. 期货市场的发展历史证明，与电子化交易相比，公开喊价的交易方式具备的明显优点有（　　）。

A. 如果市场出现动荡，公开喊价系统的市场基础更加稳定

B. 提高了交易速度，降低了交易成本

C. 具备更高的市场透明度和较低的交易差错率

D. 可以部分取代交易大厅和经纪人

4. 下列商品，不属于上海期货交易所上市品种的是（　　）。

A. 铜　　　　　　B. 铝　　　　　　C. 白砂糖　　　　　D. 天然橡胶

5. 我国期货市场走过了十多年的发展历程，经过（　　）年和 1998 年以来的两次清理整顿，进入了规范发展阶段。

A. 1990　　　　　B. 1992　　　　　C. 1993　　　　　D. 1995

6. 一般情况下，有大量投机者参与的期货市场，流动性（　　）。

A. 非常小　　　　B. 非常大　　　　C. 适中　　　　　D. 完全没有

7. 一般情况下，同一种商品在期货市场和现货市场上的价格变动趋势（　　）。

A. 相反　　　　　　　　　　　B. 相同

C. 相同而且价格之差保持不变　　D. 没有规律

8. 生产经营者通过套期保值并没有消除风险，而是将其转移给了期货市场的风险承担者即（　　）。

A. 期货交易所　　　　　　　　B. 其他套期保值者

C. 期货投机者　　　　　　　　D. 期货结算部门

9. （　　）能反映多种生产要素在未来一定时期的变化趋势，具有超前性。

A. 现货价格　　　B. 期货价格　　　C. 远期价格　　　D. 期权价格

10. 下列属于期货市场在微观经济中的作用的是（　　）。

A. 促进本国经济国际化

B. 利用期货价格信号，组织安排现货生产

C. 为政府制定宏观经济政策提供参考

D. 有助于市场经济体系的建立与完善

二、多项选择题

1. 当期货市场出现异常情况时，期货交易所可以按照其章程规定的权限和程序，决定采取下列（　　）紧急措施。

A. 提高保证金　　　　　　　　B. 调整涨跌停板幅度

C. 终止交易　　　　　　　　　D. 限制会员或者客户的最大持仓量

2. 申请设立期货公司，应当具备的条件有（　　）。

A. 注册资本最低限额为人民币 3000 万元

B. 董事、监事、高级管理人员具备任职资格，从业人员具有期货从业资格

C. 有符合法律、行政法规规定的公司章程

D. 主要股东以及实际控制人具有持续盈利能力，信誉良好，最近 5 年无重大违法违规记录

3. 期货公司办理下列事项，应当经国务院期货监督管理机构派出机构批准的是（　　）。

A. 变更法定代表人

B. 设立或者终止境内分支机构

C. 变更住所或者营业场所

D. 变更境内分支机构的营业场所、负责人或者经营范围

4. 期货公司向客户收取的保证金，属于客户所有，其用途包括（　　）。

A. 依据客户的要求支付可用资金

B. 为客户缴存保证金

C. 支付手续费、税款

D. 提取期货公司活动经费

5. 依据相关规定，期货交易所会员、客户可以使用（　　）充抵保证金进行期货交易。

A. 标准仓单　　　　B. 国债　　　　C. 公司债券　　　D. 股票

三、简答题

1. 期货交易的特点及与现货交易的区别是什么？

2. 期货合约与现货合约的区别有哪些？

3. 期货交易所的建立应具备哪些条件？

4. 期货结算所的管理制度有哪些？

5. 对冲平仓的原则是什么？

第十章

信托法律制度

【教学目的和要求】

本章概况介绍了信托、信托财产、信托当事人、委托人的权利义务、受托人的权利义务、受益人的资格与放弃，通过学习使学生在领会信托具体规定的基础上能够熟练运用信托法律制度解决具体的实践问题。

2001 年 4 月，《中华人民共和国信托法》（以下简称《信托法》）正式颁布，十几年来，中国信托业发生了翻天覆地的变化。《信托法》发挥了极其重要的作用，它推动了我国信托法律法规体系的建立，建立健全了信托制度，促进了我国营业信托的健康发展，也推动了信托制度在我国的普及。通过《信托法》及之后的一系列相关法规、规定，越来越多的投资者和融资者认识了信托，目前信托业参与者规模越来越庞大，整个信托业保持着良好的快速增长趋势。

《中华人民共和国信托法》

第一节 信托法律制度概述

一、信托的概念与特征

（一）信托的概念

信托即"信任委托"之义，是指委托人基于对受托人的信任，将其财产转移给受托人，受托人按照委托人的意愿以自己的名义，为受益人的利益或特定目的，管理或处分财产的关系。"受人之托，代人理财"是对信托本质内涵的高度概括。

【拓展阅读】

英美法系国家对信托的定义明确了信托财产所有权被分为普通法上的所有权和衡平法上的所有权，受托人负有为受益人管理和处分信托财产的衡平法上的义务。一般来说，受托人持有信托财产在普通法上的所有权，受益人则享有信托财产衡平法上的所有权。由于英美法系中的"双重所有权"与大陆法系中"一物一权"原则存在冲突，大陆法系对信托的界定系统性更强，规定了信托的几个基本要素，如委托人、受托人及其相互关系，而且大陆法系关于信托的定义比较注重信托成立的条件，且回避了受托人和受益人的财产权性质，同时比较注重对相关概念的本土化改造。

（二）信托的特征

信托作为一种财产转移和管理制度，与其他财产管理制度不同，具有以下法律特征：

1. 信托以信任为基础，以委托为依据。信托行为的发生，涉及三方当事人，即委托人、受托人和受益人。三方共同形成了信托行为的信用关系。委托人基于对受托人的人品与能力的充分信任，将信托财产转移给受托人管理或处理。受托人通过自身的信托业务活动满足委托人的要求，使受益人获益。受益人是依据这种信托关系得到实际利益的人。委托人必须以信托合同对受托人进行委托，受托人接受委托，信托才可以成立。

2. 信托财产上的所有权与利益相分离。信托财产由委托人转移给受托人后，一方面，受托人享有信托财产法律上、形式上的所有权，可以管理和处分信托财产；但另一方面，受托人的这种所有权又是不完整的，受托人不享有受益权，即受托人必须将信托财产的收益交给受益人。所有权与利益相分离，正是信托区别于类似财产管理制度的根本特质。

3. 信托财产的独立性。信托一旦有效设立，信托财产即从信托当事人的自有财产中分离出来，成为一项仅服从于信托目的的独立运作的财产。就委托人而言，一旦将财产交付信托，即丧失对该财产的所有权，如果委托人破产，已设立信托的财产，也不能列入破产财产中，其债权人只能分配委托人在信托财产之外的其他财产。就受托人而言，受托人虽然取得了信托财产的所有权，但由于他不能对信托财产享受因行使所有权而带来的利益，所以受托人所承受的各种信托财产必须独立于其固有财产。受托人在管理和处分信托财产时，必须将信托财产与其自有财产区分开来，实行分别管理，分别造册；如果受托人破产，信托财产也不能加入破产财产，信托财产也不能成为强制执行的对象。就受益人而言，受益人虽然享有受益权，但这只是一种信托利益的请求权，在信托法律关系存续期间，受益人并不享有信托财产的所有权。

4. 信托民事责任的独立性和有限性。信托责任的有限性源于信托财产的独立性。在信托中，只要受托人在处理信托事务过程中没有违背信托目的和管理职责，即使未能取得信托利益或造成了信托财产的损失，受托人也不以自有财产负个人责任。受托人因处理信托事物所支出的费用以及对第三人所负的债务，都只以信托财产为限负有限清偿责任。法律上之所以作出这些安排，是为了防止受托人因其履行职责而受到无谓的损失，从而使信托的社会机能得到彻底发挥。

5. 信托管理的连续性。信托是一种具有长期性和稳定性的财产管理制度。信托不因受托人的欠缺而影响其成立。已成立的信托也不因受托人的更迭而影响其存续，即信托设立后，受托人因死亡、丧失行为能力、解散、破产等不得已事由而终止其职务时，信托关系也不因此而当然消灭。在公益信托中还适用"类似原则"，即当公益信托所指定的公益目的不能实现或实现已无意义时，公益信托并不终止，有关机关将使信托财产运用于与初始信托"尽可能类似的其他一些公益目的上"，从而使公益信托继续存在下去。

【案例分析 10－1】

甲公司将 50 万元款项委托给乙信托公司管理。2 年后，乙信托公司停止营业并被宣告破产。甲公司获悉后，依据信托协议要求乙信托公司清算人返还信托款项。乙信托公司清算人以"信托资金已与该信托投资公司的资金混合"为由拒绝了甲公司的要求，只同意将其作为一般债权人参加破产财产分配。

资料来源：https://www.ppkao.com/shiti/175682/。

思考：该笔信托财产应如何处理？

二、信托的分类

在信托法学理上，还可以从不同的角度，对信托作以下分类：

1. 按照信托设立的意思表示的不同，可以分为明示信托、默示信托、法定信托。所谓明示信托，是指委托人以明确的意思表示而设立的信托。该明确的意思表示采取信托合同的形式、遗嘱的形式以及其他信托文件的形式。所谓默示信托，是指非经委托人的明确的意思表示，而根据对事实和当事人行为的解释产生的信托，这种信托是英美法系衡平法上的一种推定信托。所谓法定信托，是指国家法律明令规定当事人必须设立的信托，是因法律的强制规定而产生的信托。

2. 按照受益人与委托人的关系不同，可以分为自益信托和他益信托。所谓自益信托，是指受益人和委托人是同一人，委托人设立信托的目的是为了自己的利益。所谓他益信托，是指受益人为第三人，委托人设立信托是为了第三人的利益，委托人与受益人不是同一人。

3. 按照接受信托的方式不同，可以分为个别信托和集团信托。所谓个别信托，是指受托人对每一个信托分别独立地承诺，即一对一地形成若干个别的信托关系。所谓集团信托，是指受托人在同一条件下同时承诺众多的委托人的同样性质的委托，即一对多地形成集团信托。

4. 按照信托可否撤销，可以分为可撤销信托和不可撤销信托。在信托文件中，委托人可以按照信托目的的性质事先作出约定，标明了可撤销条款的，属于可撤销信托；未标明可撤销条款的，或者标明不可撤销条款的，为不可撤销信托。

5. 按照信托财产的种类不同，可以将信托作不同的业务区分，例如动产信托、不动产信托、金钱信托、年金信托、有价证券信托、证券投资信托等。

三、我国的信托立法

2001 年颁布的《中华人民共和国信托法》是确立我国信托制度的基本法律规范。通过制定《信托法》，从我国的现实条件和实践经验出发，借鉴国际上通行的调整信托关系的法律规范，确立适合我国国情的信托制度，对完善我国的民事商事法律制度，发挥信托在民事活动和经济活动中的作用，推动社会主义市场经济的发展，具有重要的意义。

《信托法》对现实中的信托活动具有指导和规范的作用，有利于纠正以往不正确的做法，引导信托活动步入规范化的轨道。实行改革开放以后，自 20 世纪 80 年代初在我国恢复信托活动以来，先后开办了许多金融信托机构，由于缺乏实践经验和相关的法律规范，在从事信托的活动中产生了各种各样的问题，许多业务名曰信托业务，实际上不是信托活动，不构成信托关系。有的甚至冒用信托，进行了一些扰乱国家金融秩序和经济秩序的违法活动，暴露出比较严重的问题。这些问题与我国尚未建立调整信托关系的基本规范有关。通过制定《信托法》，用法律的形式对信托关系以及信托当事人的权利义务作出明确的规定，有利于纠正不规范的问题，维护信托活动当事人的合法权益，促进信托事业的健康发展。

四、信托法律制度的运用

(一)《信托法》的适用范围

法律的适用范围一般包括该法所调整的主体范围、客体范围和法律的管辖范围。

1. 主体范围。《信托法》专门调整信托关系，而构成信托关系的当事人主要是与信托活动有直接的最密切关系的委托人、受托人、受益人，这三方当事人必须同时具备。缺少这三方当事人的任何一方，则缺少构成信托关系的基本要件，不可能形成信托关系。委托人，是指设立信托的人。

委托人包括具有完全民事行为能力的自然人、依法成立的法人和依法成立的其他组织。受托人，是指与委托人订立信托合同而承诺接受委托，或者被信托遗嘱所指定而承诺接受指定，负责对信托财产进行管理、运用或处分的人。受托人可以是具有完全民事行为能力的自然人和依法成立的法人。

受益人，是指依据信托文件享受信托利益的人。受益人包括自然人，该自然人可以是具有完全民事行为能力的人，也可以是无民事行为能力人或者限制民事行为能力人，这些人正是民事信托中主要的信托利益的受益对象；受益人还可以是依法成立的法人或者其他组织，这些法人或者组织，可以是营利性组织，也可以是非营利性组织。信托法对委托人、受托人、受益人在信托关系中的权利义务所作出的规范，信托当事人必须加以遵守。

除了上述信托当事人之外，与信托活动有联系的其他相关人，在信托法所指向的事项上，也应当遵守信托法的相关规定。

2. 客体范围。《信托法》作为调整信托关系的基本规范，需要涵盖那些为不同目的而设立的信托关系，将各种信托中一般的、共同的规则，以法律的形式确定下来，适用于民事信托、营业信托、公益信托等各种信托。

3. 管辖范围。在中华人民共和国境内，信托当事人进行民事信托、营业信托、公益信托活动，都必须遵守本法，即确定《信托法》的地域管辖范围。无论中国公民、中国的法人和其他组织，还是外国人、外国的法人或其他组织，凡在中华人民共和国境内进行信托活动，都受本法的调整和管辖。

（二）信托的基本原则

信托活动是社会主义市场经济条件下，委托人、受托人、受益人共同形成的一种特定的民事商事法律关系。信托活动应当同其他民事商事活动一样，必须遵循共同的一些基本原则。

1. 信托当事人进行信托活动，必须遵守法律、行政法规，这是开展信托活动的一项基本原则。一般来讲，依照一定的目的设立信托以及信托当事人之间相互履行其义务，是基于当事人之间的意思自治，属于信托当事人的民事权利义务关系。原则上，民事关系主要涉及当事人之间的利益，只要当事人的意思不与法律的强制性规范相抵触，即承认该行为的法律效力。

但是，国家法律中的强制性规定，信托当事人是不得违反的。这些法律包括专门调整信托关系的《信托法》，调整民事关系的《基本法》，以及其他维护社会经济秩序的各项法律和行规。

2. 信托当事人进行信托活动，必须遵循自愿、公平和诚实信用的原则，这是开展信托活动的另一项重要原则。信托活动是一种民事商事行为，信托当事人之间处于平等地位，设立信托，形成信托关系，必须建立在委托人、受托人自愿的基础之上。同时，通过信托合同等信托文件的原则。在设立信托和按照信托文件进行信托活动时，当事人之间应当有诚意，维护相互之间的信任关系，不得背信弃义，损害对方和第三人的利益。

3. 信托当事人进行信托活动，必须遵守社会公共道德，不得损害国家利益和社会公共利益，这也是开展信托活动必须遵守的一项重要原则。信托活动属于民事商事行为，信托当事人可以根据信托的功能，在自愿的基础上设立信托，以实现信托的目的和受益人的利益。

但是该信托目的和受益人的利益，不能违反社会公共秩序，不得损害国家利益和社会公共利益。信托目的违反法律、行政法规，信托活动损害国家利益和社会公共利益的，该信托行为无效，不受法律的保护。

第二节　信托的设立、变更与终止

一、信托的设立

信托的设立就是依照法律规定形成有效的信托关系，或者说是依照法律的要求实施信托行为并得到法律上的确认。信托的设立是需要具备一定条件的，这些条件如果是以法律形式作出规定，则成为法定条件。

《信托法》对信托设立所规定的条件主要有以下内容。

（一）必须有合法的信托目的

这是设立信托所必须具备的条件，其实质要求是要有信托目的，因为信托关系的产生是起源于为了一定的目的而委托他人管理财产，在信托定义中则表述为必须具有合法性：为受益人的利益或者特定的目的。这是在社会经济生活中逐步形成信托制度并持续存在的一个直接原因，如果人们不因一定的目的而需要信托，则信托是不会存在的；或者即使出现，也不会持久，所以设立信托，必须是有其目的的。

信托目的的具体内容应当说是很丰富的、多样的，这与人们在社会经济生活中的多种需要是一致的。不同的人、不同的团体、不同的领域、不同的背景、不同的愿望等，都会形成不同的目的，所以信托目的是多种多样的，这是客观事实。在法律中没有对信托目的的内容作出具体限定，但是对信托目的有一个明确的限定，就是信托目的必须是合法的，也就是都要具有合法的规定；包括所有的各种各样的信托都不得有例外，法律的普遍性在信托设立条件中同样有效。

信托目的合法性也就是要求在法律允许的范围内确定信托目的，不能有违反法律的非法的信托目的。这里所指的法律是国家制定的所有法律，并不仅仅是有关财产的。要求信托目的具有合法性，实质上是限定只能在法律许可的范围内管理运用财产，不允许利用信托去实现非法目的，也就是只能为合法的目的理财。

（二）必须有确定的信托财产

这项条件在《信托法》中的规定是，设立信托，必须有确定的信托财产，并且该信托财产必须是委托人合法所有的财产。《信托法》所称的财产包括合法的财产权利。这些规定作为设立信托的一项重要的条件，包括以下几层意思：（1）信托是一种以信托财产为中心建立起来的法律关系，不能没有信托财产。如果缺少了信托财产，信托就无以凭借；（2）信托财产必须是确定的、真实存在的，只有这样，凭借其建立的信托关系才会是确定的、真实存在的；（3）用以设立信托的信托财产是委托人合法所有的财产，只有这样，信托财产才可能是确定的，否则，不是委托人所有的、合法的财产，它就难以有确定性；（4）可以用作信托财产的财产，包括合法的财产权利，这表明在《信托法》第二条所指的财产是一个广义的概念，它既指有形财产，也指无形财产，动产、不动产等有实物形态的财产均包括在内，依附于财产而形成的权利，即归委托人合法所有的财产权利也都列入财产范畴之中。上述关于信托财产的内容，仅是从设立信托的条件而言，有关信托财产的其他许多内容将另行阐述。

（三）应当采用书面形式

信托文件包括书面形式的信托合同、遗嘱或者法律、行政法规规定的其他书面文件等。对合同的书面形式的要求与《合同法》的规定是衔接的，因为《合同法》规定了法律、行政法规规定采用书面形式的，应当采用书面形式，而《信托法》正是遵循了这方面的规定。关于法定的其他书面文件，是指除信托合同、遗嘱以外的可以据以形成信托关系的依法产生的文件，或称书面形式，比如证券投资基金采用的一些形式。

信托文件虽然不是单一形式的，但是其所载明的事项由法律分为两类，一类为法定记载事项，是必须载明的；另一类为自主决定是否记载的事项，可称其为任意事项。法定记载事项都是必要的，包含对形成信托关系有决定意义的内容，共有以下五项：（1）信托目的；（2）委托人、受托人的姓名或者名称、住所；（3）受益人或者受益人范围；（4）信托财产的范围、种类及状况；（5）受益人取得信托利益的形式、方法。

在信托文件中由当事人自主决定是否记载的事项，如信托期限、信托财产的管理方法、受托人的报酬、新受托人的选任方式、信托终止事由等，这些内容固然重要，但是对其可以酌量减少也可以增加。

【拓展阅读】

信托文件与一般合同的区别：（1）主体区别：信托文件由委托人和受托人订立或签署，除自益信托外，作为信托法律关系当事人的受益人并非信托文件的主体；一般合同的订立主体和当事人是完全一致的。（2）生效条件区别：信托财产法律关系的生效以信托财产的合法交付为依据；一般合同依《合同法》规定，自成立时生效。（3）财产权利确立基础区别：信托当事人之间信托财产所有权及所有权权能的分配根据法律规定实现；一般合同当事人之间的债权债务实现以约定方式取得。

（四）应当依法办理信托登记

设立信托并不要求都必须进行登记，但是对于信托财产，如果有法律、行政法规规定应当办理登记手续的，应当依法办理信托登记；只有办理了信托登记，该设立信托才是有效的；对于未依法办理信托登记的，信托法所作的规定，先要求补办登记手续，给当事人以弥补的机会，只有对应当补办而不补办的，才在法律上明确该信托不产生效力，即不承认设立信托的行为是具有效力的。对于一定的信托财产需要依法进行信托登记，用意在于对其已设立信托的事实予以确认，有利于保护第三人的利益。

（五）信托无效

信托无效，是指意欲设立信托，但其行为不符合法律规定，而不被法律所承认，因而是无效信托。信托无效与信托的终止、信托关系的消灭、信托的撤销都不一样。

信托无效是自始就没有产生信托行为，而其他几种行为是存在过信托，但由于种种事由致使信托不存在了。

《信托法》所规定的下列 6 种信托无效的情形是与前述设立信托的条件相对应的，或者在原则上是一致的。信托的设立或者允许其存在，都必须有合法的、正当的目的，符合法定条件，否则就应当将其排除，采取使其无效的法律措施是必要的。六种信托无效的情形是：（1）信托目的违反法律、行政法规或者损害社会公共利益；（2）信托财产不能确定；（3）委托人以非法财产或者本法规定不得设立信托的财产设立信托；（4）专以诉讼或者讨债为目的设立信托；（5）受益人或者受益人的范围不能确定；（6）法律、行政法规规定的其他情形。

（六）设立信托的被撤销

这是对信托设立不当所作处理的专门规定，从一定意义上讲，它也是否定信托设立行为的一项法律措施。《信托法》规定，委托人设立信托损害其债权人利益的，债权人有权申请人民法院撤销该信托；人民法院依照上述规定撤销信托的，不影响善意受益人已经取得的信托利益；债权人的申请权，自债权人知道或者应当知道撤销原因之日起一年内不行使的，归于消灭。

无效信托和被撤销信托的法律后果为信托行为被确认无效或被撤销后，受托人已经取得的信托财产应当返还。当事人恶意串通，损害国家、集体或第三人利益的，因此取得的财产收归国家所有或返还集体、第三人。信托被确认无效或被撤销后，有过错的一方应赔偿对方因此所受到的损失；双方都有过错的，应各自承担相应的责任。但信托被依法撤销不影响善意受益人已取得的信托利益。

（七）设立遗嘱信托的特别规定

遗嘱信托是根据遗嘱来管理和处理财产。有关遗嘱的订立、效力等事项，不应属于《信托法》的内容，而应当执行《继承法》的规定，所以《信托法》明确，设立遗嘱信托，应当遵守《继承法》关于遗嘱的规定，这是法律上应有的衔接。《继承法》规定："公民可以依照本法规定设立遗嘱处分个人财产，并可以指定遗嘱执行人。"按照这个规定，立遗嘱者是可以指定其个人财产作为信托财产时的受托人的，但是这个被指定的受托人拒绝担任，或者无能力担任的，《信托法》则专门规定由受益人另行选任受托人。

《信托法》中除了上述规定外，还考虑到遗嘱中如果对选任受托人另有规定的，则明确从其规定，这也就是尊重立遗嘱者在生前对遗产管理、处理的意愿，对于设立遗嘱信托，除了有特别规定外，其他的有关一般条件的事项也都适用《信托法》规定。①

二、信托的变更

设立信托后，有下列四种情形之一的，委托人可以变更受益人或者处分受益人的信托受益权。这四种情形为：（1）受益人对委托人有重大侵权行为；（2）受益人对其

---

① 赵廉慧. 信托法解释论［M］. 北京：中国法制出版社，2015，76 - 79.

他共同受益人有重大侵权行为；（3）经受益人同意；（4）信托文件规定的其他情形。在这四种情形中，有的是出现了不正常的信托行为，有的是出于受益人的意愿，有的是事先约定的行为，都可以作为变更信托事项的根据。在《信托法》中还规定了上述四种情形中有第（1）、（3）、（4）项情形之外的，委托人可以解除信托，实际上就是取消了信托受益权。因为信托已不存在，就无信托受益权可言。

三、信托的终止

（一）终止情形

信托终止是信托的结束，它与信托解除有所区别。信托终止一般是指信托的完成，信托解除则意味着信托尚未完成但中途解散。

信托终止的法定情形有下列六种法定情形之一的，信托终止。这六种情形为：（1）信托文件规定的终止事由发生；（2）信托的存续违反信托目的；（3）信托目的已经实现或者不能实现；（4）信托当事人协商同意；（5）信托被撤销；（6）信托被解除。这些情形的出现，意味着信托行为依法终止，信托不再存续。

（二）终止后财产的处理

信托财产归属的有关事项终止，信托财产的归属确定后，有关的法律关系发生变化或者在变化过程中。针对这种情况，信托法对相关事项作出了规定，分述如下：

1. 明确规定信托财产的归属依法确定后，在该信托财产转移给权利归属人的过程中，信托视为存续，权利的归属人视为受益人。这也就是信托终止后，信托财产尚未转移到权利归属人之手，受托人仍然负责管理信托财产，处理信托事务，视同信托依然存在，已被确定的权利归属人在法律地位上是受益人。信托转移过程所需时间，法律未作规定，可以由交接当事人确定。

2. 信托终止后，人民法院依据信托法的规定对原信托财产进行强制执行的，以权利归属确定。信托财产被依法确定归属于谁，谁就成为被执行人。

3. 信托终止后，受托人依照信托法的规定行使请求给付报酬、从信托财产中获得补偿权利时，可以留置信托财产或者对信托财产的权利归属人提出请求。这项规定的立足点是受托人的合法权益应当得到保护，并应有合理的保护措施和明确的责任承担者。

【案例分析 10－2】

2005 年，甲将 10 万元人民币委托给 A 信托公司，为其正在上小学六年级的儿子乙设立大学教育经费信托。2009 年，A 信托公司由于连续 2 年年检不合格，被中国人民银行依法撤销。后 B 信托公司受甲之托继续管理教育经费信托事务。2010 年甲的儿子在一起交通事故中意外死亡。

资料来源：https://wenku.baidu.com/view/1be3537401f69e31433294ef.html。

思考：（1）A 信托公司被撤销，信托是否终止？

（2）甲的儿子死亡是否影响信托的效力？

第三节 信托财产

信托财产是信托标的物，信托关系以信托财产为中心而形成，信托财产的存在在信托设定的条件中已作出规定，在《信托法》的"信托财产"一章中对其性质、范围、权利保护、继承等方面作出规定。

一、信托财产的概念和特征

根据信托法的明确表述，信托财产不是一般的财产，而是受托人因承诺信托而取得的财产。也可以说，这就是信托财产特定的性质，从法律上具体表现为以下方面。

1. 信托财产是由委托人因一定的信托目的而转到受托人手中的财产，这种财产在信托成立后，委托人不能再直接管理运用。

2. 受托人因承诺信托，即信托依法设立而从委托人手中取得了委托其管理运用的财产，这种财产是以受托人名义为一定的信托目的管理运用的。在立法过程中曾有意见提出，不以受托人的名义管理运用信托财产行不行。对此问题，如果以信托的法律特性衡量，受托人是不可缺少的，应当用其名义。

3. 信托财产一旦形成，就与委托人未设立信托的其他财产相区别，信托财产是以信托的方式交由他人管理的财产，未信托的财产则无此特性。

4. 信托财产是以受托人的名义管理运用的，但又不属于受托人自己所有的财产。为便于表示受托人原有财产的特征，所以简称为受托人的固有财产。

5. 信托财产可以根据信托文件有形态上的变化，比如，信托设立之初是一幢房子，后来卖掉成了金钱，然后以货币买成债券，再由债券变成商品，商品又变成了另外一些不动产，财产形式几经转换，虽然呈现出多种形式，但仍然是信托财产，信托财产的性质不起变化，仍然由受托人管理运用，受益人的权益没有变化。这是信托财产的特征之一，有的理论称它为信托财产的物上代位权。

二、信托财产权的法律性质

（一）信托财产区别于受托人固有财产

信托财产具有独立性，不同于受托人的固有财产，对于两者的区别，特别是两者之间的一些非常重要的法律关系，《信托法》作出了下列明确规定：

1. 受托人死亡或者依法解散、被依法撤销、被宣告破产而终止，信托财产不属于其遗产或者清算财产。这项规定表明，信托财产是受托人受他人委托而管理运用的财产，并非是自己拥有所有权的财产。因此，对于受托人来说，信托财产在受托人死亡时不能作为其遗产继承，也就是信托财产不能被列为继承对象。如果受托人是依法解散、被依法撤销、被宣告破产而不再存续下去，也就是终止其受托人身份时，信托财产不能与受托人自己拥有所有权的财产一样列为清算财产，债权人不应主张以信托财产偿债，委托人、受益人的权益应当受到保护，受托人不得乘机侵占信托财产。

2. 受托人管理运用、处分信托财产所产生的债权，不得与其固有财产产生的债务相抵销。这项规定的立法基础仍然是保障信托财产的独立性，信托财产所产生的债权是属于信托财产范畴的，固有财产产生的债务是固有财产范畴的，两者不能混淆，不得抵销，如果发生抵销，可能是受托人将信托财产变成了其固有财产。这在各个种类的信托中都是不允许的，维护信托财产的独立性在信托制度中是一个普遍的原则。

3. 受托人管理运用、处分不同委托人的信托财产所产生的债权债务，不得相互抵销。这是保障信托财产独立性的又一项法律原则，它所要求的是，不同委托人的信托财产都是相互独立的，有独立的权利、独立的利益，也有独立的责任、各自的义务，在由同一受托人以同一个名义管理运用、处分时，不能混同、抵销，受托人有责任将管理运用、处分的不同委托人的信托财产的权利和义务分清。只有将信托财产独立性具体体现到每一个委托人的信托财产上，这种独立性才是可操作的，是真正维护委托人、受益人利益的。这实际上表明信托财产的一个特点，即信托财产处于受托人的控制之下，它们来源于不同的委托人，虽然这时并不是一个个独立的法人，但是它们都是在同一个受托人名义下一个个独立的个体，有各自不应混淆的权益。

（二）信托财产不得强制执行及其例外

信托财产具有独立性，区别于委托人未设立信托的其他财产，也区别于受托人的固有财产，因此，委托人、受托人的一般债权人是不能追及信托财产的，所以对信托财产不得强制执行是一般的原则，但是在设立信托前已产生的权利和由于处理信托事务而产生的债务是要除外的。

《信托法》的规定核心在于，除法定的情形之外，对信托财产不得强制执行，而对法定的情形只限于四种，有其中之一的才可以对信托财产强制执行。四种可以除外的法定情形为：（1）设立信托前，债权人已对信托财产享有优先受偿的权利，并依法行使该权利的；（2）受托人处理信托事务所产生债务，债权人要求清偿债务的；（3）信托财产本身应担负的税款；（4）法律规定的其他情形。这四种情形是在保障信托财产独立性的基础上，考虑了防止以信托为手段逃避债务，损害债权人合法权益的情况，明确了信托财产本身所应承担的责任。对于其他除外情形，只限于法律的规定，从而排除了以其他方式作出影响信托财产独立性的决定。信托财产不得强制执行的原则和除外情形都由法律规定，对于违反这些规定而强制执行信托财产的，《信托法》明确了委托人、受托人或者受益人有权向人民法院提出异议，这是对信托财产独立性的又一层法律保护。

三、信托财产的范围

《信托法》对信托财产的范围作出规定：信托财产中所称的财产包括财产权利。受托人因信托财产管理运用、处分或者其他情形而取得的财产，也归入信托财产。这样就对信托财产所应包含的内容作出了法律上的界定，即受托人在信托设立时所取得的信托财产；信托财产在管理运用、处分过程中转换了形式后所形成的财产；信托财产的增值部分或者说由其孳生的利益，都应当归入信托财产的范围。在信托财产的种类上，它的范围限定在可以合法流通的财产。按照信托的性质，信托财产应当是可以流通、可以转让的，但并不是所有的财产都在这个范围内。

因此，《信托法》规定：法律、行政法规禁止流通的财产，不得作为信托财产；法律、行政法规限制流通的财产，依法经有关主管部门批准后，可以作为信托财产。

四、信托财产的处置

信托财产是有独立性的，它与委托人未设立信托的其他财产相互区别，所以对其处置有专门的规定，这是信托法律制度有特点的内容。

信托设立后，委托人死亡或者依法解散、被依法撤销、被宣告破产时，委托人是唯一受益人的，信托终止，信托财产作为其遗产或者清算财产。这项规定的基础是委托人为信托的设立人，由其提供了信托财产；重要的条件是出现了法定的事由，委托人是唯一的受益人。在这种情况下，信托不再存续，而做终止处理。

与上述情况相联系，而委托人不是唯一受益人的，也就是还有其他受益人的，即使委托人死亡或者因其他有可能使信托消失的法定事由出现，已设立的信托仍然存续，信托财产不能作为委托人的遗产或者清算财产。可以说，这就是信托财产独立性在法律上的具体体现。

委托人作为共同受益人，也就是委托人不是唯一受益人，还有其他受益人存在，信托存续的情况下，委托人死亡或者因法定事由使信托消失的，其信托受益权作为其遗产或者清算财产，这是将信托财产与信托受益权区别开来，保护合法的信托受益权。

第四节　信托当事人

一、委托人

委托人是信托关系中三个不可缺少的当事人之一，在《信托法》中对他的法律地位、权利义务作出规定时，是以信托作为一种借助他人进行代理的制度为基础来考虑的，在这个基础上形成了委托人的特定法律地位和权利义务。其主要内容详述如下。

（一）委托人在信托关系中的法律地位

信托关系是一种以信托财产为中心的法律关系，如果不以特定的财产设立信托，信托关系便无从产生。委托人是信托财产的提供人，是以其合法所有的财产设立信托的，也就是委托人以其拥有所有权的财产为了一定的目的委托他人进行理财。所以，委托人是以信托财产提供人的身份在信托关系中确立其法律地位的，正由于信托财产来自委托人，所以委托人是信托的设立人，当然，设立信托并不是委托人独自的行动，需要与他所信任的人签订信托合同或者形成其他信托文件，这样委托人便是不可缺少的一方当事人。

在此过程中，委托人所具有的法律地位是明确的。虽然不同种类的信托可以有不同的具体形式，但委托人作为信托财产提供人的法律地位是不变的，并由此产生了相应的权利义务。

（二）委托人的资格

委托人应当具有两项基本条件：首先，要有享有所有权的可以信托的合法财产，没有这种财产，便没有成为委托人的前提条件；其次，委托人应当具有完全民事行为能力，也就是能以自己的行为从事民事活动，享受权利、履行义务的人。

这里并不排斥不具有完全民事行为能力的人，因为他们可以由其法定代理人代理行使权利、履行义务。由于委托人所应具备的条件，就决定了具有完全民事行为能力的自然人可以有资格作为委托人。法人也是有资格作为委托人的，如果其他组织具有了前述条件，也是有资格作为委托人的。所以，在《信托法》中明确规定，委托人应当是具有完全民事行为能力的自然人、法人或者依法成立的其他组织。这项规定既是法律上对委托人资格的要求，又是在很宽的范围内允许符合条件的委托人设立信托。在《信托法》中对委托人资格的规定，没有限定委托人必须是一人或者是两人以上，这意味着委托人可以是一人，也可以是两人以上而成为共同委托人。

（三）委托人的权利

在信托作为一种理财制度发挥其作用时，委托人虽然是以一定的信托目的而设立信托的，是他作为信托财产的提供者，为了其合法利益和受益人的利益，应当是有相应权利的，因此，《信托法》中对委托人规定了以下四种主要的权利。

1. 委托人有知情权。《信托法》规定，委托人有权了解其信托财产的管理运用、处分及收支情况，并有权要求受托人作出说明；委托人有权查阅、抄录或者复制与其信托财产有关的信托账目以及处理信托事务的其他文件。这几项内容的规定，目的在于保证委托人有比较多的知情权，并能以法定的方式知悉和掌握发生的事实，以利于委托人对信托财产的运作情况实施监督。当然，这里所规定的知情权，并未含有委托人可以直接处理信托财产或者直接处理信托财产运作中具体事务的内容，法律上的界限是清楚的。

2. 委托人有权要求调整信托财产管理方法。信托财产管理方法是一个内容丰富的概念，它可以包括许多种可以选择的用于信托财产管理的方法，但是，方法的选择应当适合信托财产的具体情况，有利于实现信托目的，符合受益人的利益，按照这样的原则，信托财产的管理方法就不是一成不变的，而是应当根据实际情况、信托目的、受益人的利益进行必要的调整，对此，委托人由于是设立信托，确定信托目的，直接关注受益人利益的当事人，应当对信托财产的管理方法的选择和调整有较大的发言权，也就是在法律上应当让其能施加影响，行使一定的权力。

所以《信托法》规定，因设立信托时未能预见的特别事由，致使信托财产的管理方法不利于实施信托目的或者不符合受益人的利益时，委托人有权要求受托人调整该信托财产的管理方法。这项规定对委托人要求调整信托财产管理方法的特定条件和具体权力作出界定，既防止随意地要求调整管理方法，又保障了委托人所应有的权利。

3. 委托人的申请撤销处分权。在已设立的信托中，如果出现受托人违反信托目的处分信托财产的情形，或者由于受托人违背管理职责、处分信托事务不当致使信托财产受到损失的情形，委托人出于维护其信托财产的要求，法律上应当准许其采取一定的行动，提出维护其相应的利益的主张。

因此，《信托法》作出如下规定：委托人有权申请人民法院撤销该处分行为，也就是赋予了委托人对违反信托目的处分信托财产的行为有通过司法程序给予否定的权利；委托人有权要求受托人恢复信托财产的原状或者予以赔偿，这是针对前述两种行为的，无论是违反信托目的处分信托财产，还是因违背管理职责、处理信托事务不当，都有可能导致委托人提出恢复信托财产的原状或者予以赔偿的要求，这应当是委托人的一项权利；该信托财产的受让人明知是违反信托目的而接受该财产的，应当予以返还或者予以赔偿，这是对以恶意取得信托财产者的追究。也就是说，对违法处分和恶意取得信托财产的，法律不予承认并予以追究。这样规定是必要的，保护了信托财产的合法权益；对于委托人的前述申请权，自委托人知道或者应当知道撤销原因之日起一年内不行使的，归于消灭。所以作这样的时限规定，是考虑了信托财产管理的特点，对于委托人来说，是其放弃了可以行使的权利；委托人有依法解任受托人的权利；信托是一种以信任为基础委托他人理财的制度，委托人有权选择自己所信任的受托人，建立信托关系，但是这种关系是会起变化的，一旦受托人违反信托目的处分信托财产，或者管理、运用、处分信托财产有重大过失，这时委托人对受托人不再是继续信任的，信托的基础动摇，委托人有权依法采取行动。

《信托法》对这种行动规定了两种方式、两种有所区别的权力：一是委托人有权依照信托文件的规定解任受托人，这是以信托文件为根据，委托人行使权力；二是由委托人申请人民法院解任受托人，这是委托人有申请权，最后的决定权在人民法院。当然，这种申请权以法定的方式提出了解任受托人的主张，表明了受托人失去了委托人的法律制度信任。

二、受托人

（一）受托人的资格

受托人是接受委托，按照信托文件对信托财产进行管理、运用、处分的人，因此，是需要有一定能力的。这种能力可以称为受托能力，也就是说，是否有受托能力，成为是否可以作为受托人的前提条件；或者说在法律上，对受托人资格的要求主要是对其受托能力的要求。

《信托法》规定，受托人应当是具有完全民事行为能力的自然人、法人。这就是信托作为理财制度，需要与不同的专业相联系，当然需要有不同的专业能力，对此在法律上很难作出统一的规定，但是对受托人最基本的、最主要的能力要求，是其能以自己的行为从事信托活动，享有权利，承担责任。不具有完全民事行为能力的人是没有资格充当受托人的，对于自然人是这样要求的；对于法人，要求其是依法设立的，取得法人资格。

因此，在《信托法》中明确了法律、行政法规对受托人的条件另有规定的，从其规定。这项规定里所包含的意思至少有两层：一层意思是如果某些信托需要法人组织担任受托人，则法律、行政法规可以对法人组织的设立和接受信托的范围作出规定；另一层意思是某些信托对受托人特别是法人担任受托人的，需要有特定的专业能力的，可以在法律、行政法规中对受托人的特定条件作出规定。可以作出的这种规定因《信托法》中肯定了上述"从其规定"的方式，而使法律与法律之间，规范信托关系的法律与国家对信托活动实施管理之间是相互衔接的，相互沟通并且协调。

（二）受托人的义务

在信托制度中，受托人是受人之托、代人理财的，受托人承担着管理运用、处分信托财产的重要责任，具有比较大的权力。因此，也应当履行比较严格的义务。这种义务应当是确定的必须履行的，所以《信托法》对受托人的基本义务作出了规定，使之成为法定的义务，定型化了的义务。主要表现如下。

1. 受托人应当遵守信托文件的规定，为受益人的最大利益处理信托事务。这使受托人的基本义务有以下几个方面：必须履行的基本义务，也是受托人必须遵循的行为规范，他必须以信托文件的规定作为管理运用、处分信托财产的根据，不能超越，也不能背离。从法律上是这样要求的，在受托人的具体活动中也必须遵守。为受益人的最大利益处理信托事务，这是遵守信托文件的基本目的，也是受托人所应当追寻的目标。最大利益就是受托人有义务尽最大的努力管理运用好信托财产，取得最佳效果。为受益人的最大利益处理信托事务，还有一层直接的意义，就是受托人任何时候都应当将受益人的利益放在第一位，而绝对不允许将自己的利益置于与受益人的利益相冲突的地位，甚至将自己的利益优先于受益人的利益，这种利益关系的规定，对受托人来说是定型化了的义务。

2. 受托人管理信托财产，必须恪尽职守，履行诚实、信用、谨慎、有效管理的义务。这项法律规定中所包含的受托人应尽的义务、内容是比较广泛的，但是是有确定性的，它对受托人有道德上的要求，也有法律上的规范。

首先要求受托人恪尽职守，也就是受托人是受托代人理财的，必须忠于职守，履行职责，管理、运用、处分好信托财产，符合信托目的，不得有失职守；受托人必须履行诚实、信用、谨慎、有效管理的义务，这四方面的要求是各有其含义的，也是紧密结合成一体的，它具体体现在受托人履行其职责上。诚实是要求受托人忠诚、切实地履行职责，忠实地对待其他信托当事人的利益。信用是要求受托人信守自己的承诺，重视信誉，不得违反信托文件的规定。谨慎是要求受托人慎重、严谨地处理信托事务，管理信托财产，重视信托财产的安全，避免由于自己的过失使信托财产遭受损失。有效管理是要求受托人管理信托财产是有效率的、能增值的，为受益人谋取应得的利益。

法律对受托人的上述义务作出规定，就是要求受托人在处理信托事务时，将道德规范与法定义务结合为一体，成为规范自身行为的重要标准。

3. 受托人除依照《信托法》的规定取得报酬外，不得利用信托财产为自己谋取利益。如果受托人违反这项规定，利用信托财产为自己谋取利益，所得利益归入信托财产。这是受托人在管理信托财产时必须履行的法定义务，除了依法取得报酬外，受托人管理运用信托财产只能是为了受益人的利益，而不得使自己的利益也在其中，甚至是用自己的利益去否定受益人的利益。

如果受托人以信托财产为自己牟利，必须将这种利益归入信托财产，也就是归入受益人的利益，不承认受托人所获得的不法利益，明确地保护受益人的利益。这种保护是受托人的义务，受益人的权利。

4. 受托人不得将信托财产转为其固有财产；受托人将信托财产转为其固有财产的，必须恢复该信托财产的原状；造成信托财产损失的，应当承担赔偿责任。这些法定的义务是受托人所必须履行的，或者说是必须遵守的行为规则。

信托财产只能是受托人受托管理的财产，不是受托人所有的财产，但是信托财产在受托人的管理之下，因此，法律规定受托人不得借机侵占，不得将由其管理的信托财产转为其固有财产，也就是受托人有义务保证信托财产的安全、完整。

如果出现受托人将信托财产转为其固有财产的情况，受托人有义务恢复该信托财产的原状，也就是受托人有义务将信托财产恢复到受侵害前的状态，包括恢复到原有的权利状态。

由于受托人将信托财产转为其固有财产而造成信托财产损失的，应当承担其侵害行为造成的后果，有义务对信托财产的损失予以赔偿。上述所指的恢复原状和赔偿损失都是承担民事责任的方式，可以单独适用，也可以合并适用，实质上就是要求受托人履行对信托财产受侵害后应尽的义务。

5. 受托人不得将其固有财产与信托财产进行交易，或者将不同委托人的信托财产相互交易，但信托文件另有规定或者经委托人或者受益人同意，并以公平的市场价格进行的除外。这是考虑到受托人既管理信托财产，又有自己的财产即固有财产，从而具有双重身份，并且在信托财产中还有不同委托人的区别，因而对这几种财产之间的交易应当加以限制，防止交易的不公平，并引致对其中某一种财产的损害。

这是信托财产管理中的一项必要规则，也是受托人应尽的义务。当然，限制这种交易并非是绝对禁止这种交易往来。如果在特定的条件下，受到严格的审查或者控制，仍可进行有限制的交易，所以明确了信托文件另有规定或者经委托人或者受益人同意的除外。如果受托人违反上述规则，发生受限制的交易行为，导致信托财产遭受损失，受托人有义务赔偿损失，即承担赔偿责任。

6. 受托人必须保存处理信托事务的完整记录，这就是受托人有保存资料的义务。

7. 受托人应当每年定期将信托财产的管理、运用、处分及收支情况，报告委托人和受益人，这就是受托人有依法报告的义务。所报告的内容在《信托法》中作出基本规定，具体的内容可以依法在信托文件中或者有关的管理规定中作进一步的规定。

8. 受托人对委托人、受益人以及处理信托事务的情况和资料负有依法保密的义务。

（三）信托财产分别管理

分别管理的规则适用于两方面：一是受托人必须将信托财产与其固有财产分别管

理、分别记账；二是受托人必须将不同委托人的信托财产分别管理、分别记账。这两方面的分别管理严格划开了信托财产与受托人固有财产的权益，同一受托人管理的不同委托人信托财产的权益。分别记账是分别管理的关键手段，分别记账就是分别记载发生的经济事务，分别反映信托财产的运行状况，分别计算其经济上的损益。

1. 受托人自行处理信托事务。这是受托人的又一项应当履行的义务，它产生于信托制度的一个重要特点，就是委托人出于对受托人的信任，才将财产委托给他管理的，这种信任都会具体到受托人的声誉、能力、知识等方面，因而受托人在承诺信托后，应当由自己处理信托事务，而不应再转由他人来处理信托事务。这是通行的规则，也是受托人的义务。

对于这项规则，可以有例外的情况，或者说有法律允许的例外情况，即信托文件另有规定，也就是事先有约定可以委托他人代为处理，受托人可按信托文件规定办理；另一种情况是受托人有不得已事由的，也就是受托人由于有自身难以控制的一些事由，比如受托人有病，很严重，不能自行处理信托事务，这种情况下可以委托他人代为处理。

对于受托人自行处理信托事务的规则，并不是绝对地都由其个人直接处理。如果受托人是自然人，他可以请一些人员起辅助作用；如果是法人，则按法人组织的内部分工处理。对于受托人依法将信托事务委托他人代理的，其责任的承担，按受托人应当自行处理信托事务的规则来确定，也就是委托他人代理的，其责任仍由受托人承担。所以《信托法》规定，受托人应当对他人处理信托事务的行为承担责任。这从受托人是信托关系当事人这个角度看，受托人也应当承担这种责任。

《信托法》明确了这种责任，有利于保护委托人和受益人的利益，有益于受托人慎重地对待委托他人处理信托事务的事宜。

2. 共同受托人产生于共同信托。某一项信托并不限于只有一个受托人，而由几个受托人共同接受也是可以的。同一信托由两个以上的受托人接受的为共同信托，共同信托的共同受托人为共同信托人。

同时，《信托法》为共同信托人的权利义务作出了规定，明确了他们之间的法律关系，主要内容如下所述：

（1）为共同受托人作出界定，也就是必须具备两个条件：一是为同一信托的受托人才是共同受托人；二是同一信托的受托人为两个以上的才能构成共同受托人。

（2）共同信托应当由共同信托人共同处理信托事务，这是一般的规则，但是信托文件如果规定对某些具体事务由受托人分别处理的，可以按照信托文件的规定执行。这里需要指出的是，只有对某些具体事务才允许在信托文件中规定可以分别处理；对共同信托的重要事务，还是确定由共同信托人共同处理。

（3）共同受托人共同处理信托事务，意见不一时，如果信托文件中有处理这种情况的规定，则按信托文件的规定办理；如果信托文件中未作这种规定，由委托人、受益人或者利害关系人决定。

（4）共同受托人处理信托事务对第三人所负债务，应当承担连带清偿责任。对于这种债务，应当视为是共同信托人的共同债务，各个共同受托人负有连带清偿责任，即负有连带责任的各个受托人作为债务人，都负有清偿全部债务的义务。

（5）第三人对共同受托人之一所作的意思表示，对其他受托人同样有效。这是明确共同信托人与第三人之间的又一层法律关系，即第三人的意思表示只对共同受托人之一作出即为有效，不必向共同受托人逐个地作出。

（6）共同受托人之一违反信托目的处分信托财产或者因违背管理职责、处理信托事务不当致使信托财产受到损失的，其他受托人应当承担连带赔偿责任。这项规定将共同受托人作为一方当事人，是一个整体，共同接受信托，共同处理信托事务，共同承担责任，其中某一个受托人的责任就是共同受托人中其他受托人的责任。即使由受托人分别处理具体事务产生的责任，也因为这是共同的授权，所有共同受托人应同样地承担责任。

3. 受托人的权利。受托人得到委托人的信任受托理财，除了在信托文件中所赋予的管理、运用、处分信托财产的权利外，在《信托法》中还规定其有取得报酬和优先受偿的权利。这两项权利的产生和实现都有具体的条件，主要内容如下所述。

（1）关于取得报酬的权利。在《信托法》中首先明确规定，受托人有权依照信托文件的约定取得报酬。这项规定立足于受托人可以取得报酬，但是不一定都必须有报酬，尤其是民事信托中很多是没有报酬的，只是营业信托中一般都有报酬，所以法律规定是否有报酬及报酬的具体内容都以信托文件为准，按照所约定的执行，这是有关报酬的第一项规则。

第二项规则是，信托文件未作事先约定的，经信托当事人协商同意，可以作出补充约定。这是给信托当事人在报酬问题上有一定的灵活性，即使事先未作约定，还可以作出补充约定只要是信托当事人协商同意就行，避免了那种事先未作约定就一律不得收取报酬的划一做法。实际上，这种划一的做法未必完全符合信托的需要。

第三项规则是，未作事先约定和补充约定的，不得收取报酬。在这项规定中表现出了两个条件，尤其是增加补充约定而未作约定的这个条件后再明确不得收取报酬就较为合理。

第四项规则是，信托文件中约定的给予受托人的报酬，可以经信托当事人协商同意增减其数额。这是在约定有报酬的基础上，报酬数额可作变动，以依法调整受托人与其他信托当事人的利益关系。

第五项规则是，受托人违反信托目的处分信托财产，或者因违背管理职责、处理信托事务不当致使信托财产受到损失的，在未恢复信托财产的原状或者未予赔偿前，不得请求给付报酬。这项规则的内容表明，只有受托人履行了法定义务，才能享有收取报酬的权利。《信托法》对此规定了特定的条件，也就是受托人的报酬是由信托当事人自行约定的，只有出现了必须由法律加以制约的情况，法律才作出专门规定，明确受托人享有的权利是以其履行义务为前提的。

（2）关于优先受偿的权利。受托人优先受偿的权利是对信托而言的，这种权利的产生是有法定条件的：第一，所产生的费用、债务应当是由信托财产承担的，也就是受托人因处理信托事务所支出的费用、对第三人所负的债务，都在分别管理中属于信托财产的范畴，从财产性质上都是信托财产的权益和责任，因此，应当由信托财产承担；第二，应当由信托财产承担的费用、债务，但是由受托人以其固有财产作了先行支付，或者说该项费用、债务并非是应由受托人固有财产承担的，而由受托人先以其固有财产垫付了，从而产生了受托人对信托财产有优先受偿的权利。

为了进一步界定受托人优先受偿的权利，防止这种权利被不正当的使用，《信托法》还规定，受托人违背管理职责或者处理信托事务不当对第三人所负债务或者自己所受到的损失，以其固有财产承担。

上述两方面的规定是将信托财产与固有财产各自所应承担的责任加以区分，明确受托人应有的权利。两种财产之间各有其责，不得相互侵占。这项法律原则应当坚持，但在操作中会存在一定的复杂性，关键在于依法界定清楚。

4. 受托人职责终止。受托人职责终止是某个受托人不再作为受托人，这与信托终止是不同的。受托人职责终止不等于信托终止，但是，信托终止会导致受托人职责的终止。受托人职责的终止有不同的缘由，《信托法》规定有下列情形之一的，受托人职责终止：

（1）死亡或者被依法宣告死亡。这是受托人生命的终止，必然导致其职责的终止。

（2）被依法宣告为无民事行为能力人或者限制民事行为能力人。这是受托能力的丧失从而不再具有作为受托人的必要条件，其职责也就随之终止。

（3）被依法撤销或者被宣告破产。这是依照法律、行政法规的规定，受托人不再作为权利义务的主体存在，或者已经没有作为受托人的能力，因此，终止其作为受托人的职责。

（4）依法解散或者法定资格丧失。这是受托人依法不再存在或者失去作为受托人的资格，从而不能再继续履行受托人的职责。

（5）辞任或者被解任。这是依照《信托法》的规定，设立信托后，经委托人和受益人同意，受托人可以辞任；《信托法》还规定，依照法定的事由，委托人有权依照信托文件的规定解任受托人，或者申请人民法院解任受托人。随着受托人的辞任或者被解任，其职责终止。

（6）法律、行政法规规定的其他情形。这是由于在《信托法》中还难以将导致受托人终止职责的各种法定情形一一列举齐全，同样需要考虑的是随着信托的发展，实践的丰富，还有若干新的情况出现，应当在法律上作出反映。受托人职责终止，无论是由于上述的何种情形，与其直接有关的人员都应当妥善保管信托财产，办好交接事宜。

因此，《信托法》明确规定，受托人职责终止时，其继承人或者遗产管理人、监护人、清算人应当妥善保管信托财产，协助新受托人接管信托事务。这项规定是为了保护信托财产，明确相关人员的责任，确立更替受托人时应有的一些秩序。

　　A 信托公司与 B 公司签订信托合同并约定：A 公司负责将 B 公司的自有闲余资金 6000 万元用于信托投资，期限 5 年。信托资金运营中发生以下事项：①A 公司将 B 公司的信托资金存放在自己的资金账户上进行管理，未单独立账；②信托后第四年，A 公司因业务繁忙，委托 C 信托公司管理营运 B 公司信托资金中的 1000 万元，后者因管理不善，造成了 500 万元的损失。B 公司认为 A 公司的信托行为不合法，应承担给其造成的 500 万元损失。

　　资料来源：http//3y. uu456. com/bp_ 8wwfg3ob3f1xep036oiu_ 1. html。

　　思考：依据本案情况，A 公司存在哪些违法情形？

三、受益人

　　在信托关系中，受益人成为信托当事人中不可缺少的一方，这是信托制度的一个重要特点，在《信托法》中给信托作出定义时即明确规定，信托是由受托人接受委托人的意愿，以自己的名义，为受益人的利益或者特定目的，管理或者处分信托财产的行为。这里所称的特定目的，可以说是一种特定的受益人、特定的利益，并不是受益人利益以外的什么利益，所以它只是一种表述上的区别，实际上是一致的。信托关系就是以信托财产为中心，由委托人、受托人、受益人三方面组成的法律关系。

　　（一）受益人的地位和资格

　　受益人的法律地位在《信托法》中被确定为是在信托中享有信托受益权的人，这也就是在设立信托时被指定享有信托行为所产生的利益的人，或者是在信托过程中被依法确定享有信托收益权利的人。这种享有信托收益的权利被称作信托受益权，它的享有者就是受益人。

　　受益人的法律地位正是由于他所享有权利决定的，或者说，受益人身份和他所享有的权利是密不可分的。谁可以享有信托利益，也就是谁有资格作为受益人，当然这是根据信托文件确定的，有具体的对象或者特定的范围，但都必须是具有权利能力的人，所以《信托法》规定，受益人可以是自然人、法人或者依法成立的其他组织；或者说，自然人、法人、依法成立的其他组织，都有资格依法成为信托关系受益人，享有信托利益。

　　在信托当事人中，对于受益人与其他当事人之间的关系，《信托法》作出了专门的规定，以反映和确定他们相互之间公正合理的权益关系，防止不正当的信托行为。所以，一是明确委托人可以是受益人，也可以是同一信托的唯一受益人，这主要是由于委托人是信托财产的所有人，持有信托财产的所有权，并不排斥他自己以其所有权而获得受益权，比如以信托关系为基础形成证券投资基金，投资者可以作为委托人投入资金，也可以作为受益人享有其收益；如果信托财产不是出自某一个委托人，而在其他信托中指定这个委托人作为受益人的，只要这项信托受益权具有合法性，就不必加以限制。二是明确受托人可以是受益人，但不得是同一信托的唯一受益人。这里有两点考虑，也就是受托人即使代人理财，如果其他的信托中指定其作为受益人，这是不应受到限制的，可以作为受益人；另一种情况，如果这个受托人在一项信托中是由他自己作为受托人，再要由他自己作为这项信托的受益人就要受到限制，也就是不能作为唯一受益人，不应形成既代人理财，又将全部收益归己的格局，这样会导致一些不正常的信托行为。

（二）受益人的权利

受益人享有信托利益，这是受益人的基本权利，或者说是受益人权利的集中体现。在《信托法》中对此作出有关规定是必要的，不仅使之规范化，而且在规范中得到有效保护。

1. 享有权利的起始。这是指受益人从信托生效之日起享有信托受益权。如果在信托文件中另有规定，则从其规定。这就是受益人从什么时候开始享有信托利益，须由法律规定或者信托文件规定，而不能由受益人自己确定，也不能由受托人来定。

2. 享有权利的限定。前面已经提及，受托人有以信托财产为限向受益人承担支付信托利益的义务，与此相对应，受益人应以信托财产为限而享有信托利益，因为受益人的权利是以受托人承担的义务为前提的，信托受益权是以信托财产为限产生的权益，超出这个限定而存在的其他一些权益已不是信托受益权的范畴，属于另外的一些法律关系。信托利益，简单地说就是信托财产管理运用所产生的利益，这种成果应当归属于受益人，受益人的权利应当是充分地享有这种成果。

3. 共同受益人的权利。共同受益人就是共同享有信托受益权的人，关键在于如何共同享有这种权利。针对现实中存在的两种情况，《信托法》作出了规定：一是在信托文件中已对共同受益人分享信托利益的有关事项作出规定的，则按信托文件的规定办理；二是在信托文件中没有对信托利益的分配比例或者分配方法作出规定的，则各受益人按照均等的比例享受信托利益。

这项规定所体现的内容是信托利益归属于共同受益人，在各受益人之间按信托文件的安排分配，未作安排的则依法分享，即由法律规定平均分享，对此各受益人无权由自己来决定信托利益份额。

4. 信托受益权的享有及所受限制。受益人享有信托受益权，但是在特定的情况下也有一定的限制。《信托法》对此作出了两项规定：一是明确受益人不能清偿到期债务的，其信托受益权可以用于清偿债务，但法律、行政法规以及信托文件有限制性规定的除外；二是受益人的信托受益权可以依法转让和继承，但信托文件有限制性规定的除外。在这两项规定中都对受益人的权利作出一定的限制，其中一个重要的原因是与一定的信托目的有关，使受益人所享有的权利与信托目的的实现联系在一起。

（三）受益人权利的放弃

受益人依法享有信托受益权，同时可以放弃信托受益权。当然，放弃这项权利是以享有这项权利为前提的，不享有也就无所谓放弃。所以，实质上是当某个受益人在有权享有信托利益时是否享有，根据受益人自己的意愿作出抉择。如果受益人决定放弃信托受益权，《信托法》针对这种行为以及由其导致的变化作出了以下规定：

1. 明确规定受益人可以放弃信托受益权。

2. 如果是全体受益人放弃信托受益权，信托终止。这种法定的终止是由于失去受益人，而不再具备信托存在的条件。

3. 部分受益人放弃信托受益权，而仍然存有受益人，信托未被终止，对于被放弃的信托受益权按下列顺序确定归属：第一，信托文件规定的人；第二，其他受益人；第三，委托人或者其继承人。

（四）受益人权利与委托人权利的行使

为了保护受益人的权益，在《信托法》中确定委托人所享有的权利受益人也可以享有，所以《信托法》明确规定，受益人可以行使《信托法》第二十第至第二十三条规定的委托人享有的权利。这也就是受益人与委托人同样享有知情权，有权要求调整信托财产管理方法，有权申请撤销对信托财产的处分行为，有权依法解任受托人或者申请人民法院解任受托人。当受益人行使这些权利，与委托人意见不一致时，解决的办法从法律上说是可以申请人民法院作出裁定，这也意味着还可以有其他解决纠纷的途径。[①]

第五节　法律责任

一、违反信托投资公司设立、变更、终止规定的法律责任

未经中国人民银行批准，擅自设立信托投资公司或者擅自经营信托业务的，按照《非法金融机构和非法金融业务活动取缔办法》，予以取缔，并予以处罚。

中国人民银行在批准信托投资公司设立、变更、终止后，发现原申请事项有隐瞒、虚假的情形，可以责令补正或者撤销批准。

二、违反信托投资公司经营规则的法律责任

（一）信托吸收存款的法律责任

《信托投资公司管理办法》中规定信托投资公司违法办理资金信托的，由中国人民银行责令其限期退回存款，并停办部分或全部业务；对直接负责的主管人员和其他直接责任人员依法给予纪律处分，并由中国人民银行取消高级管理人员的任职资格和从业人员的从业资格。构成犯罪的，移送司法机关追究刑事责任。

（二）违反利益冲突规则的法律责任

《信托投资公司管理办法》中规定信托投资公司不得以办理委托、信托业务名义吸收公众存款、发放贷款，不得违反国家规定办理委托、信托业务。

---

① 吴世亮，黄冬萍. 中国信托业与信托市场［M］. 北京：首都经济贸易大学出版社，2013，51－53.

信托投资公司违反前款规定的，给予警告，没收违法所得，并处违法所得1倍以上5倍以下的罚款，没有违法所得的，处10万元以上50万元以下的罚款；对该信托投资公司直接负责的高级管理人员、其他直接负责的主管人员和直接责任人员，给予记大过直至开除的纪律处分；情节严重的，暂停或者停止该项业务，对直接负责的高级管理人员给予撤职直至开除的纪律处分；构成非法吸收公众存款罪、集资诈骗罪或者其他罪的，依法追究刑事责任。

【课后练习题】

一、单项选择题

1. 《中华人民共和国信托法》自（　　）起施行。

A. 2000年4月28日
B. 2000年10月1日
C. 2001年4月28日
D. 2001年10月1日

2. 信托行为设立的基础是（　　）。

A. 委托
B. 金钱
C. 信任
D. 股权

3. 公益信托的设立和确定其受托人，应当经（　　）批准，未经批准的，不得以公益信托的名义进行活动。

A. 国务院
B. 中国银监会
C. 中国人民银行
D. 有关公益事业的管理机构

4. 受益人是由（　　）指定的。

A. 受托人
B. 信托财产的保管人
C. 中国银监会及其派出机构
D. 委托人

5. 委托人将财产转移给受托人以后，委托人对转移的这部分财产（　　）处置权。

A. 绝对拥有
B. 相对拥有
C. 不再拥有
D. 以上均不对

6. 信托业务中，在受托人无过失的情况下，信托财产的风险由（　　）负责。

A. 委托人和受益人
B. 委托人和受托人
C. 受托人和受益人
D. 受托人和担保人

7. 受益人自（　　）起享有信托受益权。

A. 签订信托合同之日
B. 委托人指定受益人之日
C. 信托生效之日
D. 信托终止之日

8. 在我国设立信托公司，应当经（　　）批准，并领取金融许可证。

A. 工商行政管理局
B. 中国人民银行
C. 中国银监会
D. 国务院

9. 在我国设立信托公司，其最低注册资金为（　　）人民币。

A. 1亿元
B. 2亿元
C. 3亿元
D. 5亿元

10. 我国信托公司净资本不得低于（　　）人民币。

A. 1 亿元　　　　B. 2 亿元　　　　C. 3 亿元　　　　D. 5 亿元

二、多项选择题

1. 信托当事人包括（　　）。

A. 委托人　　　B. 受托人　　　C. 受益人　　　D. 保管人

2. 下列无效的信托是（　　）。

A. 信托目的违反法律、行政法规或者损害社会公共利益

B. 以自己合法享有的股权设立信托

C. 专以讨债为目的设立的信托

D. 设立遗嘱信托

3. 下面关于委托人描述正确的是（　　）。

A. 委托人必须是财产的合法拥有者

B. 委托人应当具有完全民事行为能力

C. 委托人可以是自然人、法人或者依法成立的其他组织

D. 委托人与受益人可以是同一人

4. 关于委托人、受托人和受益人描述正确的是（　　）。

A. 都可以是一个人或多个人

B. 既可以是法人，也可以是自然人

C. 法律上对于三个当事人的资格都无限制

D. 受托人不能充当受益人

5. 信托财产的独立性表现为（　　）。

A. 除法律规定的情形外，对信托财产不得强制执行

B. 不同委托人的信托财产应该分开，分别核算

C. 信托财产应与委托人的其他财产分开

D. 受托人的信托财产应与受益人的固有财产分开

三、简答题

1. 什么是信托、金融信托？它们有何特征？

2. 金融信托的功能有哪些？

3. 如何理解信托财产的特征？

4. 试述我国信托公司的经营范围。

5. 试述我国信托公司的业务经营规则。

第十一章

融资租赁法律制度

【教学目的和要求】

本章主要介绍了融资租赁及融资租赁合同的概念、特征和种类，重点介绍了融资租赁合同当事人的权利义务内容、融资租赁合同的效力、融资租赁合同的变更、转让、解除和终止的情形等内容。目的是使学生掌握融资租赁的特点、作用以及融资租赁合同的相关知识，并能够运用相关法律法规分析现实生活中涉及融资租赁合同的相关案例。

融资租赁行业在欧美发达国家已成为仅次于银行贷款的第二大融资方式，并且日益成为中国航空、医疗、工程机械、印刷、汽车、船舶等领域的主流融资渠道。党的十九大报告指出，当前我国经济已由高速增长阶段转向高质量发展阶段，正处在转变发展方式、优化经济结构、转化增长动力的攻关期。新的经济金融形势也为我国融资租赁业带来了新的发展机遇。作为集融资和融物、贸易与投资于一体的现代交易方式，融资租赁业已成为我国现代服务业的重要经济组成部分。在融资租赁业取得长足快速发展的同时，如何加强对融资租赁业的监管也成为一个重要而急切的课题，这就需要我们充分发挥法律机制的作用，为金融租赁业的快速发展保驾护航。

第一节　融资租赁法概述

一、融资租赁的概念和特征

（一）融资租赁的概念

融资租赁，是指出租人根据承租人对出卖人、租赁物的选择，向出卖人购买租赁物，供给承租人使用，承租人支付租金的一种交易行为。融资租赁的本质不是租赁，而是一种以租赁为外在手段、借以实现融资目的的金融工具和融资手段，具有融资、融物双重职能，是同时解决设备需求和资金需求的一种信用方式。

20世纪50年代初，融资租赁交易在美国诞生。融资租赁除了具有融资功能之外，还具有其他融资交易形态不具有的特殊功能。比如，开展融资租赁交易，可以获得税收优惠；

可以优化融资企业财务报表，改善融资企业的现金流；还可以规避银行信贷监管，而不像银行信贷那样动辄无效。这些优点也是融资租赁交易出现晚、发展迅速的原因之一。

【拓展阅读】

自 1952 年世界第一家现代租赁公司在美国创立之后，现代租赁业以其集独特的资金融通与机器设备租赁于一体的交易方式迅速在美国得到发展。20 世纪 60 年代，美国联邦政府、州政府先后放宽了对银行的严格管制，许可银行进入租赁行业，太平洋世纪银行、美洲银行以及各州金融机构纷纷设立经营租赁业务的租赁部门，有的金融机构甚至设立专业租赁公司，使现代租赁业务在美国迅速发展并同时向全球范围推进。60 年代，西欧、大洋洲的一些工业发达国家都成立了租赁公司。70 年代，租赁在西方国家迅速蔓延，并开始向海外扩展，扩大到了发展中国家。80 年代，由于一些发展中国家把租赁业的发展视为推动本国工业化的强有力的手段，因此发展中国家成为最具潜力的租赁市场并得到迅猛发展，而此时发达国家的租赁业已进入成熟期，发展速度有所减缓。90 年代初期，虽然全球经济出现过严重衰退，但租赁业务仍以平均 11.5% 的速度增长（1989—1992 年），而且覆盖了亚洲、拉丁美洲以及非洲等的大部分国家。截至 2015 年底，全球融资租赁业规模达 10053 亿美元，从整体来看发展状况仍不均衡，北美、欧洲和亚洲占据全球市场近 95%。

资料来源：http：//www.tushucheng.com。

（二）融资租赁的特征

融资租赁交易主要涉及出租人、承租人和出卖人三方当事人，并由两个或两个以上的合同所构成。融资租赁具有以下特征。

1. 出租人为专营融资租赁业务的租赁公司。融资租赁业务的主体具有特定性，出租人只能是经营融资租赁业务的法人。这也是融资租赁业务的融资特点所决定的。

2. 租赁标的物是由出租人按照承租人的要求购买的。这是融资租赁不同于传统租赁业务的重要特征，也是融资租赁不同于买卖、借贷等业务的区别之一。因为融资租赁包括三方当事人（出租人、承租人、供货方），由购买合同（出租人与供货方签订的）和租赁合同（出租人与承租人签订的）构成，这两个合同互相对应、相互衔接，互为存在条件。承租人虽然不是购买合同的当事人，但应认可购买合同的有关条款，与承租人有关的条款也需经过承租人确认，未经其同意不得修改。供货方虽然不是租赁合同的当事人，但应认可购买合同的标的物将成为租赁合同的标的物，并由供货方直接向承租方发货。

3. 出租方享有租赁标的物的所有权。融资租赁的出租方在租赁期间享有对所租赁物品的所有权，承租方只享有使用收益权。但是，承租方向出租方支付的所谓"租金"，并不仅是承租人取得对租赁物使用收益权的对价，而是根据出租人购买租赁物品价金的本息、交易费用和其所获取的利润等因素确定的，即承租人所支付的是融资的对价。

4. 出租人对租赁标的物无瑕疵担保责任。租赁标的物是由出租人按照承租人的要求购买的，出租人购买物件的直接目的是满足承租人对物件的需求，在出卖人不履行供货义务时，可由承租人直接向其索赔。因此，出租人一般对租赁标的物不承担瑕疵担保责任。

5. 不可中途解约。承租人在租赁关系终止后享有选择权。融资租赁的期限一般较长，一般占租赁物使用寿命的75%以上。在租赁期满后，承租人一般享有选择权（留购、续租或退回出租人三种选择权），可以依照约定支付租赁物残值而取得租赁物的所有权。

【案例分析 11 - 1】

2015年2月10日，A公司与自然人周某签订了"融资租赁合同"一份，其中A公司为出租人，周某为承租人，合同约定由A公司根据周某对出卖人、租赁物的选择，购进××市天伦汽车贸易有限公司（以下简称天伦公司）的重汽自卸车后出租给周某使用，由周某按照融资租赁合同约定向A公司支付租金、手续费及保证金等费用。该"融资租赁合同"还约定，承租人对于租赁物的自主选择和决定负全部责任，如发现租赁物质量瑕疵或其他与租赁物有关的任何问题，出租人不承担赔偿责任，由承租人直接向供应商行使索赔权，并不得以此为由影响租金的支付。如果发生违约事件，出租人有权向承租人追索所有本合同项下已到期租金、未到期租金、延迟利息及其他应付款项，或者解除本合同，要求归还、收回、销售或以其他方式处分租赁物，等等。"融资租赁合同"附件对租赁物品牌型号等相关信息参数进行了描述。2015年2月12日，A公司与天伦公司签订了"租赁物买卖合同"一份，合同明确了本合同是根据A公司与周某签订的"融资租赁合同"而订立，合同标的物为重汽自卸车一辆，价款为365000元。合同还约定，买受人将向承租人转移和转让买受人就出卖人向买受人作出的对财产或与之有关的所有的明示或默示的保证项下所享有的权力和利益，出卖人同意该等转移和转让。出卖人进一步确认承租人有权就此直接向出卖人索赔或采取其他措施，等等。2015年2月13日，周某依约向A公司支付相关款项。2015年2月27日，周某向A公司签字出具了"租赁物受领确认书"，确认已受领到所列设备，且符合承租人在融资租赁合同及项下的租赁要求，品牌及型号均与附件中约定的一致。该车同日由江西省S市公安局交通警察支队发放了车辆行驶证。2015年3月10日，某市公安局交警大队以其为"拼装的机动车"为由扣押了该车。经委托鉴定，该车相关质量参数与合同约定不相符。周某遂以A公司所交付的车辆不符合合同约定，达不到车辆登记条件为由拒绝支付租金。

思考：

（1）A公司与周某签订的"融资租赁合同"是否有效？

（2）A公司是否应当承担租赁物质量瑕疵担保责任？

（3）本案租赁物质量保证责任应由谁承担？

（4）周某是否能够拒付租金？

二、融资租赁的主要形式

融资租赁种类繁多，包括直接融资租赁、售后回租、转租、委托租赁、杠杆租赁、项目融资租赁、销售式租赁等。

（一）直接租赁

直接租赁或称自营租赁，是融资租赁的最主要形式。在这种租赁形式下，租赁公司以筹措的资金，从国内外厂商手中购进承租人所需设备，再租给承租人使用。承租人按设备折旧和利润收入分期向租赁公司支付租金，自己负责设备的安装、保养、维修、支付保险费和缴纳税金，并在租期届满时以象征性货价买下残值设备。

（二）回租

回租或称回租租赁、售后回租，是指承租人将自己的厂房、设备等按账面价格或重估价格卖给出租人（纸上买卖），取得急需资金用作其他用途，再将设备租回使用的租赁方式。这种租赁方式的实质就是把设备的所有权转让出去，从而将固定资产变为现款，扩大自身的投资能力。因此，回租可以说是企业在资金短缺情况下，为盘活存量资产、拓展资金渠道、改善财务状况而采取的一种对企业非常有利的形式。

（三）转租

转租或称转租赁，是指租赁公司同时具备承租人和出租人身份的一种租赁方式。在这种租赁方式中，租赁公司先以承租方的身份，从国内外租赁公司处租来用户所急需的设备，再以出租人的身份将设备租给用户使用。采取这种租赁方式，一般需签订两次租赁合同，用户支付的租金也高于直接租赁，所以，这种方式往往是在企业迫切需要国外只租不卖的先进设备时采用。

（四）委托租赁

委托租赁，即出租人接受委托人的资金或租赁标的物，根据委托人的书面委托，向委托人指定的承租人办理融资租赁业务。在租赁期内，租赁标的物的所有权归委托人，出租人只收取手续费，不承担风险。

（五）杠杆租赁

杠杆租赁又称衡平租赁、代偿贷款租赁。这种租赁形式涉及的当事人众多，关系复杂，出租人在某种程度上承担了替承租人进行信用担保的作用。具体来说，出租人对耗资巨大的设备，无法独自承担给付，或不愿独自承担风险，于是以待购设备为抵押，以出租出去回收的租金为保证，从银行、保险、证券等金融机构借60%~80%的资金，自身投资设备价款的20%~40%来购买设备，然后将设备出租给承租方。由于它是以租赁公司为主，银行、保险公司等金融机构参与，出租人能在利息、加速折旧和投资减税等方面获得政府较多的优惠，可以降低租金向用户出租。因此，这种形式适用于大宗设备的租赁。

（六）项目融资租赁

项目融资租赁，这是一种创新的、灵活的融资租赁业务，承租人是以项目自身财产效益为保证，与出租人签订项目融资租赁合同。

（七）销售式租赁

销售式租赁，是指生产商或流通部门通过自己所属或控股的租赁公司，采取融资租赁方式促销自己产品的方式。

三、我国融资租赁立法

（一）融资租赁业务在我国的兴起与发展

以融资融物相结合为主要特征的现代租赁业务起源于第二次世界大战后的美国。1979 年 10 月，中国国际信托投资公司作为我国利用外资的主要窗口之一在北京成立，为解决引进国外先进技术与缺乏外汇资金的矛盾，该公司提出开展国际租赁业务，以开辟利用外资的新渠道。

我国的租赁业务是在学习和借鉴西方经验的基础上发展起来的。20 世纪 80 年代，我国融资租赁业进入快速成长期。从事融资租赁的出租人数量和融资租赁业务量均有大幅增加。但好景不长，1988 年是一个分界点。此后，我国融资租赁业发展走向下坡路。进入 21 世纪以来，我国融资租赁发展出现重大转机，原银监会于 2007 年发布《金融租赁公司管理办法》，允许中国境内外注册的具有独立法人资格的商业银行控股设立金融租赁公司。此后，由于金融租赁公司资金雄厚，我国融资租赁业驶入几何级数式的快速发展轨道。

（二）我国融资租赁立法发展历程

目前，世界各国关于融资租赁的立法有两种模式：一是统一立法模式，即对融资租赁业务的开展制定专门的法律或法规，进行集中、全面规定的模式，如法国、韩国、巴西等采用的模式；二是分散立法模式，即通过民法、商法、合同法等法律对相应的融资租赁关系加以规定，而未制定专门的融资租赁法律、法规的模式，例如日本采用的模式。

《金融租赁公司管理办法》

在我国，长期以来未制定一部专门调整融资租赁关系的法律或行政法规，为此，1999 年 3 月颁布的《中华人民共和国合同法》专定第 14 章"融资租赁合同"就融资租赁合同的内容及当事人权利义务作了较为全面的规定。但从总体来看，我国还欠缺有关融资租赁业管理的专门立法。2000 年 6 月 30 日，中国人民银行颁布了《金融租赁公司管理办法》。2014 年 3 月，原中国银行保险监督管理委员会修订的《金融租赁公司管理办法》施行。此外，还有相关的司法解释，如 2014 年 3 月 1 日施行的《最高人民法院关于审理融资租赁合同纠纷案件适用法律问题的解释》（法释〔2014〕3 号）等。

《最高人民法院关于审理融资租赁合同纠纷案件适用法律问题的解释》

第二节　融资租赁合同概述

一、融资租赁合同的概念和特征

（一）融资租赁合同的概念

融资租赁合同是指融资租赁交易的双方当事人为设立融资租赁关系而订立的协议。我国《合同法》第二百三十七条规定："融资租赁合同是出租人根据承租人对出卖人、租赁物的选择，向出卖人购买租赁物，提供给承租人使用，承租人支付租金的合同。"融资租赁合同包含以下几方面的含义：

1. 融资租赁合同的租赁物是由出租人按照承租人的要求专门准备的。这是融资租赁合同与普通租赁合同最大的区别。普通租赁合同中租赁物往往是出租人在签订合同之前就已拥有的。

2. 融资租赁的核心是出租人购买租赁物再交由承租人使用。从合同内容上看，融资租赁合同仍具有普通租赁合同的特点，即双方交易的是标的物的使用权，而非所有权。出租人将其所有的标的物提供给承租人使用，承租人向出租人支付租金。

3. 承租人负有向出租人支付租金的义务。租金是承租人使用租赁物的对价，这进一步体现了融资租赁与普通租赁的共同性。

（二）融资租赁合同的特征

1. 主体的限定性。融资租赁合同的出租人只能是经有关机关批准的专营融资租赁业务的金融租赁公司，而不能是自然人、一般法人或非法人组织。承租人只能是法人或非法人组织，而不能是自然人。

2. 标的物的特定性。融资租赁合同的标的物是由出租人按照承租人的要求买进或租入的。适用于融资租赁交易的租赁物须为固定资产。出租人须根据承租人对出卖人和租赁物的选择出资购买租赁物，这是融资租赁合同不同于租赁合同的一个重要特点。租赁合同的出租人是以自己现有的财物出租，或者根据自己的意愿购买财物用于出租。而融资租赁合同是出租人按照承租人的要求，主要是对出卖人和租赁物的选择，出资购买出租的财物，使承租人不必付出租赁物的价值，即可取得租赁物的使用收益，从而达到融资的效果。正是从这一意义上，这种合同被冠以"融资"的称号。

3. 权利义务的特殊性。出租人不承担租赁物交付和维修、保养等义务，也不承担延迟交付或交付不符合要求的违约责任。无论承租人在租赁期限内对租赁物的使用效果如何，都不得随意解除合同。

4. 合同期限的依附性。融资租赁合同的期限通常依租赁物的使用期限确定，而租赁物的使用期限一般接近于租赁物的使用寿命。

5. 合同到期后的选择性。融资租赁合同期限届满，承租人一般对租赁物享有留购、续租、退租三种选择权。大多数情况下，融资租赁合同均约定租期届满时，承租人可以支付双方约定的象征性价格留购租赁物。

6. 合同的不可解除性。除法律另有规定外，融资租赁期限内，租赁双方均无权解除已生效的融资租赁合同。

7. 租金支付的绝对性和清偿性。承租人依约取得租赁物后，无论是否使用都负有交纳租金的义务，承租人所支付租金总额足以补偿出租人付出，即出租人不仅可收回购置设备所垫支的全部资金，还可从中获利。

【案例分析 11 - 2】

顺风道桥公司和融鑫金融租赁公司签订了大型道桥施工设备的融资租赁协议，协议对相关内容进行了约定，但未约定协议到期后租赁物的处理方式。2010 年 10 月合同到期后，顺风公司要求留购租赁物。融鑫公司认为双方所签协议并未对租期届满后租赁物的处理方式做出约定，依法租赁物所有权应归自己，不同意顺风公司的留购要求。

思考：租赁物应如何处理？

二、融资租赁合同的分类

（一）依出租人出资比例分类

1. 单一融资租赁合同。单一融资租赁合同是指在一项融资租赁交易中，出租人独自承担购买租赁物的全部费用，即使该出租人从其他途径取得融资，也是以自身信用或有关财产为担保，与本次租赁合同没有关联关系。单一出租人出资是融资租赁的传统方式。

2. 杠杆融资租赁合同。与单一融资租赁合同相对应，杠杆融资租赁合同中出租人在购置租赁物时自身出资不足 100%，一般出租人只需要提供 20%～40% 的资金，其余部分款项由出租人从银行或者其他金融机构借贷获得，并以购买的设备作为偿还贷款的担保物，再将设备出租给承租人。购置成本中借贷的部分通常称为杠杆，杠杆租赁之名也由此得来。在这种融资租赁交易中签订的融资租赁合同就称为杠杆融资租赁合同。

（二）依出租人取得租赁物方式分类

1. 直接租赁的融资租赁合同。直接租赁也称为简单的融资租赁、传统的融资租赁，由三方当事人和两个合同关系构成，是最典型的融资租赁结构。三方当事人分别是用户（融资租赁合同中承租人）、融资租赁公司（融资租赁合同中出租人）、供应商（融资租赁交易中出卖人），其中出租人需要先向出卖人购买出租物，再出租给用户，这就要求融资租赁公司具有较强的资金实力，否则难以承受直接租赁带来的巨大资金压力。

2. 转租赁的融资租赁合同。转租赁是在直接租赁的基础上增加了租赁环节，也被称为租进再租出的融资租赁交易。我们通常所见到的转租赁是出租人将租赁物租给第一承租人，承租人经出租人同意后又以第二出租人的身份把租赁物转租给第二承租人（最终用户）。与直接融资租赁相比较，转租赁中多了第二出租人向第一出租人承租租赁物的过程。因此，在这一分类中出租人取得租赁物的方式不是通过自己购买，而是通过向他人承租。

3. 售后回租的融资租赁合同。售后回租融资租赁是指设备的所有权人将自己所拥有的设备先卖给融资租赁公司，再从融资租赁公司处租回使用。简言之，此种交易包括两个环节：卖出和租回。售后回租融资租赁只涉及两个主体，其中出卖人和承租人相重合。

4. 混合租赁的融资租赁合同。混合租赁指的是在一项融资租赁交易中使用多种交易方式，比如在直接租赁中使用回租、转租赁的技术，在转租赁中使用回租的技术等。混合租赁的融资租赁交易往往涉及多方当事人、多个交易环节，因此交易结构也更为复杂。

（三）依当事人所属国籍分类

1. 国内融资租赁合同。融资租赁交易各方当事人都是我国公民、法人或者其他组织的，该融资租赁合同就属于国内融资租赁合同。

2. 涉外融资租赁合同。融资租赁交易中只有一方或多方当事人是外国人、外国企业或组织、无国籍人士的，该融资租赁合同就属于涉外融资租赁合同。

三、融资租赁合同的当事人

（一）融资租赁合同出租人

融资租赁合同中的出租人是指依照承租人指示购买、交付承租人所需的租赁物，提供资金融通服务并收取租金的一方当事人。

融资租赁合同中的出租人只能是专营融资租赁业务的租赁公司，而不能是一般的自然人、法人或其他组织。在我国，只有经金融管理部门、外商投资管理部门或国内市场管理部门批准许可经营的公司，才有从事融资租赁交易、订立融资租赁合同的资格。融资租赁合同出租人主要包括以下情况。

1. 金融租赁公司。金融租赁公司是指依据《金融租赁公司管理办法》申请设立，并经中国银行保险监督管理委员会批准，以经营融资租赁业务为主的非银行金融机构。金融租赁公司名称中应当标明"金融租赁"字样。未经中国银行保险监督管理委员会批准，任何单位不得在其名称中使用"金融租赁"字样。金融租赁公司的最低注册资本为1亿元人民币。我国对于金融租赁公司的发起人也有着严格的限定。对于境内的发起人的限定相对宽松，凡在境内注册的商业银行、大型厂商及其他中国银行保险监督管理委员会认可的法人都具备发起人资格。而在境外注册的法人只有商业银行、融资租赁公司以及中国银行保险监督管理委员会认可的其他金融机构才具备发起人的资格。

2. 内资试点融资租赁公司。内资试点融资租赁公司是指中国境内法人或自然人依法投资设立的从事融资业务的工商企业。目前，我国内资融资租赁公司仍处于试点状态，只有内资租赁企业方可成为内资融资租赁公司的试点企业。截至 2016 年底，我国共有内资试点融资租赁企业 205 家，注册资金达到 1420 亿元人民币，合同余额达到 1.62 万亿元人民币。

3. 外商投资融资租赁公司。外商投资融资租赁公司，是指外国公司、企业和其他经济组织等非金融机构在中国境内设立的从事融资租赁业务的工商企业，包括中外合资、中外合作以及外商独资三种，其形式可以为有限责任公司或股份有限公司。所设立的外商投资融资租赁公司应当同时符合以下三个条件：第一，注册资本不低于 1000 万美元；第二，经营期限一般不超过 30 年；第三，应当拥有具有相应专业资质和不少于 3 年从业经验的高级管理人员与专业人员。此外，外国投资者的总资产不得低于 500 万美元。

（二）融资租赁合同承租人

承租人是租赁物的实际使用人，尽管没有支付价款直接进行购买，但是其为真正的"买主"。我国《合同法》中融资租赁合同一章没有对承租人的身份进行规定。根据 1988 年《国际融资租赁公约》的第一条规定："本公约适用于涉及所有的设备的融资租赁交易，除非该设备将主要供承租人个人、家人或家庭使用。"虽然我国并没有明确说明自然人不能作为融资租赁中的承租人，但是由于《国际融资租赁公约》中有明确规定，可推断出从目前来说，我国融资租赁合同中承租人仅限于法人或其他组织，自然人暂时不能作为承租人。

第三节　融资租赁合同的订立与内容

一、融资租赁合同的订立

融资租赁合同作为合同法所规范的一种合同类型，其订立也遵循订立一般合同的要约和承诺的基本模式。由于融资租赁合同主要是解决承租人对租赁物的需求问题，因此，融资租赁合同的订立一般由承租人发起，在承租人选定租赁物、供货商和出租人，并经出租人受理融资项目后，承租人和出租人就租赁物、租赁物的交付与验收、租金构成、租金支付的期限和方式、币种、租期、担保、租赁期间届满租赁物的归属等问题进行协商。在承租人和出租人就上述融资租赁合同主要条款达成一致时，融资租赁合同成立。

融资租赁合同应当采用书面形式。《合同法》第十一条规定："书面形式是指合同书、信件和数据电文（包括电报、电传、传真、电子数据交换和电子邮件）等可以有形地表现所载内容的形式。"据此，数据电文也构成融资租赁合同的书面形式。

二、融资租赁合同的主要条款

（一）合同当事人

融资租赁合同首先应明确双方当事人，即出租人和承租人的名称、地址、法定代表人等基本情况。

（二）融资租赁合同的标的

融资租赁合同标的是指承租人所需的设备、技术，是合同当事人双方权利义务指向的对象。融资租赁合同应就租赁物作出明确约定，此条款应写明租赁物的名称、质量、数量、规格、型号、技术性能、检验方法等，为承租人检查验收租赁物提供依据。由于关于租赁物的说明多涉及工程技术内容，专业性很强，而且非常繁杂，所以一般只在合同正文中作简明规定，另附表详细说明，该附表为合同不可缺少的附件。

（三）租赁财产的交付和验收

融资租赁的设备一般由供货方直接运至承租人指定的验货地点，由承租人亲自验收。合同要写明财产交付与验收地点、验收标准等以明确各方责任。承租人验收后，应出具验收证书及收据给出租人，同时还要明确财产延迟交付以及验收不合格的处理办法。

（四）租赁期限

租赁期限是租赁合同的必备条款，是承租人对租赁物拥有使用权的年限，也是交付租金的期限。因为租赁合同的出租人与承租人不得随意地单方解除合同，只有在发生法定的事由时，才可以解除合同。因此，融资租赁合同不能与普通租赁合同一样可以订立不定期租赁。租赁期限应明确租赁的起讫日期以及计算方法。

（五）租金

租金是订立融资租赁合同的一项重要内容。出租人通过租金要收回租赁财产的购进原价、贷款利息和手续费以及自身的利润，承租人也必须进行成本收益核算。因此，合同要订明租金总额、租金支付日期以及方式、租金的构成以及计算方法。

（六）租金的担保

融资租赁合同中涉及的租赁财产通常是专用设备，有特定的用途。出租人为了防止承租人毁约等原因致使租金收不回来，通常会要求承租人提供保证金，或者要求承租人提供其他担保。保证金的数额由双方根据实际情况协商确定，一般只相当于租金总额的百分之十几。

（七）租赁期满租赁财产的处理

租赁期满，承租人对租赁设备通常有三种选择：一是留购租赁物，即由承租人支付一定的代价取得租赁物的所有权；二是续租，即由承租人继续租赁租赁物，租赁物的所有权仍归出租人；三是退租，即双方租赁关系终止，由承租人将租赁物返还给出租人所有。当事人协商后约定一种。一般承租人若要求续租，应在租赁期满前1个月内将续租要求书面通知出租人，出租人若同意，双方可另订租赁合同。

除上述条款外，融资租赁合同一般还应包括租赁物的使用、保养、维修和保险、违约责任、合同发生争议时的解决方法、合同签订日期和地点等条款。比如，融资租赁活动中，任何一方违约，都会造成其他当事人的损失，因此合同应明确规定当事人的违约责任。为了便于纠纷的解决，融资租赁合同中还应规定双方在执行合同中发生争议时，解决争议的方式、程序等。

当然,《合同法》关于融资租赁合同内容的规定只是指导性质的,当事人可以根据合同的具体情况确定合同的条款,除了《合同法》规定的条款之外,双方还可以约定其他的必要内容(见表 11 - 1)。

表 11 - 1   融资租赁合同与普通租赁合同比较

内容	融资租赁合同	普通租赁合同
租赁物选择权	承租人享有选择权	出租人享有选择权
供货人选择权	承租人享有选择权	出租人享有选择权
租赁物交付	供货人交付承租人	出租人交付承租人
租赁物瑕疵担保	供货人承担	出租人承担
租金构成	成本、购买租赁物的费用、利息等组成	租赁物的使用对价
租赁物维修保养	承租人承担	出租人承担
租赁期限	租赁期限较长,通常为租赁物使用期限	较短
租期结束后租赁物归属	可归出租人,通常由承租人留购	出租人

【案例分析 11 - 3】

2007 年 9 月 1 日,甲租赁有限公司(以下简称甲公司)和乙公司签订了融资租赁合同。合同约定甲公司从国外购进全套设备和生产技术,租赁给乙公司,租期 3 年,租金分 6 次付清,每 6 个月付一次,如乙公司不支付租金,甲公司可要求即时付清租金部分或全部,或终止合同,收回租赁物,并由乙公司赔偿损失。

设备投产后,因原材料来源、成本及产品销路等问题,致使开工不久就停产。承租人乙公司未能按合同约定支付租金,甲公司向乙多次催收未果,遂提起诉讼。乙公司辩称,甲公司未能及时收回租赁物,致使损失扩大,乙公司不应承担责任,甲公司无权就扩大的损失要求赔偿。

思考:

(1) 乙公司应否支付未付的租金?

(2) 甲公司是否承担未及时收回租赁物而扩大的损失?

三、融资租赁合同当事人的权利义务

(一) 承租人的权利

1. 承租人享有与受领标的物有关的买受人的权利。出卖人按照约定向承租人交付标的物,承租人享有与受领标的物有关的买受人的权利,是融资租赁与传统租赁的一个重要区别。在传统租赁中,出租人是将自己现有的物或者根据自己的意愿购买的物出租给承租人,承租人与出卖人之间不存在任何法律关系,出租人对租赁物负有瑕疵担保责任。而在融资租赁中,融资租赁合同的租赁物即是买卖合同的标的物。融资租赁合同最重要的法律特征就是融资与融物相结合，融资为融物服务。买卖合同是出租人根据承租人对出卖人和租赁物的选择订立的，作为买受人的出租人只承担支付货款的义务，而承租人是租赁物的占有、使用、收益人，且了解租赁物。出租人实质上是为承租人购买租赁物提供资金，真正的买卖双方是承租人和出卖人，因此出卖人应直接向承租人交付标的物。

出卖人不仅应向承租人直接交付标的物，而且应承担租赁物的瑕疵担保责任。这是因为之所以会有租赁物的质量问题，根本原因是出卖人没有按照合同约定的内容履行交付符合国家规定或者当事人约定的质量标准的标的物的义务。因此，在融资租赁合同中，出租人一般不负瑕疵担保责任，也不负延迟履行的责任。

承租人应当按照合同约定的时间、地点、验收方法接收标的物。接收标的物，既是承租人的权利，也是承租人的义务。作为义务，承租人应当接收标的物，无正当理由不接收的，应当承担相应的延迟履行责任；作为权利，承租人有权接收标的物，出卖人不得拒绝将标的物交付给承租人。

2. 承租人可以直接向出卖人行使索赔权。在典型的融资租赁关系中，存在着承租人、出租人、出卖人三者关系。当出租人根据承租人的委托，出资向出卖人购买租赁物后，租赁物的所有权即转移给出租人，出租人同时享有因出卖人违反合同规定而造成损失时要求出卖人赔偿的权利。但由于融资租赁合同的特殊性，在买卖合同中，作为买受人的出租人的主要义务就是支付价款。由于租赁物是由承租人指定购买的，对其性能和生产要求等，出租人往往缺乏了解，很难对出卖人提供的租赁物做检验和判断；同时，租赁物的用益权也属于承租人，为了保证租赁物符合要求，便于解决使用中出现的问题，出租人往往将选择由谁来提供何种品质、规格的租赁物的决定权赋予承租人，由承租人负责收货验收，发现质量技术问题由承租人直接与出卖人交涉，即出租人将索赔权转让给承租人。对由于出卖人的过错，如租赁物质量不合格或者延迟供货等原因所造成的损失，承租人可以直接向出卖人行使索赔权而得到赔偿。这样，既简化了法律关系，又降低了索赔成本。

因此，出租人、出卖人、承租人三方可以在买卖合同和融资租赁合同中明确规定，出卖人不履行买卖合同义务的，由承租人行使索赔的权利，直接向出卖人索赔。承租人行使索赔权的，出租人应协助承租人索赔。承租人直接向出卖人行使索赔权的内容主要有以下两种：

第一，出卖人交付的标的物质量不符合约定时，承租人可以要求：

（1）减少价金。如果出卖人交付的标的物虽不符合合同约定，但不影响使用，而承租人也愿意继续使用的，可以按质论价，要求出卖人减少价金。

（2）修理、调换。当出卖人交付的标的物不能利用时，根据标的物的具体情况，承租人可以请求出卖人负责修理或者另行交付无瑕疵的标的物，并承担修理、调换而支付的实际费用。

（3）支付违约金。在出卖人交付的标的物不符合质量要求时，承租人可以请求出卖人支付约定的或者法定违约金。在违约金不足以抵偿损失时，承租人还可以要求出卖人支付损害赔偿金。

（4）解除合同并赔偿损失。当出卖人交付的标的物由于质量问题无法使用时，承租人不仅可以要求解除合同，而且可以要求赔偿损失。

第二，出卖人未交付或者延迟交付标的物的，承租人可以请求出卖人继续履行交付义务并请求支付违约金，或者解除合同并要求损害赔偿。

3. 承租人关于部分返还租赁物价值的请求权。由于出租人享有租赁期间租赁物的所有权，所以承租人不支付租金时，出租人就有权解除合同，收回租赁物。但是出租人所有权是一项受其租金债权严格制约的权利，在融资租赁交易中，与租赁物所有权有关的风险与收益实质上都转移给承租人了，出租人所有权只具有抵押权的意义。因此，当承租人违约时，出租人有权解除合同，收回租赁物，并要求承租人赔偿损失。在融资租赁实践中，损害赔偿金是以相当于残存租金额或者以残存租金额减去中间利息计算的。这样，出租人不仅收回了租赁物，而且可以获得一笔相当于残存租金额的损害赔偿金。而在融资租赁合同完全履行时，出租人可取得全部租金及期满后取得租赁物的残余价值。由此可以看出，出租人中途解约取得的利益，比合同全部履行本应得到的利益还要多。这不符合公平原则的要求，而且由于利益驱动，会使出租人尽量使用解除合同的办法，不利于融资租赁合同关系的稳定。

为了解决这一问题，《合同法》规定，当事人约定租赁期间届满租赁物归承租人所有，承租人已经支付大部分租金，但无力支付剩余租金，出租人因此解除合同收回租赁物的，收回的租赁物的价值超过承租人欠付的租金以及其他费用的，承租人可以请求部分返还。也就是说，出租人因收回租赁物而所得，无论按所评估的公允价值，还是按公开拍卖的实际所得，都不直接归出租人所有。这一所得必须与出租人这时的租金债权，即承租人尚未付清的租金及费用作比较。只有出租人收回租赁物的所得等于出租人的租金债权的部分时，才归出租人所有，超出租金债权部分，是出租人多得的利益，应返还给承租人，或者充作承租人支付的损害赔偿金，不足部分仍应由承租人清偿。

（二）承租人的义务

1. 承租人负有支付租金的义务。在融资租赁交易中，承租人负有支付租金的义务。但因为融资租赁合同的融资特性，所以承租人支付的租金并非是对租赁物为使用收益的代价，而是融资的代价，租金实际上是承租人分期对出租人购买租赁物的价金的本息和应获得的利润等费用的偿还。所以承租人支付租金的义务有下列特点：

（1）在租赁物存在瑕疵时，承租人不得拒付租金。只要承租人通知出租人收到租赁物，承租人便应支付租金。出租人一般不承担标的物的瑕疵担保责任。如果标的物有瑕疵，可以向出卖人索赔，但是不得拒付租金。即使标的物的瑕疵致使承租人不能使用收益，也不影响承租人支付租金的义务。

（2）在租赁期间，承租人承担标的物灭失的风险责任。在租赁期间，如果标的物因不可归责于双方的事由毁损灭失时，承租人仍应支付租金，而不能免除或减少租金。

（3）因承租人违约而由出租人收回标的物时，承租人不能以标的物的收回而拒绝履行支付租金的义务。

2. 承租人对租赁物负有保管和维修义务。在融资租赁中，承租人的一项非常重要的义务就是妥善保管租赁物，严格按照合同的技术操作规程使用租赁物，并对租赁物进行保养、维修。这是因为，一方面承租人应对租赁物为使用收益，出租人须容忍承租人为使用收益；另一方面租赁物虽为承租人选定，但为出租人所有，因此承租人为自己使用收益的需要，为保护出租人利益的需要，应负保管义务。承租人在租赁期间只得自己使用租赁物，而不得擅自转租，更不得处分租赁物。承租人擅自转租的，出租人可以解除合同，收回租赁物。承租人处分租赁物的，是对他人财产的处分，出租人可以解除合同，收回租赁物，或者在第三人善意取得租赁物且不能返还时请求损害赔偿。

在融资租赁中，出租人不负标的物的瑕疵担保责任，因而对租赁物无维修义务，但出租人享有于租赁物期间届满后收回标的物加以使用或者处分的期待利益。因此，承租人需保障出租人期待利益的实现，不仅需妥善保管标的物，而且负有维修保养标的物的义务。

（三）出租人的权利

1. 出租人享有租赁期间租赁物的所有权。在融资租赁过程中，在租赁期限届满之前，出租人始终对租赁物拥有所有权。但是，在融资租赁中，所有权在行使过程中处于不完整状态。也就是说，租赁物所有权的四项权能并不是同时集中于一个主体手中的，它存在着分离。融资租赁合同中出租人向承租人转移了租赁物的占有权、使用权和收益权，但分离并不影响所有权人，即出租人行使权利。在融资租赁合同期间，在承租人最终行使购买选择权之前，租赁物的所有权始终属于出租人。这一权利使出租人有权要求承租人承担以下义务：

（1）保管、保养租赁物，使之处于正常使用状态。

（2）在融资租赁合同履行完毕之前，未经出租人同意，不得对租赁物进行抵押、转让、转赠与、迁离、重大改造、用作投资。

（3）承租人破产时，租赁物不属于破产财产。出租人作为合同的买受人，支付了合同规定的价款后，即取得了租赁物的所有权。这一权利并非来自融资租赁合同，而是来自买卖合同。这项权利可以对抗包括承租人在内的一切人，当然也包括对抗承租人的其他债权人和承租人破产时的破产清算。因此，在承租人破产时，租赁物不列入承租人的破产财产，出租人可以解除合同，取回租赁物。当然，出租人收回租赁物时，也负有清算义务。

2. 承租人未履行租金支付义务时，出租人可采取救济措施。在租赁期间，承租人应当按照合同约定向出租人支付租金，这是承租人的基本义务。由于融资租赁合同中的租金并非租赁物的对价，而是融资的对价，所以当租赁物存在瑕疵时，承租人不得以此为理由拒付租金。

承租人未按照约定支付租金时，出租人可以规定一个合理期限，要求承租人支付。经出租人催告，承租人在规定的期限内仍不支付租金的，即构成违约，出租人可以采取以下三种救济措施。

（1）要求承租人支付全部租金。所谓全部租金，是指融资租赁合同中所规定的全部已到期而承租人未支付的租金，以及其他依约定未到期的租金。在融资租赁合同规定的每期租金支付期限到期之前，出租人无权请求承租人支付。但在承租人不支付租金或者有其他违约行为时，出租人有权要求承租人付清全部租金，此即所谓期限利益丧失约款。出租人之所以要在合同中规定期限利益丧失约款，是因为在融资租赁合同中，租赁物是为了承租人的特殊需要由承租人选定，出租人出资购买的。此类租赁物专用性较强，在承租人不支付租金时，出租人即使收回租赁物，也难以通过重新转让或出租收回所投资金。

同时，在融资租赁交易中，出租人与承租人互负的义务并非是同时履行的，而是有先后层次的。出租人支付租赁物价款的义务履行在先，承租人支付租金的义务履行在后，出租人的利益缺乏一种相互制衡或者保障。由于一般情况下，承租人在延迟支付一期租金时，很有可能也无力支付剩余未到期的租金，所以此时出租人如果不能一次性主张全部租金或者不能收回租赁物，将使自己处于默视损失扩大却无能为力的被动局面。

因此，在承租人违约不支付租金时，出租人有权要求承租人支付全部租金，这有利于保护出租人的利益；同时，承租人丧失了期限利益，也是对承租人违约行为的一种惩罚，有利于促使承租人更好地履行自己的义务。

（2）解除合同，收回租赁物。出租人不选择要求承租人支付全部租金的，可以解除合同收回租赁物。因为出租人对租赁物享有所有权，这一所有权具有担保其租金债权的功能，所以当承租人违约，出租人可以解除合同并收回租赁物。此解除权是出租人的单方解除权，无须经过承租人的同意。

（3）赔偿损失。根据合同法总则中的规定，解除合同并不影响出租人要求赔偿损失的权利。一般来说，该赔偿额应相当于残存的租金额。但本着公平原则，关于损害的数额应该依据合理的原则确定，一般应依剩余租金的总额减去租赁物收回时的价值与租赁期间期满时应有的残余价值的差额为宜。但是对损害赔偿金约定过高或者过低时，法院应该酌情加以增减。

3. 租赁期间届满租赁物归属不能确定的，租赁物的所有权归出租人。在传统租赁中，承租人的一项主要义务就是于租赁期届满时，将租赁物返还给出租人。而融资租赁中，租赁期届满，承租人一般可以有三种选择权：留购、续租或退租。在这三种租赁物的处理方式中，出租人更愿意选择留购这一处理方式。在实践中，出租人关心的是如何收回其投入以及盈利，而对租赁物的使用价值没有多大兴趣，大多数融资租赁交易均把承租人留购租赁物作为交易的必要条件。如果选择另外两种方式处理租赁物，仍面临着租赁物的最终处理问题，出租人并不希望保留租赁设备。

如果当事人双方对于租赁物的归属没有约定或者约定不明确时，可以依照《合同法》第六十一条的规定协议补充；不能达成补充协议时，应依照合同有关条款或者交易习惯加以确定。如果合同双方当事人既不能就租赁物的归属达成补充协议，又不能根据合同有关条款或者交易习惯确定时,租赁物的所有权归出租人享有。这是因为,融资租赁与传统租赁一样,在租赁期间,租赁物的所有权归出租人。租赁期届满时,如果承租人未支付名义货价,承租人不能取得租赁物所有权,租赁物所有权仍归出租人享有。

（四）出租人的义务

1. 出租人对租赁物的质量瑕疵担保责任。在传统租赁中,出租人与买卖合同中的出卖人一样负有质量瑕疵担保责任,须使租赁物符合合同约定的使用收益的状态。而在融资租赁合同中,一般都明确规定,出卖人延迟交付租赁物或者租赁物的规格、式样、性能等不符合合同约定或者不符合使用目的的,出租人不承担责任,由承租人直接向出卖人索赔,并承担索赔不成时的损害后果。此即所谓出租人瑕疵担保的免责特约。

当然,并不是在任何情况下,出租人都免除其质量瑕疵担保责任。当承租人完全依赖出租人的技能和判断选择租赁物,或者出租人干预选择租赁物时,出租人应承担全部或者部分租赁物的质量瑕疵担保责任。此外,在以下几种特殊情况下,租赁物的质量瑕疵担保责任也应由出租人负担:（1）出租人明知租赁物有瑕疵而未告知或者因重大过失不知有瑕疵的;（2）出租人与出卖人有密切关系的;（3）承租人无法或者不能直接向出卖人索赔的。

2. 出租人应保证租期内承租人对租赁物的占有和使用。租赁期间内,出租人应保证承租人对租赁物的占有和使用,这是融资租赁合同中出租人的一项主要义务,也是承租人的一项主要权利,它包含有以下三方面含义。

（1）出租人不得妨碍承租人依照融资租赁合同所拥有的承租权,也不得擅自变更原承租条件。

（2）承租人在租赁期间内,对租赁物拥有独占使用权。在融资租赁合同中,虽然承租人是通过租赁公司融通资金的,但承租人订立融资租赁合同的根本目的是要取得租赁物的使用权。所以,承租人在接受出卖人交付的标的物后,在租赁期间内,承租人对租赁物享有独占使用权,对使用租赁物所取得的收益可以独立处分。从买卖的角度看,出租人为买受人,出卖人虽将标的物直接交付给承租人,但标的物的所有权属于出租人,承租人则取得标的物的占有权、使用权和收益权。

（3）出租人应保证承租人在租赁期间内对租赁物的占有和使用,不受第三人的干扰。例如,出租人转让租赁物所有权的,融资租赁合同对新的所有权人继续有效,新所有权人不得解除合同,取回租赁物,此即所谓买卖不破租赁原则。出租人将租赁物设定抵押时,出租人的抵押行为不得影响承租人的使用收益权。承租人的使用收益权可以对抗抵押权人的抵押权。当然,承租人在行使上述权利时,应以不危害出租人对租赁物的所有权为限。在租赁期间内,承租人如果受到对租赁物享有合法权利的人的干扰,出租人应承担违约责任。

第四节　融资租赁合同的变更、转让、解除和终止

一、融资租赁合同的变更

（一）融资租赁合同变更的概念

融资租赁合同内容的变更，是指在合同履行过程中，根据法律的规定或者当事人的约定，对合同条款的修改、补充。融资租赁合同因涉及金额较大、当事人一方较多等原因，更改合同内容须十分谨慎，必须是各方当事人协商一致或者具备法律规定的情形才可以对合同约定的权利义务内容进行必要的修改或补充。

（二）融资租赁合同变更的条件

1. 合同内容变更必须发生在合同履行期限内，即在合同订立后、履行完毕之前。倘若合同尚未订立或已经履行完毕，则对合同内容进行变更没有任何意义。

2. 需双方当事人协商一致或遵守法律规定。如果合同的变更仅由一方当事人决定，未与另一方当事人协商，则单方面变更融资租赁合同内容的行为不发生法律效力。同时，双方当事人必须对协商更改的内容做出具体明确的约定。此外，还可根据法律规定变更合同的内容，如情事变更原则、公平原则，以及发生受欺诈、受胁迫、重大误解、乘人之危等情形。

3. 变更方式必须符合法律要求。《合同法》第七十七条第二款规定："法律、行政法规规定变更合同应当办理批准、登记手续的，依其规定。"根据情势变更原则等法定情形变更合同的，通常要通过法院或仲裁机构裁判以裁判或仲裁的方式来变更。在实务中，融资租赁合同的变更主要包括租赁物的变更、租金的变更以及履行时间、地点和方式的变更。

二、融资租赁合同的转让

（一）债权让与

1. 出租人的债权转让。出租人将其对承租人应收租金转让给保理银行，保理银行为出租人提供综合性金融服务。即租赁保理业务是出租人获取银行资金开展融资租赁业务资金来源的主要渠道。根据债权转让的基本原理，出租人转让其权利或将标的物抵押，无须经得承租人的同意，但出租人应当将权利转让或抵押的情况告知承租人，否则新的受让人或抵押权人无权对承租人行使权利。《最高人民法院关于审理融资租赁合同纠纷案件适用法律问题的解释》第八条规定："出租人转让其在融资租赁合同项下的部分或者全部权利，受让方以此为由请求解除或者变更融资租赁合同的，人民法院不予支持。"

2. 承租人的债权转让。由于承租人占有、使用租赁物的权利是向出租人支付租金的保障，承租人转让其债权有其特殊性。承租人债权的转让可能影响出租人的利益。因此，承租人转让债权应当经过出租人同意。根据《最高人民法院关于审理融资租赁

合同纠纷案件适用法律问题的解释》第十二条规定：承租人未经出租人同意，将租赁物转让、转租、抵押、质押、投资入股或者以其他方式处分租赁物的，出租人请求解除融资租赁合同的，人民法院应予支持。

（二）权利义务概括转移

合同权利义务的概括转移是指合同当事人一方将其合同权利和义务一并移转给第三人，由该第三人概括继受的法律制度。《合同法》第八十八条规定："当事人一方经对方同意，可以将自己在合同中的权利和义务一并转让给第三人。"其特点是：（1）不改变原有的权利义务内容；（2）发生合同主体的变化；（3）涉及原合同当事人之间的权利义务关系、转让人与受让人之间的权利义务关系。根据合同权利义务转让的原因不同，合同权利义务概括转让主要有两种情形：一种是当事人协商确定，即约定的情形；另一种是法律规定必须转移的情形，即法定的情形，即当事人的死亡、破产、企业合并与分立。

在融资租赁合同中，出租人的主要权利有出租人对租赁标的物的所有权、收取租金的权利、租赁标的物瑕疵担保免责权、租赁物标的物风险负担免责权、租赁标的物造成第三人损害时的免责权、全部租金请求权或者合同解除权等，其义务主要有保证承租人占有、使用租赁物的义务、不得擅自变更购买合同中与承租人有关的内容的义务等；承租人的权利有受领租赁标的物的权利、占有、使用租赁标的物的权利、索赔权、租期届满时对租赁物所有权归属的选择权等，其义务主要有支付租金的义务、妥善保管、使用和维修租赁物的义务、承租人不得中途解约的义务等。无论是出租人还是承租人都应在遵循《合同法》相关规定的前提下转让自己的权利和义务。

融资租赁合同中权利义务的概括移转应遵循以下规则：

1. 承租人在出租人同意的情况下可以转让其全部权利义务，在融资租赁实践中被称为转租赁。《中华人民共和国融资租赁法（草案）》第十三条规定："转租赁应当经出租人同意。"《国际统一私法协会租赁示范法（草案）》第十五条第二款规定：承租人在租赁中的权利和义务只有经过出租人同意且不损害第三人权利的情况下方能转让，出租人不得不合理地拒绝此种转让。

2. 出卖人转让其全部权利和义务必须得到承租人、出租人的一致同意。

3. 出租人转让其供货合同的全部权利和义务必须得到供货人和承租人的同意。出租人转让租赁合同的全部权利和义务必须得到承租人的同意，同时还要得到出卖人的同意，否则融资租赁交易无法完成。

三、融资租赁合同的解除

融资租赁合同的解除是指在合同有效成立后履行完毕前，因一方当事人的意思表示或双方的协议，消灭合同确立的权利义务关系。融资租赁合同的解除又可分为约定解除与法定解除。

（一）约定解除

约定解除又分两种情况，一种是通过约定为一方设定解除权，又称为约定单方解除，另一种是协议解除。约定单方解除是指根据当事人双方的约定，给一方或者双方保留解除权。而协议解除则是指双方当事人就合同解除达成协议。融资租赁合同的特性要求在合同履行中一方不得任意解除合同。在这类合同中，出租人根据承租人的选择购买的租赁物，一般具有专业性和针对性，若承租人解除合同，出租人不仅难以收回租金以抵偿其购置租赁物所花费的成本，而且难以将租赁物再次出租。同样，如果出租人解除合同，收回租赁物，则承租人将被迫中断生产经营活动，会面临巨大损失。但在实践中，当事人可以通过约定保留解除权或通过协商解除已经设立的权利义务，这是当事人意思自治原则及合同自由原则的体现，也是根据实际经营需要而作出的灵活安排。

（二）法定解除

1. 根据法释〔2014〕3号第十一条规定，出租人和承租人双方都享有解除权的情形包括：

（1）出租人与出卖人订立的买卖合同解除、被确认无效或者被撤销，且双方未能重新订立买卖合同的；

（2）租赁物因不可归责于双方的原因意外毁损、灭失，且不能修复或者确定替代物的；

（3）因出卖人的原因致使融资租赁合同的目的不能实现的。

2. 根据法释〔2014〕3号第十二条规定，出租人可解约的情形包括：

（1）承租人未经出租人同意，将租赁物转让、转租、抵押、质押、投资入股或者以其他方式处分租赁物的；

（2）承租人未按照合同约定的期限和数额支付租金，符合合同约定的解除条件，经出租人催告后在合理期限内仍不支付的；

（3）合同对于欠付租金解除合同的情形没有明确约定，但承租人欠付租金达到两期以上，或者数额达到全部租金百分之十五以上，经出租人催告后在合理期限内仍不支付的；

（4）承租人违反合同约定，致使合同目的不能实现的其他情形。

3. 根据法释〔2014〕3号第十三条规定，因出租人的原因致使承租人无法占有、使用租赁物，承租人可单方解除融资租赁合同。

【案例分析 11-4】

2010年12月2日，原告香港大新银行有限公司（以下简称大新公司）与被告荣辉科技发展有限公司（以下简称荣辉公司）签订租赁合同，约定大新公司按照荣辉公司的要求向台湾一家公司购买一台自动分条切张机，租赁给被告荣辉公司使用，双方约定每月租金为9931.30港元，分54期支付租金，直至2015年4月2日止。租赁合同约定了在承租人违约时，出租人有权同时解除合同、收回所有租金及租赁物。还约定了利率和逾期利率的计算方法，并约定租赁期满后，被告还清所有款项后需取得机器所有权必须另外再付 500 港元。但被告并没有按约支付租金，截至 2012 年 4 月 26 日，荣辉公司尚欠 8 期租金未付，总计 79450.40 港元。

思考：

（1）《租赁合同》是否有效？

（2）大新公司是否有权解除合同？

（3）大新公司是否可以同时主张支付所有租金和返还租赁物？为什么？

四、融资租赁合同的终止

融资租赁合同的终止是指在融资租赁合同成立后，基于一定的法律事实，经过特定的法律程序，当事人之间因融资租赁合同产生的权利义务关系归于消灭。融资租赁合同只有具备法定的原因并经过法定程序才能够终止，因终止的原因不同，在当事人之间也会产生不同的法律后果。

（一）融资租赁合同终止的原因

融资租赁合同终止的原因与普通租赁合同终止的原因大体上是一致的。但融资租赁合同有一重大特殊之处，即租赁物因不可归责于双方当事人的事由而消灭，合同并未当然终止，承租人仍然负有向出租人交付租金的义务。融资租赁合同终止的原因具体而言有以下几种：

1. 租赁期限届满。在租赁期限届满后，当事人已完全履行了自己的合同义务，再加上此时租赁物的残值不多，一般也不存在续租的必要。因此，租赁期限届满，租赁合同终止，当事人的权利义务关系消灭。

2. 融资租赁合同解除。融资租赁合同的解除是合同终止的重要原因，合同解除后未履行的部分不再履行。

3. 债权债务归于同一人。凡是合同，必然有双方当事人。当债权债务同归于一人时，合同就会因为丧失相对性而无法存在，合同关系应终止，融资租赁合同也不例外。在融资租赁合同中，若出现出租人与承租人合并，或者出租人以租赁物为成本向承租人投资等情形，双方当事人即变为一方当事人。无论是债权债务都归于出租人，还是都归于承租人，合同都会终止。

4. 裁判终止。裁判终止是指由人民法院或仲裁机构裁决融资租赁合同终止。在融资租赁合同订立后履行完毕前，一方或者双方当事人对融资租赁合同的条款或者履行有争议的，可以起诉到人民法院或者向仲裁机构申请仲裁。人民法院或仲裁机构经审理查明后，认为当事人的争议足以导致合同关系终止的，作出相应的判决，终止合同关系。在合同终止后，不影响已经履行的合同的效力，也不会影响当事人要求损害赔偿的权利。

（二）合同终止的法律后果

融资租赁合同终止后虽然双方当事人的融资租赁关系归于消灭，但双方仍会基于合同终止而产生相应的法律后果。

1. 租赁物的处理。融资租赁合同终止后，对租赁物的处理，依合同的约定不同而不同：一是约定租赁期间届满后，租赁物归承租人所有；二是约定租赁期间届满后，租赁物归出租人所有，承租人将租赁物返还给出租人。除此之外，若当事人未对租赁期间届满租赁物的归属做约定或约定不明的，按照《合同法》第六十一条也无法确定的，应当认定租赁期满后租赁物归出租人所有。在约定租赁期间届满后租赁物归出租人所有或者没有约定租赁物归属的情况下承租人破产，租赁物不属于承租人的破产财产，出租人享有取回权。

2. 结算与清理。融资租赁合同终止后，应当对已经履行合同的部分进行结算并对未履行的部分进行清理。根据《合同法》第九十八条规定，合同的权利义务终止，不影响合同中结算和清理条款的效力。因此，对于合同中原本有约定的，应按照约定的方式进行结算清理，没有约定的，则按照法律规定的程序和方法进行。通常，对于融资租赁合同已经履行部分的结算，主要是对承租人已经支付的租金的清算；对于尚未履行部分的清理，主要是对承租人尚未支付的租金的清算以及对租赁物残值价值的评估。

3. 违约责任。因当事人违约而导致融资租赁合同被解除的，违约方需承担损害赔偿责任。具体而言，若承租人违反租金义务或未经出租人同意处分租赁物的，承租人应当向出租人承担违约责任并赔偿损失；出租人不提供租赁物或提供的租赁物不符合约定的，应当向承租人承担违约责任并赔偿损失。若双方在合同中约定了违约金条款，可直接适用违约金条款。

【课后练习题】

一、单项选择题

1. 我国的融资租赁在 20 世纪（　　）年代初从国外引进。

A. 60　　　　　　B. 70　　　　　　C. 80　　　　　　D. 90

2. 融资租赁合同是（　　）。

A. 不要式合同　B. 实践性合同　C. 单务合同　　D. 有名合同

3. 金融租赁公司的最低注册资本为（　　）亿元人民币。

A. 1　　　　　　B. 2　　　　　　C. 3　　　　　　D. 4

4. 外商投资融资租赁公司注册资本应不低于（　　）万美元。

A. 1000　　　　B. 2000　　　　C. 3000　　　　D. 4000

5. 甲公司按照融资租赁合同的约定，为乙公司向丙公司购买了一台起重机，然后租赁给乙公司使用。乙公司工作人员因操作不当，致使起重机砸伤了过路行人张某。根据《合同法》的规定，应当对张某承担损害赔偿责任的是（　　）。

A. 乙公司　　　　　　　　　　　B. 甲公司和乙公司

C. 乙公司和丙公司　　　　　　　　D. 甲公司、乙公司和丙公司

6. 甲、乙双方签订一份合同。该合同的要点为：（1）甲方按照乙方指定的型号和技术要求向指定的丙购一套设备；（2）乙方按期支付租金；（3）租赁期满，设备所有权仍归甲方所有。按照我国合同法有关规定，该合同属于（　　　）。

　　A. 租赁合同　　　　　　　　　　　B. 融资租赁合同

　　C. 买卖合同　　　　　　　　　　　D. 居间合同

7. 根据合同法律制度的规定，下列各项中，关于融资租赁合同表述不正确的是（　　　）。

　　A. 融资租赁合同应当采用书面形式

　　B. 承租人破产的，租赁物属于破产财产

　　C. 经催告后承租人在合理期限内拒付租金的，出租人可以解除合同

　　D. 租赁期间届满无法确定租赁物所有权人的，租赁物的所有权归出租人

8. 租赁期满租赁财产的处理方式不包括（　　　）。

　　A. 留购　　　　B. 续租　　　　C. 无偿使用　　　D. 退租

9. 甲、乙、丙三家公司协商一致，签订融资租赁合同，甲公司为承租人，由其选定丙公司生产的机器设备一套，乙公司购买后交付甲公司使用。在租赁期间，由于甲公司员工丁操作不当，机器设备致第三人损害。下列关于该机器设备致人损害的表述正确的是（　　　）。

　　A. 甲公司应承担全部赔偿责任

　　B. 乙公司应承担全部赔偿责任

　　C. 丙公司应承担全部赔偿责任

　　D. 甲公司应和丁承担连带赔偿责任

10. A市的甲工厂与B市的乙银行订立了一份融资租赁合同。合同约定由乙银行向C国的丙公司购入一套设备供甲工厂使用，在合同履行过程中，甲工厂要求乙银行承担设备的日常维修，乙银行拒绝。应承担该套设备维修义务的是（　　　）。

　　A. 甲工厂　　　B. 乙银行　　　C. 丙公司　　　D. 丙公司在我国的分支机构

二、多项选择题

1. 下列关于融资租赁合同的说法正确的有（　　　）。

　　A. 融资租赁合同是出租人将租赁物交付承租人使用、收益，承租人支付租金的合同

　　B. 融资租赁合同可以约定租赁期间届满租赁物的归属

　　C. 融资租赁合同的租金，除当事人另有约定以外，应当根据购买租赁物的大部分或者全部成本以及出租人的合理利润确定

　　D. 融资租赁合同应当采用书面形式

2. 融资租赁的形式有（　　　）。

　　A. 直接租赁　　　B. 回租　　　C. 杠杆租赁　　　D. 销售式租赁

3. 融资租赁合同的特征包括（　　　）。

A. 融资租赁合同属于转移财产使用权的合同

B. 一般由出租人对租赁物的瑕疵负担保责任

C. 融资租赁合同的租赁物必须是不易消耗物

D. 租赁物的维修义务由出租人承担

4. 融资租赁合同当事人中属于出租人的义务有（　　　）。

A. 向出卖人支付价金的义务

B. 标的物的瑕疵担保义务

C. 支付租金的义务

D. 协助承租人索赔的义务

E. 保证承租人对租赁物占有和使用的义务

5. 下列关于融资租赁合同的表述正确的是（　　　）。

A. 出租人和承租人对租赁期间届满租赁物的所有权归属没有约定的，租赁物的所有权归出租人

B. 承租人未按约定支付租金，经催告在合理期间内仍不支付的，出租人有权解除租赁合同，收回租赁物，但收回的租赁物的价值超过承租人欠付的租金以及其他费用的，承租人可以要求部分返还

C. 当事人约定租赁期间届满租赁物的所有权归承租人，租赁期间承租人破产的，租赁物属于破产财产，但出租人对变卖租赁物所得有优先受偿的权利

D. 出租人根据承租人对出卖人、租赁物的选择订立买卖合同，租赁物不符合租赁合同约定的，出租人不承担责任

三、简答题

1. 简述融资租赁合同的概念和特征。

2. 融资租赁合同的分类？

3. 简述融资租赁合同中当事人的权利义务。

4. 融资租赁合同无效的情形有哪些？

5. 简述融资租赁合同终止的法律后果。

第十二章

互联网金融法律制度

【教学目的和要求】

本章从整体概括介绍了互联网金融的定义、特征和主要模式，重点介绍了互联网借贷、股权众筹、第三方支付等互联网金融主要业态的法律与政策内容。通过学习使学生对互联网金融的特点、主要模式有所了解，并能用相关的法律与政策分析现实中具体涉及互联网金融的案例，能够识别在互联网金融实践中出现的新的表现形式。

近年来，随着互联网应用的普及，我国金融业务已经呈现出信息网络化趋势，特别是 P2P 贷款、众筹融资等新型网络金融业态的出现，使得互联网金融成为国内炙手可热的议题。当前我国互联网金融法治建设取得了一些成果，但围绕互联网金融，法律制度层面还有待进一步完善。

第一节　互联网金融法律制度概述

一、互联网金融概述

（一）互联网金融的概念

互联网金融是互联网技术和金融功能的有机结合，依托大数据和云计算在开放的互联网平台上形成的功能化金融业态及其服务体系，包括基于网络平台的金融市场体系、金融服务体系、金融组织体系、金融产品体系以及互联网金融监管体系等，并具有普惠金融、平台金融、信息金融和碎片金融等相异于传统金融的金融模式。2015 年 7 月中国人民银行、中国银监会联合十部委发布的《关于促进互联网金融健康发展的指导意见》（以下简称《指导意见》）对互联网金融的概念进行了界定，即"互联网金融是传统金融机构与互联网企业利用互联网技术和信息通信技术实现资金融通、支付、投资和信息中介服务的新型金融业务模式"。互联网金融的本质仍属于金融，其功能仍然主要是资金融通、价格发现、支付

《关于促进互联网金融健康发展的指导意见》

238

清算和风险管理等，并未超越金融的基本范畴。随着金融与互联网逐步相渗、相融，互联网金融已泛指一切可以通过互联网技术来实现资金融通的行为。

（二）互联网金融的主要特点

互联网金融是传统金融功能与互联网信息技术相结合所形成的新型金融模式，能够以便捷、低成本、高效率的方式服务于社会经济，并从根本上改变了金融功能的实现方式。互联网金融具有下列四个主要特点：

1. 金融服务基于大数据的运用。金融业是大数据的重要产生者，同时也高度依赖信息技术，是典型的数据驱动行业。在互联网金融环境中，数据作为金融核心资产，将撼动传统客户关系及抵押制品在金融业务中的地位。大数据可以促进高频交易，社交情绪分析和信贷风险分析三大金融创新。互联网金融领域无论哪种业务模式及产品交互无不体现对大数据的合理运用。

2. 金融服务趋向长尾化。与银行的金融服务偏向"二八定律"里的 20% 的客户不同，互联网金融争取的更多的还是 80% 的小微用户。这些小微用户的金融需求既小额又个性化，在传统金融体系中往往得不到满足，而在互联网金融的服务中小微客户有着先天独厚的优势，其可以高效率地解决用户的个性化需求。

3. 金融服务高效、便捷化。互联网金融带来了全新的渠道，为客户提供方便、快捷、高效的金融服务，极大地提高了现有的金融体系的效率。互联网金融门户的"搜索＋比价"带来的金融产品服务让网络借贷从复杂变得简单。

4. 金融服务低成本化。互联网金融低成本化的特点体现在交易成本和服务成本两个方面，如第三方支付带来的结算成本大大降低，互联网金融门户让客户以更低成本搜索比价更加优质的金融服务产品。

二、互联网金融的业务模式

根据《指导意见》规定，互联网金融的主要业务模式包括互联网支付、网络借贷、股权众筹融资、互联网基金销售、互联网保险、互联网信托和互联网消费金融。此外，包括供应链金融、互联网货币在内的诸多新型金融业务模式也成为互联网金融的组成部分。

（一）互联网支付

互联网支付是指通过计算机、手机等设备，依托互联网发起支付指令转移货币资金的服务。互联网支付的运作原理可以表述为：支付机构为客户提供网站访问渠道，客户通过注册并向互联网支付账户转入资金后，可以向其他持有同样账户的个人或企业转移资金。互联网支付的主要表现形式为网银、第三方支付、移动支付。

（二）网络借贷

网络借贷是指借助电子商务网络平台实现借贷双方的信息对接并完成交易的借贷模式。网络借贷包括个体网络借贷（即 P2P 网络）和网络小额贷款。个体网络借贷是个体和个体之间通过互联网平台实现的直接借贷，具体指贷款人和借款人通过 P2P 网络借贷平台订立电子借贷合同，对借贷资金的金额、利率、期限等因素进行匹配，从而实现借贷双方需求的新型小额借贷模式。P2P 网络借贷平台在其中起到信息中介的作用。网络小额贷款是指互联网企业通过其控制的小贷款公司，利用互联网向客户提供的小额贷款。网络小额贷款实际上是小贷款公司业务的互联网化。

（三）股权众筹融资

股权众筹融资是指通过互联网形式进行公开小额股权融资的活动。小微企业通过出让一定比例的股份获得融资，普通投资者通过出资入股公司，获得未来收益。股权众筹融资必须通过股权众筹融资中介机构平台（互联网网站或其他类似的电子媒介）进行，融资方也应为小微企业。股权众筹操作模式分为新设发起式与增资扩股式，前者是指发起方有好的创业项目，但手头缺资金，于是作为发起方的领投人领投新设公司或者有限合伙企业一部分股份，其余股份向社会通过网络平台公开募集股东或合伙人；后者是指已成立公司采取增资扩股方式通过网络平台吸收新的股东注入资金投入到公司业务中，无论哪种方式都必须通过网络平台进行，即投资人必须首先在网络平台上注册，选取合适项目后成为投资人，再与发起方或项目公司签订股东或合伙人入资协议方才完成股权众筹流程。

（四）互联网基金销售

互联网基金销售是指基金销售机构与其他机构通过互联网合作销售基金等理财产品的经济行为。主要销售模式有两种：一是基金销售机构在自身互联网平台上进行基金销售；二是基金销售机构与第三方机构合作销售基金，基金销售机构可与第三方支付机构合作推出以货币市场基金产品为基础的业务创新，也可以在第三方电子商务平台开设基金销售店铺，直接面向第三方电子商务平台用户销售基金。

（五）互联网保险

互联网保险指保险公司或新型第三方服务商以互联网和电子商务技术为工具来支持保险销售的经营管理活动的经济行为。互联网保险有别于传统的保险代理人营销模式，是新兴的一种以计算机互联网为媒介的保险营销模式，相比传统保险推销的方式，互联网保险具有以下优势：能让客户在线自主选择产品，退保率大大降低；产品咨询、保单发送都可以通过鼠标来完成，服务更便捷；互联网信息流通快，理赔更轻松；保险公司成本大大降低，经营效益有所提高。

（六）互联网信托

互联网信托是通过网络平台进行的信用委托，即由委托人依照契约或网站条款的规定，为自己的利益，将自己的财产或财产权利委托给受托人（信托公司），由受托人利用信托公司互联网平台或者第三方网络平台向投资人募集资金，然后将资金投向较好收益的项目，利用项目产生的效益归还投资者本金与预期收益的行为。

（七）互联网消费金融

消费金融是指为满足个人或家庭对产品或服务的消费需求而提供的具有贷款、存储、支付结算功能的金融服务。而互联网消费金融作为一种新型金融服务模式，广义上指以互联网技术为媒介向消费者提供的信用金融服务，即"互联网＋消费金融"。狭义上指资金供给方以互联网和移动互联网技术等一系列现代信息科技技术为手段，将资金提供给各阶层消费者用于满足个人和家庭需要而购买、使用除房屋和汽车之外的其他商品或服务，以实现资金融通的一种新兴金融模式。[①]

（八）供应链金融

供应链金融是一种旨在降低供应链融资成本以解决供应链节点资金供给的金融资源整合模式。供应链金融是指通过互联网电商平台将"四流"，即商流、物流、资金流、信息流整合，以多种形式为供应商、入驻商或第三方合作伙伴等提供低成本、无抵押的融资方式。因此供应链金融具有成本低廉化、效率更高化、信息透明化的特点。从供应链金融市场来看，供应链金融属于短期货币市场，货币供求双方主要是商业银行和工商业企业，或者是供应链中的上下游企业。

（九）互联网货币

互联网货币是指依托互联网信息技术而出现的不通过银行机构发行的、以数字形式存在的、具有购买力的虚拟兑换工具。互联网货币也被称为数字货币或虚拟货币。从互联网货币的流通形式来看，互联网货币主要分为三种类型：（1）封闭型互联网货币，只用于某封闭系统内部的单一用途，如某款网络游戏中通过任务所获得的游戏币。（2）单向型互联网货币，可使用现实货币单向兑换得到，但不能兑换为现实货币，主要用于购买互联网服务商的虚拟服务，如腾讯Q币。（3）双向型互联网货币，可以同现实货币进行双向兑换，并可购买虚拟服务与实体商品，典型代表为比特币。

三、互联网金融监管原则

互联网金融本质仍属于金融，没有改变金融风险隐蔽性、传染性、广泛性和突发性的特点。加强互联网金融监管，是促进互联网金融健康发展的内在要求。《指导意见》作为针对整个互联网金融行业的顶层制度设计，明确规定互联网金融监管应遵循"依法监管、适度监管、分类监管、协同监管、创新监管"的原则。

（一）依法监管

依法监管要求金融监管机关的监管行为必须依据法律的规定并遵守相应的程序，监管行为受法律监督，违法监管行为应承担法律责任。立法机关应加强立法工作，尽快制定覆盖互联网金融各领域的监管规则，为金融监管机关的依法监管创造有法可依的前提条件，金融监管机关应树立依法监管的理念，提高依法行政能力，以服务互联网金融的发展与创新作为依法监管的重要目标。

（二）适度监管

适度监管要求监管机关应尊重市场的自身调节作用，尊重互联网金融行业发展的客观规律，监管行为不干涉市场主体的自主权和企业的微观经营活动。针对目前我国互联网金融行业处于发展初期法制不健全的阶段，适度监管原则要求行政监管与市场约束相结合，行政监管侧重于强化互联网金融的市场准入制度，市场约束应发挥市场机制对互联网金融企业的优胜劣汰功能。

[①]　胡跃飞，黄少卿.供应链金融：背景、创新与概念界定［J］.金融研究，2009（8）：51-53.

（三）分类监管

分类监管就是针对不同类型的互联网金融业态，依据金融类别属性进行监管，包括银监会负责对网络借贷和 P2P 的监管，证监会对众筹的监管，人民银行对支付和相应的金融协会的牵头工作。

（四）协同监管

协同监管就是对互联网金融的监管要不留死角，全覆盖，各个监管机构要加强协同，加强合作监管。当前我国在互联网金融领域实行的是分业监管体制，互联网金融监管机关应构建国内统一的互联网金融监管信息交换平台，强化在部级层面的监管协作，完善协同监管机制的顶层设计，从而提高在分业监管体制下的互联网金融监管全面性和有效性。

（五）创新监管

创新监管包括了监管手段创新和监管思维创新，要求监管机构注重加强互联网和信息化监管手段探索，利用好市场中介机构的专业化作用，同时加强知识宣传、普及和投资者教育。要根据互联网特点，探索新的互联网金融监管手段。

第二节　P2P 网络借贷法律制度

一、P2P 网络借贷概述

（一）P2P 网络借贷的概念

P2P（Peer－to－Peer lending），一般是指投资人与融资人通过独立的第三方网络平台直接进行的借贷活动，又称点对点信贷。中国人民银行在《中国金融稳定报告》中认为，P2P 网络借贷是指"个体和个体之间通过网络平台实现的直接借贷"。P2P 网络借贷平台为出借人与借款人提供信息交互、资信评估、撮合、投资咨询、法律手续办理等中介服务，有些平台还提供包括资金移转和结算、债务催收等服务内容。根据《指导意见》"（八）网络借贷"中的规定，P2P 网络借贷是指个体和个体之间通过互联网平台实现的直接借贷。上述概念将 P2P 网络借贷交易主体定位为"个体"，应注意的是，"个体"一词并非严谨的法学词汇，其并未明确为法人或者自然人，此处应做较为宽泛的理解。①

（二）P2P 网络借贷的模式

我国 P2P 平台在发展过程中主要形成了以下三种运营模式。

1. 信息中介模式。此模式是指 P2P 网贷平台为借款人和出借人提供相关信息并促成借款协议的达成，平台只收取相应的服务费用。平台对借款人和出借人不承诺保障借款标的的本金或利息，不提供资金垫付、担保、债权转让及风险准备金等服务。当借款人发生违约行为时，由出借人自行承担全部法律风险。信息中介模式最接近 P2P 网贷的本

---

① 殷华.网络融资法律问题研究——以金融消费者保护为中心［M］.北京：法律出版社，2016：124.

质，强调投资者的风险自负，网贷平台仅起到撮合借贷协议达成的居间人的作用。

2. 债权转让模式。此模式是指借款人和出借人不直接签订借款合同，而是在借款人和出借人之间存在一个专业放款人（实践中担任专业放款人的有 P2P 平台、担保公司、资产管理公司等），专业放款人先以自有资金出借给借款人取得债权，再把获得的债权进行拆分、重组，打包成各类固定收益的产品，然后再将这些产品向出借人进行销售。在这种债权转让模式中，受让债权的出借人很难了解借款人的具体信息，并存在资金信息不透明、资金使用不规范甚至涉嫌非法吸收公众存款的问题。故此种债权转让模式已被金融监管机关认定为违法行为并被禁止。

3. 担保模式。此模式是指 P2P 网贷平台自己或引入第三方为借贷协议提供担保，对出借人的资金安全特别是按时还本付息提供一定的担保。担保模式分为平台自身担保模式和第三方担保模式。在平台自身担保模式下，当借款到期时，出借人无法收回本金和利息，可将债权转让给 P2P 网贷平台，平台会先行垫付资金给出借人，再由平台对借款人进行追偿（在实践中 P2P 平台通常会从借款人的借款金额中收取一定比例的风险准备金，当借款人无法按时还本付息时，P2P 平台会将风险准备金支付给出借人）。在第三方担保模式下，由第三方担保机构为借贷协议提供担保并收取一定比例的担保费。当借款人无法按时足额还本付息时，由第三方担保机构对出借人进行偿付。

此外，国内 P2P 网络借贷在发展过程中，还曾出现过线下交易模式（P2P 网贷平台仅提供交易信息，具体交易手续、交易程序都由 P2P 网贷平台和客户面对面完成）、承诺保障本金线上交易模式（在借款发生违约风险后，P2P 平台承诺为出借人垫付本金）和不承诺保障本金线上交易模式（在借款发生违约风险后，P2P 平台将不会为出借人垫付本金）等多种模式。[①]

二、P2P 的法律关系

P2P 的法律关系，应从两个层面来解释。其一，是投融资双方之间法律关系的层面；其二，是投融资双方分别与 P2P 平台的法律关系的层面。

（一）借贷法律关系

投融资双方的法律关系，属于民事法律关系中的借贷法律关系，双方订立的是借款合同，《合同法》第一百九十六条规定："借款合同是借款人向贷款人借款，到期返还借款并支付利息的合同。"《最高人民法院关于审理民间借贷案件适用法律若干问题的规定》第一条第一款规定："本规定所称的民间借贷，是指自然人、法人、其他组织之间及其相互之间进行资金融通的行为。"《最高人民法院关于如何确认公民与企业之间借贷行为效力问题的批复》规定：公民与非金融企业之间的借贷属于民间借贷。只要双方当事人意思表示真实即可认定有效。以上是投融资双方在 P2P 平台上订立借款合同并履行的法律依据。[②]

---

① 朱崇实，刘志云. 金融法教程（第四版）［M］. 北京：法律出版社，2017：301 - 302.
② 邢会强. 互联网金融的法律与政策［M］. 北京：中国人民大学出版社，2017：16.

在一般模式中，投融资双方通过平台直接签订借款合同，投资方支付借款给融资方，融资方到期还本付息这毋庸置疑是属于借贷法律关系。在债权转让模式中，融资方是将已经取得的债权让与投资方，投资方替换原债权人，成为新的债权人。而在收益权转让模式中，虽然没有法律明确界定收益权的性质，但是根据上文提到的《最高人民法院关于审理民间借贷案件适用法律若干问题的规定》第一条的规定，也可以认定为是一种民间借贷行为，因此也属于借贷法律关系。

（二）居间法律关系

P2P 平台与投融资双方均为民事法律关系中的居间法律关系。《合同法》规定，居间合同是居间人向委托人报告订立合同的机会或者提供订立合同的媒介服务，委托人支付报酬的合同。居间人应当就有关订立合同的事项向委托人如实报告。居间人故意隐瞒与订立合同有关的重要事实或者提供虚假情况，损害委托人利益的，不得要求支付报酬并应当承担损害赔偿责任。以上是 P2P 平台作为居间人的法律依据。

P2P 平台作为中介平台，向投融资双方提供信息服务、法律服务，并且撮合双方的借款交易，最后收取服务费，自身并不参与到借贷资金的流动中，因此具有居间人的性质。P2P 平台作为居间人，对融资方的真实情况应当进行核查，并且应当客观、如实地将调查结论告知投资方，不得对投资方进行劝诱或者暗示，否则若因 P2P 平台的原因导致借款不能如期付息到期偿还，P2P 平台要承担相应的法律责任。[①]

（三）保证法律关系

保证法律关系也发生在投融资双方分别与 P2P 平台的法律关系的层面，即 P2P 平台成为融资方的保证人。但是这种关系并非必然存在，而是由于 P2P 平台的明示或投资方提供的证据能够证明的情况下才存在。

我国《担保法》第六条规定："本法所称保证，是指保证人和债权人约定，当债务人不履行债务时，保证人按照约定履行债务或者承担责任的行为。"《最高人民法院关于人民法院审理借贷案件的若干意见》第十三条规定："在借贷关系中，仅起联系、介绍作用的人，不承担保证责任。对债务的履行确有保证意思表示的，应认定为保证人，承担保证责任。"可见，一般情况下，P2P 平台仅从事撮合交易的行为时，是不存在担保责任的，只有作出了愿意承担保证责任的意思表示时，才承担保证责任。

在保证法律关系中，融资方是被保证人，P2P 平台是保证人，投资方是债权人。若融资方不能按照约定履行义务，P2P 平台则要向投资方承担义务保证。法律关系之所以存在，是因为我国目前的互联网征信体系尚不完善，不能起到良好的监督管理作用，为了吸引更多的投资方，P2P 平台不得不通过引入保证的方式来操作。但《网络借贷信息中介机构业务活动管理暂行办法》将 P2P 平台界定为信息中介，禁止

《网络借贷信息
中介机构业务活动
管理暂行办法》

---

① 邢会强.互联网金融的法律与政策［M］.北京：中国人民大学出版社，2017：16.

平台自身提供担保，P2P平台只能引入第三方担保公司或保险公司进行担保。[①]

【案例分析12－1】

"e租宝"全称为"金易融（北京）网络科技有限公司"，是钰诚集团全资子公司，"e租宝"的依托公司钰诚集团在各地设立了大量分公司和代销公司，直接面对老百姓"贴身推销"。地推人员除了推荐"e租宝"的产品外，甚至还会"热心"地为他们提供开通网银、注册平台等服务。为获取更多的投资款，其实际控制人丁某指使雍磊、许某、侯某等人收购、注册了大量空壳公司用于签订虚假融资租赁合同，或者通过给予好处费的方式与其他公司签订虚假合同，并将大量虚假项目上线到"e租宝"平台，吸引投资人投资。除了将一部分吸取的资金用于还本付息外，相当一部分被用于个人挥霍、维持公司的巨额运行成本、投资不良债权以及广告炒作。

资料来源：https：//baike.baidu.com/item/e% E7% A7% 9F% E5% AE% 9D/16638771？fr = aladdin。

思考：根据"e租宝事件"分析其涉及的法律关系及实际控制人或者主要责任人的刑事责任。

三、P2P网络借贷的法律规制

自2006年P2P在我国出现以来，立法机关未对P2P制定任何针对性的法律规范，只是借助于原有的法律及司法解释等作为设立和运作以及监管的依据。但是金融业相关部门对P2P的重视程度与日俱增，从政策层面对P2P作出了未来发展监管的指导。2015年银监会会同工业和信息化部、公安部、国家互联网信息办公室等部门起草发布了《网络借贷信息中介机构业务活动管理暂行办法（征求意见稿）》。2016年《网络借贷信息中介机构业务活动管理暂行办法》（以下简称《办法》）正式发布，其全面系统地规范了网贷机构及其业务行为，为行业的发展明确了方向，进一步引导网贷机构回归信息中介、小额分散的普惠金融本质，促使网贷行业正本清源，规范发展。《办法》主要从以下几个方面对P2P进行了规范。

（一）P2P网贷平台的监管原则

《办法》确立了P2P行业监管总体原则：一是强调机构本质属性，加强事中事后行为监管。网贷机构本质上是信息中介机构，不是信用中介机构。P2P网贷平台要坚持平台功能，为出借人和借款人提供信息交互、撮合、资信评估等中介服务。P2P网贷平台应明确信息中介性质，主要为借贷双方的直接借贷提供信息服务，不得提供增信服务，不得非法集资。但其开展的网贷业务是金融信息中介业务，涉及资金融通及

---

① 邢会强.互联网金融的法律与政策［M］.北京：中国人民大学出版社，2017：16.

相关风险管理。二是坚持底线监管思维，实行负面清单管理。通过负面清单界定网贷业务的边界，明确网贷机构不能从事的 13 项禁止性行为。对符合法律法规的网贷业务和创新活动，给予支持和保护；对以网贷名义进行非法集资等非法金融活动，坚决予以打击和取缔；加强信息披露，完善风险监测，守住不发生区域性系统性风险的底线。三是创新行业监管方式，实行分工协同监管。

（二）P2P 网贷平台的监管体制

《办法》确立了网贷监管体制，促进各方依法履职。按照《指导意见》提出的"依法监管、适度监管、分类监管、协同监管、创新监管"的原则及中央和地方金融监管职责分工的有关规定，按照"双负责"的原则，明确银监会及其派出机构负责对网贷业务活动实施行为监管，制定网贷业务活动监管制度。地方金融监管部门负责本辖区网贷的机构监管，工业和信息化部负责对网络借贷信息中介机构业务活动涉及的电信业务进行监管。公安部牵头负责对网络借贷信息中介机构的互联网服务进行安全监管，依法查处违反网络安全监管的违法违规活动，打击网络借贷涉及的金融犯罪及相关犯罪。国家互联网信息办公室负责对金融信息服务、互联网信息内容等业务进行监管。

（三）业务规则

1. P2P 网络平台的义务。《办法》规定 P2P 网络平台应当履行的义务包括：（1）依据法律法规及合同约定为出借人与借款人提供直接借贷信息的采集整理、甄别筛选、网上发布，以及资信评估、借贷撮合、融资咨询、在线争议解决等相关服务；（2）对出借人与借款人的资格条件、信息的真实性、融资项目的真实性、合法性进行必要审核；（3）采取措施防范欺诈行为，发现欺诈行为或其他损害出借人利益的情形，及时公告并终止相关网络借贷活动；（4）持续开展网络借贷知识普及和风险教育活动，加强信息披露工作，引导出借人以小额分散的方式参与网络借贷，确保出借人充分知悉借贷风险；（5）按照法律法规和网络借贷有关监管规定要求报送相关信息，其中网络借贷有关债权债务信息要及时向有关数据统计部门报送并登记；（6）妥善保管出借人与借款人的资料和交易信息，不得删除、篡改，不得非法买卖、泄露出借人与借款人的基本信息和交易信息；（7）依法履行客户身份识别、可疑交易报告、客户身份资料和交易记录保存等反洗钱和反恐怖融资义务；配合相关部门做好防范查处金融违法犯罪相关工作；（8）按照相关要求做好互联网信息内容管理、网络与信息安全相关工作；（9）国务院银行业监督管理机构、工商登记注册地省级人民政府规定的其他义务。

2. "负面清单"。《办法》还规定了 P2P 平台不得从事的活动，即被称为"负面清单"：（1）为自身或变相为自身融资；（2）直接或间接接受、归集出借人的资金；（3）直接或变相向出借人提供担保或者承诺保本保息；（4）自行或委托、授权第三方在互联网、固定电话、移动电话等电子渠道以外的物理场所进行宣传或推介融资项目；（5）发放贷款，但法律法规另有规定的除外；（6）将融资项目的期限进行拆分；（7）自行发售理财等金融产品募集资金，代销银行理财、券商资管、基金、保险或信托产品等金融产品；（8）开展类资产证券化业务或实现以打包资产、证券化资产、信托资产、基金份额等形式的债权转让行为；（9）除法律法规和网络借贷有关监管规定允许外，与其他机构投资、代理销售、经纪等业务进行任何形式的混合、捆绑、代理；（10）虚构、夸大融资项目的真实性、收益前景，隐瞒融资项目的瑕疵及风险，以歧义性语言或其他欺骗性手段等进行虚假片面宣传或促销等，捏造、散布虚假信息或不完整信息损害他人商业信誉，误导出借人或借款人；（11）向借款用途为投资股票、场外配资、期货合约、结构化产品及其他衍生品等高风险的融资提供信息中介服务；（12）从事股权众筹等业务；（13）法律法规、网络借贷有关监管规定禁止的其他活动。

（四）信息披露

P2P借贷交易，应当以强化信息披露为行业规范。《指导意见》中明确规定从业机构应当对客户进行充分的信息披露，及时向投资者公布其经营活动和财务状况的相关信息，以便投资者充分了解从业机构运作状况，促使从业机构稳健经营和控制风险。从业机构应当向各参与方详细说明交易模式、参与方的权利和义务，并进行充分的风险提示。《办法》也对网络借贷信息中介机构的信息披露义务进行了规定。要求网络借贷信息中介机构应当在其官方网站上向出借人充分披露借款人基本信息、融资项目基本信息、风险评估及可能产生的风险结果、已撮合未到期融资项目资金运用情况等有关信息。网络借贷信息中介机构应定期以公告形式向公众披露年度报告，还应聘请会计师事务所定期对本机构出借人与借款人资金存管、信息披露情况、信息科技基础设施安全、经营合规性等重点环节实施审计，并且应当聘请有资质的信息安全测评认证机构定期对信息安全实施测评认证，向出借人与借款人等披露审计和测评认证结果。网络借贷信息中介机构应当将定期信息披露公告文稿和相关备查文件报送工商登记注册地地方金融监管部门，并置备于机构住所供社会公众查阅。

第三节 股权众筹法律制度

一、股权众筹概述

（一）众筹的概念与基本类型

众筹，来自英文 Crowdfunding 一词，即大众筹资或群众筹资，指发起人将需要筹集资金的项目通过众筹平台进行公开展示，感兴趣的投资者可对这些项目提供资金支持。中国人民银行在2014年《中国金融稳定报告》中认为，众筹融资是指通过网络平台为发起人筹集从事某项创业或活动的小额资金，并由发起人向投资人提供一定回报的融资模式。众筹主要包括三个参与方：筹资人、平台运营方和投资人。其中，筹资人就是项目发起人，在众筹平台上创建项目，介绍自己的产品、创意或需求，设定筹资期限、筹资模式、筹资金额和预期回报率等；平台运营方就是众筹网站，负责审核、展示筹资人创建的项目，提供服务支持；投资人则通过浏览平台上的各种项目，选择适合的投资目标进行投资。

众筹根据其模式可以首先分为购买模式和投资模式两大类，其中购买模式又细分为捐赠众筹和奖励众筹。捐赠众筹是指出资者对项目或者机构进行无偿捐赠的众筹模式；奖励众筹是指出资者对项目或机构投资，获得产品或服务的众筹模式。投资模式包括债权众筹和股权众筹。债权众筹出资者获得一定比例债权，未来获取利息收益并回收本金；股权众筹指投资者获得一定比例的股权。

（二）股权众筹的概念和运作流程

股权众筹融资主要是指通过互联网形式进行公开小额股权融资的活动。股权众筹融资必须通过股权众筹融资中介机构平台（互联网网站或其他类似的电子媒介）进行。

股权众筹大的运作流程分为以下几个步骤：

1. 项目申请。项目发起人（领投人）向众筹平台提交详细的申请材料，一般包括商业计划书、预定融资金额、融资时限、拟出让的股份数量和价格。其中，商业计划书主要披露发起人的基本状况、项目优势和前景、实施计划、资金用途等信息。

2. 项目审核。众筹平台接到项目申请后，根据既定的筛选标准对项目进行必要的审核，通过审核的项目方可在众筹平台上线展示。

3. 项目展示。通过审核的项目在众筹网站上创建项目主页，项目发起人可综合采用文案、图片、视频等形式公开宣传和推介项目。

4. 项目筹资。项目展示过程中，如果投资者愿意出资，则通过众筹平台进行认筹。若融资时限内达到预定融资金额，则项目发起人可获得相应资金；逾期筹资不足，所筹资金将退还投资者。

5. 项目实施。筹资成功后，众筹平台组织投融资双方签订法律合同，办理股权登记等事宜。

6. 成立有限合伙企业。收到融资款后即着手落实项目，依据发起人和投资人委托，代办有限合伙企业成立所需要的工商登记、税务登记、银行开户等相关手续，并建立定期信息披露机制，及时沟通项目情况，并在盈利时分配收益。

二、股权众筹融资的法律关系

（一）股权众筹融资法律关系的主体

在一般的股权众筹交易中，基本主体包括融资人、投资人和股权众筹平台。

1. 融资人。融资人又可以称为项目发起人、借款人，其通过在股权众筹平台上推介自身产品或项目等，吸引投资人进行投资。一般投资对象均为处于起步的初创期企业。

2. 投资人。投资人是根据股权众筹平台提供的融资人项目选定投资目标后投入资金获取收益的主体。

3. 股权众筹平台。股权众筹平台是为投融资双方提供交易媒介服务，承担融资人项目审核、展示等服务，并收取一定佣金的网络平台。股权众筹平台的主要业务是为初创企业融资提供网络服务平台，审核并向投资人推荐项目，使初创企业有机会直接接触到国内投资人，也使投资人可以通过平台找到高质量的投资项目。股权众筹平台一般只对融资人收费，不对投资人收费。

股权众筹交易中，涉及的主体还包括被投资的初创期企业、投资人中的领投人和跟投人、专为投资所设立的有限合伙企业等。

（二）股权众筹融资法律关系的内容

因股权众筹涉及投资人、融资人和股权众筹平台等多个法律主体，构成投资人与融资人、投资人与股权众筹平台、融资人与股权众筹平台、领投人与跟投人等多个不同的法律关系。对于各主体之间法律关系的内容，需进一步区分主体加以界定。

1. 投资人与融资人。在股权众筹融资中，依据设立的商事主体性质的不同，投资人与融资人之间分别成立股东法律关系和合伙法律关系。当投资人与融资人设立的商事主体为有限公司或股份有限公司时，投资人通过让渡财产给融资人以换取公司股权，投资人与融资人之间成立股东法律关系；当投资人与融资人设立的商事主体为合伙企业时，投资人让渡财产给融资人而取得的是合伙企业的权益份额，投资人与融资人之间成立合伙法律关系。在实践中，我国股权众筹融资项目在落地时，多采用有限合伙企业的形式。

2. 股权众筹平台与融资人、投资人。股权众筹平台与融资人、投资人之间形成居间法律关系，平台的主要功能仍是居间服务较之于一般意义上的居间，其服务内容有所延伸，如承担了具体的审核、管理等职能。

股权众筹平台通过在平台上发布项目融资信息，为投资人提供订立合同的机会，促成投资人和融资人之间的投融资协议的达成，并收取一定比例的服务费。股权众筹平台为投融资协议的签订提供了中介服务，起到居间人的作用。因此，投资人与股权众筹平台之间成立居间合同法律关系。在实践中，部分股权众筹平台在项目融资成功后会继续跟进，为投资人创立有限合伙企业（股份公司）提供服务。在这一阶段，股权众筹平台接受投资人的委托，作为受托人为实现有限合伙企业（股份公司）成立所需要的工商登记、税务登记、银行开户注资等相关手续提供服务。投资人与股权众筹平台之间成立委托合同关系。

股权众筹平台依据融资人的委托，将融资人的融资项目发布于平台上，为融资项目提供宣传并寻找投资人。平台此时承担了为投融资双方提供订立合同机会的义务，并从中收取一定比例的服务费。平台仅作为居间人促成投融资双方的投资意向的达成，不直接参与双方的交易过程。融资人与股权众筹平台之间成立居间合同法律关系。

3. 领投人与跟投人。领投人是存在于股权众筹融资中的合伙众筹模式下的特定主体。领投人与跟投人之间形成有限合伙内部的合伙关系，一般由领投人担任普通合伙人，由原跟投人担任有限合伙人，当然二者在合伙权利义务上存有很大差异。如合伙企业发生亏损时，对于其债务承担，普通合伙人承担无限连带责任，有限合伙人以其认缴的出资额为限承担责任。[①]

三、股权众筹的法律规制

我国目前还未出台专门针对众筹融资的行政法规和部门规章，涉及的政策文件主要包括《关于促进互联网金融健康发展的指导意见》、中国证券业协会发布的《场外证券业务备案管理办法》等。通过对现有的政策及法律进行梳理，我们可以对股权众筹有一个纵向发展的把握。股权众筹法律规制主要包含以下三类。

（一）不能突破的红色警戒线

我国法律法规明确规定了禁止性规定，与股权众筹有关的主要包括以下法律规范：

1. 《刑法》第一百六十条、第一百七十四条第一款、第一百七十六条、第一百七十九条、第一百九十二条、第二百二十四条、第二百二十五条规定的"欺诈发行股票、债券罪""擅自设立金融机构罪""非法吸收公众存款罪""擅自发行股票、债券罪""集资诈骗罪""组织、领导传销活动罪"和"非法经营罪"。

2. 《证券法》第十条规定，向特定对象发行证券累计超过200人的，视为公开发行。

3. 《最高人民法院关于审理非法集资刑事案件具体应用法律若干问题的解释》的第一条规定，非法集资活动应该同时具备以下四个条件：未经有关部门依法批准或者借用合法经营的形式吸收资金；通过媒体、推介会、传单、手机短信等途径向社会公开宣传；承诺在一定期限内以货币、实物、股权等方式还本付息或者给付回报；向社会公众即社会不特定对象吸收资金。

4. 《最高人民法院关于审理非法集资刑事案件具体应用法律若干问题的解释》第六条规定，向特定对象发行累计超过200人的，应当认定为"擅自发行股票、债券"的行为。

5. 最高人民检察院、公安部《关于公安机关管辖的刑事案件立案追诉标准的规定（二）》第三十四条规定，未经国家有关主管部门批准，擅自发行股票或者公司、企业债券，涉嫌下列情形之一的，应予立案追诉：发行数额在50万元以上的；虽未达到上述数额标准，但擅自发行致使30人以上的投资者购买了股票或者公司、企业债券的；不能及时清偿或者清退的；其他后果严重或者有其他严重情节的情形。

【案例分析 12-2】

2012年，淘宝网某店铺对外宣布：消费者可在淘宝店拍下相应金额会员卡，该会员卡不仅可以享受"订阅电子杂志"的权益，还可以拥有该店原始股份100股。经过两轮募集后，一共有1191名会员参与了认购，总股为68万股，总金额人民币81.6万元。最终该店共募集资金120.37万元。此做法在网络上引起巨大争议，很多人认为这种做法有非法集资的嫌疑，最终证监会通过调查核实，宣布该融资行为不合规，之后该店向购买凭证的投资者全额退款。

思考：该店的做法触犯了《证券法》的哪些规定？

（二）可能会受到的法律约束

1.《公司法》规定只有股份有限公司可以公开发行股票。成立股份有限公司的发起人人数不得超过 200 人，有限责任公司应由 50 名以下股东成立。

2. 证监会 2014 年 8 月颁布的《私募投资基金监督管理暂行办法》第十三条规定，以合伙企业、契约等非法人形式，通过汇集多数投资者的资金直接或者间接投资于私募基金的，私募基金管理人或者私募基金销售机构应当穿透核查最终投资者是否为合格投资者，并合并计算投资者人数。

（三）当前促进股权众筹发展的政策及法律

1. 2015 年 3 月，中共中央、国务院颁布《关于深化体制机制改革加快实施创新驱动发展战略的若干意见》，开展股权众筹融资试点，积极探索和规范发展服务创新的互联网金融。

2. 2015 年 3 月，国务院办公厅颁布《关于发展众创空间推进大众创新创业的指导意见》，旨在完善创业投融资机制；发挥多层次资本市场作用，为创新型企业提供综合金融服务；开展互联网股权众筹融资试点，增强众筹对大众创新创业的服务能力。

《关于深化体制机制改革加快实施创新驱动发展战略的若干意见》

《关于发展众创空间推进大众创新创业的指导意见》

第四节　其他互联网金融典型业态法律制度

一、第三方支付法律制度

（一）第三方支付概述

1. 第三方支付的概念。第三方支付是指非金融机构在收付款人之间作为中介机构提供货币资金转移服务。根据中国人民银行 2010 年 6 月正式公布的《非金融机构支付服务管理办法》规定，非金融机构支付服务是指非金融机构在收付款人之间作为中介机构提供的部分或全部货币资金转移服务。具体而言，第三方支付是具备一定实力和信誉保障的第三方独立机构，采用与国内外各大银行签约的方式，借助银行卡等卡基支付工具或虚拟账户、虚拟货币等网上支付工具，提供与银行支付结算系统衔接的交易支持平台。

2. 第三方支付的类型。《非金融机构支付服务管理办法》将第三方支付按业务类型划分为网络支付、预付卡模式及银行卡收单三种基本类型。

《非金融机构支付服务管理办法》

（1）网络支付。网络支付，是指依托公共网络或专用网络在收付款人之间转移货币资金的行为，包括货币汇兑、互联网支付、移动电话支付、固定电话支付、数字电视支付等。网络支付以第三方支付机构为支付服务提供主体，以互联网等开放网络为支付渠道，通过第三方支付机构与各商业银行之间的支付接口，在

商户、消费者与银行之间形成一个完整的支付服务流程。

根据网络支付服务具体业务流程的不同，网络支付，尤其是其中的互联网支付中主要存在两种模式：支付网关模式和虚拟账户模式，其中虚拟账户模式还可以细分为信用中介型虚拟账户模式和直付型虚拟账户模式两种。下面是对各支付模式的详细分析。

①支付网关模式。支付网关模式又称为网关支付，是电子商务中使用最多的一种互联网支付服务模式。该模式的主要特点是在网上商户和银行网关之间增加一个第三方支付网关，由第三方支付网关负责集成不同银行的网银接口，并为网上商户提供统一的支付接口和结算对账等业务服务。在这种模式下，第三方支付机构把所有银行网关（网银、电话银行）集成在了一个平台上，商户和消费者只需要使用支付机构的一个平台就可以连接多个银行网关，实现一点接入，为商户和消费者提供多种的银行卡互联网支付服务。

②虚拟账户模式。虚拟账户型支付模式是指第三方支付机构不仅为商户提供银行支付网关的集成服务，还为客户提供了一个虚拟账户，该虚拟账户可与客户的银行账户进行绑定或者对接，客户可以从银行账户等资金源向虚拟账户中充入资金，或从虚拟账户向银行账户注入资金。客户在网上的支付交易可在客户的虚拟账户之间完成，也可在虚拟账户与银行账户之间完成。

（2）预付卡模式。预付卡是以先付费后消费为支付模式，以盈利为目的而发行的，可购买商品或服务的有预付价值的卡，包括磁条、芯片等卡片形式。目前市场上流通的预付卡主要可分成两大类：一类是单用途预付卡，企业通过购买、委托等方式获得制卡技术并发售预付卡，该卡只能在发卡机构内消费使用，主要由电信、商场、餐饮、健身、美容美发等领域的企业发行并受理；另一类是多用途预付卡，主要由第三方支付机构发行，该机构与众多商家签订协议，布放受理 POS 终端机，消费者可以凭该卡到众多的联盟商户刷卡进行跨行业消费。

（3）银行卡收单。银行卡收单业务是指收单机构通过银行卡受理终端为银行卡特约商户代收货币资金的行为。其中，受理终端是指通过银行卡信息读入装置生成银行卡交易指令要素的各类支付终端，包括销售点（POS 机）终端、转账 POS 机、电话 POS 机、多用途金融 IC 卡支付终端、非接触式接受银行卡信息终端、有线电视刷卡终端、自助终端等类型。收单机构是与特约商户签订银行卡受理协议并向该商户承诺付款以及承担核心业务主体责任的银行业金融机构和非金融机构。本书所指的银行卡收单特指当第三方支付机构作为收单机构，通过受理终端为签约商户代收货币资金的支付结算服务。

（二）第三方支付的法律规制

2010 年《非互联网金融的法律与政策金融机构支付服务管理办法》将第三方支付正式纳入中国人民银行的监管之下。随后，中国人民银行又发布了《非金融机构支付服务管理办法实施细则》，进一步明确了非金融机构支付业务许可证的申请细则以及业务范围。2015 年 12 月，中国人民银行发布了《非银行支付机构网络支付业

《非银行支付机构网络支付业务管理办法》

务管理办法》，于 2016 年 7 月 1 日起施行。该办法对网络支付业务的客户管理、业务管理、风险管理与客户权益保护、监督管理及法律责任等方面作出了具体的规定。目前我国关于第三方支付的法律规制主要包括以下几个方面。

1. 客户管理。《非银行支付机构网络支付业务管理办法》规定，支付机构应当遵循"了解你的客户"原则，建立健全客户身份识别机制。要求支付机构必须与客户签订服务协议，约定双方责任、权利和义务，至少明确业务规则（包括但不限于业务功能和流程、身份识别和交易验证方式、资金结算方式等），收费项目和标准，查询、差错争议及投诉等服务流程和规则，业务风险和非法活动防范及处置措施，客户损失责任划分和赔付规则等内容。支付机构应当确保协议内容清晰、易懂，并以显著方式提示客户注意与其有重大利害关系的事项。

2. 业务管理。《非银行支付机构网络支付业务管理办法》规定，支付机构不得经营或者变相经营证券、保险、信贷、融资、理财、担保、信托、货币兑换、现金存取等业务。支付机构向客户开户银行发送支付指令，扣划客户银行账户资金的，支付机构和银行应当执行下列要求：（1）支付机构应当事先或在首笔交易时自主识别客户身份并分别取得客户和银行的协议授权，同意其向客户的银行账户发起支付指令扣划资金；（2）银行应当事先或在首笔交易时自主识别客户身份并与客户直接签订授权协议，明确约定扣款适用范围和交易验证方式，设立与客户风险承受能力相匹配的单笔和单日累计交易限额，承诺无条件全额承担此类交易的风险损失先行赔付责任；（3）除单笔金额不超过 200 元的小额支付业务外，公共事业缴费、税费缴纳、信用卡还款等收款人固定并且定期发生的支付业务，支付机构不得代替银行进行交易验证。

3. 风险管理与客户权益保护。《非银行支付机构网络支付业务管理办法》规定，支付机构应当综合客户类型、身份核实方式、交易行为特征、资信状况等因素，建立客户风险评级管理制度和机制，并动态调整客户风险评级及相关风险控制措施。支付机构应当根据客户风险评级、交易验证方式、交易渠道、交易终端或接口类型、交易类型、交易金额、交易时间、商户类别等因素，建立交易风险管理制度和交易监测系统，对疑似欺诈、套现、洗钱、非法融资、恐怖融资等交易，及时采取调查核实、延迟结算、终止服务等措施。

支付机构应当向客户充分提示网络支付业务的潜在风险，及时揭示不法分子新型作案手段，对客户进行必要的安全教育，并对高风险业务在操作前、操作中进行风险警示。支付机构应当建立健全风险准备金制度和交易赔付制度，并对不能有效证明因客户原因导致的资金损失及时先行全额赔付，保障客户合法权益。

支付机构应当依照中国人民银行有关客户信息保护的规定，制定有效的客户信息保护措施和风险控制机制，履行客户信息保护责任。

4. 监督管理。第三方支付业务的监管机构是中国人民银行。中国人民银行可以结合支付机构的企业资质、风险管控特别是客户备付金管理等因素，确立支付机构分类监管指标体系，建立持续分类评价工作机制，并对支付机构实施动态分类管理。支付机构提供网络支付创新产品或者服务、停止提供产品或者服务、与境外机构合作在境内开展网络支付业务的，应当至少提前 30 日向法人所在地中国人民银行分支机构报告。支付机构发生重大风险事件的，应当及时向法人所在地中国人民银行分支机构报告；发现涉嫌违法犯罪的，同时报告公安机关。

二、互联网保险法律制度

（一）互联网保险概述

1. 互联网保险的概念。《互联网保险业务监管暂行办法》（以下简称《暂行办法》）第一条规定：本办法所称互联网保险业务，是指保险机构依托互联网和移动通信等技术，通过自营网络平台、第三方网络平台等订立保险合同、提供保险服务的业务。

《互联网保险业务
监管暂行办法》

2. 互联网保险的模式。根据经营主体的不同，互联网保险的业务模式可以分为以下两种类型。

（1）保险机构自营网络平台。《暂行办法》中规定的保险机构包括保险公司和保险中介机构，与此相对应，保险机构自营网络平台模式可分为保险公司自营和保险中介机构自营两种模式。保险公司自营网络平台就是一般意义上的保险公司自建的网站直销模式。在这种模式下，保险公司利用互联网技术和网站平台，直接在线与投保人订立保险合同，其保险产品主要就是传统的财产保险产品和人身保险产品。保险中介机构自营网络平台是指保险中介机构自建网站平台，从事保险的代理、经纪和公估等业务。此时，保险中介机构充当保险公司的代理人，代为销售保险产品，并在保险公司的授权范围内代为办理保险业务或者为投保人与保险人订立保险合同提供中介服务。

（2）第三方网络平台。第三方网络平台是指除自营网络平台外，在互联网保险业务活动中，为保险消费者和保险机构提供网络技术支持辅助服务的网络平台。互联网保险业务的销售、承保、理赔、退保、投诉处理及客户服务等保险经营行为应由保险机构管理和负责。第三方网络平台经营开展上述保险业务的，应取得保险业务经营资格。

（二）互联网保险的法律规制

根据《暂行办法》规定，目前我国互联网保险的法律规制主要包括以下几个方面。

1. 准入条件。保险机构开展互联网保险业务的自营网络平台，应具备下列条件：（1）具有支持互联网保险业务运营的信息管理系统，实现与保险机构核心业务系统的无缝实时对接，并确保与保险机构内部其他应用系统的有效隔离，避免信息安全风险在保险机构内外部传递与蔓延；（2）具有完善的防火墙、入侵检测、数据加密以及灾难恢复等互联网信息安全管理体系；（3）具有互联网行业主管部门颁发的许可证或者在互联网行业主管部门完成网站备案，且网站接入地在中华人民共和国境内；（4）具有专门的互联网保险业务管理部门，并配备相应的专业人员；（5）具有健全的互联网保险业务管理制度和操作规程；（6）互联网保险业务销售人员应符合保监会有关规定；（7）中国保监会规定的其他条件。

保险机构通过第三方网络平台开展互联网保险业务的，第三方网络平台应具备下列条件：（1）具有互联网行业主管部门颁发的许可证或者在互联网行业主管部门完成网站备案，且网站接入地在中华人民共和国境内；（2）具有安全可靠的互联网运营系统和信息安全管理体系，实现与保险机构应用系统的有效隔离，避免信息安全风险在保险机构内外部传递与蔓延；（3）能够完整、准确、及时向保险机构提供开展保险业务所需的投保人、被保险人、受益人的个人身份信息、联系信息、账户信息以及投保操作轨迹等信息；（4）最近两年未受到互联网行业主管部门、工商行政管理部门等政府部门的重大行政处罚，未被中国保监会列入保险行业禁止合作清单；（5）中国保监会规定的其他条件。第三方网络平台不符合上述条件的，保险机构不得与其合作开展互联网保险业务。

2. 信息披露。保险机构开展互联网保险业务，不得进行不实陈述、片面或夸大宣传过往业绩、违规承诺收益或者承担损失等误导性描述。保险机构应在开展互联网保险业务相关网络平台的显著位置，以清晰易懂的语言列明保险产品及服务等信息，需列明的信息包括下列内容：（1）保险产品的承保公司、销售主体及承保公司设有分公司的省、自治区、直辖市清单；（2）保险合同订立的形式，采用电子保险单的，应予以明确说明；（3）保险费的支付方式，以及保险单证、保险费发票等凭证的配送方式、收费标准；（4）投保咨询方式、保单查询方式及客户投诉渠道；（5）投保、承保、理赔、保全、退保的办理流程及保险赔款、退保金、保险金的支付方式；（6）针对投保人（被保险人或者受益人）的个人信息、投保交易信息和交易安全的保障措施；（7）中国保监会规定的其他内容。

3. 经营规则。保险机构应将保险监管规定及有关要求告知合作单位，并留存告知记录。保险机构与第三方网络平台应签署合作协议，明确约定双方权利义务，确保分工清晰、责任明确。第三方网络平台应在醒目位置披露合作保险机构信息及第三方网络平台备案信息，并提示保险业务由保险机构提供。因第三方网络平台原因导致保险消费者或者保险机构合法权益受到损害的，第三方网络平台应承担赔偿责任。

保险公司应加强对互联网保险产品的管理，选择适合互联网特性的保险产品开展经营，并应用互联网技术、数据分析技术等开发适应互联网经济需求的新产品，不得违反社会公德、保险基本原理及相关监管规定。

投保人交付的保险费应直接转账支付至保险机构的保费收入专用账户，第三方网络平台不得代收保险费并进行转支付。保费收入专用账户包括保险机构依法在第三方支付平台开设的专用账户。

保险机构应加强客户信息管理，确保客户资料信息真实有效，保证信息采集、处理及使用的安全性和合法性。

4. 监督管理。互联网保险业务的监管机构是中国银行保险监督管理委员会。中国银行保险监督管理委员会及其派出机构依据法律法规及相关监管规定，对保险机构和第三方网络平台的互联网保险经营行为进行日常监管和现场检查。中国保险行业协会依据法律法规及中国保监会的有关规定，对互联网保险业务进行自律管理。

✍【课后练习题】

一、单项选择题

1. 通常我们所称的互联网元年指的是哪一年? (   )

A. 2011 年　　　　B. 2012 年　　　　C. 2013 年　　　　D. 2014 年

2. P2P 网贷运营模式中,将第三方担保公司或者保险公司引入到借贷关系中以规避投资者风险的运营模式属于 (   )。

A. 纯线上模式　　B. 债权转让模式　C. 担保模式　　　D. O2O 模式

3. 以下哪个不属于互联网金融监管原则? (   )

A. 依法监管　　　B. 创新监管　　　C. 统一监管　　　D. 适度监管

4. 互联网支付业务归属 (   ) 监管。

A. 人民银行　　　B. 银监会　　　　C. 证监会　　　　D. 保监会

5. 网络借贷业务归属 (   ) 监管。

A. 人民银行　　　B. 银监会　　　　C. 证监会　　　　D. 保监会

6. 股权众筹融资业务归属 (   ) 监管。

A. 人民银行　　　B. 银监会　　　　C. 证监会　　　　D. 保监会

7. 互联网保险归属 (   ) 监管。

A. 人民银行　　　　　　　　　　　　B. 银监会

C. 证监会　　　　　　　　　　　　　D. 银保监会

8. (   ) 是一种新型融资模式。

A. 网络借贷　　　B. 众筹　　　　　C. 第三方支付　　　D. 互联网信托

9.《关于促进互联网金融健康发展的指导意见》将互联网金融主要业态分为 (   ) 种。

A. 5　　　　　　　B. 7　　　　　　　C. 9　　　　　　　D. 11

二、多项选择题

1. 以下属于互联网金融业态的有 (   )。

A. 第三方支付　　B. 网络借贷　　　C. 股权众筹　　　D. 互联网银行

2. 下面对互联网金融的理解正确的是 (   )。

A. 互联网金融的本质是传统金融机构业务的互联网化

B. 互联网金融是传统金融机构与互联网企业利用互联网技术和信息通信技术实现资金融通、支付、投资和信息中介服务的新型金融业务模式

C. 互联网金融的本质是互联网企业借助电子商务平台开展金融业务

D. 互联网金融是一个总体概念,涵盖了一切形式的网上金融行为

3. 以下符合互联网金融内涵说法的是 (   )。

A. 主要借助于互联网技术与移动通信技术

B. 其目的是实现资金融通、网络支付和信息中介

C. 是一种新兴金融模式和第三种融资模式

D. 是一种由新型的金融服务和金融产品形成的虚拟金融模式

4. 下列选项中属于互联网金融范畴的是（　　）。

A. P2P　　　　　　　　　　　　B. 众筹

C. 网络供应链金融　　　　　　　D. 第三方支付

5. 互联网金融监管应遵循（　　）原则。

A. 依法监管　　　B. 适度监管　　　C. 分类监管　　　D. 协同监管

E. 创新监管

三、简答题

1. 怎样理解互联网金融的内涵？

2. P2P 网络借贷的模式有哪些？

3. 股权式众筹与其他众筹模式有何本质区别？

4. 第三方支付存在哪些法律风险？

5. 简述互联网保险合同与传统保险合同的区别。

第十三章

涉外金融法律制度

【教学目的和要求】

本章从总体上介绍了《服务贸易总协定》关于金融服务的相关界定和规则，重点介绍了我国法律对外资银行和外资保险公司的监管规定，以及涉外融资的途径等内容。通过学习使学生对我国涉外金融法律制度的总体内容有所了解，并能够运用相关知识分析现实中的涉外金融法律问题，尤其是能够理解和解释《服务贸易总协定》给我国金融业带来的重大影响，以及我国涉外金融法律制度的一些特点和优势。

改革开放以来，我国金融对外开放程度日益提高。为了规范对外金融交往，维护本国的国际信誉和金融安全，促进公平竞争，保护金融交易当事人的合法权益，我国先后颁布了一批重要的涉外金融法律法规。加入世界贸易组织以后，基于《服务贸易总协定》及所作的承诺，我国对相关涉外金融法律法规进行了必要的增补与修订。至今，涉外金融法律制度已经成为我国金融法律制度的重要组成部分。

第一节　《服务贸易总协定》

金融服务隶属于服务贸易的范畴。中国加入 WTO 以后，即须接受《服务贸易总协定》的约束，严格履行在其项下所作的承诺，包括进一步对外开放我国的金融市场。不言而喻，《服务贸易总协定》对我国金融业和金融法制已经产生并将继续产生重大而深远的影响。

一、《服务贸易总协定》概述

《服务贸易总协定》由两大部分构成：第一部分为框架协定，包括序言、正文和 8 个附录（其中有 2 个是关于金融服务的附录）；第二部分为成员方承担特定义务的计划表。根据《服务贸易总协定》第 20 条规定，每一成员方都应制订其承担特定义务的计划表，详细说明市场准入和国民待遇的范围、条件、限制及适用时间等，

《服务贸易
总协定》

并附于《服务贸易总协定》之后，作为其整体组成部分之一。

　　作为国际服务贸易领域第一个全球性的多边协定，《服务贸易总协定》与 1994 年的《关税及贸易总协定》（以下简称《关贸总协定》）相比，既有共性也有特性。一方面，《服务贸易总协定》借鉴和沿用了《关贸总协定》的基本原则和精神。在《服务贸易总协定》的条文中，许多基本规范，如最惠国待遇原则、国民待遇原则、透明度原则等，均来自《关贸总协定》。另一方面，由于服务贸易与货物贸易存在诸多差别，适用于货物贸易的一些规则难以在服务贸易领域直接套用。因此，与《关贸总协定》相比，《服务贸易总协定》又有自己的特点，如将一般义务与特定义务分别规范。一般义务适用于成员方的所有服务部门，不论成员方开放与否，它均应当被普遍遵守，除非属于明确列出的例外，包括最惠国待遇豁免清单和援引一般例外、安全例外、保障收支平衡例外。特定义务是指经过双边或多边谈判达成协议后才承担的义务，只适用于成员方承诺开放的服务部门，成员方可根据本国该服务部门的发展情况，对其履行特定义务列出条件和限制。①

《关税及
贸易总协定》

二、《服务贸易总协定》的核心内容

（一）服务贸易及金融服务的界定

1. 服务贸易。《服务贸易总协定》对"服务贸易"作了统一界定。其第一条第二款将服务贸易定义为通过以下四种方式提供的服务。

（1）跨境提供，即从一成员境内向任何其他成员境内提供服务；

（2）境外消费，即在一成员境内向任何其他成员的服务消费者提供服务；

（3）商业实体，即一成员的服务提供者通过在任何其他成员境内的商业实体提供服务；

（4）自然人形式，即一成员的服务提供者以自然人的形式，在任何其他成员境内提供服务。

上述四种方式，国际金融服务贸易均可采用。

《服务贸易总协定》适用的服务范围，包括除"政府当局为实施职能所提供的服务"以外的所有部门的一切服务。而"政府当局为实施职能所提供的服务"，如中央银行业务、社会保险等，必须符合两个条件：一是不具有商业性质；二是不与任何一种或多种服务相竞争。

2. 金融服务。世界贸易组织将金融服务定义为由一成员方的金融服务提供者所提供的具有金融性质的任何服务，包括所有保险及与保险相关的服务、所有银行和其他金融服务（不包括保险）。

保险及与保险相关的服务包括以下方面。

---

① 朱崇实，刘志云. 金融法教程［M］. 北京：法律出版社，2017：320 - 321.

（1）直接保险（包括共同保险），分为人寿保险和非人寿保险；

（2）再保险和转分保；

（3）保险中介服务，如保险经纪和保险代理；

（4）附属于保险的服务，如咨询、精算、风险评估和索赔清算服务。

银行和其他金融服务（不含保险）包括以下方面。

（1）吸收公众存款和其他应偿还资金。

（2）发放各类贷款，包括消费信贷、抵押信贷、保付代理及对商业交易提供资金融通。

（3）融资租赁。

（4）各种支付和货币划转服务，包括信用卡、签账卡、借记卡、旅行支票、银行汇票。

（5）担保和承诺。

（6）在交易所、场外市场或以其他方式，自营或代客交易：①货币市场工具（包括支票、本票、存款证）；②外汇；③衍生产品，包括但不限于期货和期权；④汇率和利率工具，包括互换合约、远期利率合约、远期汇率合约等；⑤可转让证券；⑥其他流通工具和金融资产，包括金块。

（7）参与各种证券的发行，包括承销、代为募集（公募或私募）以及提供相关服务。

（8）货币经纪。

（9）资产管理，如现金或有价证券管理、各种形式的集合型投资管理、年金管理、保管、保管箱信托服务。

（10）为金融资产（包括证券、衍生产品及其他流通工具）提供结算和清算服务。

（11）提供和转让金融信息，金融数据处理，向其他金融服务提供者提供相关软件。

（12）顾问、中介以及附属于前列第（1）～（11）项的其他金融服务，包括信用调查和分析、投资与证券组合研究及顾问、收购顾问、公司重组与战略顾问。

（二）一般义务和原则

对于一般义务，各成员方在各服务部门均应统一予以实施，无论其是否开放。

1. 最惠国待遇原则。《服务贸易总协定》第二条第一款规定："在本协定项下的任何措施方面，各成员应立即和无条件地给予任何其他成员的服务和服务提供者以不低于其给予任何其他国家相同的服务和服务提供者的待遇。"最惠国待遇原则的实质，是要求成员方平等地对待其他所有的成员方。与货物贸易中的最惠国待遇不同，服务贸易中的最惠国待遇不仅给予服务本身，而且给予服务提供者。因为服务与服务提供者往往是密不可分的，服务的质量、效果与服务提供者的经营方式、规模等直接相关。为了求得广泛接受，《服务贸易总协定》在规定最惠国待遇原则的同时，规定了若干例外。

（1）根据"关于免除第二条义务的附录"，成员方可列出不愿承担最惠国待遇的措施清单。

（2）成员方与其毗邻国家或地区为方便边境服务交换而彼此提供的优惠。

（3）经济一体化内部成员方彼此给予的优惠待遇。

（4）政府采购，即政府机构为政治目的而非为商业转销目的的采购服务。

2. 透明度原则。除非在紧急情况下，每一成员方应迅速将所有涉及或影响协定实施的有关措施，最迟在它们生效之前予以公布；如果它是涉及或影响服务贸易的国际协定的签字国，则该项协定也必须予以公布。但并不要求任何成员方提供那些一旦披露会阻碍法律的实施或有害于公众利益或损害公营或私营企业的合法商业利益的机密资料。每一成员方如果实施新的法律法规、行政规定，或者修改现行的法律法规、行政规定，将严重影响其在协定项下有关服务贸易的特定义务时，应立即或至少每年一次向服务贸易理事会提出报告。每一成员方应建立一个或多个咨询机构，以满足其他成员方对有关资料的需求。任何成员方认为其他成员方采取的措施影响到协定的实施时，可以将该种状况通知服务贸易理事会。

3. 发展中国家成员更多参与的原则。在乌拉圭回合服务贸易谈判中，由于发展中国家的努力争取，不仅将"推动发展中国家成员的更多参与"列为《服务贸易总协定》的一大宗旨，而且专设一条进行了具体规定。各成员方应通过承担特定义务的协商，促使发展中国家成员在世界服务贸易中有更多的参与。发达国家成员及其他可能的限度内的成员，应在世界贸易组织协定生效后 2 年内建立联系点，以便发展中国家成员的服务提供者获取有关市场进入的资料。应对最不发达国家成员给予特别优先考虑。

（三）特定义务

所谓特定义务，是指成员方在市场准入和国民待遇方面，根据它们的具体承诺所承担的义务。

1. 市场准入。每一成员方在市场准入方面给予其他成员方的服务和服务提供者的待遇，应不低于其承担特定义务计划表中所同意和规定的期限、限制和条件。除承担特定义务计划表中已确定者外，成员方不得以某一地区分部门为基础或以整个国境为基础，维持或采用下列措施：

（1）以数量配额、垄断和专营服务提供者、经济需求测试方式限制服务提供者的数量。

（2）以数量配额或经济需求测试等方式限制服务交易或资产的总金额。

（3）以配额或经济需求测试方式限制服务交易的总数或以数量单位表示的服务产出总量。

（4）以数量配额或经济需求测试方式，对某一服务部门可雇用的自然人的总数、一个服务提供者可以雇用的自然人的总数、对提供某一特定服务必须雇用的人数进行限制。

（5）限制或要求服务提供者提供某种服务必须通过特定的法人或合营企业形式。

（6）通过外资持股的最大比例限制，或者单个或累计的外国投资总额，限制外国资本的参与。

2. 国民待遇。每一成员方在其承担特定义务计划表所列的部门，依照表内所述各种条件和限制，给予其他成员方的服务和服务提供者的待遇，就影响服务提供的所有措施而言，应不低于它给予本国相同的服务和服务提供者的待遇。在乌拉圭回合谈判结束时，共有71个成员（当时欧盟的12个成员计为1个）在其承担特定义务计划表中列出了金融服务的内容，但总体开放水平较低。乌拉圭回合后，各成员方继续就金融服务进行磋商，以期进一步改善各成员方开放各自金融市场的承诺。1995年7月，达成《临时金融服务协议》，即第二协议；1997年12月，达成《金融服务协议》，即第五协议。

（四）成员方可援引的例外

成员方由于没有预见到的变化，或由于某一具体承诺而使某一服务进口数量太大，以至于对本国的服务提供者造成严重损害或严重损害威胁时，可以部分或全部中止此承诺或消除损害。这被称为"紧急保障措施"。

《服务贸易总协定》允许成员方在其国际收支或金融状况严重恶化的情况下，就其承诺开放市场的服务贸易采取限制性措施，对与这种服务贸易有关的支付或货币转移作出限制。尤其是对金融状况比较脆弱的发展中国家成员为了实现发展目标而维持其外汇储备的要求，应给予充分的考虑。这被称为"确保国际收支平衡的例外措施"。

此外，《服务贸易总协定》还规定了一般例外、安全例外。

三、加入 WTO 后中国在金融业领域对外开放的进展

（一）银行业对外开放的步伐

2001年12月，取消外资银行办理外汇业务的地域和客户限制，允许外资银行经营对中国企业和中国居民的外汇业务；在上海、深圳、天津和大连4个城市向外资银行开放人民币业务。颁布《外资金融机构管理条例》（修订版）。2002年1月，颁布《外资金融机构管理条例实施细则》（修订版）。同年12月，在广州、青岛、珠海、南京、武汉5个城市向外资银行开放人民币业务。2003年12月，在济南、福州、成都和重庆4个城市向外资银行开放人民币业务；允许外资银行在已开放人民币业务的地域经营对中资企业的人民币业务。颁布《境外金融机构投资入股中资金融机构管理办法》，规定入股中资银行的资格条件和持股比例。2004年12月，在昆明、北京、厦门、沈阳和西安5个城市向外资银行开放人民币业务。2005年12月，在汕头、宁波、哈尔滨、长春、兰州、银川、南宁7个城市向外资银行开放人民币业务。2006年11月，颁布《外资银行管理条例》及《外资银行管理条例实施细则》，取消外资银行经营人民币业务的地域和客户限制，允许外资银行对所有客户提供人民币服务；取消对外资银行在华经营的非审慎性限制。2014年12月20日，国务院发布《关于修改〈中华人民共和国外资银行管理条例〉的决定》，根据外资银行在我国设立运营的实际情况，在确保有效监管的前提下，适当放宽外资银行准入和经营人民币业务的条件，为外资银行设立运营提供更加宽松、自主的制度环境。2015年7月1日，原银监会修订印发《外资银行

管理条例实施细则》，在加强有效监管前提下，为外资银行设立营运提供更加宽松便利的政策环境。

加入世贸组织以后，我国银行业对外开放步伐明显加快，这有助于我国对外贸易发展和引进外资，有利于金融市场深化和银行业的金融创新，也有助于中资银行与外资银行的合作和中国银行业监管水平的提高，为中资企业"走出去"、外资企业"走进来"、人民币国际化、国内自贸试验区建设、"一带一路"倡议实施等提供专业化金融支持。

（二）证券业对外开放步伐

2002 年 3 月，长江证券与法国巴黎百富勤签署设立中外合营证券公司的框架协议，这是中国加入世贸组织后建立的第一家合资证券公司。同年 6 月，中国证监会发布了《外资参股证券公司设立规则》和《外资参股基金公司设立规则》，明确了外资参股证券公司和基金公司的设立条件和程序，设定外资最高持股比例为 33%。2005 年 9 月，瑞银集团重组北京证券方案——筹建瑞银证券获国务院批准。这是中国首次准许外资机构拥有内地证券公司的管理权，也是外资拥有全面证券经营牌照的首例。2006 年 9 月，中国证监会在《〈证券公司设立审批〉行政许可项目特别说明》中明确暂停批准新设证券公司（含外资参股证券公司）及营业性分支机构。2007 年 12 月，监管部门宣布恢复合资证券公司的审批工作，符合条件的证券公司都可申请设立。2007 年 12 月修改《外资参股证券公司设立规则》，放宽外资参股内资证券公司的准入条件，拓宽参股渠道，审批合资证券公司的工作也同时重启。2018 年 4 月，中国证监会公布《外商投资证券公司管理办法》，允许外资控股合资证券公司，明确了外商投资证券公司的设立条件和程序，并相应更新了券商设立审批等行政许可服务指南。

《外商投资证券公司管理办法》

证券市场的有序开放，合资证券公司的成立以及知名证券公司在我国设立代表处，有利于加快我国证券市场与国际经济接轨的步伐，引进国外资金和国际证券业先进的经营管理方式并推动业务创新。

（三）保险业对外开放步伐

2003 年底，外国非寿险公司以在华设立营业机构的形式，在原有的分公司和合资公司基础上，增加了独资子公司。除有关法定保险业务外，向外资非寿险公司放开所有业务限制。2004 年 5 月，原中国保监会发布《关于外国财产保险分公司改建为独资财产保险公司有关问题的通知》，允许此前已经设立的外国财产保险分公司在符合一定条件的前提下，改建为独资保险公司。2004 年底，对外资保险公司取消地域限制。外资保险公司可在任何城市申请设立机构，经营保险业务。同时，除有关法定保险业务外，向外资寿险公司放开所有业务。2005 年底，取消法定分保。

加入 WTO 以后，外资保险公司在中国的发展取得了较大的成绩，但是就市场份额来看，中资保险公司依然居于绝对的主导地位。

第二节　涉外金融机构监管法律制度

一、外资银行的监管

（一）外资银行的范围界定

根据《外资银行管理条例》第二条规定，外资银行是指依照中华人民共和国有关法律、法规，经批准在中华人民共和国境内设立的下列机构：

1. 一家外国银行单独出资或者由一家外国银行与其他外国金融机构共同出资设立的外商独资银行；

2. 外国金融机构与中国的公司、企业共同出资设立的中外合资银行；

3. 外国银行分行；

4. 外国银行代表处。

其中第一项至第三项所列机构，统称为外资银行营业性机构。

（二）设立条件

1. 设立外资银行及其分支机构，应当经中国银行业监督管理机构审查批准。《外资银行管理条例》第八条规定了设立外资银行的条件，包括：

（1）外商独资银行、中外合资银行的注册资本最低限额为 10 亿元人民币或者等值的自由兑换货币。注册资本应当是实缴资本。

（2）外商独资银行、中外合资银行在中华人民共和国境内设立的分行，应当由其总行无偿拨给人民币或者自由兑换货币的营运资金。外商独资银行、中外合资银行拨给各分支机构营运资金的总和，不得超过总行资本金总额的 60%。

（3）外国银行分行应当由其总行无偿拨给不少于 2 亿元人民币或者等值的自由兑换货币的营运资金。另外，国务院银行业监督管理机构根据外资银行营业性机构的业务范围和审慎监管的需要，可以提高注册资本或者营运资金的最低限额，并规定其中的人民币份额。

2. 《外资银行管理条例》第九条对拟设外商独资银行、中外合资银行的股东或者拟设分行、代表处的外国银行也提出了以下要求：

（1）具有持续盈利能力，信誉良好，无重大违法违规记录；

（2）拟设外商独资银行的股东、中外合资银行的外方股东或者拟设分行、代表处的外国银行具有从事国际金融活动的经验；

（3）具有有效的反洗钱制度；

（4）拟设外商独资银行的股东、中外合资银行的外方股东或者拟设分行、代表处的外国银行受到所在国家或者地区金融监管当局的有效监管，并且其申请经所在国家或者地区金融监管当局同意；

《中华人民共和国
外资银行
管理条例》

（5）国务院银行业监督管理机构规定的其他审慎性条件。

3. 拟设外商独资银行的股东应当为金融机构，除应当具备《外资银行管理条例》第九条规定的条件外，其中唯一或者控股股东还应当具备下列条件：

（1）为商业银行；

（2）提出设立申请前1年年末总资产不少于100亿美元；

（3）资本充足率符合所在国家或者地区金融监管当局以及国务院银行业监督管理机构的规定。

4. 拟设中外合资银行的股东除应当具备《外资银行管理条例》第九条规定的条件外，其中外方股东及中方唯一或者主要股东应当为金融机构，且外方唯一或者主要股东还应当具备下列条件：

（1）为商业银行；

（2）提出设立申请前1年年末总资产不少于100亿美元；

（3）资本充足率符合所在国家或者地区金融监管当局以及国务院银行业监督管理机构的规定。

5. 拟设分行的外国银行除应当具备《外资银行管理条例》第九条规定的条件外，还应当具备下列条件：

（1）提出设立申请前1年年末总资产不少于200亿美元；

（2）资本充足率符合所在国家或者地区金融监管当局以及国务院银行业监督管理机构的规定；

（3）其在中国境内已设分行应当具备中国银行保险监督管理委员会规定的审慎性条件。

6. 有下列情形之一的，不得作为拟设外商独资银行、中外合资银行的股东：

（1）公司治理结构与机制存在明显缺陷；

（2）股权关系复杂或者透明度低；

（3）关联企业众多，关联交易频繁或者异常；

（4）核心业务不突出或者经营范围涉及行业过多；

（5）现金流量波动受经济环境影响较大；

（6）资产负债率、财务杠杆率高于行业平均水平；

（7）代他人持有外商独资银行、中外合资银行股权；

（8）其他对拟设银行产生重大不利影响的情形。

（三）业务范围

1. 外商独资银行、中外合资银行按照国务院银行业监督管理机构批准的业务范围，可以经营下列部分或者全部外汇业务和人民币业务：

（1）吸收公众存款；

（2）发放短期、中期和长期贷款；

（3）办理票据承兑与贴现；

（4）买卖政府债券、金融债券，买卖股票以外的其他外币有价证券；

（5）提供信用证服务及担保；

（6）办理国内外结算；

（7）买卖、代理买卖外汇；

（8）代理保险；

（9）从事同业拆借；

（10）从事银行卡业务；

（11）提供保管箱服务；

（12）提供资信调查和咨询服务；

（13）经国务院银行业监督管理机构批准的其他业务。

外商独资银行、中外合资银行经中国人民银行批准，也可以经营结汇、售汇业务。另外，外商独资银行、中外合资银行的分支机构在总行授权范围内开展业务，其民事责任由总行承担。

2. 外国银行分行按照国务院银行业监督管理机构批准的业务范围，可以经营下列部分或者全部外汇业务以及对除中国境内公民以外客户的人民币业务：

（1）吸收公众存款；

（2）发放短期、中期和长期贷款；

（3）办理票据承兑与贴现；

（4）买卖政府债券、金融债券，买卖股票以外的其他外币有价证券；

（5）提供信用证服务及担保；

（6）办理国内外结算；

（7）买卖、代理买卖外汇；

（8）代理保险；

（9）从事同业拆借；

（10）提供保管箱服务；

（11）提供资信调查和咨询服务；

（12）经国务院银行业监督管理机构批准的其他业务。

外国银行分行可以吸收中国境内公民每笔不少于100万元人民币的定期存款，经中国人民银行批准，也可以经营结汇、售汇业务。此外，外国银行分行及其分支机构的民事责任由其总行承担。

3. 外资银行营业性机构经营《外资银行管理条例》规定业务范围内的人民币业务的，还应当具备下列条件，并经国务院银行业监督管理机构批准：

（1）提出申请前在中华人民共和国境内开业1年以上；

（2）国务院银行业监督管理机构规定的其他审慎性条件。

外国银行分行改制为由其总行单独出资的外商独资银行的，上述第（1）项规定的期限自外国银行分行设立之日起计算。

（四）外资银行相关事项的变更登记

外资银行有下列情形之一的，应当经国务院银行业监督管理机构批准，并按照规定提交申请资料，依法向工商行政管理机关办理有关登记：

1. 变更注册资本或者营运资金；

2. 变更机构名称、营业场所或者办公场所；

3. 调整业务范围；

4. 变更股东或者调整股东持股比例；

5. 修改章程；

6. 国务院银行业监督管理机构规定的其他情形。

（五）监管要求

外资银行营业性机构应当按照有关规定，制定本行的业务规则，建立健全风险管理和内部控制制度，并遵照执行；应当遵守国家统一的会计制度和国务院银行业监督管理机构有关信息披露的规定；举借外债应当按照国家有关规定执行；应当按照有关规定确定存款、贷款利率及各种手续费率；经营存款业务，应当按照中国人民银行的规定缴存存款准备金。此外，计提呆账准备金、公司治理、关联交易等应当遵守有关规定。

【拓展阅读】

1995 年 2 月 26 日，具有 233 年历史、在世界 1000 家大银行中按核心资本排名第 489 位的英国巴林银行，因进行巨额金融期货投机交易，造成 9.16 亿英镑的巨额亏损，在经过国家中央银行英格兰银行拯救失败之后，被迫宣布破产，巴林银行的破产对国际金融市场造成严重的冲击。1995 年 2 月 27 日，新加坡股市出现较大幅度下跌；香港股市开市立即作出向下的反应，恒生指数一度深跌 200 多点；日本股市作为重灾区，所受的打击更为沉重；在英国，英镑汇率随之受到冲击，英镑兑马克汇率跌穿 2.3 的重要支撑位，成为两年多来的新低。此外，台北股市下跌了 3.1%，菲律宾联合交易所成分指数下跌 4.2%，韩国的股市下跌 2.25%。

巴林银行倒闭给各国金融市场形成了巨大冲击。各国政府在分析巴林银行倒闭的原因，反思巴林银行在内部管理以及金融操作上的问题的同时，也认识到对金融机构及其金融活动进行监管以防范金融风险的必要性。在世界经济一体化程度越来越高的今天，某一跨国金融机构金融活动的影响范围已经远远超出了一国的范围。如果不能对跨国金融机构及其业务行为进行有效的监管，各国都可能成为这些跨国金融机构金融风险的承受者。

（六）终止与清算

外资银行营业性机构自行终止业务活动的，应当在终止业务活动 30 日前以书面形式向国务院银行业监督管理机构提出申请，经审查批准予以解散或者关闭并进行清算。外资银行营业性机构无力清偿到期债务的，国务院银行业监督管理机构可以责令其停业限期清理。在清理期限内，已恢复偿付能力需要复业的，应当向国务院银行业监督管理机构提出复业申请；超过清理期限，仍未恢复偿付能力的，应当进行清算。

外资银行营业性机构因解散、关闭、依法被撤销或者宣告破产而终止的，其清算的具体事宜，依照中华人民共和国有关法律、法规的规定办理。外资银行营业性机构清算终结，应当在法定期限内向原登记机关办理注销登记。

二、外资参股证券公司的监管

（一）外资参股证券公司的范围界定

外资参股证券公司是指境外股东与境内股东依法共同出资设立的证券公司；境外投资者依法受让、认购内资证券公司股权，内资证券公司依法变更的证券公司。

（二）设立条件

1. 外资参股证券公司应当符合下列条件：

（1）注册资本符合《证券法》的规定；

（2）股东具备本规则规定的资格条件，其出资比例、出资方式符合本规则的规定；

（3）按照中国证监会的规定取得证券从业资格的人员不少于30人，并有必要的会计、法律和计算机专业人员；

（4）有健全的内部管理、风险控制和对承销、经纪、自营等业务在机构、人员、信息、业务执行等方面分开管理的制度，有适当的内部控制技术系统；

《中华人民共和国证券法》

（5）有符合要求的营业场所和合格的业务设施；

（6）中国证监会规定的其他审慎性条件。

2. 外资参股证券公司的境外股东应当具备下列条件：

（1）所在国家或者地区具有完善的证券法律和监管制度，已与中国证监会或者中国证监会认可的机构签订证券监管合作谅解备忘录，并保持着有效的监管合作关系；

（2）在所在国家或者地区合法成立，至少有1名是具有合法的金融业务经营资格的机构；境外股东自参股之日起3年内不得转让所持有的外资参股证券公司股权；

（3）持续经营5年以上，近3年未受到所在国家或者地区监管机构或者行政、司法机关的重大处罚；

（4）近3年各项财务指标符合所在国家或者地区法律的规定和监管机构的要求；

（5）具有完善的内部控制制度；

（6）具有良好的声誉和经营业绩；

（7）中国证监会规定的其他审慎性条件。

3. 外资参股证券公司的境内股东，应当具备中国证监会规定的证券公司股东资格条件。外资参股证券公司的境内股东，应当有1名是内资证券公司。但内资证券公司变更为外资参股证券公司的，不在此限。

（三）业务范围

外资参股证券公司可以经营下列业务：股票（包括人民币普通股、外资股）和债

券（包括政府债券、公司债券）的承销与保荐；外资股的经纪；债券（包括政府债券、公司债券）的经纪和自营；中国证监会批准的其他业务。

三、外资参股基金管理公司的监管

中外合资基金管理公司，包括境外股东与境内股东共同出资设立的基金管理公司和境外股东受让、认购境内基金管理公司股权而变更的基金管理公司。《证券投资基金管理公司管理办法》对中外合资基金管理公司的监管作出了具体规定。

中外合资基金管理公司的境外股东，其注册地或主要经营活动所在地的主管当局对境外投资有备案要求的，该境外股东在依法取得中国证监会的批准文件后，如向其注册地或主要经营活动所在地的主管当局提交有关备案材料，应当同时将副本报送中国证监会。

《证券投资基金管理公司管理办法》

中外合资基金管理公司的境外股东应当具备下列条件：

1. 为依其所在国家或者地区法律设立，合法存续并具有金融资产管理经验的金融机构，财务稳健，资信良好，最近 3 年没有受到监管机构或者司法机关的处罚；

2. 所在国家或者地区具有完善的证券法律和监管制度，其证券监管机构已与中国证监会或者中国证监会认可的其他机构签订证券监管合作谅解备忘录，并保持着有效的监管合作关系；

3. 实缴资本不少于 3 亿元人民币的等值可自由兑换货币；

4. 经国务院批准的中国证监会规定的其他条件。

香港特别行政区、澳门特别行政区和台湾地区的投资机构比照适用前款规定。

中外合资基金管理公司外资出资比例或者拥有的权益比例，累计（包括直接持有和间接持有）不得超过国家证券业对外开放所作的承诺。中外合资基金管理公司还应当按照法律、行政法规的规定，申领"外商投资企业批准证书"，并开设外汇资本金账户。

四、外资保险公司的监管

（一）外资保险公司的范围界定

外资保险公司，是指依照中华人民共和国有关法律、行政法规的规定，经批准在中国境内设立和营业的下列保险公司：

1. 合资保险公司，指外国保险公司同中国的公司、企业在中国境内合资经营的保险公司；

2. 独资保险公司，指外国保险公司在中国境内投资经营的外国资本保险公司；

3. 外国保险公司分公司，指外国保险公司在中国境内的分公司。

（二）设立条件

根据《外资保险公司管理条例》规定，设立外资保险公司，应当经相关监督管理机构（现为中国银保监会）批准。设立外资保险公司的地区，由相关监督管理机构按照有关规定确定。设立经营人身保险业务的外资保险公司和经营财产保险业务的外资保险公司，其设立形式、外资比例由相关监督管理机构按照有关规定确定。合资保险公司、独资保险公司的注册资本最低限额为2亿元人民币或者其等值的自由兑换货币；其注册资本最低限额必须为实缴货币资本。外国保险公司的出资，应当为自由兑换货币。外国保险公司分公司应当由其总公司无偿拨给不少于2亿元人民币或者等值的自由兑换货币的营运资金。相关监督管理机构根据外资保险公司业务范围、经营规模，可以提高前两款规定的外资保险公司注册资本或者营运资金的最低限额。

《中华人民共和国外资保险公司管理条例》

申请设立外资保险公司的外国保险公司，应当具备下列条件：

1. 外国保险公司持续经营保险业务30年以上，外国保险公司吸收合并其他机构或者与其他机构合并设立新保险公司的，不影响其经营保险业务年限的计算。外国保险公司子公司的经营保险业务年限，从该子公司设立时开始计算；

2. 经相关监督管理机构批准，外国保险公司在中国境内设立的代表机构及其外国保险公司所在的集团公司在中国境内设立的代表机构2年以上，且外国保险公司或者其所在的集团公司设立的代表机构，只能适用于申请设立一家外资保险公司；

3. 提出设立申请前上一个会计年度末总资产不少于50亿美元；

4. 所在国家或者地区有完善的保险监管制度，并且该外国保险公司已经受到所在国家或者地区有关主管当局的有效监管；

5. 符合所在国家或者地区偿付能力标准；

6. 所在国家或者地区有关主管当局同意其申请；

7. 相关监督管理机构规定的其他审慎性条件，至少包括：法人治理结构合理；风险管理体系稳健；内部控制制度健全；管理信息系统有效；经营状况良好，无重大违法违规记录等。

外国保险公司与中国的公司、企业合资在中国境内设立经营人身保险业务的合资保险公司（以下简称合资寿险公司），其中外资比例不得超过公司总股本的50%。外国保险公司直接或者间接持有的合资寿险公司股份，不得超过这个比例限制。《外资保险公司管理条例》生效前在中国境内设立的外资保险公司，其注册资本或者营运资金不足2亿元人民币或者其等值的自由兑换货币的，应当在本细则生效后2年内缴足；未缴足注册资本或者营运资金的，对于其开展新业务的申请，相关监督管理机构不予批准。外资保险公司的注册资本或者营运资金应当为实缴货币。外国保险公司分公司成立后，外国保险公司不得以任何形式抽回营运资金。

（三）业务范围

外资保险公司按照中国银行保险监督管理委员会核定的业务范围，可以全部或者部分依法经营下列种类的保险业务。

1. 财产保险业务，包括财产损失保险、责任保险、信用保险等保险业务；

2. 人身保险业务，包括人寿保险、健康保险、意外伤害保险等保险业务。

外资保险公司可以依法经营《外资保险公司管理条例》规定的保险业务的下列再保险业务。

1. 分出保险；

2. 分入保险。

外资保险公司经中国银行保险监督管理委员会按照有关规定核定，可以在核定的范围内经营大型商业风险保险业务、统括保单保险业务。同一外资保险公司不得同时兼营财产保险业务和人身保险业务。外资保险公司的具体业务范围、业务地域范围和服务对象范围，由中国银行保险监督管理委员会按照有关规定核定。外资保险公司只能在核定的范围内从事保险业务活动。

（四）监管要求

中国银行保险监督管理委员会有权检查外资保险公司的业务状况、财务状况及资金运用状况，有权要求外资保险公司在规定的期限内提供有关文件、资料和书面报告，有权对违法违规行为依法进行处罚、处理。外资保险公司应当接受中国银行保险监督管理委员会依法进行的监督检查，如实提供有关文件、资料和书面报告，不得拒绝、阻碍、隐瞒。除经中国银行保险监督管理委员会批准外，外资保险公司不得与其关联企业从事下列交易活动：

1. 再保险的分出或者分入业务；

2. 资产买卖或者其他交易。

这里的关联企业是指与外资保险公司有下列关系之一的企业：

1. 在股份、出资方面存在控制关系；

2. 在股份、出资方面同为第三人所控制；

3. 在利益上具有其他相关联的关系。

外国保险公司分公司的总公司有下列情形之一的，该分公司应当自该情形发生之日起10日内，将有关情况向中国银保监会提交书面报告：

1. 变更名称、主要负责人或者注册地；

2. 变更资本金；

3. 变更持有资本总额或者股份总额10%以上的股东；

4. 调整业务范围；

5. 受到所在国家或者地区有关主管当局处罚；

6. 发生重大亏损；

7. 分立、合并、解散、依法被撤销或者被宣告破产；

8. 中国银行保险监督管理委员会规定的其他情形。

外国保险公司分公司的总公司解散、依法被撤销或者被宣告破产的，中国银行保险监督管理委员会应当停止该分公司开展新业务。外资保险公司经营外汇保险业务的，应当遵守国家有关外汇管理的规定。除经国家外汇管理机关批准外，外资保险公司在中国境内经营保险业务的，应当以人民币计价结算。

（五）终止与清算

外资保险公司因分立、合并或者公司章程规定的解散事由出现，经中国银行保险监督管理委员会批准后解散，同时应当成立清算组，依法进行清算。经营人寿保险业务的外资保险公司，除分立、合并外，不得解散。而外资保险公司违反法律、行政法规，被中国银行保险监督管理委员会吊销经营保险业务许可证依法撤销的，则由中国银行保险监督管理委员会依法及时组织成立清算组进行清算。外资保险公司因解散、依法被撤销而清算的，应当自清算组成立之日起 60 日内在报纸上至少公告 3 次。公告内容应当经中国银行保险监督管理委员会核准。

外资保险公司不能支付到期债务，经中国银行保险监督管理委员会同意，由人民法院依法宣告破产。外资保险公司被宣告破产的，由人民法院组织中国保监会等有关部门和有关人员成立清算组，进行清算。外资保险公司解散、依法被撤销或者被宣告破产的，未清偿债务前，不得将其财产转移至中国境外。

【案例分析 13 - 1】

江泰再保险经纪公司（以下简称江泰再保经纪）由总部位于北京的江泰保险经纪股份有限公司和美国 Arthur j. Gallagher&Co 以及北京江泰天地投资管理中心三方共同投资成立，注册地在中国（上海）自由贸易试验区，注册资本金为 5000 万元人民币。三方股东投资协议于 2014 年 12 月 8 日在北京签署。随着中国金融保险法律、法规和制度的改革，作为第一家享受先照后证的保险经纪公司，江泰再保经纪于 2015 年 7 月 2 日取得上海市工商行政管理局颁发的营业执照，并于 12 月 16 日取得上海保监局颁发的"经营保险经纪业务许可证"。江泰再保经纪的成立，标志着加入 WTO 以来我国保险业对外开放水平再上新台阶。

思考：

（1）江泰再保经纪的法律性质是什么？其设立对我国加入 WTO 后保险业对外开放承诺有何意义？

（2）中国（上海）自由贸易试验区对于江泰再保经纪设立在市场准入监管方面采取了何种创新？其意义何在？

（3）江泰再保经纪的设立对我国再保险经纪行业发展有何影响？

第三节　涉外融资法律制度

一、国际贷款融资

（一）国际金融组织贷款

国际金融组织贷款主要是指国际货币基金组织、世界银行、国际农业发展基金会、亚洲开发银行等国际性或区域性金融组织提供的贷款。国际金融组织贷款的对象，一般限于成员国政府，其贷款条件比较优惠，期限长、金额大、利率低。我国借用国际金融组织贷款，由有关政府部门根据国家利用外资计划，分工负责，归口管理。

1. 国际货币基金组织贷款。国际货币基金组织成立于1945年12月27日，1947年成为联合国专门机构之一。1980年，我国恢复在国际货币基金组织的合法席位。国际货币基金组织对成员国政府的贷款，主要用于调整成员国国际收支状况和经济结构。在我国，由中国人民银行归口负责向基金组织借款的谈判、签约、借还和管理；贷款借入后，由财政部纳入国家财政收支计划统一使用和偿还。

2. 世界银行（集团）贷款。世界银行集团由国际复兴开发银行、国际开发协会、国际金融公司、多边投资担保机构及国际投资争端解决中心等组成。国际复兴开发银行又称世界银行，正式成立于1945年12月，1946年6月开始营业，1947年成为联合国专门机构之一。我国于1980年恢复了在世界银行的席位。世界银行的宗旨是向发展中国家提供长期生产性资金，以促进其经济的发展和生产率的提高，其贷款对象为低收入成员国的政府或由政府担保的公私企业。世界银行贷款原则上用于其批准的项目，主要是能源、交通、农业、文教卫生、工业、环保等方面，其贷款通常只占项目总投资的30%~40%；贷款分为软贷款和硬贷款，软贷款条件优惠，期限长、无息且只收手续费，硬贷款期限一般为15~20年，有3~5年的宽限期（宽限期是贷款发放与首次还款之间的时间间隔，在此期间借款人只付息不还本），利率相对较高。我国的世界银行贷款管理机构是财政部，政府授权财政部对外统一联络、谈判和签署协议，对内组织项目、进行转贷和管理，并统一对外还本付息。

3. 国际农业发展基金会贷款。国际农业发展基金会是1977年12月成立的联合国专门机构，其宗旨是以筹集的资金为发展中国家发展粮食生产以及加强有关的政策项目和计划提供优惠贷款。贷款利率2%~4%，期限较长，多在15年以上，最长的可达50年。我国自1980年1月加入国际农业发展基金会以来，曾借入少量资金，具体由我国农业部归口管理。农业部负责对外贷款谈判，财政部作为借款人代表我国政府对外签署贷款协议。

4. 亚洲开发银行贷款。亚洲开发银行创立于1966年，属区域性政府间金融开发机构，其宗旨是通过筹集本地区内外的资金为本地区发展中国家的开发项目提供贷款和技术援助。亚洲开发银行的贷款对象为成员国的政府和公私企业。贷款分为普通贷款和特别基金贷款。普通贷款期限为10~30年，利率随国际市场利率变化；特别基金贷款期限为25~30年，甚至可达40年，利率为1%~3%。我国于1986年3月恢复在亚洲开发银行的合法席位。借用亚洲开发银行贷款的归口管理机构是中国人民银行。中国人民银行经政府授权，对外提出项目申请，进行谈判并签订协议和项目协议书，负责还本付息事宜，对内负责转贷和管理工作。

5. 亚洲基础设施投资银行贷款。亚洲基础设施投资银行（Asian Infrastructure Investment Bank，AIB，以下简称亚投行）是一个政府间性质的亚洲区域多边开发机构，重点支持基础设施建设，成立宗旨是促进亚洲区域的建设互联互通化和经济一体化的进程，并且加强中国及其他亚洲国家和地区的合作。总部设在北京。亚投行法定资本1000亿美元，其业务定位为准商业性。初期亚投行将主要向主权国家的基础设施项目提供主权贷款。今后亚投行也将考虑设立信托基金，针对不能提供主权信用担保的项目，引入公私合作伙伴关系模式（PPP），通过亚投行和所在国政府出资，与私营部门合理分担风险和回报，动员主权财富基金、养老金以及私营部门等更多社会资本投入亚洲发展中国家的基础设施建设。亚投行成立后的第一个目标就是投入"丝绸之路经济带"的建设，其中第一个项目就是从北京到巴格达的铁路建设。①

（二）外国政府贷款

政府贷款是政府间提供的、具有双边经济援助性质的长期低息优惠贷款。政府贷款分为政府间借贷和政府混合贷款。政府间借贷是一国政府利用国库资金向另一国政府提供的优惠贷款。政府间借贷可以是低息的，也可以是无息的，偿还期一般在10～30年，并含有5～10年的宽限期，其赠与成分一般在25%以上。所谓"赠与成分"，是根据贷款的利率、偿还期限、每年偿还次数、宽限期和综合贴现率等数据计算出来、用以衡量贷款优惠程度的综合性指标。政府混合贷款是外国政府提供的低息优惠贷款或赠款与出口信贷结合使用的贷款形式。其出口信贷一般占60%左右，综合利率低于国际商业贷款利率，一般要求借贷国购买贷款国或其指定国家的物资设备。

我国的外国政府贷款管理机构是财政部，由其代表我国政府统一对外筹措和归口管理外国政府贷款，包括同外国政府联系和组织谈判，代表政府对外签订贷款协定，负责将所筹资金进行转贷，监督、指导、管理贷款的使用和归还。

（三）国际商业贷款

1. 国际商业贷款的概念和范围。国际商业贷款是指境内机构向境外的金融机构、企业、个人或者其他经济组织以及在中国境内的外资金融机构筹借的，以外国货币承担契约性偿还义务的款项。具体包括：向境外银行和其他金融机构借款；向境外企业、其他机构和自然人借款；境外发行中长期债券（含可转换债）和短期债券（含商业票据、大额可转让存单等）；买方信贷、延期付款和其他形式的贸易融资；国际融资租赁；非居民外币存款；补偿贸易中用现汇偿还的债务；其他种类国际商业贷款。

构成国际商业贷款必须具备三个要点：

（1）借款人是境内机构。

（2）贷款人为境外金融机构、企业、个人或其他经济组织，以及境内外资金融机构。因此，境内借款单位向境内外资金融机构借款，也视为外债，作为借用国际商业贷款管理。

（3）借款人根据贷款合同承担以外国货币偿还的义务，因此以实物和本币偿还的借款，不构成国际商业贷款。

出口信贷、国际融资租赁、以外汇方式偿还的补偿贸易、境外机构和个人外汇存款（不包括在经批准经营离岸业务银行中的外汇存款）、项目融资、90天以上的贸易

---

① 朱崇实，刘志云. 金融法教程［M］. 北京：法律出版社，2017：320－321.

项下融资以及其他形式的外汇贷款，视同国际商业贷款进行管理。

2. 国际商业贷款的一般性管理规定。

（1）中国人民银行是国际商业贷款的审批机关，由它授权国家外汇管理局及其分局具体负责对境内机构借用国际商业贷款的审批、监督和管理。

（2）能够对外借用国际商业贷款的境内机构，限于经国家外汇管理局批准经营外汇借款业务的金融机构和经国务院授权部门批准的非金融企业法人。其中，金融机构借用国际商业贷款应当符合中国人民银行关于金融机构外汇资产负债比例管理的规定；对外直接借用国际商业贷款的非金融企业法人应当具备以下条件：最近 3 年连续盈利，有进出口业务许可，并属于国家鼓励行业；具有完善的财务管理制度；贸易型非金融企业法人的净资产与总资产的比例不得低于 15%，非贸易型的非金融企业法人的净资产与总资产的比例不得低于 30%；借用国际商业贷款与对外担保余额之和不得超过其净资产等值外汇的 50%；外汇借款与外汇担保余额之和不得超过其上年度的创汇额。

（3）境内机构应当凭自身信用对外借用国际商业贷款，并自行承担对外偿还责任。

（4）境内机构借用国际商业贷款应当经国家外汇管理部门批准。未经批准擅自对外签订的国际商业贷款协议无效，国家外汇管理部门不予办理外债登记，银行不得为其开立外债专用账户，借款本息不准擅自汇出。

（5）借用国际商业贷款的境内机构应当按照国家外汇管理局的规定，于每季初 10 日内报送上季度对外借款情况报表和国际商业贷款使用情况报告。国家外汇管理局及其分局有权检查境内机构筹借、使用和偿还国际商业贷款的情况。借款机构应当予以配合，提交有关文件和资料。

（6）未经国家外汇管理局批准，境内机构不得将借用的国际商业贷款存放境外、在境外直接支付或者转换成人民币使用。

（7）境内机构签订国际商业贷款协议后，应当根据外债统计监测规定向国家外汇管理部门办理外债登记，并按照有关规定办理还款手续。

3. 中长期国际商业贷款的管理。根据《关于取消部分资本项目外汇管理行政审批后过渡政策措施的通知》规定，中资机构对外借用中长期外债，不再要求到外汇局办理有关融资条件的审批手续，只需在签订借款合同后办理外债逐笔登记手续。中资机构办理外债登记手续时，国家外汇管理局各地分支局应按下列程序办理：

（1）各外汇分支局应根据新修订的中长期国际商业贷款借款资格审核操作规程对借款人的借款资格进行审核。

（2）凡符合借款资格审核条件的，各分支局应按现行操作规程办理外债的签约和提款登记、开立外债专用账户、办理结汇和还本付息手续，不再要求债务人出具外汇局的事前批准文件。

（3）凡借款资格不符合审核条件、登记手续不符合要求及对外借款安排中有关条款不符合现行外汇管理规定的，应先取得国家外汇管理局的书面批复。未取得国家外汇管理局书面批复同意的，各分支局不得为其办理登记手续。

（4）债务人需在获得外汇局颁发的外债登记证之后办理提款手续。

（5）各分支局办理中资机构中长期对外借款的外债登记手续，自企业报齐外汇局所需全部材料之日起，按以下时限办理：不需要报总局批准的，各分支局应在10个工作日内予以登记；需要报总局批准的，各分支局应在30个工作日内予以登记（其中总局办文时间为10个工作日）。

4. 短期国际商业贷款的管理。国家对境内机构借用短期（1年期以内，含1年）国际商业贷款（包括同业外汇拆借、出口押汇、打包放款），主要实行余额管理。境内机构的短期国际商业贷款余额控制指标（以下简称短贷指标）由国家外汇管理部门按年度进行核定。其中，全国性金融机构和非金融企业法人的短贷指标，由国家外汇管理局核定下达；地方性金融机构和非金融企业法人的短贷指标，由所在地国家外汇管理局分局在国家外汇管理局核定下达的短贷指标内进行审批。不实行短贷指标余额管理的非金融企业法人借用短期国际商业贷款，应当逐笔报批，并占用所在地的短贷指标。短期国际商业贷款不得用于长期项目投资、固定资产贷款和其他不正当用途。

5. 项目融资的管理。项目融资是以境内建设项目的名义在境外筹措外汇资金，并仅以项目自身预期收入和资产对外承担债务偿还责任的融资方式。项目融资不需要境内机构以建设项目以外的资产、权益和收入进行抵押、质押，也不需要提供任何形式的其他融资担保，债权人对于建设项目以外的资产和收入没有追索权。

项目融资的对外融资规模纳入国家借用国际商业贷款指导性计划。项目融资条件应当具有竞争性，并应当经国家外汇管理局审批或者审核，其中地方上报的项目融资的融资条件由所在地外汇管理局分局初审后，报国家外汇管理局审批或者审核。

6. 境内机构海外分支机构国际商业贷款管理。国家外汇管理局《关于取消部分资本项目外汇管理行政审批后过渡政策措施的通知》取消了境内中资金融机构海外分支机构大额融资的审批。境内中资金融机构海外分支机构大额融资的审批取消后，不再要求到外汇局办理事前审批手续，但应事前报外汇局备案，即中资金融机构海外分行一次性举借等值5000万美元以上（含5000万美元）的商业贷款，应当由其总行提前10个工作日报国家外汇管理局备案。中资企业在境外设立的分公司及其他经营机构，经总（母）公司授权，以总（母）公司名义对外借款，视为总（母）公司的对外借款，应由总（母）公司按规定在境内办理有关的报批手续。需要强调的是，中资企业在境外设立的非经营性质的办事处或代表处等机构不得在境外融资。

《外商投资
租赁业管理办法》

7. 特殊类外商投资企业的外债管理。根据商务部于2005年2月3日颁发的《外商投资租赁业管理办法》（自2005年3月5日起施行），外商投资租赁公司的风险资产总额不得超过其净资产总额的10倍。外商投资租赁公司借入外债形成的资产应全部计为风险资产。

二、国际证券融资

（一）国际债券融资

国际债券是指一国政府、金融机构、企业以及国际组织等，为筹措资金，在国际金融市场上发行的证明债权债务关系的有价证券。国际债券包括外国债券和欧洲债券。外国债券是指发行国际债券融资人在其本国以外某个国家发行的、以发行地所在国货币为面值的债券。欧洲债券则是指发行人在某个国家发行的、以第三国货币为面值的债券。1982 年以来，我国相关机构在东京、法兰克福、香港、新加坡、伦敦等地多次成功地发行了国际债券，包括外国债券和欧洲债券。国家外汇管理局于 1997 年 9 月 24 日发布的《境内机构发行外币债券管理办法》已经依法废止，目前管理国际债券融资的主要依据是国家计委、中国人民银行于 2000 年 2 月 23 日发布的《关于进一步加强对外发债管理意见的通知》以及国家发展和改革委员会于 2015 年 9 月 14 日发布的《关于推进企业发行外债备案登记制管理改革的通知》，其主要内容如下。

《关于推进企业
发行外债备案
登记制管理改革
的通知》

1. 对外发债的定义外币债券是指以外币表示的、构成债权债务关系的有价证券。对外发债则是指我国境内机构，包括国家机关、金融机构及境内其他企事业单位和外商投资企业，在境外金融市场上发行的、以外币表示的，构成债权债务关系的有价证券。

境内机构发行境外外币可转换债券、大额可转让存单、商业票据，视同对外发债进行管理。可转换债券是指根据债权人的要求，按照发行时所定条件，可转换为公司股票或其他债券的有价证券。大额可转让存单是指银行发行具有一定期限的、可以在金融市场上转让流通的银行存款凭证。商业票据是指境内机构为满足流动资金需求，发行期限为 2 ~ 270 天、可流通转让的债务凭证。

2. 对外发债的审批管理。

（1）发债资格的认定。对外发债实行资格审核批准制。境内机构（财政部除外）对外发债资格，由原国家计委（现为国家发展和改革委员会，以下直接改为国家发改委）会同中国人民银行和有关主管部门，借鉴国际惯例进行评审后报国务院批准。发债资格每 2 年评审一次。

（2）对外发债的审批。境内机构（财政部除外）对外发债，经国家发改委审核并会签国家外汇管理局后报国务院审批。国务院批准后，市场选择、入市时机等由国家外汇管理局审批。地方政府不得对外举债；境内机构发行商业票据由国家外汇管理局审批，并占用国家外汇管理局核定该机构的短期对外借款余额指标；发行前设定滚动连续发行的，由国家外汇管理局会签国家发改委后审批；境内机构为其海外分支机构境外发债进行融资担保，发债所筹资金不调入境内使用的，由国家外汇管理局按现行有关规定审批；若发债资金调入境内使用，按境内机构对外发债的审批程序办理。

已上市外资股份公司对外发行可转换债券，不实行资格审核批准制。国家发改委会同中国证监会根据外资股份公司境外融资需求及市场条件，确定境外可转换债券年度发行规模，并纳入当年利用外资计划。在年度规模内，按境内机构对外发债的审批程序办理，发债说明书报中国证监会备案；境内机构对外发债后，要按照国家外汇管理局的规定办理外债登记。

（3）申请对外发债需报送的材料。境内机构申请对外发债应向主管机关报送以下资料：最近3年的经营业绩、财务状况及相关财务报表；发债所筹资金的投向、用途；国家有关部门批复的项目可行性研究报告或利用外资方案，以及纳入国家利用外资计划的证明文件；主管部门要求的其他文件。

（4）境内企业境外发债的管理。自2015年9月14日国家发改委发布《关于推进企业发行外债备案登记制管理改革的通知》（以下简称《通知》）对境外直接融资审批方式"松绑"后，越来越多境内企业选择直接境外发债方式融资。《通知》取消了企业发行外债的额度审批，改革创新了外债管理方式，实行备案登记制管理。通过企业发行外债的备案登记和信息报送，在宏观上实现了对借用外债规模的监督管理。

企业发行外债应符合以下基本条件：信用记录良好，已发行债券或其他债务未处于违约状态。具有良好的公司治理和外债风险防控机制。资信情况良好，具有较强的偿债能力。

企业发行外债提交的备案登记材料包括：发行外债的申请报告与发行方案，包括外债币种、规模、利率、期限、募集资金用途及资金回流情况等。申请人应对申请材料及信息的真实性、合法性和完整性负责。

（二）境外股本融资

境外股本融资是指股份有限公司利用发行人民币特种股票向境外投资者募集股份，筹集资本。人民币特种股票是以人民币标明面值，供境外投资者以外币认购的记名式股票，其享有与人民币普通股票同等的权利。以此募集的股份，统称外资股，包括境外上市外资股和境内上市外资股。

境外上市外资股是股份有限公司向境外投资者募集并在境外公开的证券交易场所流通转让的股份。采取记名股票形式，以人民币标明面值，以外币认购。境外上市外资股在境外上市时，可以采取境外存股证形式或者股票的其他派生形式。境外上市外资股除了应符合我国的有关法规外，还需符合上市所在地国家或者地区证券交易所制定的上市条件。境外上市外资股主要由H股、N股、S股等构成。为了协调我国与境外有关国家或地区在证券法律制度上的差异，充分保护境外投资者的利益，1994年8月4日国务院发布了《关于股份有限公司境外募集股份及上市的特别规定》，在《公司法》的基础上，就境外上市外资股及其相关方面，作了具体或变通规定。对于境外上市外资股，国务院证券委员会或者其监督管理执行机构中国证券监督管理委员会，可以与境外证券监督管理机构达成谅解、协议，对股份有限公司向境外投资人募集股份并在境外上市及相关活动进行合作监督管理。

境内上市外资股（B股）指在中国境内注册的股份有限公司向境内外投资者发行并在中国境内证券交易所上市交易的股票，以人民币标明面值，以外币认购和买卖。国务院于1995年12月25日发布的《关于股份有限公司境内上市外资股的规定》，是目前我国规范境内上市外资股（B股）发行与交易的主要法规。经国务院批准，中国证监会与国家外汇管理局于2001年2月21日联合发布《关于境内居民个人投资境内上市外资股若干问题的通知》，允许境内居民以合法持有的外汇开立B股账户，交易B

股股票，但是暂不允许境内法人参与 B 股投资。

（三）境外金融机构投资入股中资金融机构

目前，规范境外金融机构投资入股中资金融机构的规范性文件主要是原中国银监会于 2003 年 12 月 5 日发布的《境外金融机构投资入股中资金融机构管理办法》（自 2003 年 12 月 31 日起施行）以及于 2013 年 10 月 15 日发布的《中国银监会中资商业银行行政许可事项实施办法》（自 2013 年 10 月 15 日起施行，2015 年 6 月 5 日修订）。

《境外金融机构投资入股中资金融机构管理办法》

1. 金融机构范围界定。境外金融机构包括国际金融机构和外国金融机构，国际金融机构是指世界银行及其附属机构、其他政府间开发性金融机构及中国银行保险监督管理委员会认可的其他国际金融机构；外国金融机构是指在外国注册成立的金融控股公司、商业银行、证券公司、保险公司、基金及相关监督管理机构（现为中国银行保险监督管理委员会）认可的其他外国金融机构。中资金融机构是指依法在中国境内设立的中资商业银行、城市信用社、农村信用社、信托投资公司、企业集团财务公司、金融租赁公司，以及中国银行保险监督管理委员会批准设立的其他中资金融机构。

《中国银监会中资商业银行行政许可事项实施办法》

2. 入股条件。境外金融机构投资入股中资金融机构，应当具备下列条件：投资入股中资商业银行的，最近 1 年年末总资产原则上不少于 100 亿美元；投资入股中资城市信用社或农村信用社的，最近 1 年年末总资产原则上不少于 10 亿美元；投资入股中资非银行金融机构的，最近 1 年年末总资产原则上不少于 10 亿美元；中国银行保险监督管理委员会认可的国际评级机构最近 2 年对其给出的长期信用评级为良好；最近两个会计年度连续盈利；商业银行资本充足率不低于 8%；非银行金融机构资本总额不低于加权风险资产总额的 10%；内部控制制度健全；注册地金融机构监督管理制度完善；所在国（地区）经济状况良好；中国银行保险监督管理委员会规定的其他审慎性条件。中国银行保险监督管理委员会根据金融业风险状况和监管需要，可以调整境外金融机构投资入股中资金融机构的资格条件。

3. 投资比例限制。单个境外金融机构向中资金融机构投资入股比例不得超过 20%。多个境外金融机构对非上市中资金融机构投资入股比例合计达到或超过 25% 的，对该非上市金融机构按照外资金融机构实施监督管理。多个境外金融机构对上市中资金融机构投资入股比例合计达到或超过 25% 的，对该上市金融机构仍按照中资金融机构实施监督管理。

4. 申请审批程序。境外金融机构投资入股中资金融机构，由吸收投资的中资金融机构作为申请人，向中国银行保险监督管理委员会提出申请，中资金融机构向中国银行保险监督管理委员会提出吸收投资入股申请时，应提交下列文件：中资金融机构吸收投资入股的申请书；中资金融机构股东大会或董事会同意吸收投资的决议或上级主管部门的批准文件；境外金融机构股东大会或董事会同意向中资金融机构投资入股的

决议；双方签订的意向性协议；境外金融机构最近3年的年报或经审计的资产负债表、利润表等财务报表；境外金融机构的资金来源、经营情况等资料；中国银行保险监督管理委员会要求的其他相关资料。投资人为外国金融机构的，中资金融机构还应当提交经中国银行保险监督管理委员会认可的国际评级机构对该外国金融机构最近2年的评级报告和注册地金融监管当局的批准文件。中国银行保险监督管理委员会自接到完整的申请文件之日起3个月内作出批准或不批准的决定；决定不批准的，应当书面通知申请人并说明理由。

【课后练习题】

一、单项选择题

1. 关于《服务贸易总协定》（GATS），下列表述正确的是（   ）。

A. 国民待遇是WTO各成员的一般义务

B. 市场准入属于"具体承诺"的内容

C. 最惠国待遇义务是WTO各成员的一般义务，不允许有例外

D. 水平承诺是指承诺表中只适用于个别服务部门的承诺

2. 按《服务贸易总协定》的定义，服务贸易的方式不包括（   ）。

A. 过境交付　　　B. 境外消费　　　C. 法人流动　　　D. 自然人流动

3. 外资保险公司提取的保证金应为其注册资本或者营运资金总额的（   ）。

A. 20%　　　B. 25%　　　C. 30%　　　D. 35%

4. 合资保险公司、独资保险公司的注册资本最低限额为（   ）。

A. 人民币5000万元　　　　　　B. 人民币1亿元

C. 人民币2亿元　　　　　　　D. 人民币5亿元

5. 下列选项中不具有境内上市外资股的投资人资格的是（   ）。

A. 中国香港的自然人　　　　　B. 中国台湾的法人

C. 上海利达天然气有限公司　　　D. 定居纽约的中国公民

6. 主要向发展中国家提供长期生产性资金，以促进这些国家经济发展的国际金融组织是（   ）。

A. 国际货币基金组织　　　　　B. 世界银行（集团）

C. 亚洲开发银行　　　　　　　D. 世界贸易组织

7. 国际货币基金组织的英文名称缩写是（   ）。

A. WTO　　　B. WIPO　　　C. IMF　　　D. GATS

8. 目前，我国管理和监督外资金融机构的主管机关是（   ）。

A. 中国银行保险监督管理委员会　　B. 中国银行

C. 中国银行保险监督管理委员会　　D. 国务院

9. 关于我国加入WTO金融业开放的下列承诺正确的是（   ）。

A. 外资银行可立即向中资企业全面提供外汇服务，但需要个案审批

B. 加入后 4 年内取消全部外资银行经营人民币业务的地域限制

C. 逐步取消人民币业务客户对象限制

D. 允许外资银行设立同城营业网点，审批条件低于中资银行

10. 全部资本为外国资本的外资金融机构是（ ）。

A. 合资银行　　　B. 中国工商银行　C. 外国银行分行　D. 合资财务公司

二、多选题

1. 根据《服务贸易总协定》，国际服务贸易包括的方式有（ ）。

A. 跨境交付　　　B. 境外消费　　　C. 商业存在　　　D. 自然人流动

E. 劳务输出

2. 《服务贸易总协定》条款中所规定的具体承诺的义务包括（ ）。

A. 最惠国待遇　　　　　　　　B. 服务贸易政策的透明度

C. 市场准入　　　　　　　　　D. 国民待遇

E. 对外国资本参与的比例限制

3. 外国银行申请在中国境内设立分行，应当具备的条件有（ ）。

A. 申请者在中国境内已经设立代表机构 3 年以上

B. 申请者在中国境内已经设立代表机构 2 年以上

C. 申请者提出设立申请前 1 年年末总资产不少于 200 亿美元

D. 申请者提出设立申请前 1 年年末总资产不少于 200 亿元人民币

E. 申请者所在国家或地区有完善的金融监督管理制度

4. 对外借用国际商业贷款的境内机构包括（ ）。

A. 经国家外汇管理局批准经营外汇借款业务的外资金融机构

B. 经国家外汇管理局批准经营外汇借款业务的中资金融机构

C. 经国家外汇管理局批准经营外汇借款业务的合资金融机构

D. 经国务院授权部门批准的非金融企业法人

E. 经国务院授权部门批准的金融企业法人

5. 根据我国法律规定，外资金融机构是指依照中国法律规定，经批准在中国境内设立和营业的（ ）。

A. 外资财务公司　B. 外资银行　　　C. 外资银行分行　D. 合资银行

三、简答题

1. 思考国内金融业对外开放的意义。

2. 简述外资银行的设立条件以及业务范围。

3. 简述外资保险公司在华发展状况以及存在的问题。

4. 简述国际金融组织贷款的种类以及特点。

5. 简述国际商业贷款的概念与种类。

第十四章

金融犯罪

【教学目的和要求】

本章从整体上概括介绍了金融犯罪的定义和构成、金融犯罪的种类及我国《刑法》对伪造货币罪、妨害信用卡管理罪和内幕交易、泄露内幕信息罪、集资诈骗罪、信用卡诈骗罪、保险诈骗罪、洗钱罪等的主要金融犯罪类型的规定。通过学习使学生对什么是金融犯罪以及几种主要的金融犯罪的构成要件及其刑事责任有所了解，并能用刑法的相关规定分析现实中具体金融犯罪案例，提高遵纪守法与防范犯罪的法律意识。

金融犯罪是现代社会经济生活复杂化和劳动分工细密化的衍生物。就刑法理论而言，金融犯罪其实并不是一个独立的罪名，而是包含在经济犯罪之中的一类犯罪的总称。由于这类犯罪涉及金融领域，且所有的犯罪行为所指向的社会关系均为国家的金融管理制度和管理秩序，因而理论上将其统称为"金融犯罪"。现阶段金融犯罪问题的日渐突出，正引起各界的广泛关注和普遍重视。

第一节　金融犯罪概述

一、金融犯罪的概念和种类

（一）金融犯罪的概念

金融犯罪是伴随金融市场的建立和发展而出现的一类新型犯罪。一般认为，金融犯罪概念中理应包含以下要素：发生在金融领域，违反金融管理法规，破坏金融管理秩序，依照刑法应受刑罚处罚等。由此而言，金融犯罪的概念可以表述为：金融犯罪是指发生在金融业务活动领域中的，违反金融管理法律法规，危害国家有关货币、银行、信贷、票据、外汇、保险、证券期货等金融管理制度，破坏金融管理秩序，情节严重，依照刑法应受刑罚处罚的行为。

（二）金融犯罪的范围和刑法分类

1. 金融犯罪的范围。金融犯罪的主要规定在我国现行《刑法》分则第三章"破坏社会主义市场经济秩序罪"第四节"破坏金融管理秩序罪"和第五节"金融诈骗罪"中。除此之外,现行有效的涉及金融犯罪立法还包括1998年12月29日全国人大常委会通过的《关于惩治骗购外汇、逃汇和非法买卖外汇犯罪的决定》和七个刑法修正案(在我国现有的九个刑法修正案中,除了《刑法修正案(二)》与《刑法修正案(四)》不涉及金融犯罪外,其余7个刑法修正案都规定了与金融犯罪有关的内容)以及1998年12月29日通过的我国《证券法》(2015年8月31日最新修订)、2001年4月28日通过的我国《信托法》,经修改后的我国《保险法》《中国人民银行法》《商业银行法》等法律,均存在涉及金融犯罪的附属刑事条款。根据上述法律法规的规定,金融犯罪共涉及的具体罪名有38个,即伪造货币罪;出售、购买、运输假币罪;金融工作人员购买假币、以假币换取货币罪;持有、使用假币罪;变造货币罪;擅自设立金融机构罪;伪造、变造、转让金融机构经营许可证、批准文件罪;高利转贷罪;骗取贷款、票据承兑、金融票证罪;非法吸收公众存款罪;伪造、变造金融票证罪;妨害信用卡管理罪;窃取、收买、非法提供信用卡信息罪;伪造、变造国家有价证券罪;伪造、变造股票、公司、企业债券罪;擅自发行股票、公司、企业债券罪;内幕交易、泄露内幕信息罪;利用未公开信息交易罪;编造并传播证券、期货交易虚假信息罪;诱骗投资者买卖证券、期货合约罪;操纵证券、期货市场罪;背信运用受托财产罪;违法运用资金罪;违法发放贷款罪;吸收客户资金不入账罪;违规出具金融票证罪;对违法票据承兑、付款、保证罪;逃汇罪;骗购外汇罪;洗钱罪;集资诈骗罪;贷款诈骗罪;票据诈骗罪;金融凭证诈骗罪;信用证诈骗罪;信用卡诈骗罪;有价证券诈骗罪及保险诈骗罪。[①]

2. 我国刑法理论对金融犯罪的分类。由金融犯罪的复杂性所决定,金融犯罪的形式多变、手段多样,采取一种分类方法往往无法完全体现金融犯罪的特点。在我国刑法理论中,对金融犯罪的分类主要有以下几种形式:

(1)客体分类法。在刑法分则中,以金融犯罪侵犯的不同客体为标准,对金融犯罪进行分类和排列的方法称为客体分类法。按侵犯的客体,可将金融犯罪分为九类:危害货币管理秩序犯罪、危害金融机构管理秩序犯罪、危害信贷管理秩序犯罪、危害证券管理秩序犯罪、危害期货管理犯罪、危害金融票证管理秩序犯罪、危害外汇管理秩序犯罪、危害客户、公众资金管理秩序犯罪和危害多种金融管理秩序的犯罪。

(2)行为分类法。在刑法分则中,行为分类法以犯罪行为的某种特征为依据,对金融犯罪进行排列和分类的方法。根据金融犯罪行为的性质,可以分为三类:

①制假型金融犯罪。包括伪造货币罪;变造货币罪,伪造、变造金融机构经营许可证罪;伪造、变造金融票证罪;伪造、变造国家有价证券罪和伪造、变造股票、公司、企业债券罪。

②欺诈型金融犯罪。包括编造并传播证券交易虚假信息罪;诱骗投资者买卖证券罪和骗购外汇罪等。

③渎职型金融犯罪。特指金融机构工作人员利用职务或违背职责的金融犯罪,包

---

① 刘宪权. 金融犯罪刑法学新论 [M]. 上海:上海人民出版社,2016:2-4.

括金融工作人员以假币换取货币罪；违法向关系人发放贷款罪；违法发放贷款罪；用账外客户资金非法拆借、发放贷款罪；非法发放金融票证罪和对违法票据承兑、付款、保证罪。

（3）主体分类法。按照犯罪主体是否为金融机构及金融机构工作人员，可把金融犯罪分为特殊主体犯罪和一般主体犯罪。

（4）罪过形式分类法。按照金融犯罪的罪过形式，可把金融犯罪分为金融故意犯罪和金融过失犯罪。

二、金融犯罪的构成

（一）犯罪主体

金融犯罪的主体是金融犯罪行为的实施者和刑事责任的承担者。根据我国《刑法》规定，犯罪主体分为自然人主体和单位主体。金融犯罪同样可由此两种主体构成。依照《刑法》规定，金融犯罪的自然人主体可分为一般主体和特殊主体。特殊主体指银行或者其他金融机构本身及其工作人员。金融犯罪的单位主体主要是指银行或者其他金融机构以及其他企事业单位。

（二）犯罪客体

金融犯罪侵犯的同类客体应当是国家对金融的管理活动，或者说是国家依法建立并保护的金融管理秩序，包括银行、货币、外汇、信贷、证券、票据、保险管理秩序等。金融犯罪的对象，可以是"人"（包括自然人、单位、公众等），也可以是各种金融工具（包括货币、各种金融票证、有价证券、信用证、信用卡等）。

（三）犯罪主观方面

金融犯罪的主观方面是指金融犯罪主体在实施金融犯罪活动时所持有的心理态度。根据我国《刑法》规定，大多数金融犯罪的主观方面是出于故意，但也有个别犯罪，既可出于故意，也可以出于过失。

（四）犯罪客观方面

金融犯罪的客观方面表现为行为实施人违反了金融法规，妨害金融管理活动，破坏金融秩序，依法应受刑罚处罚的行为。至于行为的具体方式与手段，依据我国《刑法》的规定，有几十种之多，如欺诈、伪造、变造行为等。

第二节　破坏金融管理秩序罪

一、破坏金融管理秩序罪概述

（一）破坏金融管理秩序犯罪的概念

破坏金融管理秩序罪，是指违反国家对金融市场的监督管理的法律、法规，从事危害国家对货币、外汇、有价证券以及金融机构、证券交易和保险公司管理的活动，破坏金融市场秩序，情节严重的行为。

（二）破坏金融管理秩序犯罪的种类

破坏金融管理秩序罪的规定在《刑法》第三章第四节，以及全国人大常委会《关于惩治骗购外汇、逃汇和非法买卖外汇犯罪的决定》中，共25个罪名，根据各个罪名侵犯直接客体的不同，可相应地分为八类。

1. 危害货币管理秩序犯罪。包括伪造货币罪；出售、购买、运输假币罪；金融机构工作人员购买假币、以假币换取货币罪；持有、使用假币罪；变造货币罪。

2. 破坏金融机构组织管理罪。包括擅自设立金融机构罪；伪造、变造、转让金融机构经营许可证罪。

3. 危害金融机构存贷管理制度犯罪。包括非法吸收公众存款罪；高利转贷罪；违法发放贷款罪；吸收客户资金不入账罪；骗取贷款、票据承兑、金融票证罪。

4. 危害金融票证、有价证券管理制度犯罪。包括伪造、变造金融票证罪；伪造、变造国家有价证券罪；伪造、变造股票、公司、企业债券罪；擅自发行股票、公司、企业债券罪；妨害信用卡管理罪；窃取、收买、非法提供信用卡信息罪；非法出具金融票证罪；违法票据承兑、付款、保证罪。

5. 危害证券、期货市场管理制度犯罪。包括内幕交易、泄露内幕信息罪；编造并传播证券期货交易虚假信息罪；诱骗投资者买卖证券、期货合约罪；操纵证券、期货市场罪。

6. 危害客户、公众资金管理制度犯罪。包括背信运用受托财产罪和违法运用资金罪。

7. 危害外汇管理制度犯罪。包括逃汇罪和骗购外汇罪。

8. 危害金融业务经营管理制度犯罪。这类犯罪只有洗钱罪。

下面对伪造货币罪、妨害信用卡管理罪和内幕交易、泄露内幕信息罪作详细介绍。

二、伪造货币罪

（一）伪造货币罪的概念和构成

伪造货币罪，是指仿照货币的式样、票面、图案、颜色、质地和防伪标记等特征，使用描绘、复印、影印、制版印刷和计算机扫描打印等方法，非法制造假货币冒充真货币的行为。

本罪的构成要件是：

1. 本罪的客体是国家的货币管理制度，既包括国家对本国货币的管理制度，也包括国家对在本国内流通的外国货币的管理制度。本罪的对象是指在国内市场流通或者兑换的人民币和境外货币。货币面额应当以人民币计算，其他币种以案发时国家外汇管理机关公布的汇率折算成人民币计算。

2. 本罪的客观方面表现为仿照正在流通的货币式样、票面、图案、颜色、质地和防伪标记等特征，使用描绘、复印、影印、制版印刷和计算机扫描打印等方法，非法制造假货币、冒充真货币的行为。行为人制造货币版样或者与他人事前通谋，为他人伪造货币提供版样的，以伪造货币论。

3. 本罪的主体是一般主体，即已满16周岁且具有刑事责任能力的自然人，包括中国人和外国人。

4. 本罪的主观方面表现为故意，并且具有使伪造的货币进入流通的意图。一般来说，伪造货币罪的目的是为了牟利，但是法律并未将此目的作为构成本罪的要件，因此，不论行为人主观上是否出于牟利的目的，只要伪造货币并意图使其流通，便构成本罪。但是，如果临摹货币不是为了冒充真币进入流通领域，而是作为艺术品供个人和亲友欣赏，不能认为是伪造货币。

（二）伪造货币罪的刑事责任

《刑法》第一百七十条和《刑法修正案（九）》规定，伪造货币的，处3年以上10年以下有期徒刑，并处罚金；有下列情形之一的，处10年以上有期徒刑或者无期徒刑，并处罚金或者没收财产：（1）伪造货币集团的首要分子；（2）伪造货币数额特别巨大的；（3）有其他特别严重情节的。

三、妨害信用卡管理罪

（一）妨害信用卡管理罪的概念和构成

妨害信用卡管理罪，是《刑法修正案（五）》（2005年2月28日）第一条第一款规定的新罪名，是指以明知为前提持有、运输伪造的信用卡或者空白信用卡数量较大，非法持有他人信用卡数量较大，使用虚假的身份证明骗领信用卡，以及出售、购买、为他人提供伪造的信用卡或者以虚假的身份证明骗领的信用卡的行为。本罪的构成要件是：

1. 本罪的客体是国家的信用卡管理制度。

2. 本罪的客观方面危害行为表现为以下四种方式：（1）明知是伪造的信用卡而持有、运输的，或者明知是伪造的空白信用卡而持有、运输，数量较大的。行为人持有、运输的对象有两种：一种是完成伪造的信用卡，指假冒某家商业银行或者其他金融机构的名义非法制作已经写入"个人信用卡磁条信息"的具有支付功能的信用卡。另一种是伪造的空白信用卡，指假冒某家商业银行或者其他金融机构的名誉非法制作尚未"写入个人信用卡磁条信息"的还不具有支付功能的信用卡。后者是前者的必经阶段，前者是后者的最终目的，行为人只要持有、运输其中任何一种便可成立犯罪。（2）非法持有他人信用卡，数量较大的。按照国际信用卡组织和中国人民银行规定，信用卡及其账户只限经发卡行批准的持卡人本人使用，不得提供、出租或者转借给他人使用。所以持有他人信用卡的行为是非法的。然而在现实生活中，由于行为人与持卡人具有密切关系，时常发生持卡人违反规定将信用卡交给他人使用的情形，但就一般而言，持有他人信用卡的数量不会太多，有的还得到持卡人的授权。在这种情况下，持有他人信用卡的行为虽属违法，但不具有刑事违法性。然而，大量持有他人信用卡的情形，通常是居于恶意透支的目的而发生的。《刑法修正案（五）》第一条第一款第二项将这种行为规定为实施本罪的另一种行为方式。（3）使用虚假的身份证明骗领信用卡的。所谓虚假的身份证明是指内容失实的身份证明。真实身份证明具有丰富的内容，根据中国人民银行《信用卡业务管理办法》规定，申领信用卡，应当提供公安部门签发的本人有效身份证件。另据有关规定，中国境内居民必须提供居民身份证复印件，现役军官必须提供军官证复印件，境外居民必须提供护照复印件。所谓骗领信用卡，是指行为人在办理信用卡申领手续时，使用虚假的身份证明骗取银行信任，获取信用卡的行为。根据申领信用卡的有关规定，除身份证明相关信息外，还有职业、工资收入、财产证明和联系方式等。如果申领人提供的身份证明文件是真实的，只是在自己的财产状况、工资收入等方面进行了夸大，以获取较高的信用卡授信额度，不属于"使用虚假的身份证明骗领信用卡"的行为，不能认为是犯罪。《刑法修正案（五）》第一条第一款第三项将"使用虚假的身份证明骗领信用卡"的行为规定为实施本罪的第三种行为方式。（4）出售、购买、为他人提供伪造的信用卡或者以虚假的身份证明骗领信用卡的。根据我国有关法律法规规定，信用卡是严禁出售、购买或者提供给他人使用的。行为人"出售""购买"和为他人"提供"的对象有两种即"伪造的信用卡"和"以虚假的身份证明骗领的信用卡"。《刑法修正案（五）》第一条第一款第四项将出售、购买、为他人提供伪造的信用卡或者以虚假的身份证明骗领的信用卡的行为规定为实施本罪的第四个行为方式。①

以上四种妨害信用卡管理秩序的行为方式，可以单独实施，也可以结合进行，但是只要采取其中的一种方式实施，即可构成本罪；如果同时实施了两种以上的行为，应当从重处罚，不可实行数罪并罚。

3. 本罪的主体是一般主体，即已满16周岁且具有刑事责任能力的自然人，包括中国人和外国人。单位不能成为本罪的主体。

4. 本罪的主观方面表现为故意，并且一般均具有谋取非法利益的目的。

（二）妨害信用卡管理罪的刑事责任

根据《刑法》第一百七十七条第一款和《刑法修正案（五）》第一条第一款的规定，犯妨害信用卡管理罪的，处3年以下有期徒刑或者拘役，并处或者单处1万元以上10万元以下罚金；数量巨大或者有其他严重情节的，处3年以上10年以下有期徒刑，并处2万元以上20万元以下罚金。

四、内幕交易、泄露内幕信息罪

（一）内幕交易、泄露内幕信息罪的概念和构成

内幕交易、泄露内幕信息罪是指证券、期货交易内幕信息的知情人员或者非法获取证券期货交易内幕信息的人员，在涉及证券的发行，证券、期货交易或者其他对证券、期货交易的价格有重大影响的信息尚未公开前，买入或者卖出该证券，或者从事与该内幕信息有关的期货交易，或者泄露该信息，或者明示、暗示他人从事上述交易活动，情节严重的行为。本罪是选择性罪名，司法实践中应根据具体案情，选择适用或合并适用。

---

① 高铭暄，马克昌. 刑法学［M］. 北京：北京大学出版社，2008：444-445.

本罪的构成要件是：

1. 本罪的客体是复杂客体，即国家对证券、期货市场的管理秩序和其他证券、期货投资者的合法权益。行为对象是有关证券、期货发行、交易的内幕信息。所谓内幕信息，是指在证券、期货交易活动中，涉及公司的经营财务或者对该公司证券的市场价格、期货交易价格有重大影响的尚未公开的信息。

2. 本罪的客观方面，表现为内幕交易或者泄露内幕信息的行为。首先，所谓内幕交易，是指在内幕信息尚未公开之前买入、卖出该证券或者从事与该内幕信息有关的期货交易。其次，所谓泄露内幕信息，是指知悉内幕信息的人员，将内幕信息透露给不应知道内幕信息的人员。只要行为人泄露内幕信息情节严重便构成犯罪，法律并不要求促使他人利用该信息进行内幕交易。如果内幕人员向他人泄露内幕信息，使他人利用该信息进行内幕交易的，是内幕交易的一种形式。上述两种行为，只要实施其中一种便可构成犯罪。

3. 本罪的主体为特定主体，是知悉内幕信息的人，即内幕人员，单位也可以成为该罪的主体。所谓内幕人员，是指证券、期货交易内幕信息的知情人员或者非法获取证券、期货交易内幕信息的人员。非法获取证券、期货交易内幕信息的人员，是指内幕人员以外的以窃取、骗取、刺探或者收买等方法获取证券、期货交易内幕信息的人员。

4. 本罪的主观方面因具体罪名的不同而有不同的表现。首先，内幕交易罪只能表现为直接故意，即明知内幕信息而根据该信息买卖证券或进行期货交易，并且具有为自己或者他人谋取非法利益的目的。其次，泄露内幕信息罪在主观方面表现为故意，既可以是直接故意，也可以是间接故意。

（二）内幕交易、泄露内幕信息罪的刑事责任

《刑法》第一百八十条规定，证券、期货交易内幕信息的知情人员或者非法获取证券、期货交易内幕信息的人员，在涉及证券的发行，证券、期货交易或者其他对证券、期货交易价格有重大影响的信息尚未公开前，买入或者卖出该证券，或者从事与该内幕信息有关的期货交易，或者泄露该信息，或者明示、暗示他人从事上述交易活动，情节严重的，处 5 年以下有期徒刑或者拘役，并处或者单处违法所得 1 倍以上 5 倍以下罚金；情节特别严重的，处 5 年以上 10 年以下有期徒刑，并处违法所得 1 倍以上 5 倍以下罚金。

单位犯本罪的，对单位判处罚金，并对其直接负责的主管人员和其他直接责任人员，处 5 年以下有期徒刑或者拘役。

【拓展阅读】

解读黄光裕非法经营罪、内幕交易罪、单位行贿罪案例

案情：2008 年 11 月 19 日中国家电零售连锁巨头、国美电器前董事局主席黄光裕以操纵股价罪被调查。2010 年 5 月 18 日，北京市第二中级人民法院作出一审

判决，以非法经营罪，内幕交易、泄露内幕信息罪和单位行贿罪判处黄光裕有期徒刑 14 年，罚金 6 亿元，没收财产 2 亿元。北京市高级人民法院 8 月 30 日对黄光裕非法经营罪、内幕交易罪和单位行贿罪案终审宣判，维持一审判决，黄光裕获有期徒刑 14 年。2012 年 11 月 22 日，黄光裕内幕交易案引发的民事赔偿案在北京市第二中级人民法院第三次开庭未宣判，举证责任分配存争议。2012 年 12 月 20 日法院判决，原告方败诉，黄光裕无须赔偿。

案件始末：黄光裕作为北京中关村科技发展（控股）股份有限公司（以下简称中关村上市公司）的实际控制人、董事，于 2007 年 4 月至 2007 年 6 月 28 日，利用职务便利，在拟将中关村上市公司与黄光裕经营管理的北京鹏泰投资有限公司（以下简称鹏泰公司）进行资产置换事项中，决定并指令他人于 2007 年 4 月 27 日至 6 月 27 日，使用其实际控制交易的龙某、王某等 6 人的股票账户，累计购入"中关村"股票（股票代码 000931）976 万余股，成交额共计人民币 9310 万余元，截至 6 月 28 日公告日，6 个股票账户的账面收益额为人民币 348 万余元。

2007 年 7、8 月至 2008 年 5 月 7 日，黄光裕在拟以中关村上市公司收购北京鹏润地产控股有限公司（以下简称鹏润控股公司）全部股权进行重组事项中，决定并指令他人于 2007 年 8 月 13 日至 9 月 28 日，使用其实际控制交易的曹楚娟、林家锋等 79 人的股票账户，累计购入"中关村"股票 1.04 亿余股，成交额共计人民币 13.22 亿余元，截至 2008 年 5 月 7 日公告日，79 个股票账户的账面收益额为人民币 3.06 亿余元。

2008 年 3 月 28 日，证监会对三联商社股票异常交易立案调查；4 月 28 日，证监会对"中关村"股票异常交易立案调查；11 月中下旬，黄光裕被北京市公安局带走调查；2010 年 4 月，黄光裕案在北京市第二中级人民院开庭审理，被诉非法经营、内幕交易、行贿三罪名。2010 年 5 月 18 日，黄光裕案一审判决，法院认定黄光裕犯非法经营罪、内幕交易罪、单位行贿罪，三罪并罚，决定执行有期徒刑 14 年，罚金 6 亿元，没收财产 2 亿元。国美被罚 500 万元。2010 年 8 月 30 日，二审判决维持原判，三罪并罚被判有期徒刑 14 年以及罚没 8 亿元人民币。

资料来源：http://www.chinanews.com/fz/2012/05-22/3907736.html。

第三节　金融诈骗罪

一、金融诈骗罪的概述

（一）金融诈骗罪的概念

金融诈骗罪是指以非法占有为目的，采用虚构事实或者隐瞒事实真相的方法，骗取公私财物或者金融机构信用，破坏金融管理秩序的行为。金融诈骗罪是破坏社会主义市场经济秩序罪中的一个犯罪类别。在金融领域里，以非法占有为目的，采取虚构事实或者隐瞒真相的方法，骗取银行或者其他金融机构的贷款、保险金等，或者进行非法集资诈骗、金融票据诈骗和信用证、信用卡诈骗，其数额较大的犯罪行为的总称。金融诈骗罪是从普通诈骗罪中分离出来的，但金融诈骗犯罪又不是传统意义上的诈骗犯罪。

（二）金融诈骗罪的种类

我国《刑法》分则第三章第五节第一百九十二条至第二百条"金融诈骗罪"共包括8个具体金融诈骗犯罪，即集资诈骗罪、贷款诈骗罪、票据诈骗罪、金融凭证诈骗罪、信用证诈骗罪、信用卡诈骗罪、有价证券诈骗罪和保险诈骗罪。

下面对集资诈骗罪、信用卡诈骗罪和保险诈骗罪作详细介绍。

一、集资诈骗罪

（一）集资诈骗罪的概念和构成

集资诈骗罪是指以非法占有为目的，违反有关金融法律、法规的规定，使用诈骗方法进行非法集资，扰乱国家正常金融秩序，侵犯公私财产所有权，且数额较大的行为。

本罪的构成要件是：

1. 本罪的客体是复杂客体，既侵犯了公私财产所有权，又侵犯了国家金融管理制度。集资诈骗行为一方面以"集资"的形式非法进入金融市场，以高利率高回报的方式非法吸收社会上的资金，采取欺骗手段蒙骗社会公众，不仅造成投资者的经济损失，同时更干扰了金融机构储蓄、贷款等业务的正常进行，破坏国家的金融管理秩序。

2. 本罪的客观方面，表现为使用诈骗的方法进行非法集资，数额较大的行为。所谓诈骗方法，是指行为人采取虚构集资用途，以虚假的证明文件、良好的经济效益和高回报率为诱饵，骗取集资款的手段。所谓非法集资是指法人、其他组织或者个人，未经有权机关批准，向社会公众募集资金的行为。

3. 本罪的主体是一般主体，任何达到刑事责任年龄、具有刑事责任能力的自然人均可构成本罪。单位也可以成为本罪主体。

4. 本罪的主观方面只能由故意构成，并且行为人具有非法占有集资款的目的。所谓据为己有，既包括将非法募集的资金置于非法集资的个人控制下，也包括将非法募集的资金置于本单位的控制下。在通常情况下，这种目的具体表现为将非法募集的资金的所有权转归自己所有，或任意挥霍，或占有资金后携款潜逃等。

（二）集资诈骗罪的刑事责任

《刑法》第一百九十二条、第二百条规定，以非法占有为目的，使用诈骗方法非法集资，数额较大的，处5年以下有期徒刑或者拘役，并处2万元以上20万元以下罚金；数额巨大或者有其他严重情节的，处5年以上10年以下有期徒刑，并处5万元以上50万元以下罚金；数额特别巨大或者有其他特别严重情节的，处10年以上有期徒刑或者无期徒刑，并处5万元以上50万元以下罚金或者没收财产。

单位犯本罪的对单位判处罚金，并对其直接负责的主管人员和其他直接责任人员，处 5 年以下有期徒刑或者拘役，可以并处罚金；数额巨大或者有其他严重情节的，处 5 年以上 10 年以下有期徒刑，并处罚金；数额特别巨大或者有其他特别严重情节的，处 10 年以上有期徒刑或者无期徒刑，并处罚金。

【案例分析 14 - 1】

2011 年 2 月至 2012 年 3 月，被告人刘长龙伙同其姐姐刘艳珠谎称秸秆颗粒燃料饲料项目可获得巨额利润、社员入社投资购买农用机械设备可获得国家高额补贴、向其合作社投资入社可获得高利息回报，以"吉林省双辽市服先镇龙沣农民合作社"名义，先后在辽宁省大连市和吉林省双辽市向社会公众非法募集资金。其中，在大连市骗取 82 人共计人民币 1191 万元，在双辽市骗取 36 人共计人民币 1100 余万元。

2011 年 7 月至 2012 年 3 月，被告人刘长龙伙同史丽侠、叶永刚（均另案处理）、杨彦飞等人先后在四川省成都市、江苏省无锡市注册成立天津海之龙股权投资基金管理有限公司成都分公司和无锡分公司。刘长龙等通过虚假宣传的方式，虚构该基金产业可产生巨额利润的事实，并向投资人许诺高额利息，从而以投资基金形式向社会非法募集资金。其中，在成都市骗取 111 人共计人民币 599 余万元，在无锡市骗取 104 人共计人民币 550 余万元。

综上所述，被告人刘长龙共计骗取人民币 3400 余万元。

资料来源：http：//www. china. com. cn/fangtan/zhuanti/2015 - 04/28/content_ 35442802. htm。

思考：本案应如何处理？

三、信用卡诈骗罪

（一）信用卡诈骗罪的概念和构成

信用卡诈骗罪是指以非法占有为目的，违反信用卡管理法规，利用信用卡进行诈骗活动，骗取财物数额较大的行为。利用信用卡一般是指使用伪造的、作废的信用卡或者冒用他人的信用卡、恶意透支的方法进行诈骗活动。信用卡在该罪中是犯罪工具，而不是犯罪对象。行为人以信用卡作为犯罪工具进行诈骗活动的，按照特别法优于一般法的原则，以本罪定罪处罚。

本罪的构成要件是：

1. 本罪的客体，本罪所侵害的客体是复杂客体，其既对国家有关的金融票证管理制度，具体来讲是信用卡的管理制度造成侵害，同时也给银行以及信用卡的有关关系人的公私财物所有权产生损害。

2. 本罪的客观方面表现为使用伪造、变造的信用卡，或者冒用他人信用卡，或者利用信用卡恶意透支，诈骗公私财物，数额较大的行为。具体表现为以下四种情形：

(1) 使用伪造的信用卡，或者使用以虚假的身份证明骗领的信用卡进行诈骗。所谓使用，包括用信用卡购买商品、在银行或者自动取款机上支取现金以及接受信用卡进行支付、结算的各种服务。无论是自己使用或者是由他人使用，对使用者来说，都属于"使用伪造的信用卡"的情形。使用伪造的信用卡，无论是进行购物或者接受各种有偿性的服务，在性质上都属于诈骗行为。(2) 使用作废的信用卡进行诈骗。所谓作废的信用卡，是指使用因法定的原因失去效用的信用卡。根据有关规定，作废的信用卡主要包括：超过有效使用期限而自动失效的信用卡；持卡人在有效期限内中途停止使用而作废的信用卡；因挂失而失效的信用卡。(3) 冒用他人的信用卡进行诈骗。所谓冒用他人的信用卡，是指非持卡人以持卡人的名义使用持卡人的信用卡而骗取财物的行为。"冒用"是指非持卡人擅自以持卡人的名义，使用自己无权而他人有权使用的信用卡。司法实践中，冒用他人的信用卡的行为具体包括以下情形：拾得他人遗失的信用卡而冒用；利用代为他人保管信用卡之机而冒用；骗取他人的信用卡后而冒用；接受非持卡人转手的信用卡而冒用等行为。(4) 恶意透支。信用卡的透支，实质上是银行向持卡人提供的消费信贷，即允许持卡人在资金不足的情况下，先行消费，以后再由持卡人补足资金，并按规定支付一定的利息。利用信用卡恶意透支，是指利用银行信用卡可以透支的特点，以非法占有为目的，经发卡银行催收后仍不归还透支款，或者在大量透支后潜逃隐瞒身份、以逃避还款责任的行为。

本罪必须是利用信用卡诈骗，数额较大的行为。"数额较大"是构成信用卡诈骗罪的主要界限，对于数额不是较大的信用卡诈骗行为，可以追究行政责任和民事责任。

3. 本罪的主体是一般主体，凡年满 16 周岁且具有刑事责任能力的自然人均可构成，单位不能构成本罪。

4. 本罪的主观方面只能由故意构成，并且必须具有非法占有公私财物的目的。如果行为人确无诈骗故意，即使违反有关信用卡管理规定获取了财物，也不能以犯罪论处。如不知是伪造、作废的信用卡而使用，善意透支，误用他人信用卡等，均不能作犯罪论处。

(二) 信用卡诈骗罪的刑事责任

《刑法》第一百九十六条规定，进行信用卡诈骗活动，数额较大的，处 5 年以下有期徒刑或者拘役，并处 2 万元以上 20 万元以下罚金；数额巨大或者有其他严重情节的，处 5 年以上 10 年以下有期徒刑，并处 5 万元以上 50 万元以下罚金；数额特别巨大或者有其他特别严重情节的，处 10 年以上有期徒刑或者无期徒刑，并处 5 万元以上 50 万元以下罚金或者没收财产。

【案例分析 14-2】

张某因业务繁忙常委托朋友李某为其存款，2015 年 8 月 4 日，张某将刚收到的业务款 5 万元现金及信用卡交给李某，要李某代为将该 5 万元现金存入信用卡内，并将信用卡密码告知了李某。次日，李某依约去银行代为存款时，顺便查询发现该卡内尚有人民币 10 万元余额，顿生歹意，不仅未将 5 万元现金存入信用卡，反而将卡内余额 10 万元取走。事后将该卡返还给张某。数日后，张某持卡到银行取款发现卡内无钱，即要求李某返还人民币 15 万元，李某拒不返还，导致案发。

思考：李某的行为是否构成信用卡诈骗罪？

四、保险诈骗罪

（一）保险诈骗罪的概念和构成

保险诈骗罪是指以非法获取保险金为目的，违反保险法规，采用虚构保险标的、保险事故或者制造保险事故等方法，向保险公司骗取保险金，数额较大的行为。"虚构保险标的"，是指投保人违背《保险法》规定的如实告知义务，虚构一个根本不存在的保险标的或者将不合格的标的伪称为合格的标的，与保险人订立保险合同的行为。

本罪的构成要件是：

1. 本罪的客体是复杂客体，即国家的保险制度和保险人的财产所有权。

2. 本罪的客观方面表现为违反保险法规，采取虚构保险标的、保险事故或者制造保险事故等方法，骗取较大数额保险金的行为。保险诈骗的行为方式有以下五种：（1）财产投保人故意虚构保险标的，骗取保险金的。虚构保险标的，是指行为人为了骗取保险金，虚构了一个根本不存在的保险对象而与保险人订立保险合同。（2）投保人、被保险人或者受益人对发生的保险事故编造虚假的原因或者夸大损失的程度，骗取保险金的。保险合同约定保险人只对因保险责任范围内的原因引起的保险事故承担赔偿责任，投保人、被保险人或受益人隐瞒发生保险事故的真实原因或者将非保险责任范围内的原因谎称为保险责任范围内的原因以便骗取保险金；对确已发生保险事故造成损失的，则故意夸大损失的程度以便骗取额外的保险金。（3）投保人、被保险人或者受益人编造未曾发生的保险事故，骗取保险金的。这是指投保人、被保险人或者受益人为了达到骗取保险金的目的，本来未曾发生保险事故，却编造虚假的保险事故使保险人信以为真，从而按合同约定给付保险赔偿金。（4）投保人、被保险人故意造成财产损失的保险事故，骗取保险金的。这是指在财产保险合同中，投保人、被保险人在保险合同有效期内，在本来没有发生保险事故的情况下，自己故意制造事故，造成财产损失，使保险人信以为真，从而骗取保险金。（5）投保人、受益人故意造成被保险人死亡、伤残或者疾病，骗取保险金的。这是指在人身保险中，为骗取保险金，制造赔偿条件，故意采用不法手段，造成被保险人的伤亡或疾病。

3. 本罪的主体是特殊主体，具体指投保人、被保险人、受益人，包括个人和单位。保险事故的鉴定人、证明人、财产评估人故意提供虚假证明文件，为他人诈骗提供条件的，以保险诈骗的共犯论处。

4. 主观方面表现为故意，并具有非法占有保险金之目的，过失不构成本罪。

【案例分析 14 – 3】

2015 年 11 月 6 日，张某预谋实施保险诈骗，驾驶事先购买的吉 B ××××× 黑色奥迪车行驶到长吉高速往吉林市区方向的公路约 4 公里处，将事先准备的石块摆放到车头前，被告人张某驾驶车辆撞向石块，伪造交通肇事现场，骗取平安财产保险股份有限公司吉林分公司理赔金 3.5 万元。

2016 年 3 月 20 日，被告人张某伙同肖某驾驶事先购买的吉 B ××××× 黑色奥迪车，行驶至长春市某路段时，被告人张某驾驶车辆再次故意撞上路边的树木，造成该车损坏，后伪造肇事现场骗取平安财产保险股份有限公司吉林分公司理赔金 2.5 万元。被告人张某及同伙肖某被抓获。

思考：被告人张某的行为是否构成保险诈骗罪？

（二）保险诈骗罪的刑事责任

《刑法》第一百九十八条规定，进行保险诈骗活动，数额较大的，处 5 年以下有期徒刑或者拘役，并处 1 万元以上 10 万元以下罚金；数额巨大或者有其他严重情节的，处 5 年以上 10 年以下有期徒刑，并处 2 万元以上 20 万元以下罚金；数额特别巨大或者有其他特别严重情节的，处 10 年以上有期徒刑，并处 2 万元以上 20 万元以下罚金或者没收财产。单位犯本罪的，对单位判处罚金，并对其直接负责的主管人员和其他直接责任人员，处 5 年以下有期徒刑或者拘役；数额巨大或者有其他严重情节的，处 5 年以上 10 年以下有期徒刑；数额特别巨大或者有其他特别严重情节的，处 10 年以上有期徒刑。

第四节　洗钱罪

一、洗钱罪的概念

洗钱，由英文 Money Laundering 翻译而来，意为"将非法金钱合法化"。1989 年西方七国及有关国家成立的金融行动工作小组（FATF）将其定义为：凡隐匿或掩饰因犯罪行为所得财物的真实性质、来源、地点、流向及移转，或协助任何与非法活动有关的人规避法律责任的，均属洗钱行为。洗钱一般有三个阶段，第一阶段将赃款处置离开产生地；第二阶段进行各种化整为零和多层化手法，变成旅行支票、债券、提单、股票、存入保密银行、电子资金结算，置换物产等进行隐匿。第三阶段为通过合法手段进行整合，变成合法资产。

根据《刑法修正案（六）》的规定，洗钱罪是指明知是毒品犯罪、黑社会性质的组织犯罪、恐怖活动犯罪、走私犯罪、贪污贿赂犯罪、破坏金融管理秩序犯罪、金融诈骗犯罪的违法所得及其收益，为掩饰、隐瞒其来源和性质，而提供资金账户的，或者协助将财产转换为现金、金融票据、有价证券的，或者通过转账或者其他结算方式协助资金转移的，或者协助将资金汇往境外的，或者以其他方法掩饰、隐瞒犯罪所得及其收益的来源和性质的行为。

二、洗钱罪的构成要件

（一）洗钱罪侵犯的客体

洗钱罪侵犯的客体是复杂客体，即国家关于金融活动的管理秩序、社会管理秩序以及司法机关查处犯罪的正常活动，且主要是破坏了国家的金融管理秩序。正常的金融管理秩序，是一国经济秩序的重要组成部分。犯罪分子洗钱活动的介入，使得正常的金融活动受到了干扰。

同时，洗钱犯罪也严重侵犯了社会公共管理秩序，因为洗钱犯罪往往是有组织犯罪活动（如贩毒、买卖军火、走私、贿赂等）的继续。洗钱犯罪也严重地妨害了司法活动的正常进行，因为洗钱犯罪的目的是要掩盖、隐藏并最终改变犯罪所得的性质，这无疑为司法机关的侦查、审判工作设置了障碍。

（二）洗钱罪的客观方面

洗钱罪的客观方面表现为掩饰、隐瞒毒品犯罪、黑社会性质的组织犯罪、恐怖活动犯罪、走私犯罪、贪污贿赂犯罪、破坏金融管理秩序犯罪、金融诈骗犯罪的违法所得及其产生的收益的来源和性质的行为。根据《刑法》第一百九十一条和《刑法修正案（六）》的规定，洗钱罪的客观行为方式有以下五种。

1. 提供资金账户。这是赃款在金融领域内流转的第一个环节，赃款持有人首先在金融机构开立一个账户，然后才将该赃款汇出境外或开出票据以供使用等。行为人将"上游犯罪"分子的犯罪所得及其收益存入自己在金融机构拥有的账户，或者将自己的账户提供给犯罪分子使用，或者是为有关的犯罪分子开立新的账户，让其将赃款存入金融机构。该账户往往掩盖了赃款持有人的真实身份，具体手法是为赃款持有人提供帮助，为其在金融机构开立合法账户或开立假账户。通过上述行为，使赃款与赃款持有人在形式上分离，使司法机关难以追查赃款的去向。根据《金融机构反洗钱规定》，金融机构主要包括：银行类金融机构，包括政策性银行、国有独资商业银行、股份制商业银行、城市商业银行和农村商业银行；信用合作社，包括城市信用合作社及其联社和农村信用社及其联社；邮政储蓄机构；非银行类机构，包括企业集团财务公司、信托投资公司和金融租赁公司；外资金融机构，主要包括外资独资银行、中外合资银行、外国银行分行和外资独资财务公司、合资财务公司等外资非银行类金融机构。

2. 协助将财产转换为现金、金融票据、有价证券。毒品犯罪、黑社会性质的组织犯罪、恐怖活动犯罪、走私犯罪、贪污贿赂犯罪、破坏金融管理秩序犯罪、金融诈骗犯罪。在犯罪过程中，除可以获得现金、收益外，还往往会得到大量不便于携带、难以转移的财产，诸如股票、债券、贵重金属、名人字画乃至汽车、船舶和其他一些不动产。行为人只要明知该财产是上述三种犯罪所得的，无论采取质押、抵押还是买卖的方式同财产持有人交易，将该财产换为现金或金融票据，即可构成本罪。

3. 通过转账或者其他结算方式协助资金转移。也就是将非法资金混杂于合法的现金中，凭借银行支票或其他方法使这笔资金以合法的形式出现，以便用来开办公司、企业，从而使得非法资金具有流动性并获得利润。

4. 协助将资金汇往境外。将国内的赃款迅速转移至境外的一些"保密银行"是赃款持有人经常采用的方式。而在我国，资金的境内外之间流动是在国家的监控下，尤其是资金调往境外更不是一般的公民或企业所能办到的。所以一些特殊的享有将资金调往境外权利的公民、企业，只要其为赃款调往境外提供帮助，即可构成本罪。

5. 以其他方法掩饰、隐瞒犯罪所得及其收益的来源和性质。根据《最高人民法院关于审理洗钱等刑事案件具体应用法律若干问题的解释》规定，这种行为主要指：(1) 通过典当、租赁、买卖、投资等方式，协助转移、转换犯罪所得及其收益的；(2) 通过与商场、饭店、娱乐场所等现金密集型场所的经营收入相混合的方式，协助转移、转换犯罪所得及其收益的；(3) 通过虚构交易、虚设债权债务、虚假担保、虚报收入等方式，协助将犯罪所得及其收益转换为"合法"财物的；(4) 通过买卖彩票、奖券等方式，协助转换犯罪所得及其收益的；(5) 通过赌博方式，协助将犯罪所得及其收益转换为赌博收益的；(6) 协助将犯罪所得及其收益携带、运输或者邮寄出入境的；(7) 通过前述规定以外的方式协助转移、转换犯罪所得及其收益的。

洗钱罪是行为犯，只要行为人实施了上述五种行为之一，不论其犯罪目的是否达到或其结果如何，均属既遂。而且，洗钱必须是在实施毒品犯罪、黑社会性质的组织犯罪、恐怖活动犯罪、走私犯罪、贪污贿赂犯罪、破坏金融管理秩序犯罪、金融诈骗犯罪以后才能实行，而且事先与赃款持有人（即上述各种犯罪的罪犯）没有通谋。如果事先与赃款持有人通谋，在其犯罪以后帮助洗钱的，应按照共同犯罪处理。[①]

（三）洗钱罪的主体

洗钱罪的主体，单位和个人均可构成。就自然人而言，是一般主体，即达到年满16周岁且具备刑事责任能力的自然人，通常是银行或其他金融机构的工作人员；同时《刑法》明确规定了单位也可成为洗钱罪的主体。实施本罪的单位，通常是银行或其他金融机构以及中小企业。

（四）洗钱罪的主观方面

《刑法》第一百九十一条和《刑法修正案（六）》规定："明知是毒品犯罪、黑社会性质的组织犯罪、恐怖活动犯罪、走私犯罪、贪污贿赂犯罪、破坏金融管理秩序犯罪、金融诈骗犯罪的所得及其产生的收益，为掩饰、隐瞒其来源和性质……。"从这一表述看，本罪的主观方面，不仅表现为直接故意，而且还具有"目的"，即掩饰、隐瞒犯罪所得及其收益的来源和性质。如果行为人确实不知道该财物是毒品犯罪、黑社会性质的组织犯罪、恐怖活动犯罪、走私犯罪、贪污贿赂犯罪、破坏金融管理秩序犯罪、金融诈骗犯罪的所得及其产生的收益，或者不具有掩饰隐瞒其来源和性质的目的，均不构成本罪。"明知"，应当结合被告人的认知能力，接触他人犯罪所得及其收益的情

---

① 高铭暄，马克昌．刑法学［M］．北京：北京大学出版社，2008：466.

况，犯罪所得及其收益的种类、数额，犯罪所得及其收益的转换、转移方式以及被告人的供述等主、客观因素进行认定。《最高人民法院关于审理洗钱等刑事案件具体应用法律若干问题的解释》规定，具有下列情形之一的，可以认定被告人明知是犯罪所得及其收益，但有证据证明确实不知道的除外：（1）知道他人从事犯罪活动，协助转换或者转移财物的；（2）没有正当理由，通过非法途径协助转换或者转移财物的；（3）没有正当理由，以明显低于市场的价格收购财物的；（4）没有正当理由，协助转换或者转移财物，收取明显高于市场的"手续费"的；（5）没有正当理由，协助他人将巨额现金散存于多个银行账户或者在不同银行账户之间频繁划转的；（6）协助近亲属或者其他关系密切的人转换或者转移与其职业或者财产状况明显不符的财物的；（7）其他可以认定行为人明知的情形。

【案例分析 14 - 4】

被告人：游某，男，28 岁，某银行职员

2014 年 8 月 9 日参加毒品犯罪，黑社会组织的贾某（另案处理）突然找到被告人游某说："老兄，这一阵子风声很紧，你也知道，以前我制造贩卖那玩意儿弄了几个钱，生怕有点闪失，枉费了几年的心血，以后也没有了依靠。所以，我想让你给帮个忙，给我那几个钱找个保险的方法，也免了我的后顾之忧，即使事发坐牢，也没有什么怕的了。"游某由于跟贾某素来以兄弟相称，碍于情面，于是便帮他在银行立了 100 万元的账户，之后不久，遂案发，贾某供述了自己的犯罪及其所得金钱何处，游某也随即被捕审判。

思考：被告人游某所犯何罪？

三、洗钱罪的法律责任

《刑法》第一百九十一条规定，明知是毒品犯罪、黑社会性质的组织犯罪、恐怖活动犯罪、走私犯罪、贪污贿赂犯罪、破坏金融管理秩序犯罪、金融诈骗犯罪的所得及其产生的收益，为掩饰、隐瞒其来源和性质，有下列行为之一的，处 5 年以下有期徒刑或者拘役，并处或者单处洗钱数额 5% 以上 20% 以下罚金；情节严重的，处 5 年以上 10 年以下有期徒刑，并处洗钱数额 5% 以上 20% 以下罚金：（1）提供资金账户的；（2）协助将财产转换为现金或者金融票据的；（3）通过转账或者其他结算方式协助资金转移的；（4）协助将资金汇往境外的；（5）以其他方法掩饰、隐瞒犯罪的违法所得及其收益的性质和来源的。单位犯前款罪的，对单位判处罚金，并对其直接负责的主管人员和其他直接责任人员，处 5 年以下有期徒刑或者拘役；情节严重的，处 5 年以上 10 年以下有期徒刑。

✎【课后练习题】

一、单项选择题

1. 下列关于金融犯罪的表述，错误的是（   ）。

A. 金融犯罪不一定以非法占有为目的

B. 金融犯罪的主体可以是自然人，也可以是单位

C. 金融犯罪的主体违反了金融管理法规

D. 金融犯罪的客体都是危害金融机构管理制度的犯罪

2. 根据《刑法》规定，犯罪嫌疑人明知是伪造的货币而持有、使用，金额较大的，处（   ）以下有期徒刑或者拘役。

A. 3 年　　　　　　B. 4 年　　　　　　C. 5 年　　　　　　D. 6 年

3. 保险诈骗罪的特点是行为者在主观上是（   ）。

A. 过失　　　　　　B. 故意　　　　　　C. 过错　　　　　　D. 欺诈

4. 利用涂改、粘贴、拼接等手段无中生有或者以小变大的非法改变货币的外形或面额的犯罪行为定义为（   ）。

A. 变造票据罪　　　B. 伪造票据罪　　　C. 变造货币罪　　　D. 伪造货币罪

5. 擅自发行股票债券罪属于（   ）。

A. 危害证券管理秩序犯罪　　　　　　B. 危害货币管理制度罪

C. 危害金融票证管理秩序犯罪　　　　D. 金融诈骗罪

6. 伪造货币罪侵犯的客体是（   ）。

A. 购买假币者　　　B. 金融机构　　　C. 货币　　　　　　D. 国家的货币管理制度

7. 冒用他人信用卡，骗取财物数额较大的，构成（   ）。

A. 盗窃罪　　　　　B. 贷款诈骗罪　　　C. 信用卡诈骗罪　　D. 信用证诈骗罪

8. 下列行为中，（   ）不属于持有、使用假币罪的范畴。

A. 将假币赠与他人　　　　　　　　　B. 将假币兑换成他种货币

C. 以假币作为资信证明　　　　　　　D. 使用假币参与赌博

9. 下列行为没有违法的是（   ）。

A. 某公司根据自身资金需要，吸收社会公众存款

B. 收买他人信用卡信息资料

C. 银行工作人员为不符合条件的社会公益组织出具资信证明

D. 银行根据客户的指示，运用客户资金进行债券投资

10. 下列行为中，没有触犯《刑法》有关规定的是（   ）。

A. 某银行吸收客户资金不入账，直接用于发放贷款

B. 负债银行经批准吸收社会公众存款

C. 甲企业为乙企业走私所持资金提供账户协助其财产转移

D. 使用假证明获得银行借贷资金，造成银行重大损失

二、多项选择题

1. 金融犯罪的构成包括（　　）。

A. 犯罪客体　　　　B. 犯罪客观方面　C. 犯罪主体　　　　D. 犯罪主观方面

E. 犯罪动机

2. 信用卡诈骗罪是指（　　）。

A. 伪造信用卡　　　B. 变造信用卡　　C. 恶意透支　　　　D. 冒用他人的信用卡

3. 下列关于保险诈骗罪说法正确的是（　　）。

A. 保险诈骗罪的对象是保险公司

B. 保险诈骗罪的主体是特殊主体，只能由投保人、被保险人、受益人构成

C. 主观方面行为人因为过失引起保险事故发生，并获得保险金的不构成犯罪

D. 单位犯本罪数额特别巨大的，处 10 年以上有期徒刑

E. 本罪客观方面的表现之一是投保人故意虚构保险标的

4. 下列哪种犯罪必须以非法占有为目的？（　　）

A. 贷款诈骗罪　　　　　　　　　B. 票据诈骗罪

C. 集资诈骗罪　　　　　　　　　D. 金融凭证诈骗罪

E. 非法吸收公众存款罪

5. 金融诈骗罪中具体罪名的共同特征包括（　　）。

A. 主观上均具有非法占有目的

B. 实施虚构事实、隐瞒真相等欺骗行为

C. 受骗者因被骗而作出行为人期待的财产处分行为

D. 受骗者或者其他人（被害人）遭受财产损失

E. 使受骗者陷入或者强化错误认识

三、简答题

1. 简述金融犯罪的分类。

2. 简述金融犯罪的构成要件。

3. 试分析信用证诈骗罪与伪造、变造金融票证罪的区别。

4. 什么是"洗钱"？简述洗钱罪的构成要件。

第十五章

金融监管法律制度

【教学目的和要求】

本章从整体上概括介绍了银行业监管、证券业监管、保险业监管方面相关法律法规及政策的主要内容。通过学习使学生对金融监管的模式、银行业监管的原则、银行业监管的机构和对象、银行业监管的措施、证券业监管的原则、证券业监管的机构和对象、证券业监管的内容、保险业监管的原则、保险业监管的机构和对象、保险业监管的内容和措施等问题有所了解，并能用金融监管相关的法律与政策分析现实中具体涉及银行业、证券业、保险业的案例，能够识别在金融实践中出现的违法违规现象。

稳定的金融是保证一国经济正常发展的必要条件之一，但稳定并不等于放弃和限制竞争，市场经济条件下的竞争是和发展、效率挂钩的，没有竞争的金融市场将是死水一潭。因此，如何使金融业的风险最小、效率最高就成为金融监管当局的任务之一，也是判别监管是否有效的重要标准。对金融机构加以监管，其目的在于降低金融机构的风险，保证整个金融体系的安全。

第一节　金融监管法律制度概述

一、金融监管

（一）金融监管的概念

金融监管是金融监督和金融管理的总称，指政府通过特定的机构（如中央银行）对金融交易行为主体进行的某种限制或规定。从词义上讲，金融监督是指金融主管当局对金融机构实施的全面性、经常性的检查和督促，并以此促进金融机构依法稳健地经营和发展。金融管理是指金融主管当局依法对金融机构及其经营活动实施的领导、组织、协调和控制等一系列的活动。

金融监管有狭义和广义之分。狭义的金融监管是指中央银行或其他金融监管当局依据国家法律规定对整个金融业（包括金融机构和金融业务）实施的监督管理。广义的金融监管在上述含义之外，还包括了金融机构的内部控制和稽核、同业自律性组织的监管、社会中介组织的监管等内容。[①]

金融监管本质上是一种具有特定内涵和特征的政府规制行为。综观世界各国，凡是实行市场经济体制的国家，无不客观地存在着政府对金融体系的管制。

（二）金融监管的目标

金融监管目标是对金融业实施监管所要达到的目的，它是实现金融有效监管的前提和实施具体金融监管措施的依据。我国现阶段的金融监管目标可概括为以下方面。

1. 安全性目标。这是金融监管的首要目标。金融是现代经济的核心，金融体系的安全与稳定对一国经济的发展具有重要意义。同时，金融机构作为经营货币信用的特殊企业，具有很强的脆弱性。任何一家金融机构出现严重问题，都会引起连锁反应，引发经济、金融秩序出现严重混乱，甚至会导致金融危机或经济危机。因此，金融监管的目标应把维护金融体系的安全和稳定作为首要任务，从而为社会经济的发展创造更好的金融环境。

2. 效率性目标。提高金融体系效率是金融机构和金融市场运作的基本要求，也是金融监管追求的目标。金融业集中垄断程度过高及金融机构间的恶性竞争，都不利于形成安全而富有效率的金融体系。金融监管一方面需要通过各种手段促进金融业形成合理有序竞争，约束金融垄断和恶性竞争，以提高金融运行效率；另一方面也要求以最低的监管成本来实现金融监管目标。

3. 公平性目标。金融监管的公平性目标是出于保护金融业社会弱势群体的合法利益。存款人、投资者和保险单持有人作为金融业的参与者，在金融活动中在资金规模、经济地位、信息取得等方面处于弱势地位，利益容易受到侵害。因此，金融监管部门需要对这些社会弱势群体的利益提供特别的保护。

（三）金融监管的原则

金融监管原则是指在政府金融监管机构以及金融机构内部监管机构的金融监管活动中，始终应当遵循的价值追求和最低行为准则。金融监管应坚持以下基本原则：

1. 依法监管原则。依法监管原则是指金融监管机构在履行监管职责时必须依据有关法律、行政法规和规章进行，其监管行为不得与上述法律、法规及规章相抵触。主要包括两方面内容：一方面，金融监管机构地位的确立和监管权力的取得来自法律；另一方面，金融监管机构必须依法行使监管权。

2. 审慎监管原则。审慎监管原则又称持续性监管原则，是指在金融机构获得市场准入开始业务经营后，金融监管机构对其日常业务经营情况进行持续的监管。审慎经营主要包括风险管理、内部控制、资本充足率、资产质量、损失准备金、风险集中、关联交易、资产流动性等内容。金融机构应当严格遵守审慎经营规则。审慎监管包括合规性监管和风险性监管两方面。随着金融创新业务日益增多，合规性监管不能及时

---

① 贾翱. 金融法［M］. 北京：人民邮电出版社，2017：247.

全面反映金融业风险，以风险性监管为基础的审慎监管原则逐渐为人们认同。

3. 预警与处罚并重原则。金融监管的主要任务就是及时、准确地判断和预警金融风险的状况及深度。在金融监管过程中，注意预警与处罚并重，要做到在金融机构出现问题和发生危机之前及时预警，发现问题则及时采取有效措施。同时应加大处罚力度，防止风险和危机的进一步扩大和恶化，才能有效化解系统性风险。

二、金融监管法

（一）金融监管法的概念与特点

金融监管法是指金融监管机构对金融市场、金融机构及其行为实施监督和管理的法律规范的总称。金融监管法通过对金融机构的准入、经营行为、退出机制以及金融监管机构的职能、权限的规定来对整个金融市场进行调节。金融监管法具有以下特点：

1. 金融监管法是强行法。在金融监管活动中，监管主体与被监管主体之间的地位不平等，具体表现为前者对后者实行强制监管，后者对前者必须服从，这体现了国家对金融业的适度干预。

2. 金融监管法是行为法。金融监管法本质上是国家对金融活动监督和管理的规范。监管主体主要通过做出法定的监管行为来完成监管活动。因此，金融监管法具有行为法的属性。

3. 金融监管法是实体法与程序法的结合。在金融监管法中，监管主体明确金融监管目标，确定金融监管机构的地位及职责，规范金融监管方式和手段。金融监管法规定了金融违法行为的惩处措施，这些规定将实体性规范与程序性规范进行有机结合，体现了实体法与程序法并重。

（二）金融监管法律关系

金融监管法律关系有狭义与广义之分，狭义的金融监管法律关系仅指国家法定的监管机关行使监管权对金融机构进行监督管理的过程中形成的权利义务关系。广义的金融监管法律关系是指由金融监管法调整的在金融监管活动和金融业务活动过程中形成的具有权利义务内容的社会关系，它包括资金融通关系、金融服务关系、金融监管关系以及金融调控关系。

1. 金融监管法律关系的主体。金融监管法律关系的主体即金融监管法律关系的参加者，是指参加金融监管法律关系，依法享有权利承担义务的当事人。金融监管法律关系的主体包括监管主体金融监管机构和被监管主体金融机构。

（1）监管主体金融监管机构，指法律赋予的具有对金融业进行监督管理职能的执行机关。

（2）被监管主体金融机构，指从事金融业务活动的各类组织，是金融市场的参与主体。被监管主体主要有银行（包括商业银行和政策性银行等）和非银行金融机构（包括金融资产管理公司、信托投资公司、财务公司、金融租赁公司、证券公司、保险公司等）。

2. 金融监管法律关系的客体。金融监管法律关系的客体是指参加金融监管法律关系的主体的权利义务所共同指向的对象。没有金融监管法律关系的客体，金融监管法律关系也就不可能产生，权利和义务就会落空。由于金融监管是一种与市场行为相对应的政府行为，因此金融监管法律关系的客体主要是行为，包括行使金融监管职权的行为和提供金融服务的行为。

3. 金融监管法律关系的内容。金融监管法律关系的内容是金融监管法律关系的主体依法享有的权利和承担的义务。金融监管法律关系主体的权利是指金融监管法律关系主体在金融监管活动中依法具有自己为或不为一定行为和要求他人为或不为一定行为的资格。金融监管法律关系主体的义务是指金融监管法律关系主体在金融监管活动中依法必须为一定行为或不得为一定行为的责任。在金融监管法律关系中，由于监管主体与被监管主体之间地位不平等，因此前者对后者实行强制监管，后者对前者必须服从。

三、金融监管体制

（一）金融监管体制的概念

金融监管体制是指国家对于本国金融的监督管理体制，其解决的是由谁来对金融机构、金融市场和金融业务进行监管，按照何种方式进行监管以及由谁来对监管效果负责和如何负责的问题。由于历史发展、政治经济体制、法律与民族文化等各方面的差异，各国在金融监管体制上也存在着一定的差别。

（二）金融监管体制的基本模式

金融监管体制按照不同的依据可以划分为不同的类型，金融监管体制基本模式的种类大体有以下几种：

1. 按照一国金融业分业经营或混业经营体制的不同作出的划分，可将金融监管体制分为分业监管与统一监管。所谓分业监管是指金融监管建立不同的金融监管机构，分别对银行业、证券业、保险业、信托业等进行监管。统一监管是指国家建立单一的金融监管机构对金融业各行业实行统一的监管，一般为中央银行实施监管。然而，各国监管实践中，金融经营体制与监管体制并非完全对应，可能分业经营而统一监管，也可能混业经营而分业监管，并出现了介于分业监管与混业监管之间不完全集中监管体制。

第一，分业监管模式。这种模式将金融业分为银行、保险、证券三大领域，每个领域分别由独立的监管机构进行监管。

第二，统一监管模式，即对多个金融行业均由一个统一的监管机构实施监管。

第三，不完全集中监管模式。该模式又存在"牵头式""双峰式"和"伞形＋功能"监管模式等类型。"牵头式"监管体制是指在分业的监管机构之上设立一个牵头的监管机构，负责在不同的监管机构之间进行协调，如巴西的金融监管；"双峰式"监管体制则根据监管目标设置两类监管机构，一类专门对金融机构和金融市场进行审慎监管，另一类则对不同机构的金融业务进行监管，如澳大利亚的金融监管；"伞形＋功能"监管模式是美国在分业监管体制基础上改进形成的监管体制，即对从事银行、证券、保险、互助基金等多种金融业务的金融控股公司由联邦储备委员会进行综合监管的同时金融控股公司又要按其经营业务的种类接受各会员监管者的监管。

2. 按照中央与地方金融监管权限的分工划分，可将金融监管体制分为以下四种模式：

第一，双线多头模式。中央和地方都对金融机构有监管权（双线），同时每一级又有若干机构共同来行使监管的职能（多头）。此类监管模式一般适用于地域辽阔、金融机构多难以进行统一管理的联邦制国家，以美国和加拿大为代表。其优点在于监管效率较高，可有效防止集中；缺点在于监管目标容易交叉重叠，金融法规不统一，增加监管难度。

第二，一线多头模式。由中央监管机构对全国的金融机构进行监管，地方没有独立的权力，在中央一级有两家或两家以上机构共同行使监管权，适用于中央权力集中的国家，并适应权力制衡的需要，以日本、法国、德国为代表。其优点在于监管效力更高，但需要监管部门之间的配合与协作。

第三，集中单一模式。由一家金融监管机构统一行使监管权，通常为中央银行，是一种较为普遍的监管体制，为大多数发展中国家所采用，英国、荷兰、澳大利亚等发达国家也采用此类模式。

第四，跨国监管模式。在经济合作区域内由跨国中央银行对区域内的金融机构实施统一监管的体制，如西非货币联盟、中非国家联盟和欧洲中央银行对本区域金融机构实施监管。

3. 按照监管对象确立的标准不同，可将金融监管体制分为功能监管与机构监管。前者是根据经营业务划分监管对象，如银行业务、保险业务、证券业务、信托业务等，后者是根据金融机构的不同来确定监管对象。[①]

中国金融监管大致分为三个阶段：第一阶段为1992年之前的集中统一监管体制阶段；第二阶段为1992—2009年，分业监管体制形成；第三阶段为2009年至今，金融监管体制不断完善。1984年，中国人民银行专门行使中央银行职责。1992年10月，国务院证券委员会和中国证监会成立。1998年6月，国务院证券委员会并入中国证监会。1998年11月，中国保监会成立，负责对保险业的统一监管。2003年4月，中国银监会正式组建，标志着我国"一行三会"分业监管、分工合作的金融监管体制正式确立。2017年起，中国新金融监管框架逐步形成。中央层面，设立国务院金融稳定发展委员会，"一行三会"调整为"一行两会"，组建中国银行保险监督管理委员会。目前，中国金融监管体制采用的是"一委一行两会"监管体制。按规定，由中国银行保险监督管理委员会依法对全国银行、保险业务活动进行监督和管理。原银监会、保监会拟订银行业、保险业重要法律法规草案和审慎监管基本制度的职责划入中国人民银行。证监会依法对全国证券市场实施监管。

---

① 刘少军. 金融法学 [M]. 北京：清华大学出版社，2014：333–335.

第二节　银行业监管法律制度

一、银行业监管与银行业监管法概述

（一）银行业监管的概念

银行业监管是指国家金融监管机构对银行业金融机构的组织及其业务活动进行监督和管理的总称。世界各国的银行业监管体制可分为两种类型：其一，设立专门的银行业监管机构，完全分离中央银行的监管职能。其二，中央银行与其他金融管理机关共同行使金融监管权。

（二）银行业监管的原则

银行业监管的原则是银行业监督管理行为所应遵循的基本准则。我国银行业监管应遵循以下几方面的原则：

1. 依法、公开、公正和效率的原则。依法原则是指银行业监管机构的监管职权源于法律，并应严格依据法律行使其监管职权，履行监管职能。中国银保监会是国务院银行业监督管理机构，依据《银行业监督管理法》的规定和国务院的授权，统一监督管理银行业金融机构，促进银行业的合法、稳健运行。

公开原则是指对银行业的监督管理行为除依法应当保守秘密的以外，都应当向社会公开。这一原则主要包括两方面内容：一是信息的公开披露，这些信息包括监管立法、政策、标准、程序等方面的信息。银行业金融机构依法应当向社会公开的信息，必须公开的金融风险信息、监管结果的信息等。二是监管行为的公开，即监管机关的监管行为、行政执法行为都应当按照法定程序公开进行。

公正原则是指所有依法成立的银行业金融机构具有平等的法律地位，监管机关应当依法监管，平等地对待所有的被监管对象。这一原则既包括实体公正也包括程序上的公正。

效率原则是指监管机关在监管活动中应合理配置和利用监管资源，提高监管效率，降低监管成本，并在法律规定的期限内完成监管任务。

2. 独立监管原则。独立监管原则是指银行业监督管理机构及其监管工作人员依法独立履行监督管理职责，受法律保护，地方政府、各级政府部门、社会团体和个人不得干涉。在我国现阶段的社会文化和政治、经济体制下，坚持这一原则尤为重要。

3. 审慎监管原则。审慎监管原则是各国银行业监管实践的通行原则，也是巴塞尔银行监管委员会（以下简称巴塞尔委员会）于1997年发布的《银行业有效监管核心原则》的一项重要的核心原则。根据审慎监管原则，银行业监督管理机构应当以认真谨慎的态度对银行的资本充足性、流动性、风险管理、内部控制机制等方面制定标准并进行有效的监督和管理。我国《银行业监督管理法》及

《银行业有效监管核心原则》

其他有关银行业监管法规借鉴国际银行业监管惯例和《银行业有效监管核心原则》的基本精神，确立了银行业审慎监管的原则，以促使我国银行业监管实现规范化、专业化和国际化。

4. 协调监管原则。协调监管原则是指在中央银行、银行业监管机构、证券业监管机构、保险业监管机构之间建立协调合作、互相配合的机制。参与协调监管的各方就维护金融稳定、跨行业监管和重大监管事项等问题定期进行协商，目的在于衔接和协调货币政策以及对银行业、证券业、保险业的监管政策，避免出现监管真空和重复监管，提高监管效率，从而维护整个金融体系的稳定、效率和竞争力。坚持这一原则对于我国目前的金融监管实践具有重要意义。其中，建立监管信息共享机制是监管协调机制的重要组成部分。

（三）银行业监管机构和监管对象

1. 监管机构。目前，我国银行业的监督管理机关是中国银行保险监督管理委员会。2003年4月以来，在我国金融监管体系中，银行业监管机关是中国银行业监督管理委员会（2018年4月银监会与保监会合并成立银保监会）。中国银保监会作为国务院直属事业单位，根据《银行业监督管理法》和国务院的授权，统一对商业银行、城市信用合作社、农村信用合作社等吸收公众存款的金融机构和政策性银行以及金融资产管理公司、信托投资公司、财务公司、金融租赁公司等其他金融机构进行监督管理。

中国银行保险监督管理委员会的主要职责是依照法律法规统一监督管理银行业和保险业，维护银行业和保险业合法、稳健运行，防范和化解金融风险，保护金融消费者合法权益，维护金融稳定。其对银行业监管方面的基本职责是根据《银行业监督管理法》和国务院的授权，统一监管银行业金融机构。具体职责包括：（1）制定有关银行业金融机构监管的规章制度和办法；（2）审批银行业金融机构及分支机构的设立、变更、终止及其业务范围；（3）对银行业金融机构实行现场和非现场监管，依法对违法违规行为进行查处；（4）审查银行业金融机构高级管理人员任职资格；（5）负责统一编制全国银行数据、报表，并按照国家有关规定予以公布；（6）会同有关部门提出存款类金融机构紧急风险处置意见和建议；（7）负责国有重点银行业金融机构监事会的日常管理工作；（8）承办国务院交办的其他事项。

2. 监管对象。《银行业监督管理法》规定国务院银行业监督管理机构负责对全国银行业金融机构及其业务活动监督管理的工作。监管对象具体包括：

（1）银行业金融机构。银行业金融机构，是指在中华人民共和国境内设立的商业银行、城市信用合作社、农村信用合作社等吸收公众存款的金融机构以及政策性银行。这是银行业监督管理的主要对象。

（2）其他金融机构。其他金融机构是指在中华人民共和国境内设立的金融资产管理公司、信托投资公司、财务公司、金融租赁公司以及经中国银监会批准设立的其他金融机构。

（3）在境外设立的金融机构。具体指经中国银监会批准在境外设立的金融机构以及前两种金融机构在境外的业务活动。

（四）银行业监管法的概念和银行业监管立法

银行业监管法是调整在国家金融监管机构对银行业金融机构的组织及其业务活动进行监督管理过程中发生的经济关系的法律规范的总称。银行业监管法的法律规范主要是以有关的法律、法规、规章等规范性文件作为其表现形式的。我国 2003 年制定的《银行业监督管理法》是政府金融监管机构对银行业实行监督管理的基本法律依据。

《银行业监督管理法》的宗旨是加强对银行业的监督管理，规范监督管理行为，防范和化解银行业风险，保护存款人和其他客户的合法权益，促进银行业健康发展。除《银行业监督管理法》外，我国其他法律法规也对有关银行业的监督管理加以规定：法律方面，如《中国人民银行法》《商业银行法》；配套的法规、规章方面，有 2001 年 12 月 12 日国务院发布的《外资金融机构管理条例》、银监会发布的《商业银行资本充足率管理办法》（2004 年 2 月）、《金融机构衍生产品交易业务管理暂行办法》（2004 年 2 月）、《商业银行与内部人和股东关联交易管理办法》（2004 年 4 月）、《外资金融机构管理条例实施细则》（2001 年 7 月）、《商业银行内部控制评价试行办法》（2004 年 12 月）、《商业银行风险管理指引》（2004 年 12 月）、《信托投资公司信息披露管理暂行办法》（2005 年 1 月）等，由此形成了我国银行业监督管理体系。

二、银行业监管体制

银行业监管体制，是指国家对银行业进行监督管理的职责划分的方式和组织制度。各国均确立了与本国的政治经济体制、宏观调控手段、金融体制、金融市场发育程度相适应的银行业监管体制。概括起来主要有以下两种类型。

（一）中央银行与其他金融监管机关共同监管

在这种模式下，银行业由中央银行与其他金融管理机关共同监管。采用这种监管模式的有美国、德国等发达国家。德国采取货币政策执行与银行监管相分离的模式，其中央银行（德意志联邦银行）主要负责货币政策的制定与执行，联邦金融市场监管局则统一行使对银行、保险、证券及其他金融服务公司的监管职责。但在银行业具体监管上，德意志联邦银行与联邦金融市场监管局分工协作，两者职能密不可分。联邦金融市场管理局是银行业监管的主体，负责制定联邦政府有关金融监管的规章制度，在银行的市场准入、信息披露、重大股权交易、资本充足率、市场退出等方面实行全面监管。

（二）设立专门的银行业监管机构

在这种模式下，由专门的银行业监管机构行使银行监管职能，中央银行不行使对银行业的监管职能。采用这种模式的国家有英国、日本等。采用这种模式的国家有的采取综合监管体制，即所设立的专门的金融监管机构具有统一监管银行、证券、保险等所有金融领域的职能；有的采取分业监管体制，即银行、证券、保险业分别由专门的银行业监管机构、证券业监管机构以及保险业监管机构进行监管。

我国采用的是上述第二种监管模式，中国银行保险监督管理委员会作为专门的银行业监管机构，依法对全国银行业金融机构及其业务活动进行监督管理。

三、银行业监管的内容

（一）对银行业金融机构的市场准入监管

对银行业金融机构的市场准入监管，是指国家金融监管部门对银行业金融机构进入金融市场、经营金融产品、提供金融服务依法进行审查和批准，以保障银行业的安全、稳健运行。市场准入监管是银行监管的重要环节之一。由于银行业的特殊性，各国对银行业金融机构的市场准入都规定了严格的条件和程序，并无一例外地实施行政许可制。我国《银行业监督管理法》《商业银行法》和有关法律法规对银行业金融机构的市场准入监管作出了明确规定。中国银保监会负责对银行业金融机构的市场准入依法行使监管职能。对银行业金融机构的市场准入监管主要包括股东资格审查在内的设立条件审查、业务范围审批、管理层任职资格管理三个方面。

1. 银行业金融机构的股东资格审查。

（1）股东资格审查的范围。银行业金融机构股东资格审查的对象仅限于大股东，银行业金融机构新设时以及设立后大股东变更时都需由中国银监会进行资格审查。对股东资格的审查与对机构发照的审批同样重要。

（2）股东资格审查的事项。股东资格审查的事项主要包括投资人或股东的资金来源、财务状况、资本补充能力和诚信状况。

2. 银行业金融机构的业务范围审批。银行业金融机构经营的业务范围应当经由国务院银行业监督管理机构依法审查批准。未经国务院银行业监督管理机构批准，任何单位或个人不得从事银行业金融机构的业务活动。

（1）商业银行经过批准，可以经营下列部分或者全部业务：吸收公众存款；发放短期、中期和长期贷款；办理国内外结算；办理票据承兑与贴现；发行金融债券；代理发行、代理兑付、承销政府债券；买卖政府债券、金融债券；从事同业拆借；买卖、代理买卖外汇；从事银行卡业务；提供信用证服务及担保；代理收付款项及代理保险业务；提供保管箱服务；经国务院银行业监督管理机构批准的其他业务。

（2）外资独资银行、外国银行分行、合资银行按照国务院银行业监督管理机构批准的业务范围，可以部分或者全部依法经营下列种类的业务：吸收公众存款；发放短期、中期和长期贷款；办理票据承兑与贴现；买卖政府债券、金融债券，买卖股票以外的其他外币有价证券；提供信用证服务及担保；办理国内外结算；买卖、代理买卖外汇；从事外币兑换；从事同业拆借；从事银行卡业务；提供保管箱服务；提供资信调查和咨询服务；经国务院银行业监督管理机构批准的其他业务。

在经核准的业务范围内，银行业金融机构经营的具体业务品种，应当按照规定经国务院银行业监督管理机构审查批准或者备案。需要审查批准或者备案的业务品种，由国务院银行业监督管理机构依照法律、行政法规作出规定并公布。

3. 银行业金融机构高级管理层的任职资格管理。作为经营管理的决策和执行人员，董事和高级管理人员的品德和能力对银行业金融机构的经营和发展，对金融风险的防范和控制具有举足轻重的意义。因此，各国对银行业金融机构的董事和高级管理人员大都实行任职资格管理。我国《银行业监督管理法》第二十条规定，国务院银行业监督管理机构对银行业金融机构的董事和高级管理人员实行任职资格管理。具体办法由国务院银行业监督管理机构制定。

（二）对银行业金融机构的审慎监管

我国《银行业监督管理法》《商业银行法》等有关金融法律法规借鉴国际银行业监管惯例和《银行业有效监管核心原则》的基本精神，确立了银行业审慎监管的理念和原则，并将其作为银行业监管的最重要的制度予以贯彻落实。

银行业的审慎监管是通过两方面内容实现的：一是通过银行等金融机构执行监管当局制定的审慎经营规则，加强内部风险管理；二是通过监管当局检查金融机构的审慎经营规则的执行情况，进行审慎评估并及时进行风险预警和控制。由此可见，确定审慎经营规则是审慎监管的基础。根据《银行业监督管理法》第二十一条规定，银行业金融机构的审慎经营规则，由法律、行政法规规定，也可以由中国银保监会依照法律、行政法规制定。银行业金融机构应当严格遵守审慎经营规则。目前，中国银保监会及其他有关部门已制定了一系列审慎经营规则，包括风险管理、内部控制、资本充足率、资产质量、损失准备金、风险集中、关联交易、资产流动性等方面的内容。

（三）商业银行的风险管理与监管

风险管理指金融机构识别、计量、监测和控制各类风险全过程的管理。各类风险包括信用风险、市场风险、操作风险、政策风险、流动性风险、法律风险等。《银行业监督管理法》第二十三条规定，银行业监督管理机构应当对银行业金融机构的业务活动及其风险状况进行非现场监管，建立银行业金融机构监督管理信息系统，分析、评价银行业金融机构的风险状况。

四、银行业监管机构的监管措施

银行业监管措施，是指银行业监督管理机构为履行监督管理职责而能够依法采取的持续性监管的手段或方法。银行业监督管理机构履行监督管理职责必须合法、公正、公开、持续有效地进行，实施监督管理措施是监管机构履行监管职责，实现持续有效监管的具体表现。非现场监管和现场检查是银行业监管部门对银行业金融机构进行有效持续监管的两种主要手段。

（一）非现场监管

非现场监管又称非现场监测、非现场监控、非现场检查，是指银行业监管机构对银行业金融机构报送的各种经营管理和财务数据、报表和报告，运用一定的技术方法就银行的经营状况、风险管理状况和合规情况进行分析，以发现银行风险管理中存在的问题，评价银行业金融机构的风险状况。非现场检查监管者应具有在单一和并表的基础上收集、检查、分析和评估审慎报告的手段。非现场监管在进行商业银行风险评级、风险预警以及指导现场检查中都有重要作用。通过非现场监管，能够及时和连续地监测银行的经营和风险状况，实现对银行风险状况的持续监控和动态分析。

《银行业监督管理法》第三十三条规定，银行业监督管理机构根据履行职责的需要，有权要求银行业金融机构按照规定报送资产负债表、利润表和其他财务会计、统计报表、经营管理资料以及注册会计师出具的审计报告。银行业监督管理机构开展非现场监管的重要措施，明确银行业监督管理机构有要求银行业金融机构报送资料的权力，要求银行业金融机构按照规定报送资产负债表、利润表和其他财务会计报表、统计报表、经营管理资料是国务院银行业监督管理机构进行非现场监管、建立监督管理信息系统，以及进行统计调查的重要措施。

（二）现场检查

现场检查，是指银行业监管机构指派检查人员或者是委托外部审计师进入金融机构经营场所，按法定程序和方式进行实地检查监督。现场检查是非现场监管的有效补充。银行业监督管理机构根据审慎监管的要求，可以采取下列措施进行现场检查：（1）进入银行业金融机构进行检查；（2）询问银行业金融机构的工作人员，要求其对有关检查事项作出说明；（3）查阅、复制银行业金融机构与检查事项有关的文件、资料，对可能被转移、隐匿或者毁损的文件、资料予以封存；（4）检查银行业金融机构运用电子计算机管理业务数据的系统。

进行现场检查，应当经银行业监督管理机构负责人批准。现场检查时，检查人员不得少于2人，并应当出示合法证件和检查通知书；检查人员少于2人或者未出示合法证件和检查通知书的，银行业金融机构有权拒绝检查。

（三）强制性信息披露

强制性信息披露，是指银行业监督管理机构依法要求银行业金融机构按照规定，真实、准确、完整、可比地向社会公众披露财务会计报告、风险管理状况、董事和高级管理人员变更以及其他重大事项等信息。《银行业监督管理法》第三十六条规定，银行业监督管理机构应当责令银行业金融机构按照规定，如实向社会公众披露财务会计报告、风险管理状况、董事和高级管理人员变更以及其他重大事项等信息。

（四）银行业监管的强制措施

监管强制措施是银行业监督管理机构对银行业金融机构实施有效监督管理的必要手段。监管机构根据确保银行业金融机构审慎经营的需要，制定了大量的审慎经营规则，以规范其经营行为。

《银行业监督管理法》第三十七条规定，银行业金融机构违反审慎经营规则的，国务院银行业监督管理机构或者其省一级派出机构应当责令限期改正；逾期未改正的，或者其行为严重危及该银行业金融机构的稳健运行、损害存款人和其他客户合法权益的，经国务院银行业监督管理机构或者其省一级派出机构负责人批准，可以区别情形，采取下列措施：（1）责令暂停部分业务、停止批准开办新业务；（2）限制分配红利和其他收入；（3）限制资产转让；（4）责令控股股东转让股权或者限制有关股东的权利；（5）责令调整董事、高级管理人员或者限制其权利；（6）停止批准增设分支机构。

银行业金融机构整改后，应当向国务院银行业监督管理机构或者其省一级派出机构提交报告。国务院银行业监督管理机构或者其省一级派出机构经验收，符合有关审慎经营规则的，应当自验收完毕之日起 3 日内解除对其采取的前款规定的有关措施。

五、法律责任

（一）银行业监督管理机构监管人员的法律责任

监管机构从事监督管理工作的人员履行监管职责必须依法进行；未依法履行监管职责或超越职权范围进行监管的，应当承担相应的法律责任。这里的法律责任，主要表现为行政责任和刑事责任。《银行业监督管理法》第四十三条对银行业监管机构从事监督管理工作的人员的违法行为及其所应承担的法律责任进行了规定。

1. 滥用职权、玩忽职守的法律责任。银行业监管机构及其派出机构监管工作人员有下列情形之一的，依法给予行政处分；构成犯罪的，依法追究刑事责任：（1）违反规定审查批准银行业金融机构的设立、变更、终止，以及业务范围和业务范围内的业务品种的；（2）违反规定对银行业金融机构进行现场检查的；（3）未依照规定报告突发事件的；（4）违反规定查询账户或者申请冻结资金的；（5）违反规定对银行业金融机构采取措施或者处罚的；（6）滥用职权、玩忽职守的其他行为。

2. 贪污受贿、泄露国家秘密或商业秘密的法律责任。银行业监管机构及其派出机构监管工作人员贪污受贿、泄露国家秘密或者所知悉的商业秘密，构成犯罪的，依法追究刑事责任；尚不构成犯罪的，依法给予行政处分。

（二）银行业金融机构的法律责任

1. 银行业金融机构违反有关审批规定的法律责任。《银行业监督管理法》第四十五条规定，银行业金融机构有下列情形之一，由银行业监管机构追究其行政责任；构成犯罪的，依法追究刑事责任：（1）未经批准设立分支机构的；（2）未经批准变更、终止的；（3）违反规定从事未经批准或者未备案的业务活动的；（4）违反规定提高或者降低存款利率、贷款利率的。

对银行业金融机构的上述违法行为，银行业监管机构可以追究其以下行政责任：责令改正，有违法所得的，没收违法所得，违法所得 50 万元以上的，并处违法所得 1 倍以上 5 倍以下罚款；没有违法所得或者违法所得不足 50 万元的，处 50 万元以上 200 万元以下罚款；情节特别严重或者逾期不改正的，可以责令停业整顿或者吊销其经营许可证；构成犯罪的，依法追究刑事责任。

2. 银行业金融机构违反有关监管要求的法律责任。《银行业监督管理法》第四十六条规定，银行业金融机构有下列情况之一，由银行业监管机构追究其行政责任；构成犯罪的，依法追究刑事责任：（1）未经任职资格审查任命董事、高级管理人员的；（2）拒绝或者阻碍非现场监管或者现场检查的；（3）提供虚假的或者隐瞒重要事实的报表、报告等文件、资料的；（4）未按照规定进行信息披露的；（5）严重违反审慎经营规则的；（6）拒绝银行业监管机构或派出机构对其违反审慎经营规则采取的制裁措施的。

对银行业金融机构的上述违法行为，银行业监管机构可以对其追究以下行政责任：责令改正，并处 20 万元以上 50 万元以下罚款；情节特别严重或者逾期不改正的，可以责令停业整顿或者吊销其经营许可证；构成犯罪的，依法追究刑事责任。

3. 银行业金融机构不按规定报送报表和资料的法律责任。《银行业监督管理法》第四十七条规定，银行业金融机构不按照规定提供报表、报告等文件、资料的，由银行业监管机构或其派出机构责令改正，逾期不改正的，处 10 万元以上 30 万元以下罚款。

4. 银行业金融机构从业人员的法律责任。《银行业监督管理法》第四十八条规定，对违法的银行业金融机构，除金融机构本身应承担相应的法律责任外，该机构直接负责的董事、高级管理人员和其他直接责任人员也应当承担相应的法律责任。银行业监管机构根据违法情节的轻重，对违法的银行业金融机构的上述人员可以采取以下行政处罚措施：（1）责令银行业金融机构对直接负责的董事、高级管理人员和其他直接责任人员给予纪律处分；（2）银行业金融机构的行为尚不构成犯罪的，对直接负责的董事、高级管理人员和其他直接责任人员给予警告，处 5 万元以上 50 万元以下罚款；（3）实施市场禁入，即取消直接负责的董事、高级管理人员一定期限直至终身的任职资格，禁止直接负责的董事、高级管理人员和其他直接责任人员一定期限直至终身从事银行业工作。

第三节　证券业监管法律制度

一、证券业监管概述

（一）证券业监管的概念

证券业监管是指证券管理机关运用法律的、经济的以及必要的行政手段，对证券的募集、发行、交易等行为以及证券投资中介机构的行为进行监督与管理。证券业监管的意义是要明确证券监管的目的，通过维持公平、公正、公开的市场秩序来保护证券市场参与者的合法权益，以此促进证券行业的不断发展。

（二）证券业监管的原则

1. 依法管理原则。这一原则是指证券市场监管部门必须加强法制建设，明确划分有各方面的权利与义务，保护市场参与者的合法权益，即证券市场管理必须有充分的法律依据和法律保障。

2. 保护投资者利益原则。这一原则是由于投资者是拿自己的收入来购买证券，且大多数投资者缺乏证券投资的专业知识和技巧，只有在证券市场管理中采取相应措施，使投资者得到公平的对待，维护其合法权益，才能更有力地促使人们增加投资。

3. "三公"原则。

（1）公开原则。这一原则要求证券市场具有充分的透明度，实现市场信息的公开化。信息披露的主体不仅包括证券发行人、证券交易者，还包括证券监管者。保障市场的透明度，除了证券发行人需要公开影响证券价格的企业情况详细说明外，监管者还应当公开有关监管程序、监管身份、对证券市场违规处罚等信息。

（2）公平原则。这一原则要求证券市场不存在歧视，参与市场的主体具有完全平等的权利。具体而言，无论是投资者还是筹资者，是监管者还是被监管者，也无论其投资规模与筹资规模的大小，只要是市场主体，则在进入与退出市场、投资机会、享受服务、获取信息等方面都享有完全平等的权利。

（3）公正原则。这一原则要求证券监管部门在公开、公平原则的基础上，对一切被监管对象给予公正待遇。根据公正原则，证券立法机构应当制定体现公平精神的法律、法规和政策。证券监管部门应当根据法律授予的权限履行监管职责，要在法律的基础上，对一切证券市场参与者给予公正的待遇，对证券违法行为的处罚和对证券纠纷事件和争议的处理，都应当公平进行。

4. 监督与自律相结合的原则。这一原则是指在加强政府、证券主管机构对证券市场监管的同时，也要加强从业者的自我约束、自我教育和自我管理。国家对证券市场的监管是管好证券市场的保证，而证券从业者的自我管理是管好证券市场的基础。国家监督与自我管理相结合的原则是世界各国共同奉行的原则。

（三）证券业监管机构和监管对象

1. 监管机构。证券监管机构是国家行政管理机构，是由国家或政府组建的对证券市场实施监督管理的主管机构。中国证券监督管理委员会依照法律法规对证券市场进行监管。

2. 监管对象。证券监管的对象涵盖参与证券市场运行的所有主体，既包括证券经纪商和自营商等证券金融中介机构，也包括工商企业和个人。对于证券监管对象的设定可以从不同角度加以阐述：

（1）以证券市场参与主体之性质区分，证券监管对象就是参与证券市场活动的各法人和自然人主体。一般包括：①工商企业，指进入证券市场筹集资金的资本需求者，也包括在证券交易市场参与交易的企业法人。②基金，既包括被作为交易对象的上市基金，也包括作为重要市场力量的投资基金（仅从不同角度看待）。③个人，大致包含两类。一类指证券市场上的投资者即资金供给者；另一类指各种证券从业人员。④证券金融中介机构，主要指涉及证券发行与交易等各类证券业务的金融机构。它既可以是专业的证券经纪商、承销商、自营商，也可以是银证合一体制下的商业银行和其他金融机构。⑤证券交易所或其他集中交易场所，证券交易所是提供证券集中交易的场所，并承担自律管理职能的特殊主体。它既包括传统的有形市场，也包括以电子交易系统为运作方式的无形市场。⑥证券市场的其他中介机构，包括证券登记、托管、清算机构以及证券咨询机构、会计师事务所、律师事务所、资产评估机构等。

（2）以各证券市场主体的地位与角色区分，证券监管对象大致可分为四类：①上市对象（即筹资者），包括以股票、债券、基金等证券形式挂牌上市的各类市场主体；②交易对象（即投资者），包括所有参与证券买卖的市场主体；③中介对象，包括媒介证券发行与交易等各类活动，提供各类中介服务的上述金融机构、咨询机构、市场服务机构等；④自我管理对象，主要指证券集中交易场所。

二、证券业监管机构的职责和证券业监管内容

（一）证券业监管机构的职责

《证券法》第一百七十九条将证券监管机构的职责作出列举性规定，但该条款并非

证券监管机构的全部职责。根据《证券法》规定，证券监管机构在对证券市场实施监督管理中，履行以下职责：

1. 规章规则制定权。证券监管机构有权制定和发布监督管理证券市场的规章和规则。根据这一规定，国务院证券监管机构与仅"根据证券委的授权，拟订有关证券市场管理的规则"的证监会明显不同。《证券法》第一百七十九条规定国务院证券监督管理机构制定有关证券市场监督管理的规章、规则，并依法行使审批或者核准权。

2. 派出机构设立权。根据《证券法》第七条第二款规定，证券监管机构可以设立派出机构，按照授权履行证券管理职责。根据目前实践，证监会已改变以往按照行政区域标准设立派出机构的传统做法，转而按照经济区域标准设立派出机构。

3. 审批权或核准权。我国《证券法》对股票发行采取核准制，对债券发行采取审批制。鉴于证券监管机构依法集中统一管理全国证券市场，证券监管机构对股票和债券发行，分别享有核准权和审批权。

4. 证券行为监督管理权。证券监管机构依法对证券发行、交易、登记、托管和结算等行为进行监督管理。证券发行、交易、登记、托管和结算的概念及相关问题。

5. 证券行为人监督管理权。根据《证券法》规定，证券监管机构依法对证券发行人、上市公司、证券交易所、证券公司、证券登记结算机构、证券投资基金管理机构、证券投资咨询机构、证券资信评估机构以及从事证券业务的律师事务所、会计师事务所、资产评估机构的证券业务活动，进行监督管理。

6. 证券从业人员监督管理权。证券监管机构可以依法制定证券从业人员的资格标准和行为准则，并依法实施监督。

7. 信息公开监督管理权。即依法监督检查证券发行和交易的信息公开情况。有关监管的具体实施，参见本书其他章节相关内容。

8. 自律机构监督管理权。《证券法》第八条规定，"在国家对证券发行、交易活动实行集中统一监督管理的前提下，依法设立证券业协会，实行自律性管理"。为了保证自律性管理合乎现行法律与法规，证券监管机构应依法对证券业协会的活动进行指导和监督。

9. 违法违规行为查处权。证券监管机构依据调查结果，可以对证券违法行为作出处罚决定，且该处罚决定应当公开。

10. 法律、行政法规规定的其他职权。

(二) 证券市场监管内容

1. 信息披露。《证券法》规定，发行人、上市公司依法披露的信息，必须真实、准确、完整，不得有虚假记载、误导性陈述或者重大遗漏。依法必须披露的信息，应当在国务院证券监督管理机构指定的媒体发布，同时将其置备于公司住所、证券交易所，供社会公众查阅。国务院证券监督管理机构对上市公司年度报告、中期报告、临时报告以及公告的情况进行监督，对上市公司分派或者配售新股的情况进行监督，对上市公司控股股东和信息披露义务人的行为进行监督。

2. 操纵市场。证券市场中的操纵市场，是指某一组织或个人以获取利益或者减少损失为目的，利用其资金、信息等优势，或者滥用职权，制造证券市场假象，诱导或者致使投资者在不了解事实真相的情况下作出证券投资决定，扰乱证券市场秩序的行为。操纵市场的行为包括：（1）单独或者通过合谋，集中资金优势、持股优势或者利用信息优势联合或者连续买卖，操纵证券交易价格或者证券交易量；（2）与他人串通，以事先约定的时间、价格和方式相互进行证券交易，影响证券交易价格或者证券交易量；（3）在自己实际控制的账户之间进行证券交易，影响证券交易价格或者证券交易量；（4）以其他手段操纵证券市场。操纵证券市场行为给投资者造成损失的，行为人应当依法承担赔偿责任。

3. 欺诈行为。欺诈客户是指以获取非法利益为目的，违反证券管理法规，在证券发行、交易及相关活动中从事欺诈客户、虚假陈述等行为。欺诈客户行为包括：（1）违背客户的委托为其买卖证券；（2）不在规定时间内向客户提供交易的书面确认文件；（3）挪用客户所委托买卖的证券或者客户账户上的资金；（4）未经客户的委托，擅自为客户买卖证券，或者假借客户的名义买卖证券；（5）为谋取佣金收入，诱使客户进行不必要的证券买卖；（6）利用传播媒介或者通过其他方式提供、传播虚假或者误导投资者的信息；（7）其他违背客户真实意思表示，损害客户利益的行为。欺诈客户行为给客户造成损失的，行为人应当依法承担赔偿责任。证券经营机构、证券登记或清算机构以及其他各类从事证券业的机构有欺诈客户行为的，监管机构将根据不同情况，作出限制或者暂停证券业务及其他处罚。因欺诈客户行为给投资者造成损失的，应当依法承担赔偿责任。

4. 内幕交易。内幕交易又称知情交易，是指公司董事、监事、经理、职员、主要股东、证券市场内部人员或市场管理人员，以获取利益或减少经济损失为目的，利用地位、职务等便利，获取发行人未公开的、可以影响证券价格的重要信息，进行有价证券交易，或泄露该信息的行为。内幕交易的主体包括：（1）发行人的董事、监事、高级管理人员；（2）持有公司5%以上股份的股东及其董事、监事、高级管理人员，公司的实际控制人及其董事、监事、高级管理人员；（3）发行人控股的公司及其董事、监事、高级管理人员；（4）由于所任公司职务可以获取公司有关内幕信息的人员；（5）证券监督管理机构工作人员以及由于法定职责对证券的发行、交易进行管理的其他人员；（6）保荐人、承销的证券公司、证券交易所、证券登记结算机构、证券服务机构的有关人员；（7）国务院证券监督管理机构规定的其他人。

内幕信息是指在证券交易活动中，涉及公司的经营、财务或者对该公司证券的市场价格有重大影响的尚未公开的信息。根据《证券法》规定，下列各项信息都属内幕信息：（1）《证券法》第六十七条第二款所列重大事件；（2）公司分配股利或者增资计划；（3）公司股权结构的重大变化；（4）公司债务担保的重大变更；（5）公司营业用主要资产的抵押、出售或者报废一次超过该资产的30%；（6）公司的董事、监事、经理、副经理或者其他高级管理人员的行为可能依法承担重大损害赔偿责任；（7）上市公司收购的有关方案；（8）国务院证券监督管理机构认定的对证券交易价格有显著影响的其他重要信息。

内幕交易的行为方式主要表现为：行为主体知悉公司内幕信息，且从事有价证券的交易或其他有偿转让行为，或者泄露内幕信息或建议他人买卖证券等。

内幕交易行为包括：（1）内幕人员利用内幕信息买卖证券或者根据内幕信息建议他人买卖证券；（2）内幕人员向他人泄露内幕信息，使他人利用该信息进行内幕交易；（3）非内幕人员通过不正当手段或者其他途径获得内幕信息，并根据该信息买卖证券或者建议他人买卖证券等。

【案例分析 15-1】

丹东欣泰电气股份有限公司于 2011 年 12 月至 2013 年 6 月，通过外部借款、自有资金或伪造银行单据的方式，在会计期末冲减应收款项，大部分在下一会计期初冲回，致使其 IPO 申请文件中相关财务数据存在虚假记载：截至 2011 年 12 月 31 日，虚构收回应收账款 1 亿元；截至 2012 年 12 月 31 日，虚构收回 1.2 亿元；截至 2013 年 6 月 30 日，虚构收回 1.6 亿元等。2013 年 12 月至 2014 年 12 月，该公司上市后继续通过上述方式冲减应收款项，导致其 2013 年年报、2014 年半年报、2014 年年报中存在虚假记载。经查该公司 2014 年年报未披露"实际控制人温德乙以员工名义从公司借款供其个人使用，截至 2014 年 12 月 31 日，占用 0.6 亿元"这一关联交易事项，存在重大遗漏。

后果：（1）欣泰电气：按 IPO 募资额的 3% 罚款 832 万元，自 2016 年 9 月 6 日起暂停上市，待深交所 2017 年 7 月 7 日前作出终止上市决定，此后复牌进入 30 个交易日的退市整理期，期满次日摘牌。创业板欺诈发行将一退到底，无法重新上市。（2）公司高管：实际控制人温德乙按 IPO 募资额的 3% 罚款 892 万元，并作为直接负责的主管人员与刘明胜均被终身证券市场禁入。（3）保荐机构：兴业证券作为主承销商，在欣泰电气公开发行股票过程中，未审慎核查公开发行募集文件的真实性和准确性，未发现招股意向书和招股说明书中的有关财务数据存在虚假记载。证监会决定对兴业证券给予警告，没收保荐业务收入 1200 万元，并处以 2400 万元罚款，没收承销股票违法所得 2078 万元，并处以 60 万元罚款；对保荐代表人兰翔、伍文祥给予警告，并分别处以 30 万元罚款，撤销证券从业资格。证监会决定对保荐代表人兰翔、伍文祥采取 10 年证券市场禁入措施。（4）证监会：证监会对欣泰电气欺诈发行作出处罚，并启动强制退市程序。欣泰电气将成为 A 股第一家因欺诈发行而被退市的上市公司。随后掀起史上最严的 IPO 造假专项执法检查活动，绝不放过任何一条违法线索，绝不放过任何一个问题企业，绝不放过任何一家失职机构，并鼓励有奖举报与媒体揭披。

资料来源：http://vip.stock.finance.sina.com.cn/corp/go.php/vGP_GetOutOfLine/stockid/300372.html。

思考：请谈谈你对本案的看法。

三、证券业监管机构的监管措施和监管程序

（一）监管措施

国务院证券监督管理机构依法履行职责，有权采取下列措施：

1. 对证券发行人、上市公司、证券公司、证券投资基金管理公司、证券服务机构、证券交易所、证券登记结算机构进行现场检查。

2. 进入涉嫌违法行为发生场所调查取证。

3. 询问当事人和与被调查事件有关的单位和个人，要求其对与被调查事项作出说明。

4. 查阅、复制与被调查事件有关的财产权登记、通信记录等资料。

5. 查阅、复制当事人和与被调查事件有关的单位和个人的证券交易记录、登记过户记录、财务会计资料及其他相关文件和资料；对可能被转移、隐匿或者毁损的文件和资料，可以予以封存。

6. 查询当事人和与被调查事件有关的单位和个人的资金账户、证券账户和银行账户，对有证据证明已经或者可能转移或者隐匿违法资金，证券等涉案财产或者隐匿、伪造、毁损重要证据的，经国务院证券监督管理机构主要负责人批准，可以冻结或者查封。

7. 在调查操纵证券市场、内幕交易等重大证券违法行为时，经国务院证券机构主要负责人批准，可以限制被调查事件当事人的证券买卖，但限制的期限不得超过 15 个交易日；案情复杂的，可以延长 15 个交易日。

（二）监管程序

国务院证券监督管理机构依法行使职责，进行监督检查或者调查，其监督检查、调查的人员不少于 2 人，并应当出示合法证件和监督检查、调查通知书。监督检查、调查的人员少于 2 人或者未出示合法证件和监督检查、调查通知书的，被检查、调查的单位有权拒绝。

国务院证券监督管理机构依法履行职责，被检查、调查通知书的，被检查、调查的单位和个人应当配合，如实提供有关文件和资料，不得拒绝、阻碍和隐瞒。国务院证券监督管理机构依法制定的规章、规则和监督管理工作制度应当公开，国务院证券监督管理机构依据调查结果，对证券违法行为作出的处罚决定，应当公开。

四、法律责任

（一）监管机构及其工作人员的法律责任

证券监督管理机构的工作人员和发行审核委员会的组成人员，不履行法律规定的职责，利用职权玩忽职守，利用职务便利谋取不正当利益，或者泄露所知悉的有关单位和个人的商业秘密的，依法追究法律责任。证券监督管理机构工作人员进行内幕交易的，从重处罚。

（二）证券业机构及其工作人员的主要法律责任

1. 发行人、上市公司的法律责任。

（1）未经法定机关核准，擅自公开或者变相公开发行证券的，责令停止发行，退还所募资金并加算银行同期存款利息，处以非法所募资金金额1%以上5%以下的罚款；对擅自公开或者变相公开发行证券设立的公司，由依法履行监督管理职责的机构或者部门会同县级以上地方人民政府予以取缔。对直接负责的主管人员和其他直接责任人员给予警告，并处以3万元以上30万元以下的罚款。

（2）发行人不符合发行条件，以欺骗手段骗取发行核准，尚未发行证券的，处以30万元以上60万元以下的罚款；已经发行证券的，处以非法所募资金金额1%以上5%以下的罚款。对直接负责的主管人员和其他直接责任人员处以3万元以上30万元以下的罚款。

（3）发行人、上市公司或者其他信息披露义务人未按照规定披露信息，或者所披露的信息有虚假记载、误导性陈述或者重大遗漏的，责令改正，给予警告，并处以30万元以上60万元以下的罚款。对直接负责的主管人员和其他直接责任人员给予警告，并处以3万元以上30万元以下的罚款。

（4）发行人、上市公司擅自改变公开发行证券所募集资金的用途的，责令改正，对直接负责的主管人员和其他直接责任人员给予警告，并处以3万元以上30万元以下的罚款。

2. 证券公司的法律责任。

（1）证券公司承销或者代理买卖未经核准擅自公开发行的证券的，责令停止承销或者代理买卖，没收违法所得，并处以违法所得1倍以上5倍以下的罚款；没有违法所得或者违法所得不足30万元的，处以30万元以上60万元以下的罚款。给投资者造成损失的，应当与发行人承担连带赔偿责任。对直接负责的主管人员和其他直接责任人员给予警告，撤销任职资格或者证券从业资格，并处以3万元以上30万元以下的罚款。

（2）证券公司承销证券，有下列行为之一的，责令改正，给予警告，没收违法所得，可以并处30万元以上60万元以下的罚款；情节严重的，暂停或者撤销相关业务许可。给其他证券承销机构或者投资者造成损失的，依法承担赔偿责任。对直接负责的主管人员和其他直接责任人员给予警告，可以并处3万元以上30万元以下的罚款；情节严重的，撤销任职资格或者证券从业资格：①进行虚假的或者误导投资者的广告或者其他宣传推介活动；②以不正当竞争手段招揽承销业务；③其他违反证券承销业务规定的行为。

3. 证券交易所、证券公司、证券登记结算机构、证券服务机构的法律责任。

（1）证券交易所、证券公司、证券登记结算机构、证券服务机构的从业人员或者证券业协会的工作人员，故意提供虚假资料，隐匿、伪造、篡改或者毁损交易记录，诱骗投资者买卖证券的，撤销证券从业资格，并处以3万元以上10万元以下的罚款；属于国家工作人员的，还应当依法给予行政处分。

（2）为股票的发行、上市、交易出具审计报告、资产评估报告或者法律意见书等文件的证券服务机构和人员，违反《证券法》第四十五条的规定买卖股票的，责令依法处理非法持有的股票，没收违法所得，并处以买卖股票等值以下的罚款。

（3）证券登记结算机构挪用客户的资金或者证券，或者未经客户的委托，擅自为客户买卖证券的，责令改正，没收违法所得，并处以违法所得1倍以上5倍以下的罚款；没有违法所得或者违法所得不足10万元的，处以10万元以上60万元以下的罚款；情节严重的，责令关闭或者撤销相关业务许可。对直接负责的主管人员和其他直接责任人员给予警告，撤销任职资格或者证券从业资格，并处以3万元以上30万元以下的罚款。

第四节　保险业监管法律制度

一、保险业监管的概述

（一）保险业监管的概念

保险监管是指一个国家对本国保险业的监督管理。一个国家的保险监管制度通常由两大部分构成：一是国家通过制定保险法律法规，对本国保险业进行宏观指导与管理；二是国家专门的保险监管职能机构依据法律或行政授权对保险业进行行政管理，以保证保险法规的贯彻执行。

（二）保险业监管的原则

1. 依法监督管理的原则。保险监督管理部门必须依照有关法律或行政法规实施保险监督管理行为。保险监督管理部门不得超越职权实施监督管理行为。

2. 独立监督管理原则。保险监督管理部门应独立行使保险监督管理的职权，不受其他单位和个人的非法干预。

3. 公开性原则。保险监督管理需体现透明度，除涉及国家秘密、企业商业秘密和个人隐私以外的各种监管信息应尽可能向社会公开。

4. 公平性原则。保险监督管理部门对各监督管理对象要公平对待，必须采用同样的监管标准，创造公平竞争的市场环境。

5. 保护被保险人利益原则。保护被保险人利益和社会公众利益是保险监督管理的根本目的，同时也是衡量保险监督管理部门工作的最终标准。

6. 不干预监督管理对象的经营自主权的原则。保险监督管理对象是自主经营、自负盈亏的独立企业法人，在法律、法规规定的范围内，独立决定自己的经营方针和政策。保险监督管理部门对监督管理对象享有实施监督管理的权利，负有实施监督管理的职责，但不得干预监督管理对象的经营自主权，也不对监督管理对象的盈亏承担责任。

二、保险业监管机构及其职责

（一）保险监管机构

保险监管机构是指由国家政府设立的专门对保险市场的各类经营主体、保险经营活动进行监督和管理的机构。国家的保险监管制度主要是通过其所设立的保险监管机关行使监管权力，实施保险监管职能来实现的。

目前，我国的保险监督机关是中国银行保险监督管理委员会。1998年11月以来，中国保险监督管理委员会作为国务院的直属事业单位，是全国商业保险的主管机关。根据国务院授权履行行政管理职能，依照法律、法规统一监督管理中国保险市场。2018年4月，国务院机构改革，在金融监管体制改革领域，整合银监会、保监会职责，组建中国银行保险监督管理委员会，依照法律、法规统一监督管理中国银行保险市场。

（二）保险监管机构的职责

目前，中国银行保险监督管理委员会作为国家的保险监督管理机关，其在保险业监管方面的主要职责如下。

（1）审批保险公司及其分支机构、保险集团公司、保险控股公司的设立；会同有关部门审批保险资产管理公司的设立；审批境外保险机构代表处的设立；审批保险代理公司、保险经纪公司、保险公估公司等保险中介机构及其分支机构的设立；审批境内保险机构和非保险机构在境外设立保险机构；审批保险机构的合并、分立、变更、解散，决定接管和指定接受；参与、组织保险公司的破产、清算。

（2）审查、认定各类保险机构高级管理人员的任职资格；制定保险从业人员的基本资格标准。

（3）审批关系着社会公众利益的保险险种、依法实行强制保险的险种和新开发的人寿保险险种等的保险条款和保险费率，对其他保险险种的保险条款和保险费率实施备案管理。

（4）依法监管保险公司的偿付能力和市场行为；负责保险保障基金的管理，监管保险保证金；根据法律和国家对保险资金的运用政策，制定有关规章制度，依法对保险公司的资金运用进行监管。

（5）对政策性保险和强制保险进行业务监管；对专属自保、相互保险等组织形式和业务活动进行监管。归口管理保险行业协会、保险学会等行业社团组织。

（6）依法对保险机构和保险从业人员的不正当竞争等违法、违规行为以及对非保险机构经营或变相经营保险业务进行调查、处罚。

（7）依法对境内保险及非保险机构在境外设立的保险机构进行监管。

（8）制定保险行业信息化标准；建立保险风险评价、预警和监控体系，跟踪分析、监测、预测保险市场运行状况，负责统一编制全国保险业的数据、报表，并按照国家有关规定予以发布。

（9）承办国务院交办的其他事项。

三、保险业监管的内容

（一）偿付能力监管

偿付能力是保险公司的灵魂，也是保险监管的另一个最为重要的方面。从国际保险业监管的发展趋势看，越来越多的国家都已经或者正在向以偿付能力监管为核心的模式发展。我国《保险法》对保险公司偿付能力监管的规定主要体现在以下几方面：

1. 保险公司应当具有与其业务规模和风险程度相适应的最低偿付能力。保险公司的认可资产减去认可负债的差额不得低于国务院保险监督管理机构规定的数额；低于规定数额的，应当按照国务院保险监督管理机构的要求采取相应措施达到规定的数额。

2. 保险公司应当按照其注册资本总额的20%提取保证金，存入国务院保险监督管理机构指定的银行，除公司清算时用于清偿债务外，不得动用。

3. 保险公司应当根据保障被保险人利益、保证偿付能力的原则，提取各项责任准备金。

4. 保险公司应当缴纳保险保障基金。保险保障基金应当集中管理，并在下列情形下统筹使用：（1）在保险公司被撤销或者被宣告破产时，向投保人、被保险人或者受益人提供救济；（2）在保险公司被撤销或者被宣告破产时，向依法接受其人寿保险合同的保险公司提供救济；（3）国务院规定的其他情形。

《保险法》第一百三十八条规定，对偿付能力不足的保险公司，国务院保险监督管理机构应当将其列为重点监管对象，并可以根据具体情况采取下列措施：（1）责令增加资本金、办理再保险；（2）限制业务范围；（3）限制向股东分红；（4）限制固定资产购置或者经营费用规模；（5）限制资金运用的形式、比例；（6）限制增设分支机构；（7）责令拍卖不良资产、转让保险业务；（8）限制董事、监事、高级管理人员的薪酬水平；（9）限制商业性广告；（10）责令停止接受新业务。

（二）市场行为监管

1. 保险经营范围监管。保险经营范围监管是指政府通过法律或者行政命令，规定保险机构所能经营的业务种类和范围。我国《保险法》按保险标的的不同将保险公司的业务范围分为财产保险和人身保险两大类。关于保险经营范围监管包括禁止兼业和禁止兼营，禁止兼业是指保险组织不得从事保险业务以外的业务、非保险组织不得经营保险或类似保险的业务；禁止兼营是指保险公司不得同时兼营人身保险和财产保险两种业务。

2. 保险条款监管。保险条款中保险人与投保人双方权利与义务的约定，是保险合同的核心内容，由于保险合同是附合性合同，对保险条款的监管有利于保护被保险人的利益；另外，也可以避免保险人因竞争压力而被迫对投保人作出不合理的承诺，确保保险人的偿付能力。

（三）公司治理监管

我国的保险监管制度规定，设立保险企业必须经主管部门批准，并经工商行政部门注册登记，发给营业执照，方准营业。申请时要提交资本金的证明，以及有关企业的章程、负责人资格、有关条款、费率、营业范围等文件资料。《公司法》和《保险法》要求，各保险公司都必须建立股东大会、董事会、监事会和经理层的组织架构，形成公司治理结构的基本框架。董事会制度要不断健全，保险公司要在董事会下设置专门委员会，其中包括审计委员会、薪酬委员会和提名委员会等；保险公司还可以引入独立董事，发挥独立董事制度的作用。各保险公司都要制定完备的股东大会、董事会和监事会议事规则，对各机构的主要职能、议事和决策程序作出较为详细的规定，初步形成分权制衡机制。

四、保险业监督管理机构的监管措施

（一）监督检查

依据《保险法》第一百零七条规定：保险监督管理机构有权检查保险公司的业务状况、财务状况及资金运用状况，有权要求保险公司在规定的期限内提供有关的书面报告和资料。保险公司依法接受监督检查。

（二）整顿

保险监督管理机构作出限期改正的决定后，保险公司在限期内未予改正的，由保险监督管理机构决定选派保险专业人员和指定该保险公司的有关人员，组成整顿组织，对该保险公司进行整顿。整顿决定应当载明被整顿保险公司的名称、整顿理由，整顿组织和整顿期限，并予以公告。

在整顿过程中，保险公司的原有业务继续进行，但是整顿组织有权监督被整顿保险公司的日常业务。被整顿公司的负责人及有关管理人员应当在整顿组织的监督下行使职权。国务院保险监督管理机构可以责令被整顿公司停止部分原有业务、停止接受新业务，调整资金运用。被整顿的保险公司经整顿已纠正其违反法律法规的行为，恢复正常经营状况的，由整顿组织提出报告，经保险监督管理机构批准，整顿结束。

（三）接管

保险公司违反法律规定，损害社会公共利益，可能或者已经严重危及保险公司偿付能力的，保险监督管理机构可以对该保险公司实行接管。接管的目的是对被接管的保险公司采取必要措施，以保护被保险人的利益，恢复保险公司的正常经营。《保险法》第一百四十四条规定，保险公司有下列情形之一的，国务院保险监督管理机构可以对其实行接管：（1）公司的偿付能力严重不足的；（2）违反本法规定，损害社会公共利益，可能严重危及或者已经严重危及公司的偿付能力的。

接管期限届满，保险监督管理机构可以决定延期，但接管期限最长不超过二年。被接管的保险公司的债权债务关系不因接管而变化。接管期限届满，被接管的保险公司已恢复正常经营能力的，保险监督管理机构可以决定接管终止。

（四）清算

被整顿、被接管的保险公司有《中华人民共和国企业破产法》规定情形的，国务院保险监督管理机构可以依法向人民法院申请对该保险公司进行重整或者破产清算。保险公司因违法经营被依法吊销经营保险业务许可证的，或者偿付能力低于国务院保险监督管理机构规定标准，不予撤销将严重危害保险市场秩序、损害公共利益的，由国务院保险监督管理机构予以撤销并公告，依法及时组织清算组进行清算。

（五）其他措施

《保险法》第一百五十四条规定，保险监督管理机构依法履行职责，可以采取下列措施：

1. 对保险公司、保险代理人、保险经纪人、保险资产管理公司、外国保险机构的

代表机构进行现场检查。

2. 进入涉嫌违法行为发生场所调查取证。

3. 询问当事人及与被调查事件有关的单位和个人，要求其对与被调查事件有关的事项作出说明。

4. 查阅、复制与被调查事件有关的财产权登记等资料。

5. 查阅、复制保险公司、保险代理人、保险经纪人、保险资产管理公司、外国保险机构的代表机构以及与被调查事件有关的单位和个人的财务会计资料及其他相关文件和资料；对可能被转移、隐匿或者毁损的文件和资料予以封存。

6. 查询涉嫌违法经营的保险公司、保险代理人、保险经纪人、保险资产管理公司、外国保险机构的代表机构以及与涉嫌违法事项有关的单位和个人的银行账户。

7. 对有证据证明已经或者可能转移、隐匿违法资金等涉案财产或者隐匿、伪造、毁损重要证据的，经保险监督管理机构主要负责人批准，申请人民法院予以冻结或者查封。

五、法律责任

(一) 保险公司的法律责任

擅自设立保险公司、保险资产管理公司或者非法经营商业保险业务的，由保险监督管理机构予以取缔，没收违法所得，并处违法所得1倍以上5倍以下的罚款；没有违法所得或者违法所得不足20万元的，处20万元以上100万元以下的罚款。

保险公司违反《保险法》规定，超出批准的业务范围经营的，由保险监督管理机构责令限期改正，没收违法所得，并处违法所得1倍以上5倍以下的罚款；没有违法所得或者违法所得不足10万元的，处10万元以上50万元以下的罚款。逾期不改正或者造成严重后果的，责令停业整顿或者吊销业务许可证。

保险公司有下列行为之一的，由保险监督管理机构责令改正，处5万元以上30万元以下的罚款；情节严重的，限制其业务范围、责令停止接受新业务或者吊销业务许可证：(1) 欺骗投保人、被保险人或者受益人；(2) 对投保人隐瞒与保险合同有关的重要情况；(3) 阻碍投保人履行《保险法》规定的如实告知义务，或者诱导其不履行《保险法》规定的如实告知义务；(4) 给予或者承诺给予投保人、被保险人、受益人保险合同约定以外的保险费回扣或者其他利益；(5) 拒不依法履行保险合同约定的赔偿或者给付保险金义务；(6) 故意编造未曾发生的保险事故、虚构保险合同或者故意夸大已经发生的保险事故的损失程度进行虚假理赔，骗取保险金或者谋取其他不正当利益；(7) 挪用、截留、侵占保险费；(8) 委托未取得合法资格的机构从事保险销售活动；(9) 利用开展保险业务为其他机构或者个人谋取不正当利益；(10) 用保险代理人、保险经纪人或者保险评估机构，从事以虚构保险中介业务或者编造退保等方式套取费用等违法活动；(11) 以捏造、散布虚假事实等方式损害竞争对手的商业信誉，或者以其他不正当竞争行为扰乱保险市场秩序；(12) 泄露在业务活动中知悉的投保人、被保险人的商业秘密；(13) 违反法律、行政法规和国务院保险监督管理机构规定的其他行为。

（二）保险专业代理机构、保险经纪人的法律责任

擅自设立保险专业代理机构、保险经纪人，或者未取得经营保险代理业务许可证、保险经纪业务许可证从事保险代理业务、保险经纪业务的，由保险监督管理机构予以取缔，没收违法所得，并处违法所得 1 倍以上 5 倍以下的罚款；没有违法所得或者违法所得不足 5 万元的，处 5 万元以上 30 万元以下的罚款。

保险代理机构、保险经纪人有下列行为之一的，由保险监督管理机构责令改正，处 2 万元以上 10 万元以下的罚款；情节严重的，责令停业整顿或者吊销业务许可证：（1）未按照规定缴存保证金或者投保职业责任保险的；（2）未按照规定设立专门账簿记载业务收支情况的。

保险代理机构、保险经纪人有下列行为之一的，由保险监督管理机构责令改正，处 5 万元以上 30 万元以下的罚款；情节严重的，吊销业务许可证：（1）欺骗保险人、投保人、被保险人或者受益人；（2）隐瞒与保险合同有关的重要情况；（3）阻碍投保人履行本法规定的如实告知义务，或者诱导其不履行本法规定的如实告知义务；（4）给予或者承诺给予投保人、被保险人或者受益人保险合同约定以外的利益；（5）利用行政权力、职务或者职业便利以及其他不正当手段强迫、引诱或者限制投保人订立保险合同；（6）伪造、擅自变更保险合同，或者为保险合同当事人提供虚假证明材料；（7）挪用、截留、侵占保险费或者保险金；（8）利用业务便利为其他机构或者个人谋取不正当利益；（9）串通投保人、被保险人或者受益人，骗取保险金；（10）泄露在业务活动中知悉的保险人、投保人、被保险人的商业秘密。

（三）投保人、被保险人、受益人和其他相关人员违反《保险法》的法律责任

投保人、被保险人或者受益人有下列行为之一，进行保险诈骗活动，尚不构成犯罪的，依法给予行政处罚：（1）投保人故意虚构保险标的，骗取保险金的；（2）编造未曾发生的保险事故，或者编造虚假的事故原因或者夸大损失程度，骗取保险金的；（3）故意造成保险事故，骗取保险金的。给他人造成损害的，依法承担民事责任。

拒绝、阻碍保险监督管理机构及其工作人员依法行使监督检查、调查职权，未使用暴力、威胁方法的，依法给予治安管理处罚。

【课后练习题】

一、单项选择题

1. 我国现行金融监管为多头监管模式，银行业金融机构不用接受（　　）的监管。

A. 中国人民银行　　B. 银监会　　　　C. 地方政府　　　　D. 财政部

2. 在市场准入过程中，监管当局应对银行机构（　　）的任职资格进行审查。

A. 董事会　　　　　B. 理事会　　　　C. 高级管理人员　　D. 监事会

3. 作为监管当局分析银行机构经营稳健性和安全性的一种方式，非现场监督的资料收集的基础是单个银行的（　　）。

A. 具体事件　　　　B. 问题反映　　　C. 单一报表　　　D. 合并报表

4. 以下不属于市场准入监管的是（　　）。

A. 审批资本充足率　　　　　　　B. 审批注册机构

C. 审批注册资本　　　　　　　　D. 审批高级管理人员任职资格

5. 从 2003 年 4 月以来，（　　）专门从事银行监管职能。

A. 中国人民银行　　　　　　　　B. 中国农业发展银行

C. 中国银行业协会　　　　　　　D. 中国银行保险监督管理委员会

6. 我国目前的金融监管体制是（　　）。

A. 以中国人民银行为主的综合监管体制

B. 独立于中央银行的分业监管体制

C. 以中国人民银行为全国唯一监管机构的体制

D. 以中国银行业监督管理委员会为主的综合监管体制

7. （　　）是指与保险人订立保险合同，并按照合同约定负有支付保险费义务的人。

A. 投保人　　　　　B. 保险人　　　　C. 受益人　　　　D. 被保险人

8. 保险监督管理机构依照《保险法》和国务院规定的职责，遵循（　　）的原则，对保险业实施监督管理，维护保险市场秩序，保护投保人、被保险人和受益人的合法权益。

A. 规范、高效、公正　　　　　　B. 依法、公开、高效

C. 依法、公开、公正　　　　　　D. 公平、公正、公开

9. 保险公司使用的保险条款和保险费率违反法律、行政法规或者国务院保险监督管理机构的有关规定的，由保险监督管理机构责令停止使用，限期修改；情节严重的，可以（　　）。

A. 对保险公司高管进行惩处

B. 勒令保险公司停业整顿

C. 在一定期限内禁止申报新的保险条款和保险费率

D. 禁止销售同类型产品

10. 保险监督管理机构依法进行监督检查或者调查，其监督检查、调查的人员不得少于（　　）人。

A. 2　　　　　　　B. 3　　　　　　C. 4　　　　　　D. 5

二、多项选择题

1. 银行业金融机构违反审慎经营规则逾期未改正的，或者其行为严重危害该银行业金融机构的稳健运行、损害存款人和其他客户合法权益的，经国务院银行业监督管理机构或者其省一级派出机构负责人批准，可以区别情形，采取下列哪些措施？（　　）

A. 责令暂停部分业务、停止批准开办新业务

B. 限制分配红利和其他收入

C. 责令控股股东转让股权或者限制有关股东的权利

D. 责令调整董事、高级管理人员或者限制其权利

2. 银行监管的基本方法是（　　　）。

A. 现场检查　　　　　B. 分业监管　　　C. 集中监管　　　D. 非现场监督

E. 市场准入

3. 当前我国金融监管体制的特征有（　　　）。

A. 独立于中央银行　　　　　　　　　B. 以中央银行为重心

C. 单一全能型　　　　　　　　　　　D. 综合监管

E. 分业监管

4. 国务院保险监督管理机构可以对保险公司实行接管的情形为（　　　）。

A. 公司的偿付能力严重不足

B. 公司未依照相关规定提取或者结转各项责任准备金

C. 公司未依照相关规定办理再保险

D. 违反《保险法》规定，损害社会公共利益，可能严重危及或者已经严重危及公司的偿付能力的

5. 保险监督管理机构依法履行职责，可以采取下列哪些措施？（　　　）

A. 对保险公司、保险代理人、保险经纪人、保险资产管理公司、外国保险机构的代表机构进行现场检查

B. 进入涉嫌违法行为发生场所调查取证

C. 查阅、复制保险公司、保险代理人、保险经纪人、保险资产管理公司、外国保险机构的代表机构以及与被调查事件有关的单位和个人的财务会计资料及其他相关文件和资料；对可能被转移、隐匿或者毁损的文件和资料予以封存

D. 查询涉嫌违法经营的保险公司、保险代理人、保险经纪人、保险资产管理公司、外国保险机构的代表机构以及与涉嫌违法事项有关的单位和个人的银行账户

三、简答题

1. 简述金融监管的概念、特征。

2. 简述我国银行业监管的基本原则和监管体制。

3. 简述证券业监管的内容。

4. 中国保监会的主要职责包括哪些？

参考文献

1. 刘旭东，赵红梅．金融法规概论［M］．北京：高等教育出版社，2016.

2. 王晨芳．简论我国政策性银行的改革［J］．法制博览，2014.

3. 吴志攀．金融法概论［M］．北京：北京大学出版社，2002.

4. 朱崇实．金融法教程［M］．北京：法律出版社，1995.

5. 李遐桢，唐征友．金融法律法规［M］．北京：电子工业出版社，2014.

6. 周升业．金融理论与实务［M］．北京：中国财政经济出版社，2003.

7. 刘廷焕．中国金融法律制度［M］．北京：中信出版社，1996.

8. 徐孟洲．中国金融法教程［M］．北京：中国人民大学出版社，1997.

9. 杨贡林．金融法教程［M］．北京：中国政法大学出版社，1989.

10. 管晓峰．金融法教程［M］．北京：中央广播电视大学出版社，2001.

11. 强力．金融法［M］．北京：法律出版社，2002.

12. 朱大旗．金融法［M］．北京：中国人民大学出版社，2000.

13. 韩强，孙瑜．融资租赁法律原理与实务［M］．杭州：浙江大学出版社，2017.

14. 范健，王建文，张莉莉．保险法［M］．北京：法律出版社，2017.

15. 温世扬，武亦文．保险法［M］．北京：法律出版社，2016.

16. 朱崇实，刘志云．金融法教程［M］．北京：法律出版社，2017.

17. 胡跃飞，黄少卿．供应链金融：背景、创新与概念界定［J］，金融研究，2009（8）.

18. 殷华．网络融资法律问题研究——以金融消费者保护为中心［M］．北京：法律出版社，2016.

19. 邢会强．互联网金融的法律与政策［M］．北京：中国人民大学出版社，2017.

20. 陈笑影．金融法［M］．上海：上海大学出版社，2016.

21. 中国互联网金融安全课题组．中国互联网金融安全发展报告［M］．北京：中国金融出版社，2017.

22. 杨东，文诚公．互联网金融风险与安全治理［M］．北京：机械工业出版社，2016.

23. 陈晓华，曹国岭．互联网金融风险控制［M］．北京：人民邮电出版社，2016.

24. 陈勇．中国互联网金融研究报告（2015）［M］，北京：中国经济出版社，2015.

25. 中国保险行业协会．中国保险行业发展报告［M］，北京：中国财政经济出版社，2014.

26. 中国信托业协会．互联网金融下的信托业务创新研究，2015 年信托业专题.

27. 项俊波．保险原理与实务［M］．北京：中国财政经济出版社，2013.

28. 庄毓敏．商业银行业务与经营．［M］．北京：中国人民大学出版社，2014.

29. 于明霞，郑祎华．保险原理与实务［M］．北京：化学工业出版社，2015.

30. 朱崇实．金融法教程（第四版）［M］．北京：法律出版社，2017.

31. 徐孟洲．金融法（第三版）［M］．北京：高等教育出版社，2014.

32. 曹胜亮，张华．金融法［M］．武汉：武汉大学出版社，2014.

33. 袁达松．金融法（双语版）［M］．北京：对外经贸大学出版社，2012.

34. 朱大旗．金融法（第三版）［M］．北京：中国人民大学出版社，2015.

35. 唐波．新编金融法学（第三版）［M］．北京：北京大学出版社，2012.

36. 唐应茂．国际金融法：跨境融资和法律规制［M］．北京：北京大学出版社，2015.

37. 高祥．金融法热点问题研究［M］．北京：中国政法大学出版社，2015.

38. 程东跃．融资租赁风险管理［M］．北京：中国金融出版社，2006.

39. 郭田勇．金融监管学［M］．北京：中国金融出版社，2014.

40. 李成．金融监管学［M］．北京：高等教育出版社，2016.

41. 冯科．金融监管学［M］．北京：北京大学出版社，2015.

42. 吴世亮，黄冬萍．中国信托业与信托市场［M］．北京：首都经济贸易大学出版社，2013.

43. 陈稳，融资租赁实务操作指引：案例解析与风险防控［M］．北京：中国法制出版社，2017.

44. 郭明瑞，房绍坤，张平华．担保法（第五版）［M］．北京：中国人民大学出版社出版，2017.

45. 李东方．证券法学（第三版）［M］．北京：中国政法大学出版社，2017.

46. 王儒靓，秦菊香，李艳红．金融法学研究［M］．北京：法律出版社，2017.

47. 赵廉慧．信托法解释论［M］．北京：中国法制出版社，2015.

48. 黄震，邓建鹏．互联网金融法律与风险控制［M］．北京：机械工业出版社，2014.

49. 刘珊琳．股权众筹：互联网创业与投融资宝典［M］．北京：人民邮电出版社，2016.

50. 中国证券监督管理委员会．证券期货法规汇编［M］．北京：法律出版社，2016.

51. 葛伟军．中华人民共和国证券法规范总整理：证券法实用手册［M］．北京：法律出版社，2016.

52. ［日］樋口范雄．信托与信托法［M］．北京：法律出版社，2017.